I0082128

PAUL DE KOCK

LES ENFANTS DU BOULEVARD

ÉDITION ILLUSTRÉE DE VIGNETTES SUR BOIS

PRIX : 1 Fr. 50 cent.

PARIS
VICTOR BENOIST ET Cie, ÉDITEURS, RUE GIT-LE-CŒUR 10, A PARIS
ANCIENNE MAISON CHARLIEU ET HUILLERY

VICTOR BENOIST ET Cie — ÉDITION ILLUSTRÉE — 10, RUE GIT-LE-CŒUR, 10.

LES ENFANTS DU BOULEVARD

PAR

PAUL DE KOCK

— Voyez-vous ce beau merle, qui va se donner une indigestion de chaussons! (Page 3.)

I. — LE BOULEVARD DU TEMPLE EN 1800.

Vous voyez, d'après le titre de ce chapitre, en quelle année nous sommes. Le boulevard du Temple, à l'angle du faubourg de ce nom, a déjà son café qui fait le coin et offre des tables aux consommateurs jusques à l'hôtel Foulon. Ce grand bâtiment, qui longe le boulevard et la rue Basse, et dont les fenêtres sont constamment fermées, contraste par son aspect triste et morne avec la gaieté qui règne sur toute l'autre partie du boulevard. Mais l'ancien contrôleur général des finances, *Foulon*, se permit, en 1789, au temps de la disette, un mot qui, plus tard, lui coûta la vie; et il semble que la terrible fin du maître de cet hôtel se lise encore sur ses murs noircis par le temps.

Après l'hôtel Foulon, vous voyez un petit théâtre qui a bien de la peine à se soutenir; aussi est-il presque aussi souvent fermé qu'ouvert. Pour le moment, il est ouvert cependant, et porte le nom de : *Théâtre des Délassements Comiques*. On y joue un peu de tout, on y essaye tous les genres; malheureusement, on y essaye aussi des auteurs qui souvent ne savent pas encore écrire. Il ne faut pas confondre ce théâtre des Délassements avec celui qui, une soixantaine d'années plus tard, devait voir les triomphes de la fameuse danseuse *Rigolboche*. Le théâtre des Délassements qui existait alors immédiatement après l'hôtel Foulon avait été dévoré par le feu en l'année mil sept cent quatre-vingt-sept; mais on avait bientôt reconstruit la salle, qui était longue, étroite et fort peu commode. Plus tard, on établit un poêle dans le milieu du parterre; ce qui acheva de lui donner l'aspect d'une loge de portier.

Après ce théâtre, on fait la parade, on montre des curiosités, on exécute des tours de force dans une baraque de toile.

Puis un café; puis le théâtre de l'Ambigu-Comique.

Puis encore un café; chaque théâtre a nécessairement le sien. Celui-ci est le café de la Gaîté, et le théâtre qui porte ce nom vient après.

C'était autrefois le théâtre de *Nicolet*.

Mais Nicolet est mort; et Ribié a pris la direction de ce théâtre, auquel il avait donné le titre de Théâtre d'Émulation. Ribié, qui devait un jour y faire sa fortune, abandonna son théâtre à *Cofin-Rosny*, et celui-ci lui a rendu son titre de Théâtre de la Gaîté, qu'il ne doit plus quitter désormais.

Après la Gaîté vient encore un café ou plutôt un petit cabaret où vont se rafraîchir les voyous de l'époque.

Au reste, les cafés étaient alors si loin de ressembler à ce qu'ils sont maintenant, que ceux qui les verraient aujourd'hui les prendraient tout au plus pour des gargotes.

Maintenant voilà le spectacle de cire de M. *Curtius*. C'est là que les mêmes personnages ont l'habitude de changer d'emploi et les jouent tous avec le même succès. M. Curtius emploie pour cela un moyen bien simple : il met d'autres habits à ses bonshommes de cire.

Il est probablement persuadé que tout le mérite d'un homme est dans la beauté de son costume, et nullement dans l'expression de son visage. Nous avons encore beaucoup de personnes qui pensent comme lui.

Après les figures de cire vient un pâtissier. Celui-là reçoit bien autant de visites que son voisin, et ce qu'on trouve chez lui est plus frais que chez M. Curtius.

Nous voici arrivés au Théâtre *sans prétention*, qui se nommait auparavant Théâtre *des Associés*.

On y jouait des pièces de tous les théâtres de Paris, comme cela se pratique maintenant à la banlieue.

Un nommé Prévot en est le directeur; il se donne beaucoup de mal pour réussir : il est tout à la fois auteur, acteur, régisseur, souffleur, répétiteur, décorateur et contrôleur. Je crois même que de temps à autre il se tenait à la porte de son théâtre et y faisait ce qu'on appelle le boniment.

Après le Théâtre *sans prétention*, vous trouvez quelques boutiques, quelques cafés borgnes, le restaurateur *Bancelin*, qui était le Bonvalet de l'époque, et chez lequel on dînait fort bien, et à des prix un peu plus modérés que chez son vis-à-vis, le *Cadran-Bleu*.

Vous pouvez maintenant vous faire une idée de ce qu'était, en 1800, le boulevard du Temple.

Si vous me demandez ce qu'il y avait sur l'autre côté du boulevard, je vous dirai que celui-là se composait tout simplement de maisons, mais n'avait ni théâtres, ni baraques, ni curiosités. Cependant, à l'entrée qui fait le coin de la rue du Temple, il y avait le Jardin de Paphos, où l'on dansait, où l'on donnait des fêtes ; et, plus loin, ce jardin qui n'était pas encore ouvert au public, et devait se transformer en café sous le nom de *Jardin Turc*.

II. — LES TROIS MARCHANDES.

En 1801, parmi les marchandes d'oranges ou de pommes établies sur le boulevard, devant les petits théâtres, on remarquait une charmante jeune fille de seize à dix-sept ans, dont les grands yeux bleus, tour à tour doux ou sévères, avaient, même dans leur sévérité, quelque chose qui captivait, qui séduisait tous ceux qui venaient acheter à ses éventaires.

Puis, à ces yeux-là se joignaient de l'éclat, de la fraîcheur, une bouche fraîche et bien garnie, un front élevé, des cheveux châtains qui retombaient en grosses boucles ou tire-bouchons le long de ses joues. Ajoutez à cela une taille bien prise, un pied mignon, une jambe bien faite, et vous comprendrez que mademoiselle Florentine, c'est le nom de la jeune marchande, ne devait pas chômer d'adorateurs.

Les amateurs de spectacle ne manquaient pas, lorsqu'ils sortaient pendant les entr'actes, de venir rôder et tourner près de la jolie marchande; il y avait toujours une grande affluence devant son étalage, et, tout en achetant une orange, le chaland adressait quelques mots galants à la marchande. Quelques-uns allaient plus loin : ils lui proposaient un souper chez Bancelin, ou un dîner au Cadran-Bleu, dans un cabinet particulier.

Mais Florentine recevait mal toutes ces propositions; elle riait au nez des galants et les envoyait promener; et, si quelques-uns, plus hardis, plus entreprenants, essayaient de lui prendre un baiser ou de lui presser la taille, la jolie marchande avait la main leste, le geste vif, et les joues de l'audacieux recevaient aussitôt des claques qui mettaient fin à ses entreprises.

Aussi, petit à petit, la réputation de Florentine s'était établie ; depuis le faubourg du Temple jusqu'à la rue d'Angoulême, on la citait comme un modèle de sagesse. Et les séducteurs du boulevard, sachant qu'il n'y avait rien à espérer près d'elle, avaient cessé de l'attaquer.

Une petite blonde, à la figure chiffonnée, au nez retroussé, à l'œil vif et mutin, et qui étalait tout à côté de Florentine, était loin d'avoir la même réputation que sa voisine. Mademoiselle Turlure, tout en vendant des chaussons de pommes et des bâtons de sucre d'orge, aimait beaucoup à rire et ne s'offensait nullement des propos galants et souvent grivois que lui débitaient ses pratiques.

Mais c'étaient surtout les acteurs dont mademoiselle Turlure était idolâtre; pour elle, tout ce qui tenait au théâtre avait du charme, elle adorait le spectacle ; lorsqu'il y avait une pièce en vogue à l'Ambigu-Comique, ou au Théâtre d'Emulation (nom que portait alors la Gaîté), la petite marchande de sucre d'orge disait à l'un de ses galants :

— Prêtez-moi un peu vot'contre-marque, que j'aille voir un petit bout d'acte, rien qu'un petit bout ! et je vous promets de vous rendre votre place.

— Et votre marchandise, et vos chaussons de pomme?

— Ma voisine aura l'œil dessus... D'ailleurs on ne vend pas beaucoup pendant les actes, et je serai revenue pour l'entr'acte.

En disant cela, mademoiselle Turlure faisait une petite mine si gentille, elle souriait si drôlement, que rarement on lui résistait, et elle pouvait aller voir un acte ou la moitié d'un; mais elle n'aurait vu qu'une scène, elle était heureuse et en avait pour longtemps à raconter ce qui l'avait enthousiasmée.

C'était presque toujours à Florentine que Turlure faisait part de ses impressions. Car, de l'autre côté de sa boutique en plein air, elle avait pour voisine une marchande de pain d'épice, laide, maigre, sèche, méchante et surtout très-vexée de voir que ce n'était jamais à elle que les flâneurs et les galants venaient conter des sornettes. Madame Rouflard, c'était ainsi qu'on la nommait, quand elle en trouvait l'occasion, ne manquait jamais de dire quelque impertinence à Turlure et même de se moquer de ce qu'elle appelait les grands airs de Florentine. Mais les deux jeunes filles n'étaient pas en reste pour lui répondre, aucune de ces marchandes en plein vent n'ayant ordinairement sa langue dans sa poche.

Or, en ce moment, la pièce en vogue au Théâtre d'Emulation, c'est *le Mariage de Nanon*, suite de *Madame Ango*. Le rôle de la célèbre poissarde est joué par *Corsse*, qui n'est pas encore directeur de l'Ambigu.

La petite Turlure n'a point de repos qu'elle n'ait vu la pièce nouvelle. Mais un jeune apprenti limonadier, qui lui fait les yeux doux, vient lui proposer sa contre-marque de parterre, où les dames sont admises aussi bien que les hommes. Turlure saisit la contre-marque, r'arrange son bonnet, rajuste son fichu et quitte ses éventaires, en disant à celui qui vient de lui faire ce cadeau :

— Oh ! que vous êtes gentil, mon petit Boursiquet, je vous aimerai bien quand j'aurai le temps... Je cours au spectacle, voulez-vous être un amour, veillez sur mes chaussons de pomme et mes sucres d'orge.... Vendez si vous pouvez et ne soyez pas dur sur l'article de la pâtisserie... Mes chaussons sont d'avant-hier... Soyez coulant avec la pratique, je reviens sitôt la pièce finie...

Mademoiselle Turlure est entrée au Théâtre d'Emulation, et le jeune homme qu'elle a appelé Boursiquet reste devant la boutique, indécis s'il prendra ou non la place de la marchande; mais enfin le désir de plaire à la petite blonde l'emporte sur le peu d'envie qu'il éprouve à vendre des chaussons de pomme, et il s'assied bravement sur la chaise occupée habituellement par mademoiselle Turlure.

Alors madame Roufflard, la marchande de pain d'épice et de verres de limonade, ne manque pas de s'écrier :

— Ah ben, en v'là une bonne!... ma voisine qui est devenue d'un autre sexe!... merci! v'là les chaussons de pommes à la baisse... le plus souvent qu'on viendra lui en acheter à ce grand dadais... bon, le v'là qui suce un bâton de sucre d'orge, et puis je gage qu'il va le remettre à l'étalage... Va donc faire tes bavaroises, apprenti limonadier de deux liards!... tu fais de l'œil à la petite... mais tu n'arrives pas assez vite!... il y a foule au bureau, nigaud! et tu en seras pour ta contre-marque.

Le nommé Boursiquet est un gros garçon de vingt-deux ans, qui a un long nez, de gros yeux bêtes, des cheveux rouges et des mains larges comme des battoirs de blanchisseuse, il n'est pas joli garçon, en revanche il est petit et trapu; mais ses épaules carrées, ses membres musculeux, et ses énormes mollets annoncent un vigoureux gaillard.

Loin de se fâcher de ce que dit la marchande de pain d'épice, il se contente de rire et de manger un chausson de pommes, en répondant :

— Eh ben! pourquoi donc que je ne vendrais pas aussi bien qu'un autre... n'est-ce pas bien difficile de tenir une boutique comme celle-ci... après tout, la marchandise s'écoulera toujours... je la mangerai si je ne la vends pas!...

— Voyez-vous ce beau merle, qui par amour et pour être agréable à c'te mijaurée de Turlure, va se donner une indigestion de chaussons!... gros benêt!...

— Qu'est-ce que cela vous fait?... si j'aime la pâtisserie, moi!...

— Il appelle cela de la pâtisserie! de vieux chaussons aux pruneaux, qui traînent sur l'éventaire depuis huit jours!

— Est-elle méchante, cette madame Roufflard, dit le gros rouge en se tournant vers Florentine.

— Ne l'écoutez pas, et ne lui répondez pas! dit la marchande d'oranges... elle est toujours de mauvaise humeur, c'est son caractère!... elle ne le changera pas.

— Il est gentil, son caractère... Quelle différence avec vous, mam'zelle Florentine, qui êtes si bonne, et mam'zelle Turlure, qui est si gaie!... O Dieu! mam'zelle Turlure!... voilà une femme pour qui je me mettrais à la broche si elle l'ordonnait... mam'zelle Florentine... entre nous... croyez-vous qu'elle m'aime un peu?

— Oh! quant à cela... je ne saurais vous dire, monsieur Boursiquet!... Ce sont de ces choses dont on ne peut pas répondre pour les autres, car souvent on ne le saurait pas pour soi-même.

— Oh! mam'zelle Florentine, vous pourriez toujours bien répondre pour vous!... On connaît votre sagesse et votre vertu... Il n'y a pas prise sur votre cœur, tout le monde le sait bien... et tous ces beaux messieurs qui viennent, soi-disant pour écouter les parades, je les entends qui, tout en venant prendre une bouteille de bière, se disent entre eux : « Pas moyen de réussir près de cette charmante Florentine, elle n'écoute personne!... moi, je lui ai proposé de la mener dîner chez un restaurateur en vogue!... moi, je lui ai offert de la conduire à Tivoli, un jour qu'il y aurait grande fête, grande illumination et pantomime pyrotechnique de *Ruggieri*... Eh bien! elle a refusé... décidément c'est une vertu qui ne veut point s'humaniser. » Voilà ce qu'on dit de vous, mam'zelle Florentine; on a raison, car c'est la vérité!... C'est égal, on a le droit d'être fière quand on a une réputation comme la vôtre.

Celle à qui s'adresse ce compliment ne répond rien, elle se contente de baisser assez tristement ses yeux vers la terre et sa tête retombe sur sa poitrine.

Boursiquet reprend :

— Quant à mam'zelle Turlure, ah! dame, ce n'est pas une réputation comme la vôtre... c'est même... tout différent... elle aime à rire... elle est coquette... ça l'amuse qu'on lui fasse la cour... qu'on lui compte des gaudrioles... elle ne s'en cache pas!... mais tout cela n'empêche pas d'avoir un cœur... et puis enfin, j'aime mam'zelle Turlure comme elle est... il me semble que j'en suis bien le maître... seulement ce qui me chiffonne, c'est sa passion pour les acteurs... Oh! les acteurs! quand elle en voit un s'approcher de sa marchandise... elle rougit, elle pâlit... elle devient de toutes les couleurs... si je savais que pour lui plaire il faille absolument être au théâtre, eh bien, je m'y mettrais... oui, j'en serais capable... seulement je me demande quel genre d'emploi je pourrais le mieux jouer.

La marchande de pain d'épice se met à rire aux éclats, en disant :

— Ah! que je voudrais voir ça... ah! comme je donnerais bien une pièce de douze sous pour le voir jouer, celui-là!... Voyez-vous monsieur Boursiquet faisant les amoureux... tenant l'emploi de monsieur *Cazot* qui est si gentil, si mignon... c'est pour le coup que les pommes coûteraient cher sur le boulevard... on n'en aurait jamais assez pour vous en jeter, mon gros!...

— Madame Roufflard, je me ferai acteur si ça me fait plaisir! D'ailleurs, ce n'est pas à vous que je demanderai conseil, c'est à mam'zelle Florentine, parce qu'elle ne m'en donnera que de bons.

Mais celle dont parlait l'apprenti limonadier paraissait prendre fort peu de part à la discussion qui avait lieu. Elle semblait rêveuse, triste même, et, si ses regards quittaient ses oranges, c'était pour se porter à droite et à gauche sur le boulevard, où ils semblaient chercher quelqu'un qu'elle s'affligeait de n'y pas trouver.

III. — UN INCONNU.

Le retour de Turlure a mis fin à la conversation de Boursiquet et de madame Roufflard.

La petite blonde court à sa boutique, reprend sa chaise que son remplaçant a déjà quittée, et lui donne un petit carton en lui disant :

—Tenez... voilà votre contre-marque... monsieur Boursiquet, grand merci de votre complaisance... la vente a-t-elle été un peu?...

— Oui, elle a été dans son ventre! murmura la Roufflard.

— Mam'zelle, voilà le prix de deux chaussons et un bâton de sucre d'orge, que je me suis offerts en votre absence.

— Oh! mon Dieu, ce n'est pas la peine de les payer... entre nous, c'est à votre service.

— Mam'zelle, je ne me fais jamais régaler par les femmes, ça n'est pas dans ma nature à moi.

— A votre aise, vous en avez le droit.

— Vous êtes-vous amusée au spectacle?

— Est-ce que je ne m'y amuse pas toujours? Mais allez donc à votre café, monsieur Boursiquet, allez, on peut avoir besoin de vous.

— Oh! mam'zelle, je ne suis pas encore en pied...

— Raison de plus pour montrer du zèle; vous n'y serez jamais, en pied, si vous vous absentez souvent.

— Je ne vous ai encore parlé qu'un petit peu...

— Vous me parlerez une autre fois... Si vous faites bien, vous ferez cadeau de votre contre-marque à un camarade...

— Allons... je vais vous obéir, mam'zelle Turlure...

Le galant aux cheveux rouges s'est éloigné, et la petite blonde s'écrie :

— Enfin! il est parti... A-t-on de la peine à s'en débarrasser de celui-là! Il tient comme de la glu!...

— Puisqu'il ne te plaît pas, pourquoi l'écoutes-tu? dit Florentine.

— Je ne l'écoute pas... c'est-à-dire... je ne peux pas l'empêcher de m'adorer, ce garçon... il m'apporte des entrées pour le théâtre, j'en profite, où est le mal? Mais l'aimer... *nix!* Ma chère, M. *Blondin* est bien amusant dans le rôle de Nicolas... Il fait rire toute la salle... Je crois qu'il m'a reconnue au parterre, il m'a souri!

— Est-ce que tu es aussi amoureuse de celui-là?...

— Oh non! celui qui me captive... qui me tient au

cœur, c'est M. *Révalard*... Ah! le bel homme... le beau brun, a-t-il les yeux noirs! Comme il est bien dans les chefs de brigands... il m'a dit qu'il allait avoir un beau rôle dans un mélodrame qu'on va donner à l'Ambigu-Comique.

— Tu causes donc avec lui?

— Pourquoi pas... c'est une de mes pratiques... Ah! j'aime bien aussi M. *Tautin!* En v'là encore un bel homme... et qui fait des conquêtes... Toutes les femmes sont folles de lui!... Est-ce que tu ne le trouves pas superbe, toi?

— Moi, je ne le connais pas!

— Par exemple! il t'a encore acheté des oranges il y a deux soirs.

— C'est possible... mais je ne l'ai pas remarqué...

— Ne pas remarquer un acteur... O Dieu! je les remarque tous, moi! Bigre! il fait froid ce soir... Le printemps de 1801 est en retard!!..

En ce moment la jolie marchande d'oranges remarquait fort bien un jeune homme qui arrivait lentement sur le boulevard, et venait de s'arrêter devant la parade.

C'était un homme de vingt-cinq à vingt-six ans, grand, mince, d'une tournure assez distinguée. Sa figure était fine et spirituelle; ses yeux bruns avaient beaucoup de feu, bien qu'ombragés par d'épais sourcils; son nez était légèrement aquilin, sa bouche serrée, ses lèvres minces et son teint un peu pâle. C'était un joli homme, et il y avait surtout beaucoup d'expression dans sa physionomie; il savait, suivant les circonstances, prendre un air agréable ou sévère, sombre ou comique, et alors il se changeait tellement qu'on avait de la peine à le reconnaître.

Ce personnage portait un balandras ou redingote bleue, ornée d'un petit collet qui retombait jusqu'à moitié de son dos et lui serrait la taille de manière à en marquer l'élégance. Il avait un pantalon gris, collant, et par-dessus des bottes à revers, une cravate blanche, sous laquelle se montrait un bout de jabot. Ses cheveux noirs n'étaient point poudrés, et pourtant il portait une queue et avait sur le côté ses cheveux tressés en cadenettes. Enfin un chapeau à trois cornes était placé sur sa tête, et mis un peu en tapageur.

A cette époque, les chapeaux à cornes se portaient encore; du reste chacun se coiffait comme il le voulait. Les uns conservaient la poudre dans leurs cheveux, les autres n'en mettaient plus. On portait une queue, ou les cheveux retroussés avec un peigne; des nattes, ou point de nattes, des chapeaux ronds, à formes extrêmement hautes ou extrêmement basses. Mais la coiffure à la Titus n'était point encore généralement adoptée par les hommes.

Florentine ne perdait pas de vue ce jeune homme; sa figure s'était animée, une vive émotion se montrait dans toute sa personne, et ses yeux suivaient les moindres mouvements de celui qui semblait prendre plaisir à flâner sur le boulevard. Cependant le flâneur, sans avoir l'air d'avoir un but, s'est rapproché de la jolie marchande d'oranges. Arrivé devant son étalage, il s'arrête, regarde les beaux fruits, prend une orange, puis une autre, et semble choisir et chercher les plus belles. Mais tout en marchandant très-haut ce qu'il semble vouloir acheter, il entremêle son dialogue, avec la jolie marchande, de paroles dites assez bas pour n'être entendues que par elle, et Florentine en fait autant de son côté.

— Voyons votre marchandise... il me faut des oranges... Eh bien, Florentine, avez-vous réfléchi, m'accorderez-vous enfin ce rendez-vous que je vous demande depuis si longtemps?...

— Voyez, monsieur, voyez, choisissez... Ah! vous trouvez qu'il y a longtemps... et voilà un mois à peine que je vous connais... que vous me parlez...

— En voici une qui me paraît bien mûre... Faut-il donc si longtemps pour s'aimer... moi, je vous ai adorée dès que mes yeux se sont portés sur vous...

— Ah! vous le dites... mais vous me trompez peut-être... Ah! tenez, monsieur, celle-ci est rouge, j'en réponds...

— Pourquoi voulez-vous que je vous trompe, et, si je ne vous aimais pas, qui m'obligerait à vous le dire?...

— Oui, vous m'aimez maintenant, c'est possible; mais ce n'est qu'un caprice, et, si j'étais assez faible pour vous croire, pour vous écouter, vous m'auriez bientôt oubliée...

— Vous oublier, jamais... vous êtes trop jolie pour que l'on vous oublie...

— Tous les hommes disent cela lorsqu'ils sont amoureux... mais cela ne les empêche pas d'être infidèles...

— Jamais à vous... de grâce, Florentine, venez à ce rendez-vous que je vous supplie de m'accorder depuis si longtemps... D'ailleurs, qu'avez-vous à craindre?... sur le boulevard... après la rue Ménilmontant... vous serez dans votre quartier, puisque vous demeurez rue des Filles-du-Calvaire.

— Oh! je sais bien que je ne serai pas loin de chez moi... mais ces boulevards sont bien déserts à onze heures du soir...

— N'aurez-vous pas peur avec moi?...

— Mais enfin, je ne sais pas seulement qui vous êtes... Vous ne m'avez dit que des choses vagues... Vous êtes toujours si pressé quand vous venez me parler...

— C'est que je ne veux pas vous compromettre.

Cependant on voit que depuis quelques instants le jeune homme et la jolie marchande oubliaient de s'occuper tout haut de la vente des oranges, pour continuer la conversation qui les intéressait bien plus.

Mais l'entr'acte est arrivé au théâtre de l'Ambigu-Comique; le monde sort du spectacle; des jeunes gens viennent acheter des oranges à Florentine, qui aimerait beaucoup mieux ne point vendre sa marchandise, et ne pas être interrompue dans son entretien avec son amoureux; mais il faut bien qu'elle réponde aux chalands qui lui arrivent, et le beau jeune homme, au chapeau à trois cornes, s'éloigne des oranges pour laisser Florentine faire son commerce.

Enfin les importuns sont partis, et la manière sèche dont la jolie marchande a répondu à quelques-uns qui voulaient rire avec elle ne leur a pas donné l'envie de continuer.

Le jeune homme en balandras est revenu dès qu'il n'y a plus eu personne près de Florentine, et cette fois, sans s'occuper des oranges, il reprend l'entretien à voix basse :

— Vous voyez, charmante fille, combien il est difficile de vous parler ici, de vous exprimer tout ce que l'on ressent d'amour pour vous. C'est pourquoi il ne faut pas me refuser ce rendez-vous, où nous pourrons au moins causer en liberté, sans être à chaque instant interrompus...

— Un rendez-vous si tard...

— Puisque vous n'êtes pas libre plus tôt.

— Quand une fille accorde un rendez-vous... les hommes croient tout de suite qu'elle veut bien... tout leur accorder... je ne suis qu'une pauvre marchande d'oranges... je suis orpheline, je n'ai plus ma mère pour me protéger... je l'ai perdue il y a deux ans... mais je veux rester sage... ma mère me l'a bien recommandé; elle m'a dit : C'est ta seule richesse, mon enfant; mais c'est la bonne... tant que tu auras celle-là, tu seras estimée, considérée même, et ton petit commerce prospérera. Je veux suivre les conseils de ma mère... je ne veux pas d'un amoureux, je veux d'un mari. Mais vous me faites l'effet d'être trop faraud, trop muscadin pour vouloir épouser une marchande d'oranges... Voyons... monsieur, quel est votre état... et votre nom d'abord, vous ne me l'avez pas dit...

— Pardonnez-moi, je vous ai dit que je m'appelais... Francisque.

— Ah! oui, c'est vrai... Francisque... mais c'est un nom de baptême, ça...

— Je ne puis vous dire que celui-là, maintenant... Je suis né, en effet, de parents riches... et qui occupaient un rang assez élevé... mais vous savez bien que la Révolution a tout détruit, tout nivelé... et ce dont on s'inquiète le moins à présent, c'est de la naissance... c'est de l'origine des personnes...

— Sans doute... ainsi vous épouseriez une pauvre marchande en plein air comme moi?... vous ne rougiriez pas de me nommer votre femme?

— Moi, rougir de vous!... ne craignez jamais cela. D'ailleurs, vous, Florentine, vous n'êtes pas une marchande à éventaires comme les autres. Vous parlez bien, vous savez lire, écrire, enfin vous avez reçu quelque éducation.

— Dame! ma pauvre mère m'aimait tant, elle voulait que je ne fusse pas si bête que les autres... elle se saignait pour moi... Je n'en suis pas moins une marchande d'oranges.

— Dites donc une fille charmante que l'on aimera toute la vie.

— Et votre père?...

— Il est mort...

— Votre mère?

— Elle m'aime trop pour jamais s'opposer à mon bonheur.

— Ah! si je pouvais le croire, c'est singulier ce que j'éprouve près de vous... moi qui me moquais toujours des propos d'amour que l'on me débitait... le premier jour que vous m'avez parlé je me suis tout de suite sentie troublée, émue... j'ai eu peur... il me semblait que je devais vous fuir... et malgré moi j'éprouvais du plaisir à vous entendre, à vous écouter.

— C'est que vous deviez m'aimer, Florentine, c'est qu'une secrète sympathie nous attirait l'un vers l'autre...

— Dame!... c'est bien possible... car, lorsque je vous voyais, je me disais: Je ne l'écouterai plus, ce monsieur... il est trop mirliflore pour moi, et malgré cela, sitôt que je vous apercevais, oh! il me tardait de vous entendre... savez-vous bien que c'est comme si vous m'aviez ensorcelée?...

— Ah! que je serais heureux si cela était... Vous voyez bien, Florentine, que vous ne pouvez pas me refuser ce rendez-vous que je vous demande depuis si longtemps... et qu'il faut...

En ce moment, une espèce de mendiant, en blouse, en casquette, et dont on ne voit que le bas de la figure, passe tout contre le jeune homme qui a dit se nommer Francisque; l'homme en blouse se penche vers lui, approche sa tête de son oreille, lui dit rapidement et bien bas quelques mots, puis s'éloigne aussitôt.

Mais notre amoureux a pâli, sa physionomie a subitement changé d'expression, il s'empresse de dire à Florentine :

— Adieu... adieu... il faut que je vous quitte... je vous reverrai bientôt...

— Comment! vous partez comme cela? répond la jolie marchande, toute surprise par ses paroles. Quoi donc vous presse?... et ce soir... à quelle heure?...

Mais le jeune homme ne l'écoute pas. Déjà il s'est éloigné, il a disparu parmi les promeneurs. Florentine demeure tout interdite, elle ne comprend rien au brusque départ de celui qui semblait si heureux de lui parler.

— Cet homme... si mal vêtu... et qui a passé contre lui... s'est arrêté et lui a dit quelques mots bien bas! se dit la jeune marchande. Ces mots ont vivement ému Francisque... et il est parti... il m'a quittée aussitôt... De qui donc avait-il peur d'être vu... d'une femme peut-être... oui... ce doit être d'une femme... d'une maîtresse sans doute... Ah! il faudra bien qu'il m'explique pourquoi il s'est éloigné si vite de moi!... et au moment où j'allais lui accorder ce rendez-vous qu'il me demandait avec tant d'instance... Oh! mais il va revenir... il est impossible qu'il ne revienne pas bientôt.

— Eh ben, dit Turlure, ton chaland est parti et sans rien t'acheter, il me semble..... il s'est sauvé comme une fusée... est-ce que c'est une colique qui lui a pris?

— Est-ce que je sais, moi!... Ah! je crois qu'il a vu une personne de ses connaissances à qui il était pressé de parler...

— Faut que ce soit *queuqu'un* qui lui doive de l'argent alors, car il a filé sans demander son reste...

— Oh! il reviendra! dit à son tour la Rouffiard, d'un air moqueur. C'est pas la première fois qu'on le voit, ce cornu-là!... je l'ai bien reconnu, moi!... il est toujours deux heures pour marchander des oranges...mais je crois que c'est pas ça qu'il veut acheter...

— Et que croyez-vous donc qu'il veuille acheter? s'écrie Florentine en relevant fièrement la tête. Est-ce que vous croyez que j'ai autre chose à vendre?

— A vendre ou à donner... on ne sait pas... il se fait tant de commerces sur ce boulevard! Est-ce qu'on ne voit pas que ce muscadin vient ici pour autre chose que pour marchander des oranges?

— Quand cela serait... quand ce jeune homme me dirait des douceurs, est-ce que je n'ai pas le droit de l'écouter, si ça me fait plaisir?

— Oui, mais alors faut plus se donner des manières de femme sauvage!...

— Taisez-vous... on peut écouter quelqu'un qui est poli, sans pour cela cesser d'être sage.

— Tu es bien bonne de lui répondre, Florentine; est-ce qu'on fait attention à ce que dit la Roufflard? Avec ça que je lui conseille de se poser en vertu! et son soi-disant mari, son Roufflard, où donc qu'il est? on n'a jamais aperçu le bout de son nez!

— Mon mari est à l'armée, il se bat pour sa patrie, ça vaut mieux que de flâner sur le boulevard comme un tas de paresseux.

— Ah! il est toujours à l'armée, ton mari!... depuis le temps qu'il se bat, il reviendra *général* pour le moins! C'est égal, le monsieur qui causait avec Florentine est fièrement joli garçon, tout de même!... et joliment mis... c'est du huppé!...

— Oh! qu'est-ce qui sait?... murmure la marchande de pain d'épice. Il y a maintenant tant de parvenus!... c'est peut-être le jockey de *queuque* émigré qui aura volé les hardes de son maître.

Florentine ne dit plus rien; elle n'a pas entendu la dernière réflexion de la Roufflard, car elle est absorbée dans ses pensées. De temps à autre, cependant, elle regarde à droite et à gauche sur le boulevard; elle cherche celui qui l'a quittée si brusquement, et qu'elle espère toujours voir revenir.

Mais la soirée s'écoule, les théâtres ferment, les marchandes détalent et Florentine est obligée d'en faire autant, sans que le jeune homme soit revenu.

IV. — UN CHEVALIER DE SAINT-LOUIS.

Six semaines se sont écoulées, sans que Florentine ait revu celui qui paraissait si amoureux d'elle et la suppliait de lui accorder un rendez-vous. Depuis qu'elle l'avait aperçu pour la première fois, jamais il n'avait été plus de deux jours sans venir lui parler de son amour; une absence si prolongée doit donc étonner la jolie marchande.

Mais, par une belle matinée du printemps, un monsieur s'approche et s'arrête devant l'éventaire de Florentine, en disant :

— Me voilà revenu, moi, et mon premier soin est de venir dire bonjour à ma petite Florentine!

La jeune marchande relève la tête; pour la première fois depuis longtemps, la joie brille dans ses yeux, tandis qu'elle s'écrie :

— Monsieur de Germancey!... ah! que je suis contente de vous revoir, monsieur!

Le personnage auquel ces mots s'adressent est un homme de quarante ans, mais qui semble plus âgé, parce que le malheur et les chagrins l'ont vieilli avant l'âge. Sa taille est élevée, sa tournure noble et distinguée; car sous les vêtements les plus simples, on reconnaît facilement le gentilhomme, de même que, malgré les paillettes et les habits les plus riches, l'homme commun perce toujours; la figure de ce monsieur est bienveillante, ses traits réguliers, mais un léger clignement d'yeux semble annoncer de la faiblesse dans la vue; ses mains sont fines et blanches autant que bien soignées; ses joues un peu creuses n'empêchent point que son visage n'ait encore du charme, et les rides qui se montrent déjà sur son front ne lui ôtent rien de sa noblesse.

Ce monsieur porte encore de la poudre, ses cheveux sont noués par derrière avec un ruban noir, et un chapeau rond, très-bas de forme, est placé sous son bras gauche; il est vêtu d'un habit brun, qui n'est pas neuf, mais qui est parfaitement brossé et sur lequel brillent de larges boutons d'acier. Il a une culotte de drap noir et des bottes à revers qui retombent à moitié de son mollet; son linge est très-blanc, il a un jabot et des manchettes; mais aucune chaîne de montre ne sort de son gousset, bien qu'alors il arrivât souvent à des *incroyables* d'en avoir deux, avec de nombreuses breloques.

Mais le comte de Germancey n'étaitpoint un incroyable.

Ce monsieur tend ses mains à la jolie marchande, qui lui donne vivement la sienne, il presse longtemps cette main avec les marques de la plus tendre affection, tandis que Florentine lui dit :

— Ah! vous avez été bien longtemps sans venir me voir, monsieur; ce n'est pas bien, cela!

—Mais, ma chère amie, c'est que je n'étais pas à Paris; sans cela, à moins d'être malade, est-ce que je suis un seul jour sans venir voir mon enfant?...

— Ah! vous étiez à la campagne, monsieur.

— Oui, chez un de mes anciens fermiers qui est aujourd'hui plus riche que moi, et il n'a pas de peine, puisque je n'ai plus rien! mais, au moins, celui-là est resté honnête..., il se rappelle que j'ai été, non pas son seigneur, je n'ai jamais voulu qu'il me donnât ce nom, mais enfin son propriétaire... Il m'avait plusieurs fois prié... supplié d'aller passer quelque temps dans une charmante campagne qu'il possède maintenant en Brie; en refusant toujours, j'aurais eu l'air de mépriser ces bonnes gens. Je suis resté avec eux près de trois mois.

— Cela vous a fait du bien la campagne, monsieur; je vous trouve bien meilleure mine qu'avant votre départ...

— C'est possible... et puis, avec le temps, on s'habitue à tout... même à être ruiné!... Mais c'est assez parler de moi; et vous, mon enfant, voyons, êtes-vous toujours contente, heureuse? le commerce va-t-il comme vous voulez?

— Oui, monsieur, oh! je n'ai pas à me plaindre; je vends beaucoup, je suis contente...

— Eh bien, c'est singulier, moi, je ne vous trouve pas l'air aussi gai, l'œil aussi vif qu'avant mon départ... C'est l'intérêt, l'amitié que je vous porte, qui me font vous parler ainsi; vous n'avez pas été malade?

— Non, monsieur, pas du tout!...

— Alors vous avez donc eu quelque peine... quelque contrariété?...

Florentine hésite et balbutie en répondant :

— Mais non, monsieur, je n'ai pas eu de chagrin.

M. de Germancey hoche la tête et reprend :

— Oh! je m'y connais, mon enfant, et je gagerais bien que vous me cachez quelque chose. Si mes questions sont indiscrètes, excusez-les... et songez que, si je me permets de vous les adresser, c'est que je vous aime presque autant que si j'étais votre père... c'est que j'ai juré à votre pauvre mère mourante de veiller sur vous, de vous protéger... autant que cela me serait possible dans la position qui nous est faite, à nous autres *ci-devant*, comme on veut bien nous appeler maintenant!

— Oh! monsieur, vous n'avez aucune excuse à me faire, et vous avez bien le droit de me questionner! C'est déjà si bon à vous... un noble, un comte... car, ainsi que le disait ma mère, toutes les révolutions possibles ne peuvent pas empêcher qu'on ne soit le fils de son père!... oui, c'est bien de la bonté de votre part de vous occuper d'une jeune fille qui étale sa marchandise sur le boulevard.

— Cela n'est que de la justice, de la reconnaissance quand la mère de cette jeune fille nous a sauvé la vie! Pauvre madame Bernard! puis-je jamais oublier que sans elle j'étais reconnu, arrêté et bientôt après guillotiné, car, à cette époque-là, les choses ne traînaient pas en longueur!... J'étais comte, ma famille avait émigré... seul, j'avais voulu rester en France... Mais j'avais été dénoncé, l'ordre de m'arrêter était donné partout, et un matin... c'était en quatre-vingt-treize, je fuyais de la petite chambre que j'habitais, car un avis anonyme m'avait prévenu que l'on allait venir m'arrêter... j'errais au hasard dans les rues de Paris... je passe devant la boutique de madame Bernard... elle était fruitière, et vendait du charbon; devant moi, j'aperçois des soldats, derrière moi j'entends crier : « Il faut l'arrêter... c'est un ci-devant! je l'ai reconnu! » J'étais perdu, j'entre chez votre mère... elle était seule heureusement. « On veut m'arrêter, lui dis-je... je suis le comte de Germancey, sauvez-moi, ou je vais mourir! » Aussitôt, et sans même me répondre, votre mère prend un sac à charbon, m'en barbouille le visage, jette une veste sur mes épaules, un grand chapeau de charbonnier sur ma tête, place un sac plein de charbon sur mes genoux et me fait asseoir dans sa boutique. On entre, on regarde, on demande à votre mère si elle a vu le comte de Germancey, elle répond qu'elle n'a vu que son fournisseur de charbon, et tous ces gens qui voulaient m'arrêter s'éloignent sans se douter que j'étais devant eux. Mais ce n'était pas tout de m'avoir préservé un moment du sort qui m'attendait; je ne pouvais sortir, me montrer dans Paris, et d'ailleurs, je ne savais où aller. Tous mes anciens amis étaient partis ou proscrits comme moi; votre mère me dit : « J'ai, dans la pièce qui est derrière ma boutique, une soupente dans laquelle je mets mon charbon... on ne va jamais regarder là, et d'ailleurs on ne me soupçonne pas; voulez-vous demeurer pendant quelque temps caché dans cette soupente?... je vous y porterai à manger... Ce sera un réduit bien triste; mais le soir, quand ma boutique sera fermée, vous pourrez en descendre, et ma fille et moi nous vous tiendrons compagnie. J'acceptai, je n'avais que ce moyen pour échapper aux recherches... et pendant six semaines, je restai caché chez la bonne madame Bernard; c'est pendant ce temps, mon enfant, que je vous connus, que je pus apprécier la bonté de votre cœur; vous n'aviez que neuf ans alors, mais déjà vous aviez la raison d'une femme! Vous connaissiez les dangers que je courais, ceux auxquels votre mère s'exposait en me donnant un asile; mais aucune indiscrétion n'était à craindre de votre part, et plus d'une fois, par votre présence d'esprit, vous avez empêché quelques pratiques de venir choisir leur charbon dans la soupente où j'étais caché. Enfin, je pus sortir de Paris et me tenir caché au fond d'un village; puis le 9 thermidor arriva... et nous commençâmes à respirer un peu plus librement; dès que je pus sans danger revenir à Paris, mon premier soin fut de me rendre chez celle qui m'avait sauvé la vie... Avec quel plaisir je l'embrassai! et votre mère aussi fut heureuse de me revoir... Mais j'étais sans ressource, je ne savais où dîner... j'attendais bien quelques secours de mon frère passé en Angleterre, mais ce secours n'arrivait pas... eh bien, madame Bernard me força encore d'accepter de l'argent et m'offrit sa table, tant que je ne trouverais pas mieux... Croyez-vous, Florentine, que l'on puisse oublier de tels services?... grâce au ciel, mon sort s'améliora, je reçus de l'argent de mon frère... je pus m'acquitter avec votre mère, m'acquitter en argent, oui... cette dette-là se paye; mais celle que j'ai contractée au fond de mon cœur, celle-là, je ne l'acquitterai jamais... et maintenant vous me dites que je suis bon, parce que je viens causer avec vous... ah! ma chère enfant, si le destin m'a fait naître dans une classe au-dessus de la vôtre, sachez que la première noblesse est celle qui porte un cœur reconnaissant.

— Grâce au ciel, monsieur, maintenant vous pouvez sans crainte vous montrer partout... les anciens nobles ne sont plus proscrits.

— Non, grâce au premier consul : on lui doit le rappel des émigrés... l'activité rendue au commerce et aux arts... On lui doit aussi de belles victoires... J'aime trop mon pays pour y être insensible...

— Et votre frère qui était en Angleterre?

— Il y est mort, il y a un an. Avec le peu qu'il a laissé, je me suis fait une petite rente qui me suffit pour exister... ah! ce n'est pas ma fortune que je regrette!... à quoi me servirait-elle, à présent que j'ai vu périr tous ceux que j'aimais!

— Vous n'étiez pas marié, monsieur; mais je crois vous avoir entendu dire à ma mère que vous alliez épouser une personne que vous aimiez, lorsque les événements de la Révolution vous en séparèrent...

— Oui, oui, cela est vrai... j'avais eu le bonheur de plaire à la fille du marquis de Sauvigné... Honorine de Sauvigné avait vingt-quatre ans; aussi belle que bonne, elle avait jusqu'alors refusé tous les partis pour ne point quitter son vieux père. Mais j'avais eu le bonheur de lui plaire, et ma promesse de ne point la séparer de son père avait aplani tous les obstacles, lorsque la Révolution arriva; le marquis de Sauvigné fut arrêté, lui qui ne faisait que du bien, il en avait donné des preuves en gardant à son service le fils d'un brigand célèbre... Vous devez avoir entendu parler de Cartouche, mon enfant?

— Oh! oui, monsieur, c'était un voleur qui faisait, dit-on, trembler tout Paris... Mais il me semble qu'il y a longtemps qu'il est mort.

— En effet, il a reçu le châtiment que méritaient ses crimes au mois de novembre de l'année 1721. Mais il avait laissé un fils encore au berceau. Vers l'année 1750, un homme se présenta pour entrer au service du marquis de Sauvigné, qui était alors un jeune homme de vingt ans. Cet homme, qui pouvait avoir une trentaine d'années, était dans la plus profonde misère... Personne ne voulait le prendre à son service ni lui donner de l'ouvrage... et pourquoi? c'est qu'on savait qu'il était le fils du célèbre voleur Cartouche!... Cette circonstance n'arrêta pas le marquis; il se dit avec raison que c'est une grande injustice de vouloir faire retomber sur les enfants le mépris, l'animadversion qu'inspirait leur père. Il prit donc à son service le fils de Cartouche, et, il faut l'avouer il n'eut pas trop à s'en louer. Ce garçon était paresseux, ivrogne et voleur; le marquis le savait bien, mais il lui pardonnait et le gardait toujours, en disant : « Si je le renvoyais, personne ne voudrait de lui, il serait obligé de faire comme son père; c'est donc un service que je rends à la société, en laissant ce drôle ne voler que moi! » On dit qu'un bienfait n'est jamais perdu, mais les proverbes mentent quelquefois... Le fils de Cartouche, ce mauvais domestique, s'était marié au château de son maître, et il mourut en l'année 1774, laissant un fils en bas âge. Sa mère était morte en le mettant au monde; eh bien, M. de Sauvigné eut encore la bonté de faire élever cet enfant, et, lorsqu'il eut sept ou huit ans, il le prit pour aider le jardinier du château, et plus tard en fit un petit jockey, puis un valet de chambre...

— Alors, c'était le petit-fils de Cartouche celui-là?

— Oui, ma chère Florentine; il paraît que le marquis était destiné à avoir toute cette lignée! Eh bien, ce garçon, qui aurait dû éprouver pour le marquis et sa famille la plus vive reconnaissance, ce garçon auquel M. de Sauvigné avait même fait donner quelque éducation... ah! ce fut un misérable, un monstre!... peut-être encore plus scélérat que son grand-père!...

— Oh! mon Dieu!... qu'a-t-il donc fait celui-là?... Il me semble que vous ne nous avez jamais conté cela, à ma mère et à moi...

— Dans le mois de novembre 92, on arrêta le marquis... Vous jugez du désespoir de mademoiselle de Sauvigné!... elle restait seule avec quelques domestiques, qui du moins pleuraient avec elle; un seul... ce jeune Cartouche... car je ne l'appellerai jamais autrement, bien qu'au château on l'appelât Séverin; celui-là osa s'introduire une nuit dans la chambre d'Honorine, et là, eut l'infamie de lui dire : « Je vous aime! je ne vous l'aurais jamais dit si la Révolution n'avait pas tout bouleversé; mais aujourd'hui il n'y a plus de rangs, il n'y a plus de nom, il n'y a plus de distance; c'est pourquoi il faut que vous soyez ma maîtresse ou ma femme : choisissez! »

Honorine, épouvantée par ce discours, essaya de ramener à d'autres sentiments celui qu'elle regardait encore comme un enfant, car il n'avait que dix-huit ans, et elle en avait vingt-quatre; mais à tous ses discours il répondit : « Je vous aime! je veux que vous soyez à moi!... » Elle lui ordonna de sortir de sa présence. Il voulut se porter sur elle aux derniers outrages; mais elle était forte, courageuse, elle jeta le misérable à la porte de sa chambre. Le lendemain il avait quitté l'hôtel; mais, deux jours après et sur la dénonciation de ce monstre, Honorine de Sauvigné était arrêtée et conduite à la Force.

— Oh! mon Dieu! quel scélérat que ce petit-fils de Cartouche!

— C'est de sa prison que mademoiselle de Sauvigné trouva le moyen de m'écrire, de me faire savoir tout ce que je viens de vous raconter. Vous devez juger si je jurai d'exterminer l'infâme qui, après avoir essayé de l'outrager, l'avait lâchement dénoncée!... Mais c'est alors que je fus dénoncé moi-même, sans doute par le même homme, et que sans votre mère j'étais perdu aussi!...

— Et cette pauvre demoiselle de Sauvigné, que devint-elle?

— Elle mourut sur l'échafaud... comme son père, comme tant d'autres pauvres victimes, qui alors n'avaient pas commis d'autre crime que d'être d'un sang noble et de posséder quelque fortune.

— Ah! c'est affreux, cela!... Mais ce monstre, auteur de tous vos malheurs, vous le connaissiez sans doute... Vous l'aviez vu souvent chez le marquis?

— Je l'avais vu quelquefois; mais alors, vous concevez que je faisais peu attention à un jeune domestique... Malgré cela... si je le rencontrais jamais... Oh! je suis bien sûr que je le reconnaîtrais, et d'ailleurs il me semble que je sentirais au fond de mon cœur quelque chose qui me dirait : C'est lui... c'est l'infâme... c'est le dénonciateur d'Honorine... Oh! oui, oui, je le reconnaîtrais!

M. de Germancey passe sa main sur son front, comme pour en écarter de si pénibles souvenirs, et au bout d'un moment reprend la main de Florentine en lui disant :

— Voilà de bien tristes souvenirs, mon enfant; je vous ai toujours parlé de moi, lorsque je ne voulais m'occuper que de vous. Cela arrive souvent; nos conversations sont comme nos projets, qui ne marchent jamais tels que nous les arrangions d'avance. Je vous ai dit que je vous trouvais le front un peu sérieux... les yeux moins gais qu'avant mon départ pour la Brie... Vous auriez pu avoir aussi quelque confidence à me faire... mais, puisqu'il n'en est rien, n'en parlons plus!

La jolie marchande pousse un profond soupir et répond, en rougissant :

— Oui, monsieur, oui... Vous avez trop bien vu dans mes yeux pour que j'essaye de vous le cacher encore. Et d'ailleurs pourquoi dissimulerais-je avec vous, qui ne pouvez me donner que de bons conseils?... Oui, j'ai quelque chose qui me tient là...

— Au cœur... n'est-ce pas, mon enfant?...

— Oh! oui, c'est mon cœur qui est malade!

— Je m'en doutais; c'est toujours par le cœur que les jeunes filles ont leur premier chagrin...

— Je vous conterai tout cela, monsieur, mais pas à présent; un de ces soirs, si vous le voulez bien... je serai plus hardie pour parler de cela que pendant le jour...

— Quand vous voudrez, ma chère Florentine; je serai toujours prêt à recevoir vos confidences. Mais j'aperçoit justement un ancien ami, que je croyais encore à l'étranger... Je vais le rejoindre. A bientôt, mon enfant, à bientôt.

Le comte de Germancey s'éloigne, et Florentine recommence à soupirer, en disant :

— Il a bien deviné que j'avais quelque chose... C maudit amour, quand ça vous tient, il paraît que ça se voit

V. — LES ENFANTS DE L'AMOUR.

—Je te dis, Beaulard, qu'on donne ce soir *la Forêt périlleuse* au théâtre de l'Ambigu-Comique, dont M. Corsse est à présent le directeur, et qu'il faut que j'aille voir ça, quand il n'y aurait pas de pain à la maison, comme on

Elle était forte, courageuse; elle jeta le misérable à la porte de sa chambre. (Page 7.)

lit, vu que c'est un mélodrame superbe à faire frémir tout Paris !

— Comment sais-tu que la pièce est superbe, puisque c'est seulement ce soir la première représentation ?

— C'est la première au théâtre de l'Ambigu, oui ; mais la pièce s'est déjà jouée au théâtre de la Cité. Elle y a eu un succès magnifique... elle s'y est jouée plus de deux cents fois. Aujourd'hui on la joue à l'Ambigu, mais c est joliment monté !... D'abord, c'est M. *Corsse* qui fait le rôle de *Fresco*, M. *Tautin* le capitaine des voleurs, M. *Vicherat* Colisan, et mam'zelle *Lévêque* fait la belle Camille.

— Tiens! je croyais qu'elle était au Théâtre d'Emulation, mam'zelle Lévêque.

— Oui, mais elle l'a quitté pour entrer à l'Ambigu-Comique. Voyons, Beaulard, tu dois avoir autant que moi l'envie d'aller voir une pièce dont on parle depuis si longtemps... où il y a une caverne et une bande de voleurs que ça fait frissonner... Tu viendras avec moi, ce soir, n'est-ce pas ?

— Je le voudrais bien... mais je ne peux pas !... Tu sais bien, Moucheron, que je suis employé chez M. Curtius, que c'est moi qui, depuis midi jusqu'à onze heures du soir, fait l'explication des figures de cire.

— Je croyais que c'était M. Curtius lui-même qui faisait l'explication de ses figures?

— Oui, quelquefois, mais c'est rare. Comme j'ai une bonne voix, il me laisse à présent cette besogne...

— Et qu'est-ce que vous faites voir de beau en ce moment?

— Ah! pour l'instant, ce qui attire le plus de monde, c'est la mort du brave général Kléber, qui vient d'être assassiné en Egypte, où il venait de remporter la grande victoire à la bataille d'Héliopolis!

— Et est-il ressemblant le général Kléber ?

— Que t'es bête! c'est celui qui représentait La Fayette, auquel nous avons mis un autre habit.

— Et combien que tu gagnes pour expliquer tout cela?

— Vingt sous par jour.

— Et nourri ?

— Oh! non, et pas nourri... mais, par exemple j'ai la permission de manger ce que je veux !... ça leur est égal.

— C'est encore heureux ! mais je crois bien que tu ne manges pas de poulets tous les jours.

— Oh! non... D'ailleurs, sur mes vingt sous, j'en donne douze à ma mère chez qui je loge, et qui n'a pas souvent de l'ouvrage... La couture, ça ne va pas beaucoup, et puis elle est souvent malade. Mais je garde huit sous pour moi, et ça me suffit pour mes trois repas.

— Tu fais trois repas avec huit sous ! .. diable !... tu ne te donnes pas d'indigestion, alors !

— J'ai bien assez. Le matin, un sou de pain, un sou de lait; pour dîner, deux sous de pain, deux sous de pommes de terre; et pour souper, deux sous de galette ou de flan, s'il est tout chaud.

— Tu ne bois jamais de vin, alors?

— Pourquoi faire ?

— Dame ! pour te régaler.

— Oh ! je n'y tiens pas, je n'en ai bu qu'une fois, j'ai trouvé ça mauvais; il est vrai qu'il était sûr!... comme du vinaigre.

— Si on t'a fait boire du vinaigre, ce n'était pas pour te mettre en goût!

— Si je le voulais, je pourrais bien de temps en temps en boire, quand les personnes qui viennent voir les figures donnent quelque chose au petit qui fait l'explication... c'est rare, mais pourtant cela arrive... Il y a une fois un monsieur qui m'a donné dix sous pour moi ! ce sont mes petits profits !...

— Eh bien, qu'est-ce que tu en fais alors?

— Tiens, c'te question ! je les porte tout de suite à ma mère... Elle est bien contente, elle m'embrasse, et moi je suis bien content aussi.

— Ce pauvre Beaulard ! tu es un bon garçon !... Quel âge as-tu?

— Quatorze ans moins six mois.

— Dis donc tout de suite treize ans et demi, farceur.

— Je dis plutôt quinze ans, parce que, pour obtenir la place que j'ai chez M. Curtius, on m'a dit plus âgé que je ne suis.

— Merci ! une place où il faut crier toute la journée :

Me voilà donc professeur de cor de chasse pour dames. (Page 11.)

« Ceci vous représente M. Jupiter, madame son épouse et leur auguste famille !... » Je n'en voudrais pas de ton emploi ! Je ne suis que commissionnaire, moi ; quelquefois je ne gagne rien dans ma journée, c'est vrai, mais aussi il y en a d'autres où j'ai de bonnes aubaines, où je gagne jusqu'à un gros écu de six livres... Oh ! alors je me régale... vive la joie ! je bois une bouteille et je mange jusqu'à six saucisses !...

— Eh ben, et ta mère ?

— Ma mère... je n'en ai pas.

— Tu n'as pas de mère... comment donc, est-ce que c'est possible ?

— Écoute bien... Vois-tu, j'ai une sœur qui a quatre ans de plus que moi... Comme j'en ai bientôt dix-sept, elle en a bientôt vingt et un ; eh bien, ma sœur et moi, il paraît que nous sommes ce qu'on appelle... des enfants de l'amour.

— Ah ! oui, des enfants surnaturels !

— Au contraire, des enfants naturels ! On nous avait mis chez une paysanne à Vincennes. On y payait notre pension. Nous sommes restés là longtemps... Ma sœur avait neuf ans et moi cinq, quand un jour la paysanne nous dit : « Mes petits mignons, je ne reçois pas un sou pour vous depuis plus de neuf mois... J'en suis bien fâchée, je vous aime bien, mais je suis forcée de vous mettre à la porte. J'ai déjà quatre enfants, c'est bien assez, avec un mari ivrogne ! et je ne peux plus vous garder gratis. Allez-vous-en à Paris, et tâchez d'y gagner votre vie... Maria est jolie... (Maria, c'est ma sœur), elle chante toute la journée comme un rossignol : elle n'aura qu'à chanter pour gagner des sous ; à Paris on est généreux, on vous en donnera beaucoup... Je vous ai fait apprendre à lire, parce qu'on me l'avait ordonné ; ça pourra vous servir. Tenez, v'là vingt-quatre sous, et un petit paquet contenant vos effets. Prenez tout cela et partez. »

Ma sœur, qui était déjà raisonnable, dit à la paysanne :

« — Mais est-ce que vous n'avez aucun renseignement à nous donner sur nos parents, sur ceux qui prenaient soin de nous ? »

La paysanne répondit :

« — Ma petite, j'ai fait écrire sur un papier et certifier par M. le curé la manière dont vous m'avez été confiés. Toi, d'abord, Maria, par une dame élégante et belle, qui m'a donné vingt-cinq louis en me disant : « C'est pour une « année, ayez soin de cette petite, elle a dix-huit mois ; « nommez-la Maria. On viendra la voir. » On n'est revenu qu'au bout d'un an. Cette fois on ne me donna que vingt louis avec les mêmes recommandations. Mais, l'année d'après, la dame m'apporta un autre enfant qui avait trois semaines au plus, et me dit : « Vous nommerez ce « petit garçon Victor, il est le frère de Maria. On doublera « leur pension. » Très-bien ; cela dura trois ans et demi. Mais, depuis neuf mois, l'époque est passée où l'on m'apportait votre pension, et personne n'est revenu ; je ne peux plus vous garder. Mais vous trouverez dans votre paquet le papier certifié vrai par M. le curé, et qui constate tout ce que je viens de vous dire.

« — Et le nom de cette belle dame, qui était sans doute notre mère ? dit Maria.

« — Je ne l'ai jamais su, mon enfant, quand je le lui ai demandé, elle m'a répondu qu'il était inutile que je le sache... Elle avait de belles manières, des bagues à ses doigts et ne venait à Vincennes que dans une voiture... qu'elle quittait à l'entrée du village, où elle allait ensuite la reprendre. Mais un jour... celui où elle m'apporta son petit garçon, elle paraissait faible et souffrante, elle oublia chez moi un flacon assez beau qu'elle portait à chaque instant sous son nez... Il y a même sur le bouchon de ce flacon comme un chiffre gravé...

« — Eh bien, ce flacon, dit ma sœur, il est dans notre paquet, j'espère ?

« — Ah ! non, ma petite ; ce flacon a un bouchon doré, il est tout taillé comme une pierre fine, il doit bien valoir une quarantaine de livres, et je le garde pour me dédommager un peu de tout l'argent que votre mère me doit.

« — Mais, madame, s'écria ma sœur, ce flacon est notre bien, il peut d'ailleurs nous aider à retrouver nos parents, notre famille ; c'est le seul titre que nous ayons à présenter, et vous voulez nous en priver ?

« — Ma petite, j'en suis fâchée, mais il faut que je me

rattrape sur quelque chose... Je suis sûre que je trouverai quarante livres de ce petit bijou.

« — Eh bien, madame, ne le vendez pas, répondit Maria, et je vous jure d'amasser, avant un an, cette somme et de venir vous la donner pour ravoir ce flacon. »

La paysanne le promit, et nous voilà partis, ma sœur et moi, avec notre petit paquet au bout d'un bâton.

— Mais c'était bien vilain à cette paysanne, de garder ce beau flacon qui vous appartenait, puisqu'il venait de votre mère.

— Ah! vois-tu, Beaulard, les gens de la campagne ça ne connaît que l'argent; c'est encore cent fois plus intéressés que les gens de la ville!...

— Comment avez-vous donc fait pour vivre, toi et ta sœur?

— Ma sœur chantait devant les auberges, les cafés. Elle chantait bien, et moi, quoique tout petit, je faisais la culbute et la roue aussi, bien mieux qu'à présent. J'allais tendre mon petit bonnet de laine, en demandant quelque chose pour la petite chanteuse, et presque tout le monde me donnait. Dans notre première journée, nous avions gagné cinq livres dix sous! Ma sœur sautait de joie en me disant:

« — Vois-tu, Victor, nous pourrons bientôt ravoir le flacon de notre mère. »

— Dis donc, puisque ton nom est Victor, pourquoi t'appelle-t-on Moucheron?

— C'est un sobriquet qu'on m'a donné. Enfin nous voilà donc à Paris, ma sœur et moi. Une bonne femme qui nous vit sur le boulevard où ma sœur chantait, vint causer avec nous et nous offrit de nous loger et de nous nourrir, en nous disant: « Vous me donnerez ce que vous pourrez sur ce que vous gagnerez. » Tu penses bien que nous ne demandions pas mieux. Tous les jours je sortais avec Maria qui chantait sans cesse; nous faisions des récoltes abondantes. Si bien qu'au bout de cinq mois que nous étions à Paris, ma sœur avait amassé les quarante livres, elle courait les porter à Vincennes, et elle revenait avec le précieux flacon.

— Alors tu l'as toujours?

— Ce n'est pas moi qui l'ai, c'est ma sœur. Comme l'aînée, c'était bien à elle de le garder. Nous passâmes quatre ans de cette façon; comme ma sœur gagnait pas mal, elle me fit aller à l'école... aussi je sais lire, moi!... et toi, Beaulard?

— Non... je connais un peu mes lettres, mais voilà tout.

— Mais ne v'là-t-il pas qu'un jour, à force de chanter, ma sœur attrape un enrouement! Ça nous mettait dans l'embarras, mais j'avais neuf ans, j'étais déjà pas bête!.... je dis: « Voilà assez d'école, faut gagner de l'argent; je vais me faire commissionnaire!... » Maria ne le voulait pas; mais je ne l'écoutai guère!... et je gagnai à mon tour de l'argent. La voix était un peu revenue à ma sœur, mais ça l'ennuyait de chanter dans les rues. Elle entra femme de chambre chez des gens très-riches qui l'emmenèrent à Rouen, où ils allaient se fixer. J'avais alors treize ans, Maria en avait près de dix-sept. Elle me dit en partant: « J'emporte le flacon; toi, tu es trop petit, tu le perdrais. D'ailleurs, quand j'aurai amassé de l'argent, je reviendrai à Paris. Mais nous ne savons pas où est notre famille, et si nous devons la retrouver, peut-être la découvrirai-je aussi bien en Normandie qu'ici. » Et ma sœur est partie en me recommandant de bien me conduire.

— Est-elle revenue à Paris depuis?

— Non, il y a quatre ans passés qu'elle est partie. Elle m'écrivait souvent dans les premiers temps; ensuite elle m'écrivait moins... et depuis près d'un an je n'ai pas reçu de ses nouvelles..

— Et si elle était morte?

— Oh! que non, elle me l'aurait fait dire!... je veux dire: elle m'aurait écrit qu'elle était malade. Mais je ne serais pas étonné de la voir arriver un de ces jours; car dans sa dernière lettre elle me disait: « J'espère te revoir bientôt; je veux retourner à Paris, je m'ennuie à Rouen. »

— Et toi, tu vas toujours à Vincennes voir ceux qui t'ont élevé?

— Non, je n'y vais plus. Pourquoi faire? La mère Duchemain est morte ainsi que son mari. Que veux-tu que j'aille faire là? Les enfants de ma nourrice n'ont jamais aperçu la belle dame qui nous a apportés, ils ne pourraient me donner aucun renseignement. D'ailleurs, vois-tu Beaulard, quand les parents mettent comme ça leurs enfants bien loin d'eux et ne viennent jamais les embrasser, c'est qu'ils ont l'intention de les abandonner un jour, mais j'en ai pris mon parti.

— Oh bien! moi, je serais bien chagriné si je n'avais pas ma mère!

— Mais, imbécile, c'est bien différent: ta mère, tu la connais, elle t'aime, elle a eu soin de toi, elle ne t'a jamais repoussé!... alors tu dois l'aimer, c'est tout simple.. comprends-tu?

— Oh! elle me repousserait que je l'aimerais tout de même!...

— Décidément tu ne comprends pas. Voyons, viens-tu avec moi voir *la Forêt périlleuse*? je te régale... je paye ta place... j'ai fait une bonne journée hier... je peux faire rouler les gros sous! j'ai pas besoin d'amasser, moi.

— Merci, Moucheron, merci, merci, mais si je m'absentais, ça fâcherait M. Curtius, je pourrais perdre ma place... et je ne veux pas m'exposer à ça!...

— Tu veux donc passer ta vie avec des figures de cire? A dire: « Ceci vous représente M. Jupiter et madame son épouse? » Fais-toi commissionnaire comme moi, tu gagneras bien plus!

— Oui, les jours où l'on gagne! mais il y en a où l'on ne fait rien, tu me l'as dit toi-même, et ces jours-là comment ferais-je pour porter douze sous à ma mère? j'aime mieux ce qui est assuré...

— A ton aise!

— Tu me raconteras demain *la Forêt périlleuse*, et ça me fera autant de plaisir...

— Je vois une pratique qui me cherche... au revoir.

— A demain, Moucheron.

Les deux amis se séparent. Jean Beaulard, le petit blond maigre, mince et pâlot, s'en retourne à son emploi chez Curtius, en brandissant en l'air la longue baguette qui lui sert à désigner les figures qu'il montre.

Et Victor, grand gaillard de dix-sept ans, dont les yeux ont une certaine assurance qui ressemble presque à de la fierté, va se mettre à sa place habituelle au coin du boulevard et du faubourg du Temple.

VI. — LE CHEVALIER DE MÉRILLAC.

En quittant Florentine, le comte de Germancey était allé rejoindre un monsieur qui passait alors devant le petit théâtre des Délassements, un peu après la parade du paillasse Rousseau.

Le personnage que M. de Germancey vient d'atteindre est un homme qui peut avoir cinq ou six ans de moins que lui: grand, bien bâti, d'une belle prestance, qui porte la tête haute et se tient en marchant légèrement penché sur sa hanche gauche; sa figure est fortement caractérisée, ses traits sont nobles, ses yeux ont encore tout l'éclat de la jeunesse, mais leur fierté est tempérée par une expression de gaieté, de bonne humeur, qui semble être le fond du caractère de ce personnage, bien qu'il s'y mêle comme une nuance d'ironie et de persiflage.

Ce monsieur porte une grande redingote bleue qui descend jusqu'à ses talons, et qu'il tient hermétiquement boutonnée jusqu'en haut, ne laissant voir qu'une cravate noire et un col très-blanc. Ses cheveux sont poudrés, relevés par derrière avec un peigne, et sur sa tête est un large chapeau rond à grands bords. Il a des bottes à retroussis et tient une jolie canne à sa main.

— N'allez donc pas si vite, chevalier de Mérillac! on a quelque chose à vous dire.

Celui auquel ces paroles viennent d'être adressées s'arrête, fait une demi-pirouette sur lui-même, et se trouvant alors devant le comte de Germancey, s'écrie:

— Dieu me damne!... je ne me trompe pas! c'est ce cher Germancey!... Ah! quelle heureuse rencontre!... je me disposais à vous chercher dans tout Paris, et à peine arrivé je vous y trouve... Mais embrassons-nous donc d'abord...

— Oh! très-volontiers! répond le comte en se jetant dans les bras du chevalier.

Et les deux amis s'embrassent cordialement. Après ces premiers moments donnés au plaisir de se revoir, les questions se croisent :

— Cher comte!... quel bonheur de se revoir...

— Oui, surtout quand on a passé par tant d'épreuves, quand on a tremblé pour les jours de ceux dont on était séparé.

— Vous n'avez pas dû trembler pour les miens, puisque j'avais émigré... J'étais à l'abri de vos accusateurs publics, mais je ne l'étais pas du malheur, des besoins, de la misère même!...

— Pauvre chevalier!

— Ma foi, oui, j'étais parti avec cent louis dans ma poche, comptant trouver mon oncle en Allemagne... il avait pris un autre chemin, et les lettres qu'il m'avait écrites pour me faire connaître le lieu de sa retraite ne m'étaient pas parvenues. Vous connaissez ma manière de vivre : en fort peu de temps j'avais mangé les cent louis qui composaient toute ma fortune!

— Comment fîtes-vous alors pour exister?

— Eh! sambleu! je fis, comme bien d'autres, usage des faibles talents que je possédais; malheureusement je n'en possédais guère! Fort ignorant en peinture, assez pauvre musicien... mauvais calculateur... écrivant comme un chat! Je dois avouer que je m'étais toujours plus occupé de plaisirs que d'études... Ah! si l'on pouvait prévoir les événements, on prendrait ses précautions... Je crois cependant qu'il vaut encore mieux que l'on ne lise pas dans l'avenir... Convenez, cher comte, que nous y aurions vu de trop épouvantables malheurs...

— En effet, ce serait une fâcheuse science!... Mais continuez donc.

— Eh bien, un jour que, dans une auberge d'une petite ville d'Allemagne, je venais de manger mon dernier écu et me demandais à quel saint il fallait m'adresser pour sortir d'embarras, j'aperçus un vieux cor de chasse suspendu à la muraille. Vous devez vous rappeler, comte, que j'ai toujours été grand chasseur, que cet exercice était chez moi une passion; mais ce que vous ne savez peut-être pas, c'est que je donne du cor de chasse comme saint Hubert lui-même... je sais même moduler mes sons, et je m'amusais souvent à jouer des fanfares de ma composition. Me voilà donc, dans mon désespoir, décrochant le cor qui depuis longtemps, je crois, n'avait pas été touché, et me mettant à la fenêtre, j'exécute une de mes fanfares les plus belles, puis une autre, puis une autre encore... et avec un tel succès que la foule s'était amassée devant l'auberge, et que l'on m'applaudissait à tour de bras!

Bientôt l'hôte s'avance vers moi, son bonnet de coton à la main, et, après m'avoir fait de grands compliments sur la manière dont je jouais du cor de chasse, me dit qu'une riche bourgeoise, habitant une maison voisine et qui adorait la musique, me faisait prier de passer chez elle, si cela ne me dérangeait pas.

Je n'avais rien de mieux à faire que d'être agréable à cette dame; je me rendis chez elle. Je trouvai une énorme femme de quarante ans, mère de deux demoiselles de quinze à seize ans, qui étaient aussi fortes que leur mère. Dans cette famille, toutes les dames avaient les goûts masculins; elles faisaient fort bien le coup de fusil. La grosse Allemande me demanda si je ne consentirais pas à lui donner des leçons de cor de chasse, à elle et à ses deux filles, en me disant de fixer moi-même le prix de mes leçons. Je n'avais pas à hésiter: c'était une bonne aubaine que la Providence m'envoyait. Me voilà donc professeur de cor de chasse pour dames; mais ce qu'il y a de singulier, c'est que presque toutes les dames de la ville, ayant entendu mes élèves et charmées de la façon toute nouvelle dont elles faisaient résonner le cor de chasse, voulurent aussi prendre de mes leçons; cela devint un engouement, une fureur! Chaque dame avait son cor de chasse, avec lequel elle se mettait à sa fenêtre, et alors c'était un hallali général et à qui de mes élèves l'emporterait sur ses rivales!...

—Cela devait faire un bruit épouvantable dans la ville!

— Justement; et cela arriva au point que le bourgmestre fut obligé de faire défendre le cor de chasse. Les dames se révoltèrent. On leur accorda la permission d'en jouer depuis minuit jusqu'à six heures du matin, parce qu'on espérait qu'alors elles aimeraient mieux dormir que de profiter de la permission; mais, à minuit, le son du cor retentit dans tous les quartiers de la ville : c'était à croire que l'on chassait dans toutes les rues, d'autant plus que les chiens, peu habitués à ce vacarme nocturne, y mêlèrent leurs aboiements, ce qui compléta l'illusion. Moi, je riais comme un fou dans mon lit, enchanté des talents que déployaient mes élèves!... Mais, à six heures du matin, un échevin entra dans ma chambre, en me signifiant très-poliment, que j'eusse à partir de la ville dans la journée même, parce que je mettais tous les habitants mâles en danger de devenir sourds. Je m'exécutai de bonne grâce! J'avais fait payer mes leçons fort cher, j'avais amassé de l'argent, et je me rendis en Angleterre, où je retrouvai mon oncle et de bons amis.

Mais vous, mon cher comte, vous qui êtes resté en France pendant cette terrible époque, combien de périls, de dangers vous avez dû courir!...

— En effet!... c'est un miracle si je suis encore vivant!

— Pourquoi n'avoir pas fait comme nous?

— Moi! m'expatrier!... oh! non... et, d'ailleurs, le marquis de Sauvigné et sa fille étaient à Paris... est-ce que je pouvais les quitter?... Vous avez appris leur mort?...

— Oui... nous avons eu ces désolantes nouvelles...

— Vous avez su que ce misérable Séverin, après avoir osé parler d'amour à sa jeune maîtresse, avait été la dénoncer pour se venger de ses mépris?

— Oui; oh! j'ai su tout cela par votre frère, à qui vous l'aviez écrit. Quel misérable que ce Séverin! un petit drôle que le marquis élevait par charité! On disait, je crois, que c'était un descendant du trop fameux Cartouche?

— C'est la vérité. Ce Séverin est son petit-fils.

— Il est bien digne de son aïeul!

— Vous alliez quelquefois chez M. de Sauvigné; avez-vous aperçu ce Séverin?

— Ma foi! je l'ai peut-être aperçu, mais sans y faire attention... on ne remarque pas un domestique... Si l'on m'avait dit alors qu'il descendait du fameux Cartouche, oh! je l'aurais bien certainement regardé avec curiosité; mais M. de Sauvigné ne le disait pas...

— Par bonté... par pitié pour ce garçon dont il avait pris soin, et qui devait si bien reconnaître ses bienfaits!

— Et qu'est-il devenu, ce misérable?

— Je l'ignore... mais si jamais je le rencontre... Ah! vous devez bien penser que mon vœu le plus ardent est de punir le monstre qui a conduit Honorine à l'échafaud.

— Oh! je vous crois; et, dans cette circonstance, si vous avez besoin de moi... je serai trop heureux de vous aider à punir un tel scélérat!

— Merci, chevalier; mais depuis huit ans... cet homme est peut-être mort... C'est assez nous occuper de ces affreux événements... Dites-moi, Mérillac, pendant votre séjour en Angleterre, vous avez vu mon frère?

— Oui, vraiment. Oh! il ne s'ennuyait point là-bas; il menait joyeuse vie... autant toutefois qu'on peut la mener joyeuse en Angleterre!... Ah! mon cher comte, il n'y a que la France pour s'amuser!... Si vous saviez avec quel plaisir je me promène sur le boulevard, bien qu'il fasse très-froid!... mais on ne sent pas qu'il gèle quand on est content... Je cherchais notre *Nicolet*, notre *Audinot*...

— Ah! ils se sont transformés! c'est maintenant le théâtre de la Gaîté et celui de l'Ambigu-Comique; le mélodrame a remplacé les Grands Danseurs du roi et les Marionnettes!

— Le mélodrame... qu'est-ce que cela?... nous ne connaissions pas ce mot-là, il me semble?

— Le mot est assez bien inventé, puisque ces pièces sont des drames mêlés de musique et de pantomime ; on y ajoute des danses, des combats, beaucoup de spectacle, et cela fait fureur.

— Fort bien; je viendrai voir des mélodrames... Mais revenons à votre frère. J'étais souvent son compagnon de plaisirs, car vous savez que je n'ai pas l'humeur noire... Il a eu diablement d'aventures galantes, votre frère !...

— Oui, oui... je le sais...

— Mais toutes ne sont pas heureuses; et, il y a un an, dans un duel qu'il eut avec un rival... pour une petite marchande de la Cité, qui certes n'en valait pas la peine, il reçut un coup d'épée dans le côté, que l'on jugea d'abord peu dangereux, et qui cependant tourna mal... car, au bout de six semaines... il mourut!

— J'ai appris ce fatal événement, auquel j'étais loin de m'attendre, car mon frère avait passé la cinquantaine... je le croyais devenu raisonnable.

— Mon cher Germancey, il n'y a pas d'âge pour les braves... et que voulez-vous? quand le cœur est toujours jeune... on aime les femmes à tout âge !

— C'est possible; mais on ne le leur prouve pas de la même manière.

— Votre frère, peu de temps avant de mourir, me fit venir près de lui et me donna un pli cacheté, en me priant de vouloir bien vous le remettre lorsque je rentrerais en France, et surtout de ne le remettre qu'à vous-même. La manière dont il me recommanda cette lettre me prouve qu'il attachait beaucoup d'importance à cette mission. Je suis donc heureux de pouvoir, dès mon arrivée à Paris, remplir les dernières intentions de votre défunt frère.

En achevant ces paroles, le chevalier de Mérillac déboutonne sa vaste redingote bleue, fouille dans une poche de côté, y prend un grand portefeuille et en tire une lettre soigneusement cachetée qu'il remet à M. de Germancey.

— Voici la lettre que M. votre frère m'avait remise pour vous. Je vous laisse en prendre lecture, et je vais continuer à renouer connaissance avec mon cher Paris... Si vous voulez, comte, nous nous retrouverons pour dîner ensemble...

— Volontiers...

— Où peut-on se retrouver maintenant?... Indiquez-moi un endroit que je connaisse encore... avons-nous toujours le Palais-Royal?

— Oui; il a changé de nom plusieurs fois, mais sa physionomie est restée la même...

— Eh bien, j'y serai à quatre heures, devant le Perron.

— Fort bien ! je vous y rejoindrai.

M. de Mérillac s'est éloigné; le comte, resté avec sa lettre à la main, se dirige vers un petit café assez peu fréquenté le matin, et là il s'assied à une table et prend connaissance de la missive de son frère. Mais à mesure qu'il la lit, son front se rembrunit, et lorsqu'il en a terminé la lecture, il appuie sa tête sur une de ses mains, en se disant :

— Voilà une chose à laquelle j'étais loin de m'attendre !... et mon frère me charge là d'une commission bien difficile... et qu'il me sera peut-être impossible d'exécuter !

III. — PREMIÈRE REPRÉSENTATION DE L'HOMME A TROIS VISAGES.

Ce soir-là, on donnait au théâtre de l'Ambigu-Comique la première représentation d'un mélodrame dont on disait d'avance monts et merveilles; il était d'un jeune homme, nommé *Guilbert Pixérécourt*, destiné à avoir de grands succès sur le boulevard du Temple. Le titre : *l'Homme à trois visages*, piquait vivement la curiosité. Aussi, dès cinq heures du soir, une queue formidable était formée devant le théâtre.

Parmi ceux qui faisaient queue pour les petites places, on pouvait distinguer le jeune Moucheron. Il était arrivé un des premiers devant le bureau, et là, tenant d'une main un cervelas, de l'autre un énorme morceau de pain, il mangeait avec appétit, tout en causant avec les voisins et apostrophant parfois les passants.

Le petit Beaulard, montreur de figures de cire, vient de passer devant la queue et s'entend aussitôt appeler par le jeune commissionnaire.

— Ohé ! Beaulard ! écoute donc un peu... approche de la balustrade... on te laissera approcher, on voit bien que tu ne veux prendre la place de personne, toi, avec ta grande baguette...

— Tiens ! que fais-tu donc là, toi, Moucheron?

— Ce que je fais? est-il bête ! Tu ne vois pas que je me suis mis en queue pour avoir une bonne place, pour voir le nouveau mélodrame... *l'Homme à trois visages !*... c'est ça un titre qui promet !...

— Si c'était l'homme à douze visages, dit un gros garçon qui est derrière Moucheron, ça promettrait encore davantage !... eh ! eh! eh !

— Eh bien, quoi? vous avez l'air de rire, vous? est-ce que vous venez voir la pièce pour vous moquer?... Si vous croyez que ça n'est pas bon, pourquoi que vous venez? pourquoi que vous vous mettez à la queue, où vous tenez tant de place avec votre bedaine?

— Allons ! la paix, messieurs ! dit un gendarme, le premier qui se bat à la queue, je l'en fais sortir !

— Pourquoi se moque-t-il du titre de la pièce... il tient trois places à la queue ! c'est dégoûtant ça ! quand on est épais comme ça... on ne se met pas à la tête de la queue... Dis donc, Beaulard... fais-moi un plaisir...

— De quoi que c'est? ..

— J'étouffe, moi !... v'là une heure que je mange sans boire, et le saucisson ça altère ! va donc me chercher un verre de coco... tu seras bien gentil !

— D'un liard ou de deux?

— Un grand verre, nigaud, puisque je te dis que j'étouffe.

Le jeune Beaulard va faire sa commission et ramène bientôt près de la balustrade un marchand de coco, qui trouve là de nombreuses pratiques.

Un petit homme qui accourt par la chaussée, s'approche de la queue et dit à Moucheron :

— Voulez-vous me vendre votre place... je vous en donne cinq sous.

— Vendre ma place !... moi ! vendre ma place, mais vous m'en donneriez un petit écu que je ne vous la vendrais pas ! une pièce dans laquelle jouent MM. *Tautin, Corsse, Révalard, Joigny, Dumont* et mam'zelle *Lévêque!* et qui est de l'auteur du *Pèlerin blanc*, de *Cœlina* ou *l'Enfant du mystère !*... Pas de danger que je cède ma place .. pas pour un écu de six livres à la vache !... Ah ! bon ! voilà qu'on pousse à présent ! sont-ils bêtes ! à quoi que ça sert de pousser, nous n'en irons pas plus vite, puisque le bureau n'est pas ouvert !

Pendant que ceci se passe à la porte du théâtre de l'Ambigu ; deux messieurs arrivent bras dessus, bras dessous par le boulevard Saint-Martin, et vont droit à l'étalage d'oranges de la jolie Florentine.

C'est M. de Germancey et son ami le chevalier de Mérillac. Ces messieurs se sont arrêtés devant la jeune fille, et le comte dit à son ami :

— Voici la personne dont je vous ai parlé, chevalier, c'est à sa pauvre mère que j'ai dû la vie... je vous ai conté tout ce qu'elle a fait pour moi. Jugez si je dois porter de l'intérêt à cette chère enfant, qui, avec cette charmante figure, a déjà la bonté, les vertus de sa mère.

M. de Mérillac fait un gracieux salut à Florentine, qui est toute confuse ; il s'écrie :

— Vive Dieu ! qui ne porterait intérêt à une si charmante personne !... cependant il ne faut pas qu'elle nous fasse oublier de prendre notre café, avant d'entrer au mélodrame... car vous saurez, mademoiselle, que ce cher Germancey me mène ce soir voir une de ces pièces qui font à la fois frémir et rire...

— Ces messieurs vont à l'Ambigu voir la première représentation de *l'Homme à trois visages?*

— Ah ! c'est une première représentation? Tant mieux...

cela n'en aura que plus de charmes, les primeurs plaisent toujours !

— Mérillac, veuillez aller m'attendre au café en face... je vais causer un moment avec ma jeune amie, puis je vous rejoins...

— Très-bien... je vous attends.

M. de Mérillac se rend au café, et le comte, resté près de Florentine, la regarde en souriant et murmure :

— Eh bien ! le chagrin de l'autre jour est-il un peu calmé... les amours vont-ils mieux... Aimez, chère petite, aimez ! c'est de votre âge ! mais seulement tâchez de bien placer vos sentiments et de ne point livrer votre cœur, si jeune et si pur, à quelqu'un qui serait indigne d'un tel trésor.

Florentine tend sa main à M. de Germancey : et, tout en rougissant, balbutie :

— Oui, monsieur, oui, vous avez bien deviné... mon cœur s'est laissé prendre... j'ai peut-être eu tort... mais c'est plus fort que moi...

— L'amour ne raisonne pas, mon enfant, surtout à votre âge ; et, à dire vrai... je ne sais pas trop à quel âge il raisonne... quand il le fait, ce n'est plus de l'amour.

— Mais je n'ai encore aucune faute à me reprocher... j'aime... j'en suis convenue avec celui qui m'a inspiré ce sentiment... voilà tout !

— C'est fort bien pour le moment. Mais cet amour est-il de longue date ?

— Non, monsieur... je l'ai vu presque tous les jours pendant un mois... ce temps a suffi pour me le faire aimer... il venait le matin et le soir... il me parlait... si tendrement... ses yeux brillaient de tant de feu... j'ai été bien vite émue en l'écoutant...

—Enfin il vous plaît ! Tout est dans ce mot. Mais vous venez de dire il venait... est-ce qu'il ne vient plus ?

— Hélas ! non, monsieur !... depuis plus de deux mois, je ne l'ai pas aperçu et je ne vous cache pas que cela me désole !...

— Aviez-vous eu quelque querelle ensemble.... entre amoureux on a souvent de ces petits débats qui donnent plus de charme aux raccommodements.

— Non, monsieur, nous n'avions pas eu le moindre différend... il me priait de... revenir causer avec lui... après la vente... j'hésitais, voilà tout.

— Il est peut-être malade. Vous êtes-vous informée ? Vous savez sans doute son nom, son adresse, ce qu'il fait ?

Florentine baisse les yeux en répondant :

— Je sais qu'il s'appelle Francisque... mais... c'est tout.

— Quoi ! ce jeune homme... car c'est un jeune homme naturellement ?

— Oui, monsieur, il doit avoir tout au plus vingt-cinq ans.

— Eh bien, ce jeune homme ne vous a pas dit ce qu'il faisait... sa profession... sa position dans le monde ?...

— Non... pas encore... il allait me le dire, sans doute, la dernière fois que je l'ai vu, car je le questionnais à ce sujet, mais un homme est venu près de lui, qui lui a dit quelques mots à l'oreille, alors Fra cisque m'a quittée précipitamment, en me disant : « Je vous reverrai bientôt ! »... bientôt ! et voilà près de trois mois de cela !... Qu'est-ce que cela veut dire... que peut-il lui être arrivé ?... Ah ! je suis bien tourmentée !

Le comte réfléchit et secoue la tête en murmurant :

— Je n'aime pas ce mystère... on agit avec franchise quand on n'a que de bonnes intentions...

— Vous croyez qu'il m'a trompée, n'est-ce pas, monsieur, qu'il ne m'aime pas... qu'il m'a déjà oubliée ?

— Il ne vous a pas trompée puisqu'il ne vous a rien dit ; il n'est pas probable qu'il vous ait oubliée, puisque vous ne lui avez pas encore cédé... les hommes oublient après, mais pas avant, voilà la marche, ma chère enfant ; quelque affaire pressante... un voyage, une maladie .. tout cela peut le retenir loin de vous ; mais vous le reverrez, j'en suis bien certain. Alors, croyez-moi, tâchez de savoir ce qu'il est, ce qu'il fait... si vous lui donnez votre amour, c'est bien le moins qu'il vous donne sa confiance.

— Oui, monsieur, oh ! je questionnerai Francisque... je saurai si c'est une femme qui le guettait l'autre soir et qui a été cause de son prompt départ !

— Ah ! voilà surtout ce que vous voulez savoir...

— N'est-ce pas tout naturel, monsieur ? Ah ! je voudrais que vous vissiez ce jeune homme... vous avez de l'expérience, vous, monsieur... Moi, je suis toute simple, je crois ce qu'on me dit, mais je suis bien sûre que vous sauriez tout de suite si Francisque est digne de mon amour.

— Moi aussi je serais bien aise de le connaître. Mais ce sera facile, un jour vous lui direz de revenir le lendemain... en lui indiquant une heure, et vous m'avertirez...

— Oui, monsieur, oui... si je le revois !...

Et la jolie marchande pousse un gros soupir.

— Mais oui, vous le reverrez ! reprend le comte, bien qu'il vaudrait mieux peut-être pour vous qu'il ne revînt jamais... car un garçon qui s'enveloppe de tant de mystères... Oh ! je n'aime pas cela !... Mais Mérillac m'attend au café... Au revoir, ma chère Florentine, au revoir !

La salle du théâtre de l'Ambigu-Comique était, à sept heures du soir, entièrement pleine. Cette salle avait alors tout autour du parterre un pourtour contenant trois rangs de banquettes ; ce pourtour n'était point entièrement clos par derrière, il n'était fermé que par une séparation à hauteur d'appui, si bien que, lorsqu'il n'y avait plus de place au parterre, les spectateurs se tenaient encore dans le couloir, derrière le pourtour, d'où l'on voyait passablement, surtout ceux qui avaient les places contre la séparation. Il y avait même des amateurs des habitués qui préféraient cette place à toute autre, parce que, souvent, sur la dernière banquette du pourtour, il y avait des dames, de jolies femmes, et que, celui qui était debout derrière elles dans le couloir, était fort commodément pour les voir, et même essayer de causer et de faire connaissance.

Le comte de Germancey et le chevalier de Mérillac, étant restés un peu longtemps au café, n'avaient plus trouvé dans la salle une seule place pour s'asseoir. Il leu avait donc fallu se contenter de rester debout derrière le pourtour, et encore les places où l'on pouvait s'appuyer sur la séparation étaient-elles presque toutes prises, et un second rang de spectateurs debout commençait à se former. Cependant M. de Germancey était parvenu à se mettre en avant, et il avait engagé son ami à se tenir près de lui, mais M. de Mérillac venait d'apercevoir, plus loin, tout près de la scène, une fort jolie femme assise sur le dernier banc, il y avait encore une place derrière elle, parce que c'était à peine si, de là, on pouvait apercevoir la première coulisse en face. Mais le chevalier a couru prendre cette place, en disant :

— J'en verrai toujours bien assez de la pièce ! mais, du moins, si elle m'ennuie, j'aurai autre chose à regarder.

Le jeune Moucheron était au paradis, mais sur le devant, à gauche de la scène, et de là, avant que l'on ne commence, il ne se gênait pas pour faire la conversation avec ses camarades placés fort loin de lui. Mais dans ces petits théâtres, il régnait alors une grande liberté dans les entr'actes, et souvent les dialogues de ces messieurs du paradis amusaient beaucoup les spectateurs des loges.

— Raffile joue-t-il dans la pièce ? crie un individu en blouse qui est en train de manger des pommes.

— Non, il ne joue pas !

— Ah ! ben, flûte !.. je m'en vas !...

— Est-il bête ce Jean ! dit Moucheron, s'en aller parce que *Raffile* ne joue pas !... mais je le connais... c'est pas à cause de Raffile qu'il s'en va, c'est pour vendre sa contre-marque... il aura eu une entrée à l'œil, et il veut se faire des monaco !... connu !...

Cependant la pièce nouvelle commence : le premier acte marche fort bien, le brigand *Abelino*, qui n'est qu'une imitation d'une pièce anglaise (*le Brigand de Venise*), fait frémir les spectateurs, et transporte d'admiration les messieurs du paradis.

M. de Mérillac a peu écouté *Abelino* et la belle *Rosemonde*, parce qu'il a beaucoup regardé la jolie dame qui est placée devant lui. Il a même commencé à entamer la conversation, en risquant quelques mots sur la crainte que l'on avait de gêner, en appuyant ses bras sur la séparation, mots auxquels on a répondu d'une façon fort aimable, en assurant au monsieur qu'il ne gênait nullement, et qu'il pouvait placer son bras sur la barrière; le chevalier ne manque pas d'user de la permission, si bien que son bras et sa main effleurent quelquefois les épaules de cette dame; mais du moment qu'elle a dit que cela ne la gênait pas, il eût même été maladroit de ne point continuer.

M. de Mérillac se trouverait donc fort bien à la place qu'il occupe, s'il ne se sentait pas à chaque instant pressé et poussé par un homme assez mal mis, dont la tête est ornée d'une espèce de bonnet de loutre à visière, laquelle visière est rabattue sur son front de manière à cacher presque ses yeux, ce qui, pourtant, n'empêche pas de voir qu'ils sont fauves et louches, que son nez est mince et forme un angle aigu par le milieu, que sa bouche est énorme et dégarnie de dents, enfin que sa figure est cave, ses joues creuses et tout son ensemble très-peu fait pour inspirer la confiance.

Plusieurs fois, M. de Mérillac a dit à son incommode voisin :

— Monsieur, vous me gênez! et celui-ci répond d'un ton très-humble et très-poli :

— Oh! excusez-moi, monsieur, c'est que je voudrais bien voir un petit peu.

— Mais quand vous me presserez ainsi, vous n'en verrez pas plus; j'ai une barrière devant moi, je ne puis pas avancer davantage.

— Oh! c'est juste... je vous demande bien pardon... mais je cherche à voir un peu *Abelino!*

Si cet homme n'avait pas répondu aussi poliment, M. de Mérillac l'eût déjà brusquement repoussé; mais le voisinage de la jolie dame du pourtour lui fait prendre patience.

Le premier acte de l'*Homme à trois visages* s'est terminé au bruit des applaudissements et des bravos... mais alors tout le monde veut profiter de l'entr'acte pour se donner de l'air, les uns sortent, les autres se lèvent. Cependant, dans le couloir du rez-de-chaussée on ne pouvait guère quitter sa place sans craindre de la perdre et M. de Mérillac n'aurait pas voulu perdre la sienne; il espérait que son monsieur à casquette de loutre, qui n'était que sur le second rang, sortirait au moins pendant l'entr'acte, mais celui-ci n'en fait rien, au contraire, il tâche de se faufiler au premier rang.

Au milieu de ce mouvement qui régnait dans la salle, la jolie dame s'était levée et, pour respirer plus à l'aise, tournée du côté du couloir; le chevalier, se trouvant alors son vis-à-vis, n'avait pas manqué cette occasion pour renouer l'entretien; il était aimable, galant; il avait de l'esprit, c'est plus qu'il n'en faut souvent pour se faire écouter.

Tout à coup et lorsque la conversation était la plus animée, M. de Mérillac fait un brusque mouvement en s'écriant :

— Au voleur! au voleur!... ah! drôle! tu me prends ma montre!... mais tu ne te sauveras pas avec!

C'est l'individu si laid et si poli qui, voyant son voisin fort en train de causer avec une dame, avait cru le moment favorable pour faire le coup qu'il méditait depuis longtemps. Mais un secret pressentiment avait engagé Mérillac à se méfier de cet homme qui s'obstinait à se tenir contre lui; tout en causant il observait ses mouvements, et lorsque celui-ci, après avoir fort adroitement soutiré la montre, allait disparaître avec, il s'était senti saisi par une main si ferme, si rude, qu'il lui avait été impossible de se sauver.

Les cris : Au voleur! ont bien vite fait assembler du monde autour du volé! bientôt un agent de police perce la foule, M. de Mérillac lui remet son voleur qu'il tient toujours par le bras, et lui fait voir sa montre que le coquin a vite lâchée, et qui est à terre où elle s'est brisée.

En vain, l'individu au nez cassé s'écrie :

— Ce n'est pas moi... je suis innocent!... ce n'est pas moi qui ai pris la montre... ce monsieur se trompe!

L'agent le saisit au collet, en lui disant :

— Il est fâcheux que nous vous reconnaissions, mon drôle, ce n'est pas votre première affaire... vous n'en êtes pas à votre début... allons, marchons!... Monsieur, voulez-vous bien venir jusqu'au poste faire votre déclaration...

— Laissez-moi d'abord ramasser les débris de ma montre...

— Comment, tu te fais voler? dit M. de Germancey, qui est parvenu à percer la foule pour s'approcher de son ami.

— Oui, mon cher, oh! j'ai toujours des aventures, moi mais viens ici et garde ma place à laquelle je tiens beaucoup et que je te prierai de me rendre, quand j'aurai fait coffrer ce monsieur, qui se fourrait dans ma poche, soi-disant pour voir un petit peu *Abelino*.

On entraîne le voleur; M. de Mérillac va déclarer au commissaire ce qui s'est passé, puis l'individu arrêté est emmené par les gendarmes. Mais cet événement a fait du bruit, les spectateurs du paradis qui aiment beaucoup à voir des voleurs sur la scène, ne sont pas moins empressés pour les voir à la ville; Moucheron est un des premiers, et l'aspirant garçon limonadier, Boursiquet, qui sait toute l'affaire, quitte son café pour accourir dire à Turlure et à Florentine :

— Mesdemoiselles! on vient d'arrêter un voleur... à l'Ambigu... pendant la pièce nouvelle!...

— Est-ce qu'on a volé l'homme à trois visages? s'écrie Turlure.

— Mais non, on a volé une montre à un particulier, mais le voleur est pincé... les gendarmes l'emmènent... Tenez, il va passer par ici... vous allez le voir tout à votre aise... oh! il est bien laid!...

En effet, deux gendarmes s'avançaient en écartant les curieux, et ils avaient entre eux le particulier, en casquette de loutre, auquel on avait mis les poucettes, et qui marchait aussi tranquillement que s'il était à la promenade.

Ce groupe passe tout près de l'étalage de Florentine, qui a pu fort bien voir le voleur et ressent comme un secret frémissement, tout en se disant :

— C'est singulier!... il me semble que j'ai déjà vu cet homme quelque part!...

L'été avait remplacé le printemps; le boulevard du Temple avait plus de promeneurs que jamais, et l'Ambigu-Comique, qui avait obtenu un immense succès avec son *Homme à trois visages*, voyait chaque soir le public venir faire queue devant ses bureaux; ce qui amenait aussi plus de pratiques pour les marchandes qui étalaient devant le théâtre; aussi ces dames étaient-elles presque toutes en belle humeur, excepté la plus jolie; mais Florentine avait compté les jours, puis les semaines, puis les mois, et celui qui avait touché son cœur n'était pas revenu.

Sa voisine Turlure, qui s'apercevait de sa tristesse et en devinait le sujet, car les femmes ont un talent tout particulier pour deviner les secrets d'amour, lui dit un soir :

— Eh bien, Florentine, c'est donc fini, tu ne veux donc plus jamais rire... tu auras donc toujours cet air triste, sombre, qui jure avec ta jolie figure!... tu n'es pas raisonnable, ma petite, car, entre nous, je crois que les hommes ne valent pas la peine que nous nous chagrinions pour eux!

— Et qui te dit que c'est pour un homme que je suis triste? répond Florentine avec humeur.

— Oh! ma petite, c'est pas entre nous qu'il faut se faire des cachotteries... il ne vient plus ce joli muscadin qui te marchandait toujours des oranges et ne t'en achetait jamais... il avait l'air bien ardent pourtant...

— Il est peut-être malade... peut-être mort!...

— Oh! que non!... pourquoi supposer ça... mais les hommes sont si capricieux... moi aussi, je ne t'ai pas caché que j'en tenais pour M. *Révalard*... mon grand acteur... il a cinq pieds six pouces, eh bien, ma chère, est-ce que hier, il ne m'a pas appris en causant, qu'il allait probablement quitter l'Ambigu-Comique pour entrer au théâtre de la Porte-Saint-Martin, qui va s'ouvrir par un drame à grand spectacle... qui s'appelle... Ah! mon Dieu, il m'a dit le nom... Bizarre... oui... ah! non, *Pizarre ou la conquête du Pérou*... qui est de l'auteur de l'*Homme à trois Visages*, et il prétend que ce sera superbe!... moi, je lui ai dit : « Ce n'est pas gentil à vous de quitter notre boulevard, » et il s'est mis à rire et m'a répondu : « Vous ignorez que le théâtre de la Porte-Saint-Martin est l'ancien Opéra! c'est une salle magnifique! la scène est vaste, large, profonde... on peut y faire d'autres effets! » J'ai compris que, comme il est très-grand, il lui faut plus de place pour jouer... mais c'est égal, voilà un nouveau théâtre qui va nous faire du tort et nous enlever du monde... ah! mon Dieu! pourvu qu'il ne nous prenne pas aussi M. *Tautin!*...

Florentine avait peu écouté ce que lui disait sa voisine, ses yeux s'étaient baissés vers la terre, elle était toute à ses souvenirs; tout à coup, Turlure tousse d'une façon très-significative, puis lui crie :

— Mais lève donc les yeux...regarde donc...le voilà!...

Presque au même instant quelqu'un s'arrêtait devant la jolie marchande, qui pousse un cri..... elle vient de reconnaître celui qu'elle attendait depuis si longtemps.

Et pourtant ce jeune homme a entièrement changé son costume, il est maintenant habillé tout à fait en *incroyable*; il porte de la poudre, et ses cheveux sont retroussés avec un peigne; il a un habit à la mode du temps, et sur sa tête le chapeau rond, à forme haute et pointue, qu'il enfonce fort avant sur son front, est entouré d'un crêpe; enfin, il a totalement coupé ses favoris qui, auparavant, encadraient fort bien son visage.

Mais on ne trompe pas l'œil d'une amante, et puisque Turlure avait deviné le personnage, à plus forte raison devait-il être sur-le-champ reconnu par Florentine, qui a pâli, en balbutiant :

— C'est vous... ô mon Dieu!... c'est vous... enfin!...

— Oui, chère Florentine, ah! croyez que le temps m'a semblé bien long... bien triste, loin de vous!...

— Être si longtemps... mon Dieu! voilà cinq mois et plus! je ne savais que croire... que penser... je vous ai cru mort! puis ensuite, je me disais : Non, mais il m'a oubliée?...

— Vous oublier... oh jamais! Je n'ai pas été un jour, un moment, sans penser à vous.

— Vous voilà!... je ne puis encore le croire... je crains de rêver...

— Non, non, c'est bien moi... c'est votre Francisque qui revient vers vous, plus amoureux que jamais...

— Ah! que cela fait plaisir d'entendre parler quelqu'un qu'on aime... surtout quand il y a si longtemps qu'on a entendu sa voix...

— Et moi, que je suis heureux de vous revoir... toujours aussi jolie... ah! cent fois plus encore!...

— Il me semble que vous avez changé quelque chose dans votre coiffure... dans votre manière de vous habiller... oh! mais tous les changements possibles ne m'auraient pas empêchée de vous reconnaître!

Le jeune homme ne semble pas enchanté de cette dernière phrase et il se retourne pour regarder derrière lui.

— Est-ce que vous cherchez encore quelqu'un... est-ce que vous avez peur que l'on vous voie me parler? murmure la jolie fille, en regardant aussi de tous côtés d'un œil jaloux.

— Non, non, moi craindre que l'on me voie vous parler... oh! ne pensez pas cela...

— Mais enfin, la dernière fois que je vous ai vu, pourquoi m'avez-vous quittée si brusquement, sans même répondre à ce que je vous demandais... et cette longue absence... pourquoi?... ah! je veux le savoir, monsieur, je veux connaître les motifs qui vous ont retenu si longtemps loin d'ici... Un homme s'était approché de vous, il vous avait parlé à l'oreille... qu'avait-il pu vous dire pour vous faire me quitter si brusquement?

Le jeune mirliflore prend un air grave, et répond :

— Cet homme... ce commissionnaire... m'était envoyé par un de mes amis, pour m'apprendre que... ma mère était fort malade et qu'il me fallait partir sur-le-champ si je voulais encore la voir.

— Votre mère... oh! mon Dieu!... pauvre jeune homme!...

— Vous devez bien penser que je n'hésitai pas!... Cette nouvelle était pour moi un coup de foudre... vous avez été témoin de l'effet qu'elle me fit...

— Oui... et moi qui vous accusais... ah! que j'avais tort... votre mère... il s'agissait de votre mère!... et... elle n'habitait pas Paris?

— Non, elle était dans le midi de la France... près d'Avignon...

— Vous êtes parti sur-le-champ?...

— Oh! oui, sur-le-champ... j'ai trouvé ma mère bien faible, bien souffrante, cependant ma présence sembla la ranimer, et pendant quelque temps je me flattai de la conserver encore; mais il y a un mois... je la perdis...

— Elle est morte... ah! pauvre jeune homme...

— Il me fallut ensuite mettre ordre à mes affaires... je voulus tout de suite vendre la propriété que possédait ma mère, afin de n'avoir plus à retourner dans un pays qui me rappelait un événement si douloureux... tout cela m'a retenu bien plus longtemps que je ne l'aurais voulu... et... vous savez tout maintenant.

Florentine tend sa main au jeune homme, elle a des larmes dans les yeux, en lui disant :

— C'est donc à moi de vous demander pardon, car je vous ai accusé de caprice, d'indifférence, lorsque c'était près de votre mère que vous remplissiez les devoirs d'un bon fils... Ah! j'avais bien tort de vous accuser... on doit tout quitter, tout oublier, pour être agréable à sa mère, pour la soigner... vous m'auriez oubliée pour elle que je ne vous en voudrais pas...

— Mais vous saviez bien, Florentine, qu'il est impossible de vous oublier!... et il fallait cet amour pour me ramener ici... sans cela...

— Quoi, vous seriez resté dans ce pays où vous avez eu tant de chagrin?...

Francisque hésite un moment, puis répond :

— Je ne veux pas dire que je serais resté dans ce pays-là, mais j'aurais voyagé...

— Mon Dieu!... j'y songe, c'est bien heureux qu'il ne vous soit rien arrivé par là!...

— Comment... que voulez-vous dire?

— Vous étiez dans le Midi, n'est-ce pas?

— Oui, sans doute... dans les environs d'Avignon.

— C'est qu'on assure que c'est par là qu'est en ce moment cette fameuse bande de brigands qu'on appelle les *Chauffeurs*, et qui sont commandés par le terrible *Schinderhanne*!...

Le jeune incroyable fronce les sourcils, ses traits prennent une autre expression, et il murmure d'un ton assez brusque :

— Ah! vous savez... qui donc vous a dit tout cela?

— Mais tout le monde ici raconte des histoires sur les Chauffeurs commandés par ce Schinderhanne! c'est à faire frémir, à donner le frisson!... il paraît que ces misérables, non contents de voler, de tuer partout où ils passent, font encore subir des souffrances inouïes aux malheureux qu'ils vont dépouiller, ils leur mettent les pieds dans le feu pour les forcer à dire où est caché leur argent!... et les pauvres torturés n'ont souvent rien à déclarer!...

— Assez!... Assez!... est-ce qu'il faut ajouter foi à toutes les sottises que vous entendez débiter!

Florentine s'arrête, toute surprise de la manière dont son amoureux vient de lui répondre et du changement singulier qui s'est opéré dans sa physionomie et jusque dans sa voix; mais presque aussitôt celui-ci reprend son air aimable, sa voix la plus douce et fixe sur elle des regards pleins de feu, en murmurant :

— Chère Florentine!... est-ce donc pour nous occuper de ces contes de portières que nous devons être ensemble?... n'avons-nous pas de plus tendres choses à nous dire?

Le jeune Moucheron mangeait avec appétit. (Page 12.)

— Oh ! sans doute... mais pourquoi donc êtes-vous si élégant aujourd'hui ?... cela me gêne pour vous parler... je vous aimais mieux avec votre mise d'autrefois...

— Eh bien, si elle vous plaît mieux, je la reprendrai... au reste, j'aime assez à varier ma toilette... à essayer de différents costumes.

— Je ne vois aucun mal... pourvu que votre cœur ne change pas comme votre costume !

— Jamais... jamais, chère Florentine, mais mon Dieu !... Ce monde qui nous entoure... qui nous regarde... c'est insupportable... on ne peut se prendre les mains, les serrer tendrement dans les siennes... on ne peut se permettre la plus innocente caresse... et pourtant après avoir été si longtemps sans se voir, n'est-il pas tout naturel d'éprouver le besoin d'épancher son cœur loin des regards jaloux ?... la contrainte que j'éprouve ici est un véritable supplice !... Ah ! Florentine... si vous m'aimiez comme je vous aime, vous ne me refuseriez pas ce rendez-vous que je vous demande depuis si longtemps...

La jeune fille baisse les yeux, rougit et balbutie :

— Mon Dieu !... si cela vous fait tant de plaisir... je n'y vois pas grand mal... je ne veux pas vous faire de la peine... et que vous doutiez de mon cœur...

— Vous consentez... ah ! je suis le plus heureux des hommes... ce soir à onze heures et demie... sur le boulevard en face de votre rue...

— Eh bien... oui.

— Ah ! merci ! merci ! mille fois... je vous quitte maintenant... je me sauve de peur que vous ne changiez de résolution...

— Mais non... mais non... puisque je vous promets...

— A ce soir, chère Florentine, à ce soir.

Le jeune homme a disparu, Florentine le cherche encore des yeux en se disant : — Il a peur que je ne revienne sur ma promesse !... ah ! c'est qu'il ne devine pas encore combien je l'aime ! combien je me sens heureuse de l'avoir revu !...

Et la physionomie de la jolie marchande s'est transformée, la tristesse a disparu pour faire place à un doux sourire, ses yeux ne se baissent plus vers la terre et elle tourne la tête vers sa voisine, qui lui dit :

— Allons, je vois que la paix est faite, tu viens de changer à vue comme dans une féerie dont j'ai vu un bout d'acte, au petit théâtre des Délassements-Comiques... là-bas, contre l'hôtel Foulon... mais ils veulent donner des féeries et ils n'ont jamais pu faire descendre le diable par une trappe, il a été obligé de sortir par la coulisse !... décidément ce n'est pas un théâtre, celui-là !... et puis ce poêle dans le milieu du parterre, merci ! ça ressemble trop à la loge de mon portier... il y avait un spectateur l'autre soir qui voulait y faire cuire des pommes...

— Tu l'as donc reconnu tout de suite, Turlure ?

— Le spectateur qui voulait faire cuire des pommes ?

— Mais non... tu sais bien de qui je veux parler !

— Ah ! ton beau jeune homme... ton incroyable ! car il est habillé en incroyable à présent... je l'ai reconnu à ses yeux qui sont comme des pistolets !... et t'a-t-il dit pourquoi il avait été si longtemps sans revenir te parler ?

— Mais sans doute, ce pauvre garçon ! il a perdu sa mère !...

— Ah ! et elle ne demeurait donc pas à Paris ?...

— Oh ! non, mais bien loin, dans le Midi !...

— Elle a été longtemps pour mourir alors... après ça, c'est peut-être un mensonge qu'il t'a fait !...

— Ah ! pourquoi supposer cela... n'as-tu pas vu un crêpe à son chapeau ?

— Un crêpe !... comme c'est difficile de se camper un crêpe sur son chapeau !... mais après tout... ça peut aussi être vrai... que je suis bête de te dire ça... moi, qui suis si contente de te revoir gaie, heureuse... Ah bon ! v'là Boursiquet qui accourt... qu'est-ce qu'il me veut encore, ce nigaud-là ?

L'aspirant garçon de café présente à mademoiselle Turlure une contremarque en lui disant :

— C'est pour la Gaîté, c'est un monsieur qui vient de m'en faire cadeau, allez bien vite voir un acte du mélo-

Il vient de passer deux hommes là-bas ... (Page 18.)

drame nouveau. . il paraît qu'il n'y a personne, et pourtant on dit que c'est superbe... *Elisa ou le triomphe des femmes*, joué par mademoiselle *Julie Parizet*... Ah! en voilà une fameuse actrice... et une femme bien faite. . c'est elle qui a créé *la fille hussard*, au théâtre de la Cité... et il paraît qu'en homme elle était si bien tournée, qu'on ne voulait plus qu'elle se remît en femme...

— Qu'est-ce qui joue en hommes dans la pièce? ça m'intéresse plus que les femmes, moi!...

— MM. Cazot, Saint-Aubin, Rivière et Marty... ce dernier-là est un jeune homme qui est tout nouveau au théâtre, mais on dit qu'il ira, parce qu'il est passionné pour son art!...

— C'est bon, je vais aller voir un acte; mais ma boutique, qui est-ce qui me la gardera?

— Pardi! mamzelle, vous savez bien que je suis là pour vous remplacer, quand ça peut vous être agréable...

— Eh bien, à la bonne heure, en ce cas mettez-vous là, mon petit Boursiquet. Au reste, vous n'aurez pas grand'chose à faire, le chausson aux pruneaux ne donne pas ce soir... c'est égal, veillez-y.

— Soyez tranquille, mamzelle, je ne bouge pas de là... Je suis si heureux quand je suis assis à votre place, sur votre chaise... ça m'en donne mal au ventre!...

— C'est gentil! s'écrie la marchande de pain d'épice, nous aurons de l'agrément alors!

Turlure a rajusté son bonnet sur sa tête et elle court au théâtre de la Gaîté.

Florentine ne remarque pas tout ce qui se passe autour d'elle; mais la soirée lui semble longue; parfois elle craint d'avoir eu tort en accordant ce rendez-vous, mais l'amour triomphe bientôt de ses appréhensions, toutes les jouissances qui offrent un danger à courir ne sont-elles pas celles qui tentent le plus?

Enfin, les spectacles ont fini. Les marchandes sont parties, il n'y a plus en étalage que les gâteaux, les chaussons de pommes, qui sont toujours gardés par Boursiquet. Le pauvre garçon n'ose pas quitter son poste, mais il murmure à chaque instant:

— C'est bien drôle! le spectacle est fini, et mamzelle Turlure ne revient pas... qu'est-ce qu'elle peut donc faire toute seule dans la salle?... Elle cause avec un pompier probablement!...

Après avoir porté sa marchandise chez elle, Florentine traverse la chaussée et se trouve sur ces boulevards, où alors il n'y avait point encore de maisons de bâties, et qui étaient bordés par les *fossés jaunes*.

A l'époque où se passent les événements que nous racontons (en 1801), les boulevards, depuis la rue de Ménilmontant jusqu'à la propriété de Beaumarchais, étaient encore, du côté du midi, ornés de gros arbres, dont l'ombrage protégeait les promeneurs et les personnes qui venaient se reposer sur les bancs de pierre placés à d'assez longs intervalles. Dans le jour, cet endroit était la promenade favorite des bonnes du quartier; mais le soir, c'était surtout les couples amoureux qui s'y donnaient rendez-vous; car, lorsque la nuit venait, il faisait bien noir, et l'endroit était bien solitaire le long des fossés jaunes et sous les vieux arbres qui semblaient les protéger.

A onze heures et demie sonnées, cette promenade était sombre, déserte et même dangereuse. Car à cette époque les boulevards n'étaient presque pas éclairés, le gaz était inconnu et les quelques lanternes qui, de loin en loin, se balançaient sur la chaussée, ne projetaient que de bien faibles lueurs.

Florentine avance sans crainte sous les vieux arbres: rien ne chasse mieux la peur que l'amour; mais la jolie fille ne marche pas longtemps sans rencontrer une personne qui s'empare bien vite de son bras, qui le presse tendrement sous le sien, et porte à ses lèvres la main qu'elle lui abandonne.

— Vous voilà... enfin, je suis près de vous... je puis vous parler... sans que des yeux indiscrets nous observent, sans que le premier passant puisse venir nous interrompre, sous prétexte de vous acheter quelque chose...,

Florentine, est-ce que vous ne partagez pas mon bonheur?...

— Oh! sans doute... et pourtant j'ai peut-être eu tort de vous accorder ce rendez-vous...

— Quand on aime bien, ne doit-on pas tout sacrifier à l'objet de son amour?

— Tout... excepté son honneur... sa réputation...

— Oh! ce sont là des mots!... une passion véritable cède d'abord à l'élan de son cœur... est-ce qu'on raisonne... quand on aime bien?...

— Ah! Francisque, que dites-vous là... vous m'avez laissé comprendre que vous vouliez m'épouser... si je vous cédais, si je consentais à devenir votre maîtresse, vous ne voudriez plus de moi pour votre femme!...

— Oh! ne croyez pas cela... oui sans doute, vous serez ma femme... mais il faut que les circonstances changent...

— Comment? N'êtes-vous pas votre maître; votre mère est morte... et vous m'avez dit que depuis longtemps vous aviez perdu votre père...

— En effet... je suis bien mon maître... mais je veux parler de ma position de fortune... elle n'est pas encore ce que je voudrais...

— Oh! je ne tiens pas à l'argent, moi.

— C'est possible, mais moi je ne veux pas que ma femme vende des oranges... fi donc! exposée sans cesse à tous les regards... non, non, je veux qu'elle soit chez elle, dans un joli petit appartement meublé avec goût...

— Est-ce que je demande tant de choses?...

— Venez vous asseoir là, sur ce banc... nous y serons mieux pour causer...

Florentine se laisse conduire sur un des rares bancs de pierre qui se trouvaient dans une des allées de ce large boulevard; là, son amoureux passe un bras autour de sa taille et serre contre lui la jeune fille, qui se défend assez mal contre des marques de tendresse qui font délicieusement battre son cœur.

— Mais enfin, quand pensez-vous que vous pourrez m'épouser? balbutie Florentine, après un moment de silence, pendant lequel l'haleine brûlante du jeune homme a empourpré les joues de celle qu'il tient enlacée.

— Oh! dans fort peu de temps, je l'espère... j'ai quelques créances à recouvrer...

— Eh bien, mon ami, puisque votre intention est de me retirer du commerce, si cela ne vous déplait pas, nous irons vivre à la campagne... Ah! je serais si contente d'habiter les champs!

— Je ferai tout ce que vous voudrez... je veux réaliser vos moindres désirs...

— Oh! mon Dieu!...

— Qu'avez-vous donc?

— Il vient de passer deux hommes là-bas... ne les voyez-vous pas?

— Oui... en effet...

— Ah! Francisque, j'ai peur... cet endroit est si noir, si désert à cette heure...

— Il est certain qu'on a dû quelquefois y faire de mauvaises rencontres...

— Allons-nous-en... je ne veux pas rester ici davantage...

Florentine a pris le bras du jeune homme, ils se remettent en marche, en se tenant la main, en échangeant de tendres soupirs. Le chemin n'était pas long, ils sont bientôt arrivés rue des Filles-du-Calvaire, devant l'allée de la maison où loge Florentine. Elle a pressé le bouton caché, qui ouvre la porte, en disant :

— Adieu, mon ami, je vous verrai demain, j'espère?

— Adieu! quoi! déjà adieu! vous me renvoyez quand j'ai eu à peine dix minutes d'entretien avec vous!... Oh! je ne puis consentir à vous quitter déjà.. de grâce, chère Florentine, laissez-moi monter avec vous... que nous puissions causer encore quelque temps... et je partirai dès que vous me l'ordonnerez.

La jolie fille hésite, elle murmure :

— Vous recevoir... dans ma chambre... Oh! non; il me semble que ce ne serait pas bien.

— Où donc est le mal?... Cela ne peut vous compromettre.. à l'heure qu'il est, qui le saura? car il n'y a pas de portier dans votre maison.

— Non .. mais...

— Ne suis-je pas votre esclave le plus soumis?... et après avoir été si longtemps sans nous voir, trouvez-vous donc que ce soit assez de ces quelques minutes que nous venons de passer ensemble?... Ah! si vous me renvoyez si vite, c'est que vous ne m'aimez pas!

— Je ne l'aime pas, dit-il!... eh bien... mais vous me promettez de partir aussitôt que je vous le dirai?

— Je vous le promets...

— Vous resterez une demi-heure, pas plus!...

— Je ne resterai que ce que vous voudrez...

— Eh bien, venez alors...

Florentine entre dans sa maison avec Francisque... et la nuit entière s'écoule sans que le jeune homme en soit sorti.

On n'a pas oublié qu'à la première représentation de *l'Homme à trois visages*, le chevalier de Mérillac commençait à causer avec une dame fort agréable, lorsqu'un filou, en lui volant sa montre, avait si brutalement interrompu cet entretien.

Mais le voleur une fois arrêté, le chevalier était revenu à sa place, que lui avait gardée son ami, M. de Germancey. Ce dernier, après avoir vainement engagé M. de Mérillac à venir se mettre près de lui, où il eût été beaucoup mieux pour voir, avait souri en regardant la jolie dame placée sur le dernier rang du pourtour, et s'était éloigné en disant à son ami :

— Toujours le même, je le vois!

— Mais oui... le plus longtemps possible du moins!

— Allons, bonne chance, chevalier!

M. de Germancey s'étant éloigné, Mérillac ne songe plus qu'à renouer l'entretien avec la jolie dame.

C'est une femme de vingt-six à vingt-sept ans, blonde, fraîche, un peu grasse, mais laissant passablement voir une poitrine et des épaules qui, en effet, valaient la peine d'être admirées. Son visage, sans être fort bien à détailler, formait cependant un ensemble très-agréable; ses yeux bleus n'étaient pas grands, mais ils étaient très-expressifs; en revanche, sa bouche était grande, mais bien garnie, ses dents étaient exactement rangées et d'une blancheur éblouissante; aussi n'est-il pas besoin de vous dire que cette dame souriait souvent; que pour le moindre mot, qui souvent n'en valait pas la peine, elle éclatait de rire, de manière à vous laisser tout le loisir d'admirer les trente-deux perles qui ornaient sa bouche. Quand une dame tient tant à montrer ce qu'elle a de joli, cela doit donner beaucoup d'espoir à ceux qui soupirent pour elle.

Le chevalier, qui avait passé une grande partie de son temps à étudier les femmes, s'était dit en voyant pour un mot, un rien, cette dame faire parade de ses dents :

— Il me semble que voilà une place susceptible d'être attaquée; ou je me trompe fort, ou elle capitulera.

D'ailleurs, M de Mérillac était encore d'âge à plaire : il avait quarante ans et ne les paraissait pas, il était bel homme, sa figure était agréable, puis il y avait surtout en lui ce parfum de bonne compagnie, ces manières qui décèlent sur-le-champ l'homme comme il faut, et, à cette époque, après avoir encensé les sans-culottes, on commençait à revenir vers ceux qui portaient avec grâce un habit.

La conversation s'était renouée facilement; la jolie dame n'était point seule, une espèce de femme de compagnie, déjà âgée, était avec elle, mais ne se permettait pas de se mêler à la conversation, et ne parlait que lorsque sa maîtresse l'interrogeait; c'était une compagnie fort peu gênante.

Tout en causant, la dame aux belles dents a dit plusieurs fois :

— Pourvu que mon mari pense à venir me chercher... il a dit qu'il viendrait, n'est-ce pas, Marguerite?

Marguerite répond :

— Oui, madame, monsieur a dit qu'il viendrait... à

.oins toutefois qu'il ne soit obligé de rester à Ville-d'A-ray, où il allait ce soir!

— Mais que peut-il donc avoir à faire à la campagne à ɜtte époque...

— Madame oublie que monsieur fait bâtir, qu'il a les uvriers...

— Ah! c'est vrai... mais il y a déjà si longtemps qu'il les ouvriers... il fait donc un château de notre maison... e m'attends à ne plus la reconnaître, moi!...

Et cette dernière phrase est accompagnée d'un grand clat de rire. Pendant ce temps, le chevalier a fait ces ré-exions: C'était une dame mariée... fort bien... ces places ı ne sont pas non plus inattaquables, d'autant plus que le ıari ne me semble pas devoir être jaloux, puisqu'il laisse a femme aller au spectacle sans lui, et qu'il passe une artie de son temps à la campagne, sans elle.

Ces réflexions faites, M. de Mérillac n'a pas manqué de ire à cette dame qu'il serait heureux de lui servir de ca-alier et de la reconduire jusqu'à sa porte, si son mari e venait pas la chercher; et la dame avait remercié en rotestant qu'elle ne voudrait pas abuser de la complai-ance de personne, mais cela d'une façon qui annonçait ositivement que l'on ne refusait que pour la forme.

Et comme le mari n'était pas venu chercher sa femme la sortie du spectacle, M. de Mérillac avait été agréé our compagnon de route; il avait voulu mettre cette dame t sa suivante en voiture, mais la jolie femme avait dé-laré qu'elle préférait aller à pied, parce que le temps tait beau, et qu'après toute une soirée passée dans une tmosphère étouffante et malsaine, elle éprouvait un grand plaisir à respirer dehors en toute liberté.

On s'était donc mis en route, la dame acceptant le bras le Mérillac, la femme de compagnie marchant à côté de a maîtresse, toujours en gardant un respectueux silence. Mais le chevalier, naturellement causeur, et qui d'ailleurs ient à se faire connaître, ne manque pas de dire à cette lame ce qu'il est, son nom, sa naissance, sa position avant a révolution, puis enfin son émigration et son retour en France.

La jolie dame paraît très-flattée d'avoir pour cavalier un noble, un homme du grand monde, et dont le nom est précédé d'une particule. Elle s'empresse de répondre à sa confiance, en lui disant:

— Moi, monsieur, je ne suis qu'une simple roturière, et il en est de même de mon mari. Je suis née à Rouen, le modestes négociants, assez peu fortunés, et que la ré-volution n'a pas enrichis...

— Je leur en fais mon compliment, madame.

— C'est à Rouen que nous fîmes la connaissance de M. Roberval... c'est le nom de mon mari. Il demanda ma main à mes parents. M. Roberval était alors simple com-mis dans une maison de banque... mais je n'avais pas le droit d'espérer mieux. On nous maria; nous restâmes encore une année à Rouen. Mais mon mari avait de l'am-bition, il voulait s'enrichir, et comme il prétend qu'on ne peut faire fortune qu'à Paris, nous vînmes nous y fixer... ce qui, du reste, était fort de mon goût. M. Ro-berval avait quitté sa maison de banque, il se lança dans les affaires, il y fut fort heureux, à ce qu'il paraît, car de-puis quelque temps notre position a entièrement changé. Nous sommes riches, ou tout au moins fort à otre aise, je dois le croire par le train que nous menons, car mon mari ne souffre jamais que je lui demande le plus petit renseignement sur l'état de ses affaires... il se contente de me répondre: Tu as tout ce que tu veux, n'est-ce pas? Eh bien, pare-toi, amuse-toi, reçois beaucoup de monde, invite toutes les personnes qui te plairont, et ne t'occupe pas du reste! Ma foi, monsieur, j'ai obéi à mon mari! Je reçois beaucoup de monde, je donne fréquemment des soi-rées où l'on joue la bouillotte et le reversi, les jeux à la mode, souvent aussi l'on danse et l'on fait de la musique, enfin je tâche de m'amuser le plus possible, et, en cela, vous voyez que je ne suis point blâmable, puisque je ne fais que suivre les ordres de mon mari.

Cette dernière phrase se termine naturellement par un grand éclat de rire. Mais, comme il fait nuit et qu'on est sur le boulevard, madame Roberval ne laisse pas ses dents exposées à l'air aussi longtemps qu'au spectacle.

Cette dame ayant annoncé qu'elle avait la permission de recevoir toutes les personnes qui lui plaisaient, M. de Mérillac avait demandé la faveur d'aller lui présenter ses hommages, faveur qui lui avait été accordée sur-le-champ et avec empressement, cette dame ayant répondu que son mari ne pourrait qu'être très-flatté de recevoir chez lui M. le chevalier de Mérillac.

A coup sûr, ce n'était pas pour faire connaissance avec M. Roberval que Mérillac désirait aller chez lui, mais tout galant qui veut faire la cour à une dame, ne doit-il pas chercher aussi à se faire bien venir du mari? En toutes choses, il est rare d'avoir tous les bénéfices sans avoir les charges. Celle-ci n'est pas une des moins lourdes qui se rencontrent dans le monde civilisé.

M. de Mérillac avait donc obtenu sans difficulté la per-mission d'aller faire sa cour à cette dame jolie, rieuse et potelée, qui avait fait sa conquête au théâtre de l'Ambigu-Comique; on doit bien penser qu'il n'avait pas manqué d'en profiter, après avoir eu, toutefois, le soin de deman-der à quelle heure on trouvait chez lui M. Roberval, au-quel il voulait être présenté. Mais ceci n'était qu'une tactique habituelle de notre séducteur, qui s'informait tou-jours de l'heure à laquelle on trouvait le mari, afin de sa-voir celles pendant lesquelles il était absent: c'était pen-dant ces dernières qu'il allait voir les dames.

Plusieurs visites se sont succédé, et le chevalier s'est si bien arrangé qu'il n'a jamais rencontré M. Roberval chez lui; en revanche, il a été fort bien reçu par madame; est-il heureux dans ses amours? c'est ce que personne ne pouvait savoir; seulement on pouvait remarquer que la dame aux belles dents n'avait pas trouvé mauvais que sa nouvelle connaissance ne vînt jamais qu'en l'absence de son mari.

Mais, au bout de quelque temps, madame Roberval ré-fléchit qu'il pouvait être imprudent de garder pour elle seule l'honneur de recevoir un homme titré, et qu'il était temps de faire partager cet honneur à son époux; elle prévint donc celui-ci qu'elle avait fait, au spectacle, la connaissance d'un *ci-devant*, c'était encore ainsi que l'on désignait l'ancienne noblesse, et que ce ci-devant avait accepté l'invitation qu'elle lui avait faite de venir à leurs soirées.

M. Roberval se montrait toujours satisfait de recevoir beaucoup de monde, il félicita madame sur cette invita-tion. Vous voyez que ce monsieur était un mari fort com-mode, mais il y en a toujours eu comme cela, avant, pendant et après la révolution.

M. de Mérillac se décida donc à se rendre chez celui qu'il regardait comme un *traitant*, nom que l'on donnait alors aux nouveaux enrichis, et à s'y rendre lorsqu'il était certain de le trouver chez lui. Le chevalier, qui aimait le monde, n'était point fâché de voir comment se compo-saient les salons de Paris depuis qu'il avait quitté cette ville.

La société était toujours nombreuse chez M. Roberval, il y avait là un mélange de tous les rangs et aussi de toutes les opinions, le royaliste pur sang y faisait un reversi avec le républicain, et les admirateurs du premier consul y jouaient la bouillotte avec les partisans du Directoire. Mais, depuis que le règne de la terreur était passé, les Français se montraient avides d'amusements, de plai-sirs, et la politique était bannie des réunions, ce qui per-mettait à celles-ci d'être gaies. Il y avait bien par-ci par-là, dans tout ce monde, de nouveaux enrichis, qui, en changeant de toilette, n'avaient pu changer de langage, et assaisonnaient leurs discours de pataquès, mais on ne pa-raissait pas y faire attention, ou, si on le remarquait, c'était pour en rire, sans que celui qui en était l'auteur s'en formalisât le moins du monde.

Les toilettes étaient aussi variées que les personnages: on y voyait quelques habits de soie de l'ancien régime, et beaucoup de ces nouveaux habits courts de taille et longs de basques, adoptés par les muscadins ou incroyables de l'époque; puis la longue redingote, récemment arrivée d'Angleterre, avec les bottes retroussées; puis le pantalon collant et les bottes à la Souvaroff; puis l'ancienne culotte et le bas de soie, qui permettaient aux hommes bien bâtis de faire parade de leurs jambes, ce qui, dans un bal, était réellement beaucoup plus élégant que ces affreux pantalons larges, qui, de nos jours, descendent sur nos souliers ou sur nos bottines.

Les coiffures étaient tout aussi variées que les vêtements; on portait encore de la poudre, des queues, des ailes de pigeon; mais on se coiffait aussi sans poudre, avec les cheveux noués par derrière ou relevés avec un peigne; enfin on voyait déjà quelques têtes à la *Titus*.

Le chevalier était surtout curieux de connaître le maître du logis; il le voit arriver avec empressement au devant de lui.

M. Roberval est un homme de quarante ans, de taille moyenne, blond, maigre, mais assez bien tourné; sa figure est plutôt bien que mal et au premier abord doit vous plaire, car son air est aimable, sa bouche sourit presque toujours; quant à ses yeux, il est assez difficile de les juger sous les besicles qu'il porte constamment; autant qu'on peut le deviner, ils sont bleu clair et saillants.

Cependant, en observant plus attentivement ce monsieur, on trouve que son front fuit trop, tandis que, au contraire, son menton avance beaucoup, son nez est fort et parfaitement conformé pour porter des lunettes, sa bouche est mince, fine, mais s pince trop par moment, et le sourire qu'il adresse à ses interlocuteurs, étant toujours exactement le même, on peut supposer que l'air aimable que ce monsieur se donne est tout simplement une habitude qu'il a prise et que cela n'implique rien de ses véritables sentiments; d'une politesse presque obséquieuse avec tout le monde, M. Roberval paraît doué d'une extrême vivacité, il va et vient sans cesse, ne reste jamais en place; il ne cause pas deux minutes avec vous sans regarder à chaque instant à droite et à gauche, et s'il voit quelques personnes qui ont l'air de parler bas, ne manque pas de s'approcher d'elles pour connaître le sujet de leur conversation.

Tel est M. Roberval, qui a déjà adopté la coiffure à la Titus; il témoigne à M. de Mérillac tout le plaisir qu'il éprouve à le recevoir, le prie de l'honorer de ses visites le plus souvent qu'il le pourra, et de regarder sa maison comme la sienne. Puis il termine son discours en tendant sa main au chevalier, qui n'a pas l'habitude de donner aussi promptement la sienne à des personnes qu'il voit pour la première fois, et éprouve presque de la répugnance à presser celle de ce monsieur; cependant, il y a de ces choses auxquelles on ne peut pas se refuser, sous peine de paraître incivil, et puis le chevalier devait bien cette politesse au mari de cette jolie dame, avec laquelle il avait eu déjà plusieurs tête-à-tête; il donne donc sa main à M. Roberval, qui la presse fortement dans la sienne, tout en regardant à droite et à gauche dans son salon.

La présentation faite, Mérillac s'empresse d'aller offrir ses hommages à la maîtresse de la maison, qui lui dit à l'oreille :

— Eh bien, vous avez vu mon mari... vous plaît-il?

— Certainement! il me plaît bien assez pour un mari! mais beaucoup moins que sa femme, cependant!

— Il a été aimable avec vous, n'est-ce pas?

— Très-aimable! il m'a comblé! il m'a serré la main comme s'il me connaissait depuis quinze ans!

— C'est son habitude!

— Oh! je m'en suis bien douté... ce sont de ces effusions qui n'engagent à rien.

— Il vous a invité à venir souvent, n'est-ce pas?

— Oui. Mais ce doit être aussi son habitude avec tout le monde, j'imagine?

— Oh! que vous êtes méchant! croire que l'on vous traite comme tout le monde!... c'est très-vilain cela... Voyons, mon mari ne vous plaît donc pas?

— Par exemple! je serais bien difficile...

— Monsieur de Mérillac, vous avez toujours l'air de vous moquer, même quand vous faites un compliment!

— Belle dame! c'est vous que je pourrais appeler méchante, en ce moment! pour me croire capable de me moquer de personnes dont je n'ai reçu que des politesses.

— Pardon, j'ai tort... je plaisantais... comment trouvez-vous notre société?

— Très-nombreuse!

— Oh! vous n'avez pas tout vu, il viendra encore du monde!

— Je vois que vous en recevez beaucoup.

— Plus nous en avons et plus mon mari est content. Trouvez-vous ces dames jolies?

— Il n'y a ici pour moi qu'une dame de jolie, et vous savez bien laquelle!...

— Prenez garde! je vais encore croire que vous vous moquez!... Ah! mon Dieu! voilà madame Ragoulot qui arrive... il faut que j'aille la recevoir... son mari est millionnaire, dit-on, vous concevez que cela mérite des égards! et puis cette dame est fort bien, fort distinguée... c'est une ci-devant, une baronne que M. Ragoulot a épousée!

— En vérité... mais, en effet, cette dame est très-bien. Eh oui, je la reconnais... je l'ai vue jadis dans le monde, c'est la fille du baron de Hautefutaie.

— Justement.

— Allez, belle dame, faire votre office de maîtresse de maison, moi, je vais me produire parmi vos nombreux invités!... j'irai plus tard saluer mademoiselle de Hautefutaie... non, je veux dire madame Ragoulot.

Le chevalier se promène dans les deux pièces où circulait la société. L'une était occupée par deux tables de reversi et une bouillotte; à cette dernière on jouait assez gros jeu, il y avait surtout un monsieur très-coloré, le col enfoncé dans une immense cravate, et dont la figure commune respirait cet orgueil des sots, qui croient que tout leur est permis parce qu'ils sont riches. Ce monsieur poussait de grands éclats de rire à chaque coup qu'il gagnait et ne cessait de s'écrier : « *Je leur z'y ai gagné toute leur z'argent! j'ai t'une veine z'insolente!* »

Mérillac ne peut s'empêcher de rire du langage de ce monsieur; quelques personnes en font autant que lui, mais les autres joueurs n'y prêtent aucune attention, ils paraissent habitués aux *cuirs* dont ce monsieur émaille sa conversation.

M. Roberval, qui va et vient toujours dans ses salons, comme s'il avait du vif-argent dans ses escarpins, vient de s'approcher du chevalier, et lui dit :

— Vous ne jouez pas, monsieur?

— Tout à l'heure je ferai un reversi...

— Vous n'aimez pas la bouillotte?

— Je ne l'aime pas beaucoup... En Angleterre nous jouions le *whist*... fort beau jeu!

— Je ne le connais pas. Ah! vous avez été en Angleterre?

— J'y ai passé plusieurs années.

M. Roberval semble réfléchir, il se gratte le front, fronce le coin de la bouche, puis répond :

— Vous devez y avoir alors de nombreuses connaissances...

— Oh! assurément, j'étais reçu dans les premières maisons de Londres.

— Je compte aller faire un tour en Angleterre, incessamment, alors je prendrai la liberté de vous demander quelques lettres d'introduction... de recommandation...

— Très-volontiers, monsieur.

M. Roberval vient de s'envoler d'un autre côté et le chevalier se dit:

— Il est assez sans gêne, le cher monsieur, voilà la première fois qu'il me voit et il me demande déjà des lettres de recommandation... est-ce que je le connais... moi, ce monsieur? Est-ce que je sais ce qu'il fait?... je n'aime pas sa voix de fausset... on dirait que c'est une voix qu'il se fait pour la compagnie; sa femme est très-gentille, très-aimable, mais ce n'est pas une raison pour que je recommande son mari dans la haute société de Londres... je lui ai dit que je n'aimais pas la bouillotte... ah! mille diables! je l'adore, au contraire... mais ma ourse ne me permet plus d'y jouer... Allez donc vous rotter contre ce gros bœuf qui fait son tout à chaque intant et a, comme il le dit, une *veine z'insolente!* ah! le roverbe a raison : « L'eau va toujours à la rivière, » et u jeu, la fortune ne favorise jamais que ceux qui n'ont as besoin d'elle... elle est bien femme! la fortune! Mais nademoiselle de Hautefutaie, jadis si fière de sa naisance... avoir épousé un parvenu... je n'en reviens pas...

Le chevalier venait de s'arrêter près d'une table de reersi. Deux messieurs, qui ne jouaient pas, causaient à quelques pas de lui, et assez haut pour qu'il pût entendre oute la conversation: dans une réunion où l'on ne connaît personne, ce que l'on a de mieux à faire est d'écouer ce qui se dit, et puis Mérillac était naturellement cuieux; d'ailleurs, le nom du maître de la maison était réquemment prononcé, et c'était une occasion pour lui de e renseigner un peu sur ce monsieur qui voulait être recommandé; il prête donc attention au dialogue suivant :

— Oui, il faut qu'il fasse de bonnes affaires pour mener e train de maison que je lui vois maintenant...

—Il agiote probablement, il fait des affaires au perron!

—Mon cher monsieur Rigoulot, vous savez aussi bien t même mieux que moi, que pour agioter il faut d'abord avoir quelque chose... moi, j'ai connu Roberval à Rouen; l était petit commis... il n'avait pas le sou...

— Mais puisqu'il est venu à Paris, c'est qu'il avait proablement amassé quelque chose...

— Non, il comptait d'abord y reprendre son premier tat qu'il avait quitté à Rouen, je ne sais pas pourquoi, ar il avait beaucoup de talent.

— Quel état faisait-il donc?...

— Il était graveur!

— Graveur! je ne savais pas!... mais il a fort bien fait le quitter cela, est-ce qu'on fait fortune à graver?...

— Quelquefois!

— Oh! ce n'est pas dans ce moment! Les affaires, mon cher ami, les affaires, il n'y a que cela pour s'enrichir... voyez, moi, j'ai acheté quelques biens nationaux... j'ai revendu depuis... j'ai gagné sur tout cela... et me voilà millionnaire, mon bon!...

— Oh! mais vous, monsieur Rigoulot, vous aviez quelque chose pour commencer...

— Moi... ma foi, pas grand'chose... mais j'ai joué à la roulette, j'ai été heureux... et une fois en veine, ça va tout seul...

— Au fait, c'est peut-être aussi à la roulette que Roberval s'est enrichi!...

— Au reste, il paraît qu'il fait des affaires avec l'Italie, il m'a demandé une lettre de recommandation pour Turin, d'où je viens...

— Oui, il voyage souvent...

En ce moment, le monsieur aux pataquès, apercevant M. Rigoulot à l'autre bout de la pièce, se met à lui crier d'une voix de stentor :

— Ohé, Rigoulot! ohé, aristocrate... viens donc faire *z'une bouillotte* avec nous... je suis *t'en veine,* voilà Duroquoy que je viens de décaver, viens donc t'y frotter z'un peu avec nous... que je te gagne tes gros écus de six livres à la vache!... t'en as de trop, donne-leur *z'y en un peu, z'à tes amis!*

Le millionnaire n'est pas insensible à cette flatterie, et il se dirige vers la table de bouillotte, en disant :

— Allons, il faut faire tout ce qu'il veut, ce Mouchenez!... Ah! tu es en veine, eh bien, nous allons voir un peu à rabattre ton caquet!

— Ça *peut z'être! t'es t'un* homme solide, toi!... mais vois-tu, j'ai des *berlans* à tout coup! et contre les *berlans* gnia point *z'à lutter.*

M. de Mérillac s'éloigne de la bouillotte, parce que les phrases de M. Mouchenez lui déchirent les oreilles. Il passe dans l'autre salon, en réfléchissant à ce qu'il vient d'entendre touchant le maître de la maison, et cela ne lui donne pas encore grande envie de recommander ce monsieur.

Mérillac causait avec madame Roberval, quand le monsieur aux pataquès vient près d'eux, en s'écriant :

— Eh ben! me voilà! moi!.. décavé *z'à* mon tour! Volé! ils m'ont tout pincé.

— Des voleurs! où cela? où donc y a-t-il des voleurs? s'écrie le maître de la maison, qui vient de passer, et s'est arrêté en entendant prononcer ces mots.

— Mais il y en a partout maintenant!... répond Mérillac, on n'entend parler que de gens arrêtés...

— Ah! dans les bois!... dans les bois...

— Eh bien, il est bon là, Roberval!... dans les bois... ne voudrait-il pas qu'il y *eût évu* des attaques de voleurs dans les salons!...

—Non, mais je croyais que vous parliez des chauffeurs... ils sont dans le Midi pour le moment, avec leur chef, le fameux *Schinderhanne.*

— Voleurs, chauffeurs... tout ça ce sont toujours des *chouans,* et pas *t'autre* chose!...

— Des *chouans!* s'écrie Mérillac, avec l'accent de la colère, et de quel droit accusez-vous les chouans d'être des voleurs?

— De quel droit! tiens! est-ce qu'il y a besoin d'un droit pour dire ça?... Je le dis... parce que tout le monde le dit!...

— Non, monsieur, tout le monde ne peut avoir cette opinion, les chouans étaient des partisans de la cause royale, ils faisaient une guerre politique, et s'ils combattaient dans les bois et derrière les buissons, c'est qu'ils n'étaient pas assez nombreux pour s'organiser en troupes réglées, mais jamais ils n'ont attaqué le paisible voyageur...

— Ça peut *z'être,* après tout, j'y tiens pas!...

Et M. Mouchenez s'éloigne en murmurant :

— Je gage que c'en est un, celui-là, ou qu'il l'a *t'été!...*

M. Roberval était encore à côté du chevalier, lorsqu'un de ses invités l'aborde, en lui disant :

— Tenez, cher ami, vous m'avez demandé une lettre de recommandation pour la Belgique, en voici une pour une des plus grosses maisons de commerce...

— Ah! merci, merci! s'empresse de répondre le maître du logis, qui paraît cependant contrarié qu'on lui ait apporté cela devant M. de Mérillac, et s'éloigne avec son nouvel interlocuteur.

Quant au chevalier, il s'esquive de chez M. Roberval, en se disant :

— Drôle de réunion, drôle de monde! drôle de maître de maison!... mais trop de lettres de recommandation!... il en abuse, ce monsieur!

X. — CONFIDENCE MAL REÇUE.

Quand une femme a fait une faute, quand elle a tout accordé à son amant, les rôles changent: celui qui suppliait, promet; celle qui refusait, demande.

Francisque ayant une fois passé la nuit chez Florentine, celle-ci n'avait plus aucun motif pour lui refuser de le recevoir dans sa chambre, bien au contraire, c'était elle maintenant qui l'attendait, qui le désirait, qui s'attristait quand il ne venait pas. Car, depuis qu'il pouvait voir chez elle la jolie marchande, le jeune homme ne venait plus que bien rarement lui parler sur le boulevard; lorsqu'elle s'en plaignait, lorsqu'elle demandait à son amant pourquoi, dans la journée ou dans la soirée, il ne venait plus causer un peu avec elle, il ne manquait pas de lui répondre que c'était dans l'intérêt de sa réputation qu'il agissait ainsi, et pour qu'on ne devinât pas l'intimité qui existait entre eux.

Florentine lui répondait :

— Que m'importe à présent ce que l'on pensera de moi, je vous ai tout sacrifié, mon ami, et pourvu que vous ne cessiez pas de m'aimer, tout le reste m'est indifférent.

— Et moi! je ne veux pas que l'on pense mal de vous, répondait le jeune homme. Je veux qu'on vous respecte, qu'on vous croie sage, car si on vous savait un amant, mille autres hommes tenteraient de me supplanter, de vous plaire, parce qu'en général, en amour, on se dit qu'il n'y a que le premier pas qui coûte, et que, lorsque celui-là est franchi, les autres se font très-facilement.

Il y avait cependant quelqu'un devant qui la jolie marchande aurait eu honte de sa faiblesse, quelqu'un qu'elle n'osait plus regarder comme jadis, parce qu'elle craignait qu'il ne lût sa faute dans ses yeux. Lorsque M. de Germancey venait causer avec celle qu'il appelait toujours : son enfant, Florentine se sentait rougir, elle devenait timide, embarrassée, elle n'avait plus avec lui sa franchise, sa gaieté d'autrefois. Elle évitait avec soin de parler de ses amours, et lorsque M. de Germancey lui adressait quelques questions à ce sujet, elle répondait vaguement et s'empressait de changer la conversation.

Mais M. de Germancey avait trop de tact, trop de connaissance du cœur humain, pour ne point lire bien vite dans celui d'une jeune fille. S'apercevant que Florentine ne voulait ou n'osait plus lui accorder toute sa confiance, il était trop discret pour vouloir lui arracher un secret facile à deviner; il avait donc peu à peu cessé de lui demander où en étaient ses amours, et il venait moins souvent causer avec Florentine, non qu'il eût pour elle moins d'amitié, mais parce que l'on doute de celle qui ne nous montre plus une confiance entière.

—Pauvre enfant! se disait M. de Germancey, lorsqu'il avait vu sur le front de la jeune fille la tristesse et les soucis. Je ne sais quoi me dit qu'elle a mal placé ses affections!... J'ai promis à sa mère que je veillerais sur elle... ce serment que j'ai fait à madame Bernard, je ne le tiens pas, en laissant Florentine s'abandonner à une passion qui peut faire son malheur... si, du moins, je connaissais celui qu'elle aime, si je l'avais vu... Ah! je l'aurais bien forcé à me parler avec franchise.

Ces réflexions revenaient si souvent à l'esprit de M. de Germancey, qu'un jour, il va trouver celle qui les lui suggère, et la voyant l'air plus abattu que de coutume, lui dit :

— Ma chère enfant, vous allez me trouver indiscret, peut-être... mais vous n'avez plus votre gaieté, votre sérénité d'autrefois, et votre santé semble se ressentir de ce changement de votre humeur... Oh! pardonnez-moi de vous dire cela... j'ai hésité longtemps... car je vois bien que je ne possède plus votre confiance... ce n'est point un reproche que je vous adresse... la confiance ne se commande pas... mais je croirais manquer au serment que j'ai fait à votre bonne mère, si je ne cherchais pas à vous voir heureuse.

Florentine n'a pu entendre ces paroles sans que son front ne se couvrît d'une vive rougeur, elle baisse les yeux en balbutiant :

— Je vous assure, monsieur, que je n'ai point de chagrins... point de peines à vous confier...

— C'est-à-dire que vous ne voulez plus me les confier!... que vous ne me regardez plus comme votre meilleur ami!...

— Oh ! monsieur... ne croyez pas cela... vous si bon... si indulgent pour moi!...

—Tenez, ma chère Florentine, évitons tous ces détours inutiles! Je vais aller au but avec franchise... vous aimez quelqu'un... vous me l'avez avoué... et, à votre âge, l'amour, c'est la vie; c'est le bonheur ou les larmes! Eh bien, depuis plusieurs mois, pourquoi ne me parlez-vous plus de celui qui a su toucher votre cœur... vous a-t-il abandonnée, trahie... est-il devenu infidèle... ou quelque événement le sépare-t-il de vous... convenez que votre silence à ce sujet n'est pas naturel, et que je puis à juste titre en être étonné?

— Oui... oui... vous avez raison, monsieur, murmure Florentine toute confuse... J'aurais dû vous dire... mais que vous aurais-je appris de nouveau... J'aime Francisque... et je n'ai aucune raison pour douter de la sincérité de son amour...

Une légère expression de mécontentement se laisse voir sur la physionomie du comte, qui reprend au bout d'un moment :

— Alors, vous voyez toujours ce jeune homme?...

— Oui, monsieur.

— Je ne l'aperçois cependant jamais près de vous, quand je me promène sur ces boulevards...

— C'est que... c'est plutôt le soir... un peu tard... que Francisque vient me parler...

— Ma chère Florentine, ne croyez pas que ce soit une vaine curiosité qui me guide... je vous avais priée de me faire trouver avec celui que vous aimez... si je désire connaître ce jeune homme, c'est que je veux m'assurer s'il est digne de votre amour... vous allez me répondre qu'il est un peu tard pour faire cette épreuve, et que vous ne reprendrez pas cet amour que vous lui avez donné... Moi, je vous répondrai qu'il est toujours bon de savoir à qui l'on confie son bonheur... et que, d'ailleurs, mes conseils, mes sages avis ne peuvent être mal reçus de celui que vous aimez, si, en effet, ses intentions sont honnêtes.

— Oh! vous avez raison, monsieur, oui, vos conseils doivent toujours être bons... pardonnez-moi de les avoir oubliés depuis quelque temps... de n'avoir pas dit à Francisque que mon protecteur, mon respectable ami désirait le voir...

— Je vous pardonne, chère enfant, mais si cela ne vous contrarie point que je connaisse... M. Francisque...

— Bien au contraire, monsieur, cela me fera plaisir!...

—Eh bien... c'est aujourd'hui lundi... samedi prochain, sur les huit heures du soir, je viendrai me promener sur le boulevard et vous dire bonsoir, d'ici là, vous verrez, je pense, votre amoureux?

— Oh! je l'espère bien, monsieur!

— Alors, vous le prierez de venir aussi vous dire bonsoir samedi, à l'heure que je vous ai indiquée; de cette façon, je me trouverai avec ce jeune homme. Qu'en dites-vous, cela vous convient-il ainsi?

— Oui, monsieur, oh! je ne demande pas mieux... comme cela, vous verrez Francisque, et vous me direz ce que vous pensez de lui, monsieur?

— J'espère, ma chère amie, que je n'aurai que du bien à vous en dire. Ainsi voilà qui est convenu... à samedi... sur les huit heures...

— Oui, monsieur... à samedi.

M. de Germancey s'est éloigné, Florentine désire réellement que son protecteur puisse voir son amant, et lui dise quelle opinion il a de lui. Déjà la jeune fille n'éprouve plus une confiance aussi entière en celui que son cœur a choisi, parce que déjà la conduite de son amant n'est plus la même avec elle.

Dans les premiers jours, ou plutôt les premières nuits qui ont suivi celle où elle lui a tout accordé, son amant lui a montré l'amour le plus ardent, la passion la plus vive; pendant un mois entier, il n'a pas manqué une seule fois de se rendre près d'elle.

Mais au bout de quelques mois, ce grand feu s'était calmé. De fréquents intervalles s'étaient écoulés entre les visites que recevait Florentine ; son amant n'avait pas manqué de raisons à donner pour motif de ce changement dans sa conduite, puis le caractère de ce jeune homme était tellement fantasque, tellement bizarre, que, malgré son amour, Florentine en avait été elle-même alarmée. Tantôt d'une humeur joyeuse, qui se moquait de tout et ne concevait aucun obstacle à ses désirs, mais plus souvent sombre, inquiet, silencieux, l'amant de la jeune fille restait parfois près d'elle des heures entières plongé dans ses réflexions. Lorsque Florentine, surprise de l'inégalité de son humeur, lui demandait ce qui pouvait le préoccuper ainsi, il répondait assez brusquement que cela ne regardait que lui.

C'était tantôt sous un costume, tantôt sous un autre, que Florentine voyait vers minuit arriver son amant ; il était fort rare que deux fois de suite il vînt chez elle habillé de même, et quelquefois le changement était si grand, non-seulement dans la mise, mais encore dans la coiffure, l'arrangement des cheveux, leur couleur, et l'expression de la physionomie, que la jeune fille restait stupéfaite indécise, ne sachant pas si elle devait ouvrir sa porte à celui qui se présentait.

Jamais Francisque n'était plus content que lorsque sa maîtresse ne l'avait pas reconnu; et quand elle lui demandait le motif qui lui faisait se changer ainsi, au point de se rendre méconnaissable, il se contentait de rire en répondant :

— Cela m'amuse, je veux te prouver qu'il n'y a pas que les acteurs qui sachent changer leur physionomie.

Dans les premiers temps de leur intimité, Francisque avait apporté à sa maîtresse une bourse pleine d'or, en lui disant :

— Prends ceci et achète-toi tout ce que tu désireras, soit en robes, dentelles ou bijoux! Je veux que tu puisses satisfaire tes moindres fantaisies, je veux que tu ne te prives de rien!...

Mais Florentine avait refusé la bourse, en répondant à son amant :

— Je me suis donnée à vous par amour... gardez votre or!... Quand je serai votre femme... mais alors seulement, j'accepterai tout ce que vous me donnerez, car alors votre fortune sera la mienne, et tout sera commun entre nous! Mais jusque-là, je ne veux rien... rien que votre amour... Si vous tenez beaucoup à me voir élégante, parée comme ces dames qui vont dans le monde, eh bien, mon ami, hâtez le jour de notre union, car, ce jour-là, je tâcherai de me faire aussi belle que vous le désirerez.

Francisque n'avait point insisté, et, tout en ne faisant que des réponses vagues à ce que Florentine lui disait relativement à leur union, pour laquelle il trouvait toujours quelques obstacles qui en reculaient le moment, il avait remis son or dans sa poche; mais, deux jours après, il passait au doigt de sa maîtresse une fort belle bague, où, sur un fond d'émail, des diamants, mariés à des rubis, formaient une charmante couronne; et, comme la jeune fille prétendait que ce bijou était trop beau pour elle, il s'était écrié :

— Il n'y a rien de trop beau pour la femme que j'aime, et j'espère que vous ne refuserez pas ceci, qui est un gage de mon amour.

En refusant encore, Florentine sentait qu'elle aurait fâché son amant; elle avait donc accepté la bague, mais comme elle trouvait qu'un aussi riche bijou aurait paru ridicule au doigt d'une marchande d'oranges, elle ne le portait jamais lorsqu'elle était sur le boulevard à son étalage, et attendait, pour remettre sa bague, le moment où son amant avait coutume de venir chez elle.

Après sa conversation avec M. de Germancey, Florentine est bien décidée à lui faire connaître celui auquel elle a confié son bonheur ; la conduite, l'humeur de son amant deviennent de jour en jour plus bizarres; les obstacles qu'il trouve sans cesse à opposer à leur union commencent à l'inquiéter.

Mais ce qui tourmente surtout Florentine, c'est que les visites de Francisque deviennent plus rares, et, ce qui n'était point encore arrivé, cinq jours se sont écoulés sans qu'elle l'ait aperçu, lorsque M. de Germancey lui a indiqué un rendez-vous pour se trouver avec lui.

— Francisque viendra-t-il ce soir? se dit Florentine, lorsque le comte l'a quittée, et pourrai-je lui dire de se rendre samedi ici?... je ne lui ai pas encore parlé de M. de Germancey... Quand Francisque est près de moi, il m'est impossible de penser à autre chose qu'à mon amour... cet homme exerce sur moi un empire extraordinaire..., je l'aime! et pourtant quelquefois il me semble que c'est de la terreur qu'il m'inspire!

La jolie marchande a hâte de voir finir la soirée pour rentrer chez elle, et y attendre son amant.

Mais c'est en vain que Florentine a veillé jusqu'à trois heures du matin, dans l'espoir de le voir arriver. La nuit s'écoule et Francisque ne paraît pas. L'imagination de la jeune fille enfante aussitôt mille accidents, mille malheurs qui peuvent être arrivés à son amant; ce qui augmente sa peine, c'est qu'elle ne saurait où s'adresser, où aller pour obtenir sur lui quelques renseignements ; il a toujours refusé de lui dire sa demeure, sous prétexte qu'il ne se regardait plus maintenant chez lui que lorsqu'il était chez elle, et que, pour lui indiquer son logement, il voulait attendre qu'il en eût un digne de la recevoir.

Enfin, la nuit suivante, sur les deux heures du matin, Francisque frappe à la porte de Florentine ; il est vêtu d'une blouse, d'un pantalon à guêtres, et coiffé d'une casquette.

— Enfin, vous voilà! s'écrie Florentine, en prenant son amant dans ses bras. Ah! mon ami, j'étais bien inquiète... il y a sept jours que je ne vous ai vu!...

— Oui... je le sais...

— Vous avez été malade, sans doute...

— Oui... un peu...

— Voyez-vous que c'est bien mal à vous de ne point vouloir me dire où vous logez... vous m'auriez envoyé un mot, j'aurais couru près de vous... je vous aurais soigné, gardé... est-ce que cela n'eût pas été plus agréable pour vous que d'avoir recours à des étrangers?

Un sourire amer se dessine sur les lèvres du jeune homme, qui répond :

— Ne pensons plus à tout cela... je suis guéri...

— Mais est-ce que cela ne vous ennuyait pas d'être si longtemps sans me voir?

— Si fait! si fait!... mais je vous vois maintenant!

— Mais si j'avais connu votre demeure, nous n'aurions pas été si longtemps séparés... aussi, je veux que vous me la disiez ce soir...

Le jeune homme frappe du pied avec impatience, en s'écriant :

— Quand les femmes ont quelque chose dans la tête, le diable ne parviendrait pas à le leur ôter!... il n'y a pas de mules pareilles pour l'entêtement.

Florentine reste toute saisie, elle se tait ; puis, attribuant l'humeur de son amant à sa maladie, elle se hâte de lui servir à souper, tout en disant :

— Pardonnez-moi, mon ami, j'ai tort, puisque je vous contrarie... mangerez-vous un peu?

— Oui... si vous me tenez compagnie.

— Oh! oui... je suis si heureuse à présent... je me figurais que vous ne m'aimiez plus, Francisque?

— Voilà bien les femmes... tout de suite on ne les aime plus... comme si un homme ne pouvait pas avoir d'autres choses à penser qu'à l'amour!

L'amant de Florentine s'est assis devant une table sur laquelle elle a placé un souper modeste, mais suffisant; ce monsieur mange peu, en revanche, il boit beaucoup. La jeune fille, qui veut essayer de lui rendre sa bonne humeur, lui dit en souriant :

— Quel singulier costume vous avez ce soir, mon ami, vous qui étiez si élégant la dernière fois que vous êtes venu! Aujourd'hui, vous avez donc voulu vous déguiser en charretier?

— Eh bien... pourquoi pas?... je vous ai dit que j'aimais à me changer... est-ce que cela vous déplaît de me voir vêtu ainsi?

— Oh! mon ami, de quelque façon que vous soyez mis!... que m'importe à moi!... Je ne suis pas de ces femmes qui se laissent séduire par de beaux habits!... Cependant, j'avoue que je serais bien aise que vous soyez mis autrement quand je vous présenterai... à quelqu'un qui désire beaucoup vous connaître...

Le front du jeune homme se rembrunit, il jette sur sa maîtresse un regard singulier, en murmurant :

— Comment?... Que voulez-vous dire?... Vous voulez me faire connaître à quelqu'un!... Je ne vous comprends pas!...

— Je vais m'expliquer mieux. Depuis que je vous connais, je ne vous ai pas encore parlé d'un monsieur fort respectable, fort comme il faut, qui a pour moi beaucoup d'amitié... et qui a juré à ma mère mourante de toujours veiller sur moi... plusieurs fois, je m'étais promis de vous parler de mon protecteur... mais quand je suis avec vous, je ne sais pas comment cela se fait... j'oublie toute chose pour ne vous parler que de mon amour!...

— Enfin, ce monsieur... ce protecteur... dont j'entends parler pour la première fois... vous lui avez donc confié que vous aimiez quelqu'un?

— Sans doute... il le fallait bien... d'ailleurs il l'avait déjà deviné... et puis je n'avais aucun motif pour mentir?

Francisque se lève, marche dans la chambre, en s'écriant d'un air d'humeur :

Il y avait là un mélange de tous les rangs. (Page 19.)

— Que les femmes sont bavardes, aller conter ses affaires à tout le monde... je vous déclare, ma chère, que je n'aime pas les protecteurs, que je n'y crois pas ! Ce n'est jamais sans un but secret qu'un homme protége une jolie fille !... on sait bien ce que cela veut dire !...

— Ah ! Francisque !... c'est mal ce que vous dites-là !... jamais ce monsieur ne m'a témoigné que l'intérêt qu'un père prendrait à sa fille...

— Alors, cet homme si respectable ! si comme il faut !... a sans doute eu des rapports très-intimes avec votre mère... et voilà pourquoi...

Florentine relève la tête, son regard exprime l'indignation et elle s'écrie d'une voix frémissante de colère :

— Monsieur ! n'insultez pas ma mère !... je ne le souffrirais pas !... ou sinon, jamais cette porte ne se rouvrira pour vous !...

Le jeune homme demeure tout surpris, il considère la physionomie, les regards pleins de feu de Florentine, il semble les admirer, puis répond :

— Tiens !... tiens !... mais vous êtes superbe ainsi... vous avez eu un très-beau mouvement ! Allons, ne nous fâchons pas, ma chère, je ne soufflerai plus mot sur votre mère... mais que diable aussi me parlez-vous de ce monsieur... auquel elle a fait promettre de vous protéger à propos de quoi ?

— J'allais vous l'expliquer quand vous m'avez interrompue. Ce monsieur pouvait bien promettre à ma mère de veiller sur moi, car elle lui avait sauvé la vie !

— Votre mère avait sauvé la vie à cet homme... et dans quelle circonstance ?

— A l'époque de la Terreur, en quatre-vingt-treize, ce monsieur, qui est noble, avait été dénoncé comme suspect, il était proscrit, et un jour, dans la rue, il avait été reconnu ; on était sur le point de l'arrêter, lorsqu'il eut l'heureuse idée d'entrer dans la boutique de ma mère... elle le déguisa en charbonnier, et pendant quelque temps le cacha dans une soupente jusqu'à ce qu'il pût sans danger sortir de Paris... Vous devez bien penser que ce sont de ces services que l'on n'oublie pas...

Francisque a écouté sa maîtresse avec attention, à mesure qu'elle parlait son front est devenu plus sombre, et lorsqu'elle a fini, il balbutie :

— Et le nom de ce monsieur... vous ne m'avez pas dit son nom ?

— C'est le comte de Germancey.

La figure du jeune homme devient livide. Il baisse ses regards vers la terre et passe une main sur son front, en répétant :

— Le comte de Germancey... sauvé par votre mère... singulier hasard !

— Ah ! c'est un homme qui a éprouvé de bien grands malheurs ! si vous saviez, mon ami, tout ce qui lui est arrivé... oh ! cela vous intéressera, j'en suis sûre, et je vais vous en faire le récit...

— Non, non, c'est inutile ! s'écrie Francisque en marchand à grands pas dans la chambre. Ces histoires de la Révolution sont toutes les mêmes... j'en ai assez entendu... je vous dispense de me narrer celle-ci !...

— Mais vous voudrez bien que je vous présente au comte... n'est-ce pas, mon ami ?...

— Moi ! être présenté au comte de Germancey ! répond le jeune homme en laissant errer sur ses lèvres un sourire farouche. Et à quel propos ! à quel titre ! est-ce que j'en ai besoin, moi, de votre comte !... Ecoutez, Florentine, non-seulement je ne veux pas voir ce monsieur, mais je veux, j'exige que vous cessiez toutes relations avec lui !...

— Cesser de voir mon protecteur, y pensez-vous... et pour quel motif me faites-vous cette défense ?

— Je vous répète que je n'aime pas les protecteurs, que je ne crois pas au désintéressement d'un homme qui veut surveiller, protéger une jolie femme... enfin que je ne veux pas que vous ayez d'autre protecteur que moi.. il me semble que cela doit vous suffire... Par conséquent, choisissez entre cet homme et moi... si vous continuez à le voir... à lui parler... vous ne me verrez plus !

— Tu es là, vieux? (Page 27.)

— Oh! mon Dieu! mais que vous a donc fait ce monsieur... vous semblez le haïr, et pourtant vous ne le connaissez pas... mon ami, si vous le connaissiez, je suis persuadée... que vous reviendriez de vos injustes préventions...

— Assez, vous dis-je... encore une fois le comte et moi nous ne devons jamais nous trouver ensemble, et à l'avenir plus un mot sur moi... je n'aime pas les bavardes, je vous en avertis!

En disant ces mots, le jeune homme s'élance vers la porte.

— Comment... vous partez? s'écrie Florentine.

— Oui, j'ai affaire cette nuit...

— Affaire à cette heure...

— On a affaire à toute heure...?

— Et quand reviendrez-vous?

— Je ne sais... le plus tôt que je pourrai.

— Après sept jours d'absence! me quitter ainsi!...

— Rappelez-vous ce que je vous ai dit au sujet de ce M. de Germancey... que je ne le trouve jamais près de vous... sinon! tout est fini entre nous...

— Mais, de grâce...

— Adieu! adieu.

Le jeune homme est sorti brusquement, et Florentine, bouleversée par la conduite de son amant, se laisse tomber sur une chaise; mais elle ne pleure pas, car elle se rappelle qu'il a insulté sa mère.

XI. — LES SUITES NATURELLES.

Le samedi indiqué par M. de Germancey à la jolie marchande, le comte a été exact, et sur les huit heures du soir il se rend sur le boulevard du Temple. Il trouve Florentine plus pâle, plus triste encore qu'auparavant; c'est que, depuis cette nuit où elle avait eu une altercation si singulière avec son amant, celui-ci n'était pas revenu chez elle.

En apercevant M. de Germancey, Florentine sent son cœur se gonfler; elle se rappelle les injustes soupçons que n'a pas craint de manifester son amant, la défense qu'il lui a faite de causer avec son protecteur, mais elle a trop de bon sens pour ne point comprendre le cas qu'elle doit faire de cette défense, et les dernières recommandations de sa mère lui sont plus sacrées que tout le reste. Seulement il faudra bien mentir au comte, car elle ne peut pas lui dire :

— Celui à qui j'ai confié mon bonheur ne veut pas vous voir, il me défend même de vous parler comme autrefois.

— Eh bien, dit M. de Germancey en souriant à Florentine, allons-nous le voir, ce M. Francisque? va-t-il venir vous dire bonsoir?

— Non, Monsieur, répond la jeune fille en rougissant et détournant les yeux. Il ne viendra pas... car il est parti pour un voyage..., qui sera long peut-être... et je ne sais pas au juste quand il reviendra.

Le comte avait trop de discernement pour ne point deviner la vérité : « Ce jeune homme ne veut pas que je le connaisse, se dit-il, j'en suis fâché pour Florentine, car cela ne me donne pas une idée avantageuse de ce monsieur! »

Mais, dissimulant sa véritable pensée, il se contente de répondre à la jeune fille :

— Allons, mon enfant, puisque les événements s'opposent à la réalisation de mon désir, nous attendrons pour voir ce jeune homme qu'il ait terminé ses voyages... et je ne vous entretiendrai plus d'un sujet qui, je le vois, ne vous cause que des ennuis...

M. de Germancey s'empresse alors de changer la conversation. Puis, au bout de quelque temps, il quitte Florentine; car, bien qu'il affecte une parfaite indifférence pour le mystère dont s'enveloppe son amant, son cœur n'en est pas moins froissé du peu de confiance que lui accorde maintenant Florentine, et il s'éloigne d'elle bien décidé à ne pas revenir de quelque temps lui demander où en sont ses amours.

En effet, plusieurs semaines s'écoulent et M. de Germancey n'a pas reparu sur le boulevard du Temple. En revanche, Florentine a revu le mystérieux Francisque, mais les visites de celui-ci sont maintenant fort rares, et chaque fois qu'il aborde sa maîtresse, c'est d'un air sombre, farouche, et toujours en lui demandant si elle a revu son protecteur; la jeune fille lui jure en vain que M. de Germancey ne vient plus depuis longtemps causer avec elle; il semble ne point la croire, il revient sans cesse sur ce sujet, il veut qu'elle lui apprenne ce que fait, ce que devient le comte.

— Comment voulez-vous que je le sache, lui répond Florentine, puisque je vous répète que, fâché sans doute de votre manque d'égard pour le désir qu'il avait de vous voir, M. de Germancey n'est plus revenu me parler.

Alors le jeune homme demeure silencieux, rêveur. Depuis la nuit où Florentine lui a parlé de M. de Germancey, il ne la regarde plus comme autrefois; le feu sombre qui brille dans ses yeux, ne ressemble plus à cette expression avec laquelle un amant regarde la femme qu'il aime.

Un de ces événements faciles à prévoir, devait amener un changement dans la position de Florentine : la jeune fille s'aperçoit qu'elle porte dans son sein un résultat de sa faiblesse. Cette découverte, loin de lui causer de l'inquiétude, fait délicieusement battre son cœur; l'idée de devenir mère, de se voir revivre dans son enfant, lui fait envisager l'avenir sous les couleurs les plus séduisantes; mais, en même temps le désir de pouvoir donner un nom à son enfant est aussi la pensée qui s'empare de son esprit.

Florentine attendait avec impatience l'arrivée de son amant pour lui faire part de cette découverte; mais depuis quelque temps, les visites de celui qu'elle ne voyait plus que la nuit devenaient rares. Enfin, sur les minuit, le jeune homme se présente dans le costume d'un riche bourgeois, et, cette fois, sa physionomie exprime le contentement, la joie brille dans ses yeux.

— Avec quelle impatience je vous attendais, mon ami, dit Florentine, qui remarque avec plaisir que les traits de son amant n'ont point cette expression sombre et inquiète qu'elle leur voit souvent.

— Ah! ma chère, on n'est pas toujours maître de son temps! répond le jeune homme en se jetant sur un siége.

Puis sortant de sa poche plusieurs paquets qu'il pose sur une table :

— Tenez, voilà des provisions que j'ai apportées pour souper... je veux ce soir que nous fassions un repas délicat...

— Mon Dieu que de choses!... une volaille froide... des conserves de fruit... du poisson mariné... mais tout cela doit coûter bien cher, mon ami!

— Que vous importe?... Probablement j'ai le moyen de le payer. Tenez, voici de plus un flacon de vin de Constance... Oh! c'est un vin précieux... et dont tout le monde ne peut pas boire... cette petite fiole vaut trente francs!...

— Trente francs... mettre tant d'argent que cela à un flacon de vin... quelle folie! vous êtes donc bien riche, mon ami?

— Je crois vous avoir déjà dit, Florentine, que je n'aime pas qu'une femme s'occupe de mes affaires... qu'il vous suffise de savoir que je viens de terminer une... opération commerciale... qui m'a donné de fort beaux bénéfices...

— Ah! vous faites du commerce, mon ami?

— Je fais... un peu de tout... mais c'est assez sur ce sujet, soupons.

— Je suis bien aise de vous voir, aujourd'hui, l'air si satisfait... vous le serez encore plus tout à l'heure, car moi aussi j'ai quelque chose à vous apprendre... et quelque chose qui vous fera grand plaisir, je l'espère du moins.

La figure du jeune homme se rembrunit; il redoutait toujours les surprises que sa maîtresse voulait lui faire, aussi s'écria-t-il d'un ton bourru :

— Vous avez quelque chose à m'apprendre... qu'est-ce que c'est? voyons, parlez, expliquez-vous... il ne s'agit pas de votre comte de Germancey, j'espère!

— Non, sans doute... mon Dieu! voilà déjà que vous prenez votre air sévère!... quand je vous dis que c'est quelque chose qui doit vous être agréable...

— Oh! c'est que je me défie, moi, de tout ce qui m'est inconnu! Eh bien, voyons, parlez, expliquez-vous.

La jeune fille baisse les yeux et rougit en balbutiant :

— Eh bien, Francisque, ne serez-vous pas heureux de savoir que je porte dans mon sein un gage de notre amour?

— Un enfant!... ah! ce n'est que cela!

Et le jeune homme se verse un verre de Constance, qu'il avale d'un trait.

— Que cela!... que cela!... répéta Florentine; mon Dieu! c'est ainsi que vous apprenez cette nouvelle... que cela! quand il s'agit d'un petit être auquel nous devons toute notre tendresse... tous nos soins... ah! je croyais que vous seriez heureux autant que moi.

Et des larmes s'échappent des yeux de la jeune fille, qui baisse tristement la tête sur sa poitrine. Son amant lui prend la main :

— Eh bien, la voilà qui pleure maintenant... Comme les femmes passent facilement d'un sentiment à un autre... C'est une remarque que j'ai faite souvent. Allons! ne grondez pas! vous êtes enceinte, tant mieux, surtout si vous avez un garçon... J'aime mieux les garçons que les filles... et puis, celui-là, je le formerai, j'en ferai quelque chose.

— Garçon ou fille, ce sera notre enfant...; il aura tout mon amour...; mais avant qu'il ne vienne au monde, il me semble, mon ami, qu'il faut lui donner un nom... enfin, ne me comprenez-vous pas, Francisque? vous m'avez promis de me nommer votre femme... Cette promesse, je l'ai regardée comme sacrée! Cependant je ne sais pourquoi, lorsque je vous la rappelle, vous trouvez sans cesse des prétextes pour différer notre union; mais aujourd'hui il ne peut plus y en avoir... Aujourd'hui, la mère a le droit d'exiger de vous l'accomplissement du serment fait à la jeune fille... et vous ne pouvez plus vous y refuser... C'est bien assez que j'aie une faute à me reprocher... je ne veux pas qu'elle tache l'avenir de mon enfant!

Florentine a dit ces dernières paroles avec une fermeté qui annonce une résolution bien décidée. Son amant fronce ses épais sourcils et hausse légèrement les épaules, en murmurant :

— Ah! voilà les grands mots qui arrivent!... Eh, mon Dieu, ne pouvez-vous pas me laisser souper tranquillement sans avoir sans cesse quelques jérémiades dans la bouche!... Décidément les femmes ne sont pas toujours amusantes... il est bien rare que, par leur humeur, elles ne gâtent point le plaisir que nous nous étions promis!...

— C'est ainsi que vous me répondez quand je vous parle de notre enfant! s'écrie Florentine avec des larmes dans la voix. Vous me reprochez de m'occuper de l'avenir de cette innocente créature!...

— Eh, mon Dieu! elle n'est pas encore venue au monde, cette innocente créature, et nous avons bien le temps d'y penser!...

— Mais il ne faut pas attendre que cet enfant ait vu le jour pour régulariser notre position... Francisque... de grâce... répondez-moi...

Mais depuis quelques instants le jeune homme prêtait une oreille attentive à un bruit qui venait de la rue. C'était un sifflement singulier, qui recommençait après un très-court intervalle. Ce sifflement semble produire un effet magique sur lui, il l'écoute avec une vive émotion, puis bientôt se levant, il s'approche de la fenêtre, l'ouvre et mettant deux doigts dans sa bouche, fait entendre à son tour un coup de sifflet absolument semblable à ceux qui l'ont frappé.

— Que faites-vous donc? dit Florentine, et pourquoi répondez-vous à ce signal qu'on semble donner à quelqu'un?

— Parce que je reconnais cette manière de siffler... il n'y a qu'un de mes amis qui sache l'employer..., donc.

c'est pour moi qu'il a sifflé... parce que probablement il a quelque chose à me dire de pressé.

— Quelque chose à vous dire, au milieu de la nuit .. il savait donc que vous étiez chez moi?

— Apparemment; oui, oui, ce doit être La Grenouille.

— La Grenouille! quel nom singulier.

— C'est un petit sobriquet que j'ai donné à mon ami parce qu'il n'est pas beau ; mais tenez... on monte l'escalier... vous voyez bien que je ne me suis pas trompé.

En effet on frappait à la porte de petits coups vivement répétés. L'amant de Florentine court ouvrir et un individu en blouse, coiffé d'une casquette et porteur de ces affreuses figures qu'on n'oublie pas quand on les a vues une fois, passe sa tête dans la chambre, en disant d'une voix enrouée :

— Tu es là, vieux?

— Sans doute! qu'y a-t-il donc ?

— Oh! il y a du grabuge... peut-on jaspiner ici?

— Non... tais-toi! tais-toi! viens dehors...

— C'est que j'aurais bien avalé du liquide..... J'ai la gorge à sec d'avoir tant sifflé..... et à l'heure qu'il est tous les Tortoni du quartier tapent de l'œil.

— Tu boiras plus tard... marche donc, La Grenouille... marche donc!

En disant cela, le jeune homme repoussait dehors celui qui venait de se montrer, et qui essayait d'entrer dans la chambre, parce que la vue du souper et des bouteilles était un aimant qui l'attirait toujours. Mais il a été forcé de faire retraite sur le carré. L'amant de Florentine l'y a suivi, en retirant la porte après lui, tandis que la jeune fille, tout étonnée de cette visite nocturne, se dit :

— Quel vilain homme... que peut-il vouloir à Francisque au milieu de la nuit... c'est singulier!... il me semble que ce n'est pas la première fois que je le vois... mais où donc l'ai-je déjà aperçu?...

Florentine cherchait encore dans sa mémoire, lorsque son amant rentre dans la chambre; mais sa figure est bouleversée, une pâleur livide couvre son visage, et il court prendre son chapeau, et le manteau qu'il avait ôtés en arrivant.

— Eh bien... que faites-vous donc... est-ce que vous allez me quitter? s'écrie Florentine, et vous n'avez pas même achevé de souper.

— Oui... je m'en vais... il le faut... je n'ai pas un moment à perdre...

— Qu'est donc venu vous dire ce vilain homme, ce La Grenouille, pour que vous partiez ainsi?... mon ami, vous avez des mystères que je ne comprends pas... quand donc me confierez-vous tout ce qui vous regarde... est-ce que vous croyez que cela ne m'intéresse pas?...

— Plus tard! plus tard! mais en ce moment il faut que je parte... c'est un homme qui m'emporte de l'argent et je vais courir après lui.

— Mais au moins ne soyez plus si longtemps... Quand reviendrez-vous?

— Je n'en sais rien!

— Vous n'en savez rien!

— Adieu, adieu... ne me retenez pas...

Le jeune homme s'est enveloppé dans son manteau, et il sort brusquement de la chambre sans même avoir embrassé sa maîtresse, qui s'était avancée vers lui et qu'il a assez brutalement repoussée pour partir plus rapidement.

Florentine est demeurée stupéfaite; elle reste quelque temps plongée dans ses pensées, puis tout à coup elle pousse un cri, en disant :

— Ce vilain homme... cette affreuse figure... ah! je me rappelle maintenant, oui... le soir que l'on emmenait de l'Ambigu un voleur... c'était lui.... oh! ses traits m'avaient frappée... un voleur! et il est l'ami de Francisque!

Florentine, épouvantée par cette découverte, tombe consternée sur un siége et semble abîmée dans ses pensées.

XII. — RÉOUVERTURE DU THÉATRE DE LA PORTE-SAINT-MARTIN EN 1802.

A l'époque où nous sommes arrivés, c'est-à-dire vers la fin de l'année 1802, la manie des spectacles était devenue telle, et surtout à Paris, que tout le monde voulait jouer la comédie. Les théâtres bourgeois pullulaient.

Outre la salle du fameux *Doyen*, située rue Transnonain et qui alors commençait seulement à se faire connaître, il y avait le petit théâtre de la Boule-Rouge, celui de l'Estrapade, de la rue Grenier-Saint-Lazare, de la rue Montmartre, une toute petite salle dans la rue du Renard, une autre rue des Amandiers, etc., etc.

Cependant la belle salle de la Porte-Saint-Martin, bâtie pour l'Opéra, était encore fermée, lorsque, le 5 vendémiaire de l'an XI, ce théâtre rouvrit ses portes par le mélodrame de *Pizarre ou la conquête du Pérou.*

Dès la veille, la réouverture de ce beau théâtre était le sujet de conversation de toutes les marchandes et de tous les habitués du boulevard du Temple.

— Ça va nous faire du tort si ça réussit! disait madame Rouffard, au lieu de venir à l'Ambigu-Comique, et à la Gaîté, le public ira à ce nouveau théâtre.

— Bah! bah! répondait Turlure, il nous viendra toujours du monde! on accourra toujours pour voir *le Pèlerin blanc* et *le Jugement de Salomon!*... d'ailleurs, après tout, il faut que tout le monde vive.

— Voyez-vous ça!... mamzelle prend le parti du nouveau théâtre, et tout ça, parce que l'acteur dont elle est toquée... son grand *Révalard*, est à présent engagé à la Porte-Saint-Martin... il ne peut donc rester nulle part, ce fameux talent-là... il était à la Gaîté, puis à l'Ambigu-Comique, et le voilà maintenant qui est ailleurs!...

— Et ben! un grand théâtre, c'est ce qu'il faut à un grand acteur, il aura de la place pour faire ses enjambées... il joue dans la pièce d'ouverture... Oh! il paraît que les costumes sont magnifiques... ça se passe chez des sauvages...

— Si ça se passe chez des sauvages, ils n'ont pas besoin de costumes alors!... ces gens-là ne s'habillent pas!

— Qu'elle est bête... est-ce qu'on peut jouer tout nu?

— Dame! pour faire des sauvages!...

— Monsieur Révalard m'a promis un billet!... mais il ne m'en donnerait pas que j'irais tout de même!... pas de danger que je manque l'ouverture d'un théâtre...

— Et la boutique?

— Est-ce que Boursiquet n'est pas toujours à mon service?

— Pauvre Boursiquet! en v'là un à qui on fait voir la lune en plein midi!... mais je croyais qu'il était tout à fait garçon de café à présent?

— Qu'est-ce que ça fait... il se dédoublera... d'ailleurs Florentine est complaisante, elle aura l'œil sur ma marchandise!

— Florentine! si elle veille sur tes chaussons de pomme comme sur ses oranges, ça sera bien gardé! pas plus tard que hier, deux gamins sont venus flairer sa marchandise, puis ils se sont sauvés en lui volant chacun une orange et elle ne s'en est pas seulement aperçue.

— Et vous, qui l'avez vu, vous n'avez rien dit?

— Par exemple... est-ce que ça me regarde!... tant pis... ça lui apprendra à regarder toujours les étoiles, en poussant des soupirs à éteindre ses chandelles.

Celle dont on parlait s'inquiétait fort peu, en effet, de tout ce qui se passait autour d'elle; une seule idée la préoccupait sans cesse, elle portait dans son sein un gage de ses amours et l'auteur de sa faute ne s'empressait pas de l'épouser, bien loin de là! Un mois s'était écoulé depuis cette nuit qu'elle lui avait appris sa position, et elle n'avait pas revu son amant, il ne lui avait pas donné de ses nouvelles.

Le lendemain, sur les huit heures du soir, la salle de la Porte-Saint-Martin offrait un coup d'œil ravissant : entièrement garnie, depuis le bas jusqu'en haut, pas une place n'était restée vide. Les premières loges, la première galerie, les avant-scènes étaient en grande partie occupées par des dames élégamment parées, et, à cette époque, la variété qui régnait dans les toilettes et les coiffures des dames donnait plus de piquant à l'aspect de la salle.

Le lever du rideau avait disposé très-favorablement les spectateurs. Sur les bords de la mer, dans un site agreste, on voyait les Péruviens et les Péruviennes à genoux et adorant le soleil qui se levait. Ce tableau était magnifique. Malheureusement la pièce, bien qu'elle fût du bon faiseur, *Guilbert de Pixérécourt*, ne tenait pas ce que ce début promettait.

Dans une première loge de côté, on voyait la jolie madame Roberval avec son fidèle sigisbé, le chevalier de Mérillac. Quant au mari, suivant son habitude, il était en voyage; il devenait donc presque indispensable à sa femme d'avoir sans cesse près d'elle un cavalier servant; aussi, bien loin de s'en formaliser, et de montrer la plus légère atteinte de jalousie, M. Roberval faisait-il au chevalier un accueil empressé. Cette extrême confiance allait jusqu'à contrarier parfois M. de Mérillac qui se disait :

— J'ai connu des maris complaisants, mais jamais de cette force-là!... ça m'est égal, je ne lui ai pas donné de recommandation.

— Que lorgnez-vous avec tant d'attention en ce moment? demanda madame Roberval à son cavalier.

— Ma foi, je vous avouerai que c'est une dame...

— Oh! quant à cela, je m'en doutais. Vous la connaissez et comptez lui faire la cour?

— Ah! madame, vous me jugez mal!

— Oh non... je vous connais à présent... mieux que mon mari!

— C'est peut-être plus facile, moi je ne me cache pas!

— A propos de mon mari, vous ne savez pas ce qu'il m'a annoncé en partant?

— Qu'il ne reviendrait pas?

— Ah! que c'est joli!... c'est cela qui vous attraperait bien.

— Enfin, il vous a annoncé?

— Qu'à son retour il me donnerait un cabriolet!

— Avec un cheval?

— Ah! que vous êtes impatientant! oui, monsieur, oui avec un cheval, que nous aurions voiture enfin!

— Mon compliment, belle dame, il va bien votre mari, à ce qu'il paraît!... il fait de bonnes affaires!

— Ma foi, je serais bien embarrassée pour dire lesquelles, mais ce qu'il y a de certain, c'est qu'il sème l'or à pleine main.

— Il est bien heureux! j'en ai semé jadis, mais il n'a point poussé. Tiens, j'aperçois là-bas, au balcon, un de mes bons amis... le comte de Germancey... Oh! j'irai lui parler tout à l'heure, car il y a longtemps que je ne l'avais rencontré.

— Le comte de Germancey... pourquoi ne l'amenez-vous pas chez moi?

— Il n'aime plus le monde... il a éprouvé tant de malheurs... c'est un ruiné comme moi!

— Mais vous n'en êtes pas plus triste, vous!

— Tous les hommes n'ont pas ma philosophie...

— Chut! voilà le second acte qui commence...

Et la jolie dame se tourne vers la scène, tandis que Mérillac se dit :

— Sapristi! je voudrais cependant bien savoir quel métier fait ce Roberval pour s'enrichir si promptement.

A la seconde galerie de face, mademoiselle Turlure, coiffée d'un petit bonnet mis coquettement en arrière, et sur lequel une grosse rose artificielle était placée d'une façon assez heureuse, pouvait, avec sa modeste robe de laine, passer pour une grisette très-avenante. Ses cheveux blonds étaient frisés avec soin, son nez retroussé, ses yeux pleins de vivacité formaient un ensemble fort séduisant pour un amateur.

Auprès de la petite marchande s'était placé un grand jeune homme maigre, au nez long et pointu, mais dont la physionomie n'était point désagréable et annonçait de l'esprit. Il s'était reculé poliment pour laisser plus de place à sa voisine, et celle-ci en le regardant pour le remercier était devenue rouge d'émotion et de plaisir parce qu'elle avait cru reconnaître dans son voisin un acteur du petit théâtre des Délassements.

Turlure ne se trompait pas, ce jeune homme était un nommé Desprès, qui au théâtre avait pris le nom de Saintclair; issu d'une bonne famille et ayant fait toutes ses études, la passion du théâtre s'était emparée de lui, au point de lui faire abandonner *Cujas* et *Barthole*. Il avait réussi, d'abord parce qu'il avait du feu, de l'aisance en scène, ensuite parce que l'éducation qu'il avait reçue, ne contribuait pas peu à lui donner de bonnes manières car, quelle que soit la profession que l'on doive embrasser, le temps que l'on aura donné à l'étude nous sera toujours compté pour parvenir.

Et le jeune Saintclair avait été engagé au petit théâtre des Délassements.

Mademoiselle Turlure, qui, lorsqu'elle allait au spectacle, mangeait les acteurs des yeux, avait quelques jours auparavant mangé le jeune Saintclair dans un vaudeville où il avait fort bien rempli et chanté son rôle d'amoureux. On doit donc juger de l'émotion qui s'empare de la jeune marchande, lorsqu'elle croit reconnaître le même acteur dans le monsieur qui est assis près d'elle; son trouble est tel, qu'elle n'a pas remarqué l'entrée de Révalard qui, dans un costume espagnol, vient porter la terreur parmi les Péruviens.

Turlure ne cherchait qu'une occasion pour renouer la conversation avec son voisin, elle s'écrie, en voyant *Pizarre* en scène :

— Tiens! quel est donc cet acteur-là?... je ne le connais pas... et pourtant je connais presque tous les artistes!

Le jeune homme placé près d'elle sourit et lui dit :

— L'acteur qui est en scène se nomme Villeneuve.

— Ah! merci, monsieur; mais d'où sort-il donc? il n'a joué ni à l'Ambigu, ni à la Gaîté.

— Il vient du Théâtre-Molière, où il a joué dans la reprise du *Château du Diable*.

— Le Théâtre-Molière!... tiens! je ne le connais pas ce théâtre-là... C'est rue Saint-Martin, je crois?

— Oui, et une fort jolie salle. Il y a de grandes glaces dans toutes les loges des premières, et, comme ces loges sont découvertes, les glaces répètent fort bien le monde qui est dans la salle.

— Oh! que ce doit être joli!

— Malgré cette parure, le pauvre Théâtre-Molière n'en va guère mieux...

— Monsieur... pardon... il me semble que vous êtes acteur aussi, vous?

— Vous ne vous trompez pas.

— Au théâtre des Délassements; et vous avez joué la semaine dernière dans *Colinette à la cour*... un vaudeville... où l'on chante des airs d'opéra!

— C'est bien cela... j'ai joué avec une jeune élève du théâtre de la rue Dauphine... la petite *Cuizot*... elle ira fort bien cette petite... elle a de la voix, de la verve, de beaux yeux... je gage qu'elle fera son chemin?

— Et vous aussi, monsieur, vous jouez très-bien!...

— Vous êtes bien indulgente.

— Malheureusement le petit théâtre des Délassements ne va guère mieux que le Théâtre-Molière!... on a beau y jouer un peu de tout! on ne fait pas d'argent!

— Dame, aussi pourquoi avez-vous un poêle dans le parterre? Je suis sûre que cela vous fait du tort!

— Vous croyez? il faudra que je dise cela à mon directeur; en attendant je vous apprendrai que nous nous disposons à frapper un grand coup, à tenter un essai qui, s'il réussit, peut nous amener la foule!

— En vérité... est-ce que vous allez danser sur la corde?

— Non, Dieu merci... d'abord cela ne m'irait pas, nous allons donner une tragédie!

— Une tragédie! chante-t-on là-dedans?

— Non, c'est en vers.

— Ah! de ces pièces comme on en joue au Théâtre-Français... où l'on se tue toujours à la fin...

— Celle que nous voulons donner est une tragédie pour rire, c'est l'œuvre d'un perruquier.

— Comment! les perruquiers font des tragédies?

— Oui! depuis que *Beaumarchais* a donné *Figaro*, les

perruquiers font de tout; mais comme maître André n'est pas un *Figaro*, sa tragédie, je l'espère du moins, fera beaucoup rire, c'est le *Tremblement de terre de Lisbonne!* rien que cela!...

— Ah! mon Dieu! quel titre effarouchant! alors vous allez jouer cela en riant?

— Non pas, vraiment! nous jouerons la pièce très-sérieusement, comme si c'était du Racine; et toutes les balourdises qu'elle renferme n'en feront que plus d'effet, car pour faire rire, au théâtre, il ne faut pas rire soi-même; mais la pièce n'est pas prête, ensuite nous n'avons pas encore la permission.

Et mademoiselle Turlure, en écoutant Saintclair, ne s'aperçoit pas que le féroce *Davilla* est en scène; le jeune artiste des Délassements avait fait oublier le grand Révalard.

A la troisième galerie, nommée aussi le *Paradis!* Moucheron, bien qu'arrivé un des derniers, avait tant fait des pieds et des mains, repoussant l'un, montant sur les épaules d'un autre, qu'il était parvenu jusqu'à la première banquette; mais là, il avait trouvé toutes les places prises. Cela ne le découragé pas, il se hisse sur ses pointes, jette un coup d'œil sur toutes les personnes assises sur le devant, et apercevant un petit monsieur bossu, dont la tête arrivait à peine à la balustrade, il enjambe, saute, se faufile, arrive jusqu'au petit bossu et s'assied carrément sur lui en s'écriant :

— C'est ma place, je la reconnais.

— Monsieur! monsieur! prenez garde!... vous êtes sur quelqu'un... vous vous asseyez sur moi!... crie le petit homme.

— Tiens! il y a quelqu'un là-dessous? dit Moucheron en ayant l'air de chercher sous la banquette.

— C'est sous vous... vous êtes assis sur moi... vous m'étouffez... ôtez-vous donc?

— Comment que je m'ôte... jamais!...

— Vous n'avez pas le droit de prendre ma place...

— Votre place... c'est la mienne...

— Non, monsieur... j'étais là avant vous... je suis entré le premier dans la salle.

— Oui, mais moi j'étais là hier... à la répétition... La preuve, c'est que j'avais laissé un noyau de pruneau sur la banquette... pour marquer ma place... si vous vous êtes assis sur mon noyau vous êtes dans votre tort!

— Je vous dis de vous ôter...

— Le plus souvent!... je reste à ma place, si vous voulez rester sous moi, ça m'est égal, je vous le permets, vous ne me gênez pas.

— Ah! c'est trop fort!... à la garde!

S'apercevant que personne ne vient à son aide, le petit homme n'étant pas le plus fort, cherche à être le plus traître, et il pince si fortement Moucheron que celui-ci se relève comme un ressort. Mais alors les coups de poing vont leur train; et cette fois les voisins craignant d'attraper des éclaboussures, se décident à se reculer à droite à gauche. Alors les combattants peuvent s'asseoir à côté l'un de l'autre, cela termine la querelle et Moucheron rit au nez du bossu en lui disant :

— Je savais bien que ça finirait comme ça.

— Alors le jeune commissionnaire ne s'occupe plus que de la pièce et il s'écrie de temps en temps avec un air de connaisseur qui impose à ses voisins :

— C'est beau de décors et de costumes!... Mais c'est pas fort comme intérêt. Tout ça ne vaut pas le *Damoisel et la Bergerette* que j'ai été voir au Théâtre de la Cité avant-hier... c'est ça une belle pièce!... et si bien jouée! Mam'zelle *Julie Diancourt* fait la Bergerette et monsieur *Clausel* fait le Damoisel... en v'là un bel homme et joli garçon... il enfonce joliment tous ces acteurs-ci!

— Mais c'est une pantomime que votre *Damoisel et Bergerette*... on ne parle pas dedans! s'écrie une voisine.

— Justement! c'est pour cela que ça m'amuse mieux que cette pièce-ci!... où, quand ils parlent, c'est pas amusant du tout, pas vrai, petit vieux... hein? nous sommes amis à présent, n'est-ce pas?

Le petit bossu, auquel s'adressaient ces paroles, secoue la tête d'un air important, en répondant :

— Ne me parlez pas des pantomimes! je n'ai jamais entendu un mot spirituel dans ces pièces-là!

Dans l'entr'acte, Moucheron est allé se rafraîchir et s'acheter de la frangipane, dont il offre généreusement un morceau au petit homme, en lui disant :

— Je ne vous en veux plus! et vous?

— Est-elle toute chaude?

— Je crois bien, elle me brûle les mains!

— Alors j'accepte et tout est oublié!

Pendant le second acte de *Pizarre*, qui continue de ne point amuser Moucheron, en regardant dans la salle, le jeune commissionnaire vient d'apercevoir, dans une loge des premières, une jeune femme, mise avec élégance et qui semble aussi porter peu d'attention à la pièce. Cette dame, qui paraît avoir vingt-deux à vingt-quatre ans, est très-brune de cheveux, et un peu de peau, mais ses traits sont réguliers, ses yeux très-noirs sont surmontés de sourcils assez épais qui donnent quelque chose de sévère et même de dur à sa physionomie.

— Tiens! tiens! voilà qui est drôle! —pense Moucheron dont les regards se sont portés sur cette jeune femme et qui ne peut plus les en détacher, — voilà une figure qui me rappelle celle de ma sœur... c'est-à-dire cette dame est plus grande... elle a un air plus fier... mais dame!... depuis six ans que je ne l'ai vue... elle a bien pu changer... Oh! non, ce ne peut pas être ma sœur... mise avec cette élégance... et à Paris sans que je le sache... C'est égal, dans l'entr'acte ou à la sortie, il faudra que je tâche de voir cette dame de plus près...

Et lorsque le second acte est terminé, Moucheron va rôder dans le corridor des premières, mais les loges restent fermées, et comme elles sont pleines, il n'y a pas moyen, par le carreau, de voir les personnes qui sont sur le devant; il prend son parti et regagne sa place en se disant : « Je la guetterai à la sortie. »

XIII. — CE QUE CONTENAIT LA LETTRE DU FRÈRE DE M. DE GERMANCEY.

Le chevalier de Mérillac n'avait pas manqué, pendant un entr'acte de *Pizarre*, d'aller dire bonsoir à son ami de Germancey, et comme il lui reprochait les intervalles trop longs qui avaient lieu entre leurs rencontres, le comte lui dit :

— Mon ami, vous ignorez que je passe une partie de mon temps dans les environs de Paris, à faire des recherches... qui jusqu'à ce jour sont infructueuses. Venez demain matin déjeuner chez Tortoni, et je vous conterai des choses fort intéressantes... le voulez-vous?

— Oui certes. Demain à onze heures, je serai au boulevard des Italiens au coin de la rue Taitbout.

— A demain alors.

Les deux amis avaient été exacts, ils se retrouvaient le lendemain matin au café, qui fait encore maintenant le coin du boulevard et de la rue Taitbout; ils allaient s'asseoir dans un petit salon du fond, et, tout en prenant leur chocolat, causaient confidentiellement :

— Mon cher Mérillac, vous rappelez-vous qu'en me retrouvant à Paris, vous m'avez remis une lettre que mon frère vous avait recommandé de ne donner qu'à moi-même?

— Oui, oui, je me le rappelle fort bien, votre frère paraissait attacher une grande importance à ce que vous eussiez cette missive...

— Je le crois! car il me confiait dedans un secret... je ne vois aucun inconvénient à ce que vous le sachiez, vous pourrez peut-être me seconder dans mes recherches... Je vous tairai seulement le nom de la dame... qui fut l'héroïne de l'aventure, car elle existe encore... et vous pourriez vous rencontrer avec elle dans le monde!...

— Ah! c'est une histoire de femme... une intrigue d'amour alors... Bon! j'aime beaucoup ces aventures-là!...

— Vous saurez donc que quelques années avant la Révolution, mon frère avait noué une intrigue d'amour avec une demoiselle de haute naissance et de cette intrigue était né un enfant. La demoiselle n'avait plus sa mère et elle avait pu assez facilement cacher sa faute et ses suites à son père, ancien militaire fort sévère sur le point d'honneur et dont on avait grand'peur !

— Mais pourquoi votre frère n'épousait-il pas celle qu'il avait séduite?...

— Il était certain d'être refusé par le père, qui voulait marier sa fille au fils d'un vieux marin de ses amis, alors en voyage. Trois années s'écoulèrent, le jeune marin ne revenait pas. Pendant ce temps, la liaison se continuait entre mon frère et la demoiselle... et continuait si bien, qu'un nouvel enfant survint!...

— Diable!... la jeune personne y prenait goût!... mais ces enfants, qu'en faisait-on?

— C'est ce dont nous allons nous occuper tout à l'heure, pour l'instant finissons-en avec la demoiselle. Son futur, qui était parti avec *Lapérouse*, ne revint pas plus que le célèbre navigateur; mais en revanche la Révolution s'avançait à grands pas. Notre belle demoiselle partit pour l'Italie avec son père, celui-ci y mourut au bout de deux années. Mademoiselle de... trois étoiles, attendit pour revenir en France que la tempête fût un peu calmée. Mais quand elle revint, elle trouva ses biens vendus... bref, elle était ruinée... habituée à vivre au sein de l'opulence, la misère la faisait trembler d'avance... mais elle avait toujours son nom, qui était beau, et un des plus fougueux partisans de la révolution, un de ceux qui avaient propagé avec le plus de force le système de l'égalité, offrit sa main et sa fortune à la fille d'un ci-devant, qui accepta la fortune et le mari par-dessus le marché!

— Voilà qui est arrangé, terminé pour la demoiselle ; maintenant occupons-nous des enfants.

— Lorsqu'il entretenait une intrigue si bien cachée, mon frère avait plusieurs fois demandé à sa maîtresse ce qu'elle avait fait de ses enfants, et elle lui avait répondu : Soyez tranquille; ils sont chez de bonnes gens, qui en ont bien soin. Mon frère, qui désirait aller les voir, avait demandé à connaître le lieu qu'ils habitaient, mais la mère, qui craignait toujours qu'il ne fît quelque imprudence et ne compromît leur secret, n'avait pas encore voulu lui apprendre où étaient les enfants. Lorsque son père l'emmena tout à coup en Italie, puis la Révolution survint et mon frère, qui était en Angleterre, ne pensa plus aux pauvres orphelins!... car on peut bien appeler ainsi de malheureux enfants qui n'ont jamais reçu une caresse de leur père ni de leur mère. Mais un an avant sa mort, mon frère avait reçu une lettre... d'une écriture qui lui était bien connue, et dans laquelle on lui disait : « J'avais mis ma fille en nourrice près de Versailles, mais lorsqu'elle eut deux ans, je l'a confiai à une paysanne aisée de Vincennes qui se chargea d'en prendre soin. C'est aussi là que, un peu plus tard, j'ai porté mon fils. Cette paysanne se nommait Madeleine Duchemin, elle était mariée et avait quatre enfants. Je lui ai envoyé de l'argent jusqu'au moment où mon père m'a emmenée en Italie. Quand je suis revenue en France, je me suis informée : la femme Duchemin et son mari étaient morts. Impossible de savoir ce que sont devenus les deux enfants que je leur avais confiés. J'avais nommé la fille Maria, et le petit garçon Victor. Voilà tout ce que je puis vous dire touchant ces fruits d'un amour coupable. Adieu, monsieur, oubliez-moi. »

Cette lettre fut le dernier souvenir que mon frère reçut de celle qu'il avait aimée. Il se promit, lorsqu'il rentrerait en France, de faire son possible pour retrouver ses deux enfants, mais mon frère formait des projets qu'il mettait rarement à exécution. Vous savez le reste, chevalier : il s'est battu en duel pour une femme, il est mort des suites de sa blessure; mais, quelque temps avant de mourir, il a pensé enfin à m'écrire toute cette histoire, en me priant instamment de faire tout mon possible pour trouver cette nièce et ce neveu qu'il regrette d'avoir abandonnés, me recommandant, si je les trouve, et si le destin nous rendait un jour notre fortune, de la partager avec les deux enfants.

— Ma foi, comte, voilà une histoire fort intéressante ! Ainsi vous avez comme cela de par le monde un neveu et une nièce que vous ne connaissez pas!...

— Non, mais que je voudrais bien connaître, la demoiselle, qui est l'aînée, doit avoir maintenant vingt-deux ans et demi et le garçon dix-neuf.

— Ils sont tout élevés alors?

— Oui, mais comment? cette paysanne, ne recevant plus d'argent, aura peut-être abandonné ces enfants ou les a confiés à des étrangers... à des saltimbanques... c'est affreux à penser !

— Vous avez été à Vincennes sans doute?

— Ce fut ma première démarche ; j'ai eu beaucoup de peine à trouver quelqu'un ayant connu cette femme Duchemin; enfin un vieux paysan s'en est souvenu, et m'a envoyé chez un laboureur qui a épousé une des filles de Madeleine Duchemin. J'espérais, là, avoir quelques renseignements... Mais j'ai trouvé une villageoise à moitié idiote... je lui ai dit : « Votre mère avait en sevrage deux enfants, une fille et un garçon... qu'en a-t-elle fait? » Alors elle a ouvert de grands yeux et m'a répondu : « Ah ! je sais pas ! j'étais trop petite, ma sœur le sait peut-être !

« — Et où est votre sœur ?

« — Elle est mariée avec un tonnelier...

« — Ici?

« — Non, à Gagny, elle s'appelle madame Chenu. »

— Vous comprenez que je suis allé à Gagny demander madame Chenu; celle-ci n'en savait pas plus que sa sœur et m'a dit : « J'ai un frère qui est allé demeurer à Fontainebleau où il est maréchal ferrant ! « Je suis allé à Fontainebleau : le Duchemin maréchal ferrant n'y était plus, celui-là m'a fait courir dans cinq ou six villages et pour rien, c'est-à-dire il s'est à peu près rappelé que sa mère avait envoyé à Paris le petit Victor et la petite Maria, mais chez qui ? il l'ignorait entièrement.

— Eh bien, mon cher comte, si votre neveu et votre nièce sont à Paris, le hasard peut vous les faire retrouver; il ne s'agit que de s'informer de tous les Victor et de toutes les Maria!...

— Oui... s'ils ont conservé leurs noms d'enfants. Enfin... j'ai fait ce que j'ai pu... maintenant, comme vous dites, je crois que le hasard seul peut me faire découvrir ce que sont devenus les enfants de mon frère.

— Donnez-moi donc des nouvelles de cette jeune fille que vous protégiez... cette jolie marchande d'oranges... Il y a fort longtemps que je ne suis allé sur le boulevard du Temple... Je ne suis pas grand amateur de mélodrames... j'avoue que je préfère notre Opéra-Comique qui a maintenant une si excellente troupe... *Elleviou*, *Martin*, *Gavaudan*, *Juliet*, *Lesage*, mesdames *Saint-Aubin*, *Gonthier*, *Scio Gavaudan*... J'ai donc négligé le *Jugement de Salomon* pour *les Deux Journées* et *Maison à vendre*, sans quoi je serais allé présenter mes compliments à cette charmante Florentine... n'est-ce pas son nom?

— Oui, chevalier, mais il me serait difficile de vous donner de ses nouvelles, car il y a aussi fort longtemps que je l'ai vue !

— Comment? vous oubliez celle que vous aviez prise sous votre protection?

— Non, oh ! je n'oublie pas! mais, quand le protecteur a perdu la confiance de sa protégée, quand il s'aperçoit que sa présence embarrasse plus qu'elle ne satisfait, ne trouvez-vous pas, chevalier, qu'il fait aussi bien de se tenir à l'écart?

— Quoi... cette jeune Florentine ne serait plus heureuse et fière de votre amitié? Ah ! cela m'étonnerait...

— Je n'accuse pas Florentine d'ingratitude ; dans le fond de son cœur, je suis persuadé qu'elle me garde toujours une place, mais, à son âge, la place pour l'amitié est bien petite, quand l'amour est venu presque tout envahir !...

— Ah! je comprends, notre séduisante marchande a un amoureux? Mais au moins a-t-elle bien choisi?

— Ah! voilà justement ce que j'aurais voulu savoir ! et ce qu'on ne m'a pas dit... J'ai même dans l'idée que Florentine ne sait pas elle-même quel est l'état, la profession de son amant... et le mystère dont ce monsieur s'enveloppe m'inquiète, il m'a été impossible de me trouver avec celui qu'elle aime, il ne venait lui parler que fort tard probablement!... je désirais beaucoup le voir, ce Francisque... c'est le nom du jeune homme qui a toujours évité ma présence.

Je n'augure rien de bon de ce mystère... Pauvre Florentine! quelque chose me dit qu'elle est trompée par quelque mauvais sujet...

— Ce n'est pas le cas de l'abandonner!

— Non sans doute! aussi je la reverrai... mais il faut lui laisser le temps d'apprécier celui auquel elle a donné son amour... j'ai dans l'idée qu'elle ne tardera pas à le mieux connaître; en attendant, je cherche mon neveu et ma nièce.

— Oui, mais franchement, mon ami, si le hasard ne vous seconde, je crois qu'il vous sera difficile de les trouver.

Pendant que cette conversation avait lieu sur le boulevard des Italiens, une autre venait de s'entamer sur le boulevard du Temple, devant un petit cabaret borgne qui était tout près des parades du paillasse Rousseau.

Le petit Beaulard y mangeait tranquillement son pain et un morceau de cervelas, lorsque son ami Moucheron était venu le trouver. Le jeune commissionnaire paraissait fort préoccupé, et tout en buvant une chopine de vin, dont il forçait le maigre employé de *Curtius* à accepter un verre, il se détournait à chaque instant pour regarder sur le boulevard et examiner chaque femme qui passait.

— Tu as été hier à la réouverture du théâtre de la Porte-Saint-Martin? dit Beaulard en fourrant dans sa bouche un énorme morceau de pain.

— Oui, j'ai été voir *Pizarre*.

— Eh ben, est-ce aussi beau qu'on l'annonçait, ça fera-t-il du tort aux théâtres de ce boulevard?

— Je ne crois pas... c'est une belle scène que celle du théâtre de la Porte-Saint-Martin... les acteurs ont de la place pour faire leurs gestes... Ce n'est pas comme aux *Associés*, le petit théâtre qui est un peu avant tes bonshommes de cire, où l'autre soir, dans la *Ribote du Savetier*, un pièce du directeur, un acteur, en faisant un geste de surprise, a flanqué un soufflet à l'amoureuse qui était près de lui; mais celle-ci s'est empressée de lui envoyer son pied au derrière, et la pièce a continué tout de même.

— Alors *Pizarre*, c'est pas fameux?

— Non... c'est creux... c'est pas assez nourrissant.

— Qu'est-ce que tu regardes donc toujours sur le boulevard, Moucheron... est-ce que tu guettes quelqu'un?

— Non... je ne guette pas... mais je cherche... Ah! c'est que, hier au soir au spectacle, j'ai vu une femme qui ressemblait si bien à ma sœur... que je ne suis pas encore sûr que ce n'était pas elle...

— Bah! ta sœur qui est à Rouen?

— Elle pourrait fort bien être revenue à Paris...

— Et tu ne lui as pas parlé?

— Impossible de m'approcher d'elle... elle était dans une loge aux premières, elle n'est pas sortie dans les entr'actes... sans cela, je guettais dans le corridor. Enfin, je m'étais dit : A la sortie, j'attendrai en bas, je m'approcherai d'elle... je lui dirai à l'oreille : Est-ce toi, Maria?...

— Eh bien?

— Eh bien, je ne sais pas par où elle est passée... et puis, il y avait tant de monde... je ne l'ai pas aperçue!...

— Mais si ta sœur est à Paris, est-ce que tu crois qu'elle ne viendrait pas te voir?

— Mon Dieu! est-ce qu'on sait... cette dame était fort bien mise... élégante même... si c'est Maria, qui sait si, devenue riche, ma sœur voudra revoir son frère le commissionnaire!

— Comment, tu crois que ta sœur te renierait... ça serait bien mal ça!... au lieu de partager sa fortune avec toi!

— Mon pauvre Beaulard! tu as un bon cœur! et tu te figures que tout le monde te ressemble...

— Dame! qui est-ce qui s'aimera, si ce n'est un frère et une sœur?...

— Au fait, j'ai tort de supposer que Maria ne voudrait pas me voir... elle avait un caractère entier, une volonté qui ne cédait pas souvent... mais elle m'aimait bien... Et puis elle n'est pas bête, elle ne rougirait pas de ma pauvreté... il n'y a que les imbéciles qui rougissent de leurs parents...

— Mais sait-elle ton adresse, ta sœur?

— Oui, c'est-à-dire mon ancienne, quand je logeais rue Fontaine-au-Roi... Mais, quand j'ai quitté de là, j'ai dit où j'allais, rue Basse-du-Temple... Tu m'y fais penser, Beaulard, il y a longtemps que je ne suis allé à mon ancien logement voir s'il y a quelque chose pour moi.

— Et s'il y avait là une lettre pour toi, on ne te l'apporterait donc pas?

— On me l'apporterait si on avait le temps... Tu comprends, ils ne se gêneraient pas... Ils m'en ont gardé une de ma sœur pendant six semaines.

— C'est commode, si c'était pour une affaire pressée.

— Tiens, tu as raison, Beaulard, je ferai peut-être bien de courir à mon ancienne demeure, savoir s'il n'est rien venu pour moi.

— Mais à ta place, j'y aurais été déjà.

— Ce pauvre Beaulard... il n'est pas si bête qu'il en a l'air!...

Et le jeune commissionnaire quitte son ami pour courir rue Fontaine-au-Roi.

XIV. — LA SŒUR DE VICTOR.

Moucheron avait de bonnes jambes; en fort peu de temps il arrive à son ancienne demeure et trouve sa portière, vieille femme septuagénaire, qui est en train de balayer la cour de sa maison, laquelle cour peut avoir douze pieds carrés tout au plus, ce qui ne l'empêche pas d'être presque constamment encombrée par toutes les ordures qu'y jettent les locataires de tous les étages.

— Bonjour, mère Bichon, dit le jeune commissionnaire en s'arrêtant à l'entrée de la cour, pour ne point recevoir dans les jambes des trognons de salades, des coquilles d'œufs et une infinité d'autres détritus aussi peu agréables à l'œil qu'à l'odorat.

Mais la portière était tellement à son affaire, qu'elle n'entend pas qu'on lui parle et s'efforce de pousser son balai, tout en s'écriant :

— Je répète toujours que je me plaindrai au commissaire... et puis je suis trop bonne, je n'en fais rien; mais cette fois, je me jure à moi-même que j'irai... parce que c'est trop fort! ça passe la permission... Voyez s'il est possible d'abrutir une cour comme celle-ci... une ânesse n'y retrouverait pas ses petits!... non contents d'y vider leurs incongruités, ils jettent le vase avec!... et des cruches!... des cruches dans lesquelles on a fait ses nécessités... Je suis sûre que c'est ce vieux bancal du cinquième; sous prétexte qu'il ne peut presque pas marcher, il se sert de pots de fleurs... Il fait demander à ses voisines leurs vieux pots de violette ou de réséda!... et c'est joli les fleurs qu'il met dedans, lui!...

— Mère Bichon, je viens savoir si vous n'auriez pas par hasard, une lettre pour moi?...

— Tiens, c'est monsieur Moucheron dit Victor... ou plutôt Victor dit Moucheron... Vous me voyez dans mon coup de feu.

— C'est votre coup de balai que vous voulez dire!

— Jeune homme, je vous prends à témoin, comme quoi on jette des infamies dans cette cour... tenez, voyez-vous cette petite cruche?

— Ça, ce n'est pas une cruche, c'est un bocal à olives.

— Flairez, vous verrez quelles olives ils ont mises dedans!

— Merci! je vous demande si vous avez une lettre, quelque chose pour moi...

— Rien du tout, et quand je m'informe! que je dis : Qu'est-ce qui a jeté ça? on me rit au nez... c'est personne!

— Puisque vous n'avez rien... adieu, mère Bichon!

On voyait la jolie Madame Roberval. (Page 28.)

—Non, j'ai rien... mais vous avez sans doute vu la belle dame qui est venue vous demander tout à l'heure.

— Une dame! il est venu une dame me demander... et vous ne me le dites pas!

—Vous voyez bien que si!... Ah! en v'là qui ont mangé de l'homard... c'est moi qui l'aime ce poisson-là; ils ont jeté des pattes qui étaient encore bien bonnes!...

— Et cette dame, mère Bichon, voyons, de grâce... uqand est-elle venue... qu'a-t-elle dit?

— Elle est venue, il n'y a pas longtemps, puisque je croyais que vous l'aviez rencontrée; elle a demandé le jeune Victor... Je lui ai répondu : Madame il ne loge plus ici, et je le regrette, parce qu'il ne jetait rien dans ma cour, celui-là... il est vrai qu'il ne mangeait jamais chez lui...

— Et alors cette dame?

— Elle a demandé où vous restiez à présent, je lui ai indiqué votre adresse, rue Basse-du-Temple, elle est partie en disant : J'y vais!...

—Elle a dit : J'y vais!...

Et sans écouter encore la mère Bichon, qui veut lui faire flairer une terrine, Moucheron reprend sa course et ne s'arrête que devant sa demeure, un fiacre stationne contre sa porte, il va passer devant, mais une voix est partie de la voiture et lui crie :

— Victor... c'est moi... je t'attends!...

Cette voix a retenti jusqu'au fond du cœur de Victor, aussitôt il ouvre la voiture et pousse un cri de joie en revoyant la personne qu'il a aperçue la veille au spectacle, en reconnaissant sa sœur. D'un bond il est auprès d'elle, et celle-ci crie au cocher :

— Rue Saint-Georges... où vous m'avez prise!

La sœur de Moucheron est une belle femme; ses cheveux sont d'un noir de jais, ses yeux, de la même couleur, se reposent hardiment sur la personne à laquelle ils s'adressent; une bouche grande, des dents superbes, un nez grec complètent le portrait et font de Maria une fort belle personne, chez laquelle les passions doivent être vives et qu'il ne doit pas être bon d'avoir pour ennemie.

— C'est toi, Maria! s'écrie Moucheron en pressant dans les siennes les deux mains de sa sœur. Je ne m'étais donc pas trompé hier au soir, en croyant te voir dans une loge au théâtre de la Porte-Saint-Martin.

— Non, c'était bien moi... Pourquoi, puisque tu m'as vue, n'es-tu pas venu me parler?

— Mais d'abord je n'étais pas bien sûr... et puis ta belle toilette me gênait... moi, j'étais en veste comme à présent...

— Eh! qu'importe... que tu sois en veste ou en habit, n'es-tu pas toujours mon frère?...

— Ah! c'est bien ce que tu dis là... mais pourquoi ne me faisais-tu pas savoir que tu étais à Paris?

— Je suis arrivée d'hier... tu vois bien que je n'ai pas perdu de temps.

— Tu es arrivée hier, et le soir même tu vas au spectacle?...

— Sans doute. A l'hôtel où je suis descendue, j'ai entendu dire que le soir il y avait un beau théâtre... l'ancien opéra du boulevard Saint-Martin, qui faisait sa réouverture, que ce serait très-brillant, très-élégant et tout de suite j'ai envoyé loué une place pour moi...

— Et tu y allais seule?

— Toute seule!

— Et tu ne craignais pas...

— Que veux-tu que je craigne? je n'ai peur de rien d'ailleurs!

— Cette chère Maria! comme tu es devenue grande, forte... mais c'est égal... c'est toujours ta figure... ton air fier!

— Toi, tu es bien plus changé.. malgré cela, c'est toujours le même sourire... un peu moqueur...

— Mais comme tu es élégante... une robe de soie... un joli chapeau... ah! quelle différence avec la mise que tu avais en partant!

— Dame... il y a près de six ans... et en six ans il se passe bien des choses...

— Oh! tant mieux si tu as fait fortune!

Mais alors les coups de poing vont leur train. (Page 29.)

— Je n'ai pas fait fortune! mais je ne suis pas pauvre... j'ai de quoi m'établir!

— Et tu viens t'établir à Paris... oh! quel bonheur!

— Je ne sais pas encore, cela dépendra!... un autre motif plus important m'y amène...

— Un motif plus important?

— Sans doute! j'y viens chercher mon mari.

— Ton mari!... comment! tu es mariée!...

— Oui, mon ami.

— Et depuis quand?

— Mais depuis trois ans déjà!

— Depuis trois ans! et je ne le savais pas!

— Je voulais te faire une surprise; mais ensuite les événements... je te conterai tout cela quand nous serons à mon hôtel... mais tiens justement, nous sommes arrivés.

La voiture s'est arrêtée devant un petit hôtel de la rue Saint-Georges. Maria paye son cocher et entre lestement en disant à son frère :

— Suis-moi!

— Mais on va croire que c'est un commissionnaire que tu ramènes avec toi, et on ne se tromperait pas, puisque c'est mon état!

— Viens toujours, je m'inquiète fort peu de ce que l'on croira.

Le jeune homme suit sa sœur, qui occupe une jolie chambre au second étage.

La jeune femme embrasse tendrement son frère, ensuite elle se jette sur un canapé et lui dit :

— Assieds-toi là, près de moi.

— Oui, ma sœur.

— Mais avant tout, as-tu faim, as-tu soif, as-tu déjeuné?

— Oui, oui, j'ai déjeuné, merci, je n'ai besoin de rien que de t'écouter... et je suis si curieux de savoir comment il se fait que tu sois mariée...

— Alors écoute-moi : tu te rappelles que je quittai Paris avec la famille Vermont qui allait se fixer à Rouen : madame Vermont m'aimait beaucoup, elle me traitait plutôt comme une compagne que comme une femme de chambre : je la servais avec zèle, et souvent elle me disait: — Ma pauvre Maria, je suis sûre que tu n'es pas née pour une position si infime. Tu ne connais pas tes parents... mais ce flacon, que ta mère a oublié chez la paysanne à laquelle elle t'avait confiée, prouve que c'était une dame du grand monde...

— Tu lui avais donc montré ton flacon?

— Sans doute... pourquoi le cacherais-je? ce ne serait pas le moyen de retrouver notre mère! Je répondais à madame Vermont que je me trouvais bien heureuse d'être près d'elle, et comme elle touchait fort bien du piano, elle poussa la bonté jusqu'à m'apprendre cet instrument.

— Tu sais toucher du piano?

— Mais oui, assez bien... Ensuite ma protectrice me dit: — Je ne veux pas que tu restes femme de chambre. Tu as beaucoup de goût pour les modes, tu chiffonnes très-bien un bonnet, je vais te mettre chez ma modiste, tu apprendras son état, je suis certaine que tu réussiras, et tu pourras un jour t'établir. Je ne voulais pas quitter cette femme généreuse, mais elle l'exigea. Elle paya d'avance une année de mon apprentissage, et me voilà dans un très-beau magasin de mode. J'avais du goût, j'apprenais facilement, en peu de temps je devins une des plus habiles ouvrières du magasin. Madame Vermont était enchantée d'avoir assuré mon avenir. Pauvre dame! peu de temps après je la perdis... Ah! je la pleurai bien, va! Elle me laissa un millier d'écus en me recommandant de toujours me bien conduire...

— Tu ne m'as pas écrit tout ça!

— Ah! mon ami... dans les modes est-ce qu'on a le temps d'écrire? Me voici arrivée à l'époque où je fis la connaissance de Villemart...

— Ah! ton mari, sans doute?

— Oui, je voyais sans cesse rôder devant le magasin un jeune homme... fort joli garçon... assez grand, de belle tournure... des cheveux presque aussi noirs que les miens... et des yeux... qui ont une expression... qu'on ne saurait définir... Enfin, quand je sortais, il me suivait, puis il me parla... puis il me dit qu'il m'adorait...

— Oui, oui, la rengaine ordinaire!...

— Moi, qui ne sais pas cacher ce que j'éprouve, je lui avouai bientôt que j'étais sensible à son amour...

— Et alors?...

— Oh! je vis bien qu'il espérait faire de moi sa maîtresse... car les modistes n'ont pas une grande réputation de vertu!

— En général, elles ne passent point pour des vestales!

— Mais dans tous les états on peut rester sage quand on en a pris la résolution; et comme c'était la mienne, je dis à Villemart: — Je vous aime, je ne vous l'ai point caché, mais n'espérez pas pour cela que je céderai à vos prières, je ne me donnerai qu'à mon mari; jamais je ne serai la maîtresse d'un homme, quand bien même cet homme me couvrirait d'or et de bijoux!

— Ah! c'est bien, cela, Maria, et je suis fier de toi!

— Villemart essaya pendant quelque temps de triompher de ma résolution, mais, quand il vit qu'il n'y avait pas moyen, il me dit: — Je suis prêt à vous épouser.

— Mais que faisait-il ce jeune homme? quel était son état?

— Il me dit qu'il était dans le commerce et faisait des opérations avec l'Angleterre; du reste, il avait toujours de l'or plein ses poches et paraissait fort à son aise.

— Lui avais-tu avoué que tu n'avais qu'un frère pour toute famille?

— Oh! c'est la première chose que j'avais faite, et cette confidence, loin de diminuer son amour, semblait l'avoir augmenté. Il regardait souvent mon flacon, et me disait en l'examinant: — Oui, bien certainement vous êtes la fille d'une grande dame... il y a des armes gravées sur ce flacon, et quelque jour nous saurons à qui elles appartiennent. Enfin, comme je lui dis qu'une fois mariée je voulais m'établir modiste, il me donna un portefeuille contenant dix mille francs, en me disant: — C'est mon cadeau de noces, vous voyez bien que vous aurez de quoi vous établir. Je n'avais plus de raison pour refuser de l'épouser, et je devins sa femme...

— Es-tu bien sûre que ton mariage soit bon?... quelquefois on trompe les jeunes filles...

— Oh! sois tranquille, on ne m'a pas trompée, moi!... j'ai voulu être mariée par un vieux prêtre que je connaissais et en qui j'avais toute confiance. Comptant m'établir, j'avais quitté mon magasin; d'ailleurs mon mari l'avait voulu. Nous avions pris un petit logement retiré, et je voulais sur-le-champ chercher à acheter un établissement. Mais Villemart s'y opposa en me disant: — Rien ne presse! tu as tout le temps, il faut un peu jouir de ta liberté! J'aurais été fort heureuse, si mon mari ne m'avait pas quittée fréquemment, ses affaires l'exigeaient, me disait-il; il s'absentait quelquefois trois jours, quelquefois un peu plus. Six mois se passèrent ainsi. Mais alors les absences de mon mari devinrent plus fréquentes. Quand je m'en plaignais, il me répondait avec humeur, avec colère même... Tu sais que je ne suis pas patiente! d'ailleurs je m'apercevais que Villemart n'était plus le même pour moi. — Je m'ennuie d'être si souvent seule, lui dis-je, vous m'empêchez de m'établir, mais c'est ce que je vais faire, si dans vos voyages vous ne m'emmenez pas avec vous. — Faites ce que vous voudrez! me répondit Villemart. Deux jours après il me quitta... Il y avait juste huit mois que nous étions mariés!... je ne l'ai pas revu depuis!

— Tu ne l'as pas revu depuis?...

— Non! il n'a pas reparu à Rouen, mais il m'avait laissé cette somme de dix mille francs, dont nous n'avions dépensé qu'une faible partie. Je pris un magasin de modes, et en peu de temps je devins une des premières modistes de la ville. Je gagnais beaucoup d'argent, mais je n'étais pas heureuse, car le souvenir de mon mari ne me quittait pas... je me disais: — S'il m'a abandonnée, c'est qu'une autre femme a son amour... Ah! si je la connaissais cette femme qui m'a ravi le cœur de mon époux!... Ah! Victor... je ne sais pas jusqu'où se porterait ma vengeance!...

En disant cela, Maria s'est levée, sa poitrine est haletante, ses yeux lancent des éclairs!...

— Allons, calme-toi, ma pauvre sœur! dit Victor en faisant rasseoir la jeune femme; dans tout cela, je vois que ton mari est un triste sujet et qu'il ne méritait pas ton amour!

— Oui... je le crois aussi... mais qui ne se serait pas laissé prendre à ses discours... il a de l'esprit... de l'éloquence... et ses yeux... ah! je ne voulais pas l'écouter... mais on aurait dit que ces regards me fascinaient...

— Et il ne t'a pas même écrit pour te donner de ses nouvelles?

— Rien... rien... et voilà deux ans et demi qu'il m'a quittée...

— Et tu ne m'avais rien écrit de tout cela!

— Ah! mon frère, il y a des choses qui peuvent se dire, mais qui ne peuvent pas s'écrire!...

— Et tu continuais ton commerce de modes?

— Oui... j'avais la vogue... Bien des hommes vinrent de nouveau rôder autour de moi et me fatiguer de leurs déclarations!... je n'ai pas besoin de te dire qu'ils furent très-mal reçus!... mon mari peut me tromper!... mais moi je ne le tromperai pas.

— Mais par quel hasard es-tu à Paris maintenant?

— Parce que, il y a huit jours, un monsieur qui m'avait vue plusieurs fois au bras de Villemart, est entré dans mon magasin et m'a dit: Je reviens de voyage... j'ai passé il y a deux mois quelques jours à Paris, et j'y ai aperçu votre mari. Ah! tu dois penser que ma résolution fut bientôt prise; je fis mes arrangements, je mis quelqu'un à la tête de mon magasin, et je partis pour Paris, où je suis arrivée hier, et si Villemart y est, ah! je te réponds que je saurai le trouver... Fût-il déguisé, fût-il caché dans le quartier le plus reculé... je le découvrirai...

— Et notre flacon... tu l'as apporté avec toi, je pense?

La jeune femme laissa tomber sa tête sur sa poitrine et poussa un profond soupir.

— Notre flacon... ah! mon frère, tu vas bien me gronder... et cependant pouvais-je deviner que Villemart m'abandonnerait... Il avait souvent pris avec lui notre précieux bijou dans ses voyages, il prétendait pouvoir en rencontrer le propriétaire, ou du moins quelqu'un qui reconnaîtrait les armes gravées dessus... il a emporté ce flacon en me quittant.

— Le misérable... il nous prend le seul objet qui pouvait nous faire retrouver nos parents... Ah! Maria! Maria! tu ne devais pas t'en séparer!

— Pardonne-moi, mon frère, mais je croyais aussi ne jamais me séparer de mon mari!

Victor se promène avec agitation dans la chambre; il se frappe le front, il est désolé et murmure: — Notre flacon, notre cher flacon... le seul objet qui nous vient de notre mère!... Tout est fini maintenant! plus d'espoir de retrouver jamais nos parents...

— J'en suis aussi désespérée que toi, Victor, mais pouvais-je prévoir ce qui est arrivé?...

— Non... c'est vrai... mais ce Villemart... si je le connaissais du moins... Voyons, fais-moi son portrait... je le chercherai aussi, ce monsieur qui épouse ma sœur pour la planter là au bout de huit mois!...

— Il a vingt-huit ans... il est d'une taille au-dessus de la moyenne, svelte, bien fait, des cheveux très-noirs, des sourcils épais, des yeux noirs dont l'éclat est singulier, mais qui se fixent rarement sur vous... une bouche mince, de belles dents, enfin c'est un joli garçon.

— Comment porte-t-il ses cheveux?

— Ah! il changeait souvent de coiffure, mais jamais de poudre, ses cheveux noués par derrière avec un bout de ruban; élégant et tournure de muscadin.

— C'est bien, je me rappellerai tout cela. Ainsi tu vas rester à Paris?

— Oui, jusqu'à ce que j'y aie trouvé Villemart. En attendant, prends ceci, Victor...

— Une bourse... pourquoi me donnes-tu cela... je n'ai pas besoin d'argent, moi, je gagne assez de quoi vivre!

— Victor, songe que je suis ta sœur, que ce que j'ai est aussi à toi... Penses-tu que je veuille t'humilier!... tu veux rester commissionnaire, soit, si tel est ton goût mais il est de ces convenances que l'on doit respecter... si je voulais sortir avec toi, me donnerais-tu le bras avec cette veste et cette casquette?... Tu ne voulais pas tout à l'heure me suivre dans cet hôtel de crainte de me compromettre...

— C'est vrai, eh bien?

— Eh bien, avec ce que contient cette bourse, tu t'achèteras un habillement complet... avec lequel tu pourras me donner le bras, sans qu'il y ait rien en nous qui choque les badauds. Crois-tu que ce soit par fierté que j'agis ainsi?

— Non, Maria, non, et au fait tu as raison, cela sera mieux ainsi. En effet, le monde est si bête! il ne juge les gens que sur leur mine... et pour être reçu partout, il ne suffit pas d'être un honnête homme, il faut d'abord être bien vêtu!...

— Cela ne m'empêchera pas, mon frère, d'aller te parler à ta place quand l'envie m'en prendra. Où te mets-tu ordinairement?

— Sur le boulevard du Temple, presque au coin du faubourg.

— C'est bien, je vais aussi tâcher de retrouver à Paris une amie que j'avais à Rouen... une jeune femme fort gentille... un peu plus âgée que moi et qui avait épousé un graveur avec lequel elle est venue habiter Paris, madame Roberval, connais-tu cela?

— Non... tu n'as pas son adresse?

— Elle me l'avait envoyée, je l'ai perdue!

— Si c'est un graveur, ce sera facile à trouver. Adieu, Maria, je retourne à ma place...

— Tu viendras souvent me voir, j'espère?

— Je te le promets, et toi, si tu découvrais quelque chose touchant ton mari, viens vite m'avertir, car je veux absolument le connaître, ce monsieur-là! et une femme ne peut pas toujours aller partout!

— Oh! je ne suis ni peureuse ni timide, mais sois tranquille, tu seras instruit de tout.

Victor embrasse encore sa sœur, puis il la quitte pour aller s'acheter un vêtement complet de jeune homme du monde, et il en fait un paquet qu'il va porter à son logement.

XV. — UN AMI VÉRITABLE.

Florentine s'était dit:— Il faut avoir le courage de supporter les conséquences de sa faute; je ne chercherai point à dissimuler ma position, à cacher mon état; je ne comprimerai pas mon enfant sous un corset qui peut le blesser. Je ne resterai pas enfermée au fond d'une chambre, car le grand air est nécessaire à la santé, et l'on doit soigner la sienne, quand on porte dans son sein une nouvelle créature qui ne nous a pas demandé la vie, mais à laquelle il est de notre devoir d'en faciliter le chemin. Je continuerai donc d'aller sur le boulevard vendre ma marchandise, on verra bientôt que j'ai cessé d'être sage, on m'accablera de quolibets, on rira d'un air moqueur en me regardant... je supporterai tout cela sans me plaindre... je ne dois plus songer qu'à mon enfant.

Ce que Florentine avait prévu ne tarde pas à se réaliser : sa grossesse devient visible, alors les mauvaises langues sont enchantées de s'exercer sur le compte de celle dont la sagesse, la bonne conduite, les avaient longtemps dépitées. La RouffIard n'est pas la dernière à faire de méchantes plaisanteries sur la position de sa voisine. Turlure seule, toujours bonne fille, parce qu'elle se sentirait probablement toute disposée à en faire autant que Florentine, a d'abord essayé de démentir les bruits qui commençaient à courir, mais, lorsque le fait est devenu évident, et que d'ailleurs la jeune marchande n'a pas essayé de nier son état, Turlure se charge de répondre aux sarcasmes de la Rouffiard.

— L'année sera bonne! dit la marchande de pain d'épices. Tout pousse que c'est une bénédiction! on dit qu'il y aura autant d'enfants que d'abricots!

— Eh ben, tant mieux! répond Turlure, ça fait que nous ne verrons pas la fin du monde!...

— Il est certain que du moment que les rosières s'en mêlent, il n'y a plus de raison pour que cela finisse...

— Ce serait drôle si, parce qu'on est jolie, il était défendu d'être sensible.

— Ce qui me surprend, moi, c'est qu'on ne voit pas plus de père que dans mon œil... il paraît qu'il n'est pas fier de ce qu'il a fait, ce monsieur!

— C'est qu'il sert probablement dans le régiment de vot'mari, qui ne revient jamais de l'armée de la guerre!

Florentine entendait tout cela, mais elle ne répondait rien, elle se montrait fort indifférente à tous ces propos, quelquefois seulement elle disait à Turlure :

— Ne réponds donc point à ce que ces femmes disent sur moi!... Après tout, je suis coupable, j'ai fait une faute... il faut bien que je sois punie!

— Mais toutes celles qui t'invectivent en ont fait bien plus que toi, j'en suis sûre! elles n'ont donc pas le droit de t'accabler de leurs moqueries!

Florentine ne redoutait qu'une chose, c'était la présence de M. de Germancey; devant lui elle sentait qu'elle n'aurait plus de courage, et cependant elle désirait le voir, car elle se disait qu'elle n'avait plus que lui pour ami; elle était bien certaine qu'il lui pardonnerait sa faute, et voudrait bien encore lui donner de bons conseils pour élever son enfant.

De son côté, M. de Germancey s'ennuyait de ne pas voir sa jeune amie, et un soir il se rend au boulevard du Temple, en se disant :

— Allons savoir où en sont les amours de mon ancienne protégée!... plaise à Dieu que je ne la trouve pas aussi triste que la dernière fois!

Et comme s'il pressentait un malheur, le comte a le cœur serré en approchant de la place où se met habituellement Florentine. Le jour baissait, cependant il aperçoit bientôt la jeune marchande, il cherche à lire dans ses yeux l'impression qu'elle éprouve à sa vue. Mais, en apercevant celui qui fut son protecteur, Florentine a poussé un faible cri, puis elle cache sa figure dans ses mains.

— Eh! mon Dieu, mon enfant, ma vue vous est-elle donc si désagréable que vous cachiez vos jolis traits pour ne point me voir? dit le comte. S'il en est ainsi, je vais m'éloigner!

Pour toute réponse, Florentine tend une de ses mains au comte, qui peut alors voir une partie de son visage baigné de larmes, et entend sa douce voix qui lui crie :

— Pardon!... oh! de grâce, monsieur, pardonnez-moi et ne me méprisez pas trop.

M. de Germancey serre fortement la main qu'on lui tend :

— Moi, vous mépriser... oh! jamais, pauvre petite!... Mais pourquoi ces larmes... ces sanglots... pourquoi me demander pardon?... parce que vous êtes malheureuse... est-ce donc votre faute... Je devine que votre séducteur vous a trahie... abandonnée...

— Oui, monsieur, oui, il m'a abandonnée... lorsque moi je lui avais tout sacrifié... lorsque j'avais cru à ses serments, à sa promesse de me prendre pour femme... et je porte dans mon sein un gage de ma faiblesse, et c'est le jour que je lui ai appris que j'étais mère... c'est lorsque je réclamais sa parole, quand je le suppliais de donner un nom à son enfant, qu'il m'a abandonnée, qu'il m'a quittée brusquement... il y a quatre mois de cela, et depuis ce temps je ne l'ai pas revu, il ne m'a pas donné de ses nouvelles, je n'en ai pas entendu parler!

— Ah! c'est un misérable!...

— Et je ne sais rien... ni de sa demeure... ni l'état qu'il faisait... il m'avait tout caché!... Cependant je dois avouer qu'il m'a forcée à accepter une bague que je crois très-précieuse... mais je ne m'y connais pas... un jour je vous la montrerai, monsieur. Ah! c'est tout ce que son enfant aura de lui!

— Croyez-moi, pauvre fille, oubliez ce lâche! oubliez-le entièrement... et conservez-vous pour l'enfant que vous portez dans votre sein... Et qui sait!... il est peut-être heureux pour lui qu'il ne porte pas le nom de son père...

— Ah! monsieur, que vous êtes bon, vous me pardonnez... vous voudrez bien encore venir me parler quelquefois?

— Si je le voudrai! n'est-cé pas mon devoir! n'ai-je pas promis à votre mère de vous protéger? est-ce quand le malheur vous frappe que je dois vous abandonner?...

— Ma pauvre mère... ah! si elle me voyait maintenant, elle rougirait de sa fille...

— Elle serait touchée de vos larmes, elle vous embrasserait en vous pardonnant; on peut être sévère pour empêcher une faute, mais, quand elle est faite, il faut en prendre son parti... du reste, il me semble que vous ne cherchez pas à la cacher...

— Oh! non, monsieur, je subis les moqueries, les méchants propos de beaucoup de gens... mais j'entends tout cela sans me plaindre, car je me dis : J'ai été fautive, il faut que j'en porte la peine...

— Du courage, pauvre enfant, il vous reste un ami qui ne vous abandonnera pas, lui.

— Oh! merci, monsieur...

Le comte reste assez longtemps près de Florentine et ne la quitte qu'après lui avoir promis de la revoir bientôt. La marchande de pains d'épices le regarde s'éloigner en murmurant :

— Tiens! est-ce que c'est ça le père?...

— Etes-vous harpie! répond Turlure; vous le savez bien quel est le père, car vous en disiez assez sur le jeune homme, quand il venait jaser avec elle en ayant l'air d'acheter des oranges... et aujourd'hui vous faites semblant de soupçonner ce brave monsieur qui depuis si longtemps veille sur Florentine.

— Si c'est comm' ça qu'il veille! merci, je ne lui donnerai pas mes lapins à garder!...

Le garçon de café Boursiquet interrompt cette conversation, en accourant présenter une contre-marque à Turlure.

— Mamz'elle!... tenez... c'est pour l'orchestre de la Gaîté... Allez-y bien vite! on donne un mélodrame superbe! *La tour du Sud ou l'embrasement du château de Lowinska*! J'espère qu'en voilà un titre séduisant!

— Ah! merci, mon gros Boursiquet... Qui est-ce qui joue dans cette pièce-là?

— MM. *Marty*, *Dumenis*, *Rivière*... et votre favori *M. Révalard*...

— Tiens, il a donc déjà quitté la Porte-Saint-Martin... aime-t-il à changer de théâtre, cet être-là... Vous allez vous mettre là... Boursiquet... mais si on vous appelle à votre café?

— Ne vous inquiétez de rien, mamz'elle... je saurai faire marcher en même temps la demi-tasse et le chausson de pommes... mais dites donc... est-ce qu'elle est malade la marchande d'oranges... je la trouve maigre de visage et grossie par en bas... c'est pas naturel ça!

— Qu'il est bête ce Boursiquet!... à son âge... il n'y voit que du feu!... je vais me dépêcher, je reviendrai dans l'entr'acte.

La petite blonde a rajusté son bonnet, et elle court au théâtre de la Gaîté. Le garçon limonadier est installé depuis deux minutes à peine à la place de Turlure, lorsqu'on appelle à grands cris : — Boursiquet! holà, Boursiquet!

— On vous appelle à votre café, lui dit Florentine, allez à votre ouvrage, je veillerai sur la marchandise de Turlure. Boursiquet a beaucoup de peine à se décider; il ne quitte qu'à regret les chaussons de pommes.

— Pauvre garçon! se dit Florentine, il aime véritablement Turlure... et elle ne l'aime pas!... est-ce donc toujours ainsi, et faut-il qu'on ne soit pas payé de retour quand on a donné son cœur?

Un jeune gamin, toujours aussi mince, aussi maigre et aussi fluet, le petit Beaulard, accourt à la boutique de Turlure et choisit un des plus gros chaussons de pommes en s'écriant :

— Ah! je vais me régaler, moi, ce soir, ça ne m'arrive pas souvent! mais dame! aujourd'hui j'ai eu une bonne aubaine... quinze sous! un Anglais qui m'a donné à moi une pièce de quinze sous! parce que je lui ai expliqué le portrait du fameux *Chinderhannes!*...

— Tiens, c'est le petit *Curtius!* dit la Roufflard, tu fais donc voir des choses superbes à c't'heure?

— Oui, depuis huit jours nous avons la foule, parce que nous montrons *Chinderhannes!*

— Qu'est-ce que c'est donc que ça, *Chinderhannes?*... en voilà un nom qui sent la choucroute!

— C'est cet horrible brigand... le chef des chauffeurs... qui heureusement a été pris et exécuté, il y a un mois. Il paraît que son vrai nom était *Jean Buckler*, Chinderhannes était un nom de guerre; il travaillait dans le Midi, il avait avec lui une bande très-nombreuse, et malheureusement on n'a pas pu prendre toute la troupe!..

— Et comment ton M. Curtius a-t-il fait pour avoir le portrait de ce brigand-là?...

Le petit Beaulard se met à rire en répondant :

— C'est pas bien malin! nous avions un poëte, un M. Corneille qui ne servait pas, M. Curtius l'a habillé en brigand, lui a mis de la barbe et de longues moustaches noires... ça fait un Chinderhannes effrayant!

— Merci... il est gentil ton bourgeois... allez donc voir ses figures pour avoir une idée du personnage!

— Ce qu'il y a de bon, c'est que l'Anglais a pris du papier, un crayon et a copié le visage de notre Chinderhannes, en disant : — Je le ferai voir en Angleterre... mais je me sauve... je retourne à ma boutique.

— Tu vas t'en donner avec tes quinze sous!

— Oh! les treize sous qui me restent seront pour ma mère!... j'ai dépensé deux sous... c'est bien assez!

Le jeune garçon s'est éloigné avec son chausson, après avoir donné deux sous à Florentine, et celle-ci, qui l'a écouté avec une émotion dont elle ne se rend pas compte, le suit des yeux en se disant :

— Brave garçon... comme il aime sa mère... on peut donc être heureuse par ses enfants!...

Le temps s'écoulait, et Florentine approchait du terme de sa grossesse. M. de Germancey revenait comme autrefois causer souvent avec la jolie marchande; il tâchait de la consoler avec de bonnes paroles pleines de raison et d'amitié.

Quelque chose tourmentait Florentine : elle se demandait qui voudrait être le parrain de son enfant dont le père serait inconnu. Elle n'avait pas encore osé parler de cela à son protecteur, et cependant ce n'était plus qu'à lui qu'elle pouvait demander des conseils.

Un jour qu'elle semblait plus triste encore qu'à l'ordinaire, le comte, qui lisait souvent dans sa pensée, lui dit :

— A propos, ma chère amie, voilà le moment de votre délivrance qui approche, et vous ne m'avez pas encore dit qui vous aviez choisi pour être le parrain de votre enfant?

En entendant ces mots, Florentine laisse éclater des sanglots et balbutie :

— Hélas! je n'en ai pas, monsieur, et qui donc voudrait donner un nom à cette pauvre créature abandonnée par son père?

— Qui? eh! moi, pardieu! moi, qui serai son protecteur comme j'ai été celui de sa mère!

— Vous! vous, monsieur! il se pourrait... vous consentiriez!... Ah! je vous remercie, monsieur, vous me rendez bien heureuse... je ne puis vous exprimer toute la joie que je ressens... vous le parrain de mon enfant... ah! je ne pleurerai plus, monsieur, vous me faites oublier tous mes chagrins.

Dans sa joie, la jeune mère prend les mains du comte, elle veut les porter à ses lèvres, ce n'est pas sans peine qu'il parvient à l'en empêcher. Quand il a réussi à modérer les transports de sa reconnaissance, il s'écrie :

— Maintenant il ne s'agit plus que de me trouver une commère; avez-vous une marraine en vue, mon enfant?

— Mon Dieu non, monsieur, j'étais si triste quand je voyais arriver ce moment-là... je n'osais pas faire de projets!... cependant il y a bien quelqu'un... oh! mais je n'oserais jamais vous la proposer pour commère...

En disant cela, Florentine jetait des regards du côté de sa voisine Turlure, qui était justement à sa place.

— Osez donc... osez, mon enfant, reprend le comte, nous ne sommes plus fiers, nous autres... nous aurions mauvaise grâce à l'être aujourd'hui!... et d'ailleurs je ne l'ai jamais été, moi, je n'ai de tout temps méprisé que les fripons.

— Eh bien, monsieur... j'ai là... près de moi... une voisine... Turlure... c'est une bien bonne fille, qui m'a toujours montré de l'amitié et pris mon parti contre les mauvaises langues... qui tâche de me consoler quand elle me voit pleurer... mais elle vend du sucre d'orge et des chaussons de pommes!...

— Eh bien, quel mal y a-t-il à cela?... elle vous a prouvé son amitié, voilà le principal... est-ce cette petite blonde... ce petit minois chiffonné qui sourit toujours?

— Oui, monsieur, c'est elle...

— Je ne serai pas du tout fâché d'avoir une commère si gentille...

— Ah! que vous êtes bon!... Turlure!... Turlure!... viens donc un peu nous parler!

La jeune blonde s'empresse de venir à Florentine, puis elle fait de grandes révérences au comte :

— Tu m'as appelée, voisine?

— Oui, Turlure, tu me vois bien contente, va! c'est monsieur, mon protecteur, dont je t'ai parlé si souvent... M. le comte de Germancey qui veut bien être le parrain de l'enfant que je vais avoir...

— Monsieur... oh! je comprends que tu sois contente... maintenant tu ne pleureras plus si souvent, j'espère!

— Oh! non, je sens que je puis encore être heureuse... mais ce n'est pas tout... monsieur veut bien... me laisser le choix de la marraine... et c'est toi que j'ai choisie... en es-tu bien aise?...

— Moi! moi! la marraine... avec monsieur!...

Et dans sa joie, Turlure saute en s'appuyant sur l'étalage et manque de renverser toutes les oranges.

— Si je suis bien aise... être marraine avec monsieur... quel plaisir... un si grand honneur...

— Ne parlons pas d'honneur, mon enfant, dit le comte. Vous aimez bien Florentine, moi j'ai pour elle la tendresse d'un père... elle ne pourrait donc mieux choisir pour tenir son enfant sur les fonts...

— Ah! monsieur, soyez tranquille, je me ferai bien belle, j'ai un joli déshabillé, un beau bonnet à rubans... des petits souliers tout neufs...

— Ne vous inquiétez pas de votre toilette, mademoiselle Turlure, je vous trouverai toujours très-bien...

— Monsieur sait mon nom... ah! que c'est gentil! monsieur sait mon nom!...

— Allons, Turlure, sois sage, maintenant, remercie encore monsieur, et retourne à ta place...

— Oui... oui... oh! c'est la Roufflard qui va enrager que je sois marraine avec monsieur... ah! je suis d'une joie... Au revoir, monsieur, en vous remerciant, monsieur...

— Au revoir, ma future commère.

— Ah! vous êtes bien bon! ah! si je ne me retenais, je danserais sur le boulevard!...

Le comte ne tarde pas à quitter aussi Florentine, qu'il laisse tout autre qu'elle était à son arrivée, il faut quelquefois si peu de chose pour changer notre humeur, pour jeter du rose sur notre avenir.

Plusieurs semaines s'écoulent encore, et, jusqu'au dernier moment, la jolie marchande veut venir vendre sur le boulevard, car elle trouve que sa santé en est meilleure. Mais un soir, en allant voir sa protégée, le comte voit sa place vide, et Turlure accourt lui dire :

— Monsieur, c'est fini, de ce matin à huit heures... c'est une fille, monsieur, une fille bien mignonne, mais bien gentille... la mère et l'enfant se portent à ravir.

— Très-bien, et puis-je aller voir l'accouchée?

— Certainement... elle sera bien contente de vous faire voir son enfant... Oh! allez-y, monsieur... Et puis vous prendrez jour, vous fixerez le moment... vous savez pourquoi, monsieur?

— Assurément, et je suis tout prêt, moi...

— Oh! moi aussi... Il ne faut pas tarder, parce que le médecin a dit à Florentine qu'elle ne pouvait pas nourrir, et puis que son enfant serait mieux portant à la campagne que s'il restait à Paris... Alors on lui fait venir une nourrice... Il y a une brave dame de la maison de Florentine qui connaît une paysanne des environs de Corbeil qui nourrit les enfants, qui deviennent gros comme des pâtés... on lui a écrit tout de suite...

— C'est fort bien vu. Je vais chez Florentine, et, si cela lui convient, demain nous ferons le baptême...

— Oh! oui, monsieur, demain, ma toilette est toute prête, d'abord...

— Ah! il est d'usage qu'on aille prendre la marraine... où demeurez-vous?

— Non, monsieur. Je ne veux pas que vous veniez chez moi... oh! par exemple, c'est trop vilain chez moi... Vous me trouverez toute prête chez Florentine, à l'heure que vous aurez choisie.

— Comme vous voudrez... je vais voir l'accouchée.

— Vous savez son adresse, monsieur?

— Oui, elle me l'a donnée; à demain, ma commère!

— A demain, mon... Oh! je n'oserai jamais vous appeler mon compère!

M. de Germancey trouve Florentine couchée dans un lit bien blanc, bien propret, et près d'elle est son enfant déjà enveloppée avec coquetterie.

La jeune mère montre avec ivresse sa fille au comte, en lui disant :

— Tenez, monsieur, la voilà, votre filleule... voyez comme elle est gentille... il me semble qu'elle vous sourit déjà... Oh! embrassez-la, monsieur... cette pauvre petite qui vous aimera, vous respectera comme je le fais...

Le comte embrasse la petite fille, qui annonce en effet devoir être fort bien, puis il la replace près de sa mère en disant :

— Avez-vous pour elle un nom de prédilection?

— Non monsieur... et je ne veux pas que ce soit Turlure, je veux que ce soit vous qui lui en donniez un.

— Eh bien! si vous le permettez, je l'appellerai... Honorine.

— Honorine!... oh! oui, il est bien joli, ce nom-là... et puis il vous rappelle... une personne que vous aimiez tant!...

Le comte détourne la tête pour cacher l'impression que lui cause ce souvenir : Florentine se hâte de reprendre :

— Hélas! monsieur, j'espérais nourrir mon enfant, mais je ne le puis pas! le médecin a dit que mon lait ne serait pas bon, que d'ailleurs l'air de la campagne était nécessaire à ma fille... Ma fille!... oh! que je suis heureuse quand je dis cela! alors, monsieur, quoique ça me fasse bien de la peine de me séparer d'elle, je me suis décidée... Madame, que voilà et qui veut bien être ma garde, connaît une excellente nourrice... qui demeure tout contre Corbeil, ce n'est pas loin d'ici; elle lui a envoyé son garçon, qui a quinze ans et qui nous l'amènera demain... J'ai bien fait, n'est-ce pas, monsieur!

— Oui, ma chère amie, la santé de votre enfant avant tout! Et à quand le baptême?...

— Dame... si vous vouliez demain, monsieur?

— Très-volontiers!

— Demain, sur les deux heures, cela ne vous dérangera pas, monsieur?

— Nullement, je n'ai pas d'emploi, moi, je n'ai rien à faire.

— Turlure viendra tantôt, je la préviendrai.

— Je viens de la voir... Oh! elle sera prête.

— Alors, c'est décidé, demain à deux heures, n'est-ce pas, monsieur... Vous serez le parrain de ma fille, ô merci, monsieur, merci encore, et pour elle et pour moi.

M. de Germancey embrasse encore une fois la petite Honorine, puis il part pour s'occuper des emplettes que nécessitent les nouvelles fonctions qu'il va remplir.

Le lendemain, à l'heure dite, le comte arrivait en voiture devant la maison de Florentine; il trouvait chez l'accouchée tout le monde réuni. Après avoir remis plusieurs boîtes de dragées à la jeune mère, il en donnait autant à la marraine et y joignait une douzaine de paires de gants, car les gens comme il faut, même lorsqu'ils ne sont plus riches, trouvent toujours le moyen d'être fidèles aux bonnes traditions. La courtoisie et la galanterie sont aux gens bien nés comme l'accent du pays, que l'on ne perd jamais entièrement.

Mademoiselle Turlure est superbe, elle est si heureuse, qu'elle n'ose pas parler; elle a presque l'air raisonnable, cependant elle ne peut retenir quelques exclamations de joie en recevant les gants et les dragées.

La voiture emmène tout le monde. Florentine a suivi des yeux sa fille dont elle a déjà de la peine à se séparer, et au fond de l'âme elle se réjouit de ce que la nourrice n'est pas encore arrivée; elle aura plus longtemps son enfant auprès d'elle.

Les deux cérémonies s'accomplissent à la mairie et à l'église.

En donnant à sa filleule le nom d'Honorine, le comte se dit en lui-même :

— Pauvre petite! puisses-tu être plus heureuse que cette Honorine que j'adorais et dont je te fais porter le nom.

On est revenu chez l'accouchée, qui se fait rendre sa fille. Mais bientôt le fils de la garde revient avec une bonne grosse paysanne, dont la figure fraîche et réjouie respire la santé et la gaieté. C'est la nourrice, la femme Chausseux. Et Florentine la regarde presque avec jalousie en songeant qu'elle va lui prendre sa fille. Mais ce sentiment ne tarde point à se dissiper lorsqu'elle voit avec quelle avidité la petite Honorine prend le sein que la paysanne lui présente. Pour une bonne mère, la santé de son enfant doit passer avant tout; et puis madame Chausseux demande à se reposer un jour à Paris, elle ne repartira que le surlendemain. On aura donc le temps de s'assurer si elle sera bien bonne, bien complaisante pour Honorine.

M. de Germancey a embrassé sa filleule, puis il est parti, après avoir fait son cadeau à la nourrice, dont la mine franche et réjouie lui plaît beaucoup, et encore reçu les remerciements de Turlure et les bénédictions de Florentine, à laquelle il promet de revenir bientôt.

Pendant toute la journée, Florentine ne perd pas de vue sa fille, que la nourrice a déjà l'air d'aimer aussi.

— C'est mignon! c'est délicat! dit la mère Chausseux en examinant l'enfant, eh ben! soyez tranquille, je parie que je vous ramènerai un pâté! Ah! c'est que l'air est bon cheux nous, et les enfants y poussent comme des champignons!

Florentine ne tient pas précisément à ce que sa fille devienne un pâté, mais elle aime à penser qu'elle se développera bien chez sa nourrice; d'ailleurs celle-ci ne demeure pas loin de Paris; en quelques heures on peut être chez elle, et la jeune mère se promet bien d'aller plus d'une fois chez madame Chausseux.

Enfin la nourrice est partie avec la petite Honorine. Florentine a beaucoup pleuré en embrassant sa fille. Puis elle se raisonne, et elle écoute Turlure qui lui dit :

— Si tu te fais du chagrin, tu te rendras malade, et alors tu ne pourras pas aller voir ma filleule, et c'est moi qui irai sans toi.

Quatre jours se sont écoulés depuis que sa fille est partie, et Florentine voudrait déjà retourner vendre ses oranges, car à présent elle pense à gagner de l'argent, à en mettre de côté; mais le médecin lui a ordonné de garder encore la chambre deux jours. C'est donc avec un vif plaisir qu'elle voit arriver chez elle M. de Germancey; car avec lui elle pourra encore parler de sa fille.

Le comte écoute avec sa bonté ordinaire tout ce que la jeune mère lui conte, tous ses projets pour l'avenir de son enfant; il fait prendre patience à la convalescente, qui voudrait déjà quitter son fauteuil et partir, il lui fait comprendre que sa santé est aussi précieuse à sa fille qu'à elle-même, puisque la petite Honorine ne recevra pas de caresses de son père.

— Son père! murmure Florentine, oh! c'est bien fini. il nous a abandonnées pour toujours... Mais à propos, monsieur, je ne vous ai pas encore montré ce bijou... cette bague qu'il m'a donnée... je suis bien aise que vous la voyiez et que vous me disiez si c'est précieux... moi, je ne connais rien aux pierreries, et cependant celles-ci m'ont l'air d'être bien belles...

— Montrez-moi votre bijou, ma chère amie, jadis j'en achetais souvent, je vous dirai à peu de chose près sa valeur.

La jeune femme se penche vers une commode, ouvre un tiroir et y prend une petite boîte en carton, dans laquelle le bijou que son amant lui avait donné était serré sur du coton. Elle présente la bague au comte. Celui-ci, en la regardant, pousse un cri de surprise, puis il change de couleur, son émotion est telle, qu'il tremble en prenant la bague qu'il examine avec anxiété.

— Mon Dieu! qu'avez-vous donc, monsieur! dit Florentine, la vue de ce bijou vous a tout bouleversé... Que vous rappelle-t-il donc?

— Cette bague... oh! oui... c'est elle, je la reconnais... et tenez... sous le chaton, deux lettres doivent être gravées... oui... oui... les voilà... un peu effacées... mais on les distingue encore... regardez... regardez...

— Tiens, c'est vrai, je n'avais jamais regardé en dedans, moi... il me semble que c'est une H et...

— Et une S... son chiffre... Honorine de Sauvigné...

— Oh! mon Dieu, monsieur, que me dites-vous là... cette bague...

— A appartenu à mademoiselle Honorine de Sauvigné, je dois bien la connaître, c'est moi qui lui en avais fait présent peu de temps avant l'arrestation de son père; nous étions déjà fiancés, et j'avais fait graver son chiffre dessus...

— Il serait possible!

— Ma chère Honorine était charmée de posséder ce bijou, qui lui plaisait plus que tous ceux qu'elle possédait; elle ne quittait cette bague que bien rarement ou lorsqu'elle se baignait, alors elle la laissait dans sa chambre sur sa toilette. Un jour, en rentrant dans son appartement, elle chercha en vain sa bague... elle avait disparu... et on ne la retrouva plus.

— On l'avait volée!

— Assurément.

— Et on ne trouva pas le voleur?...

— Le marquis de Sauvigné avait beaucoup de domestiques à son service... on n'osa soupçonner personne de peur d'accuser un innocent!...

— Volée! une bague volée... et comment a-t-elle pu se trouver entre les mains de Francisque?

Le comte est quelque temps sans répondre, enfin il murmure :

— Depuis si longtemps, car il y a douze ans de cela!... ce bijou a pu passer par bien des mains!...

— C'est vrai... mais enfin, monsieur, est-ce qu'il est de quelque valeur...

— Ce sont de vrais diamants... des rubis... cette bague m'avait coûté quatre mille francs...

La jeune femme pâlit en répétant à demi-voix :

— Quatre mille francs... un objet d'une si grande valeur qu'il m'a donné... si facilement!...

M. de Germancey veut rendre la bague à Florentine, qui la repousse en disant :

— Gardez-la, monsieur... gardez-la... elle vous appartient bien plus qu'à moi... c'est vous qui l'avez achetée, qui en avez fait présent à cette pauvre demoiselle à qui on l'a volée... c'est bien le moins qu'elle vous revienne.

— Non, mon enfant, je n'ai pas le droit... et je ne veux pas accepter ce bijou... Il appartient à votre fille... c'est peut-être tout ce qu'elle aura de son père!

— Une bague volée! oh! je vous réponds bien, monsieur, qu'elle ne la portera jamais!...

— N'importe, vous devez la conserver précieusement... mais si quelque jour vous éprouviez le besoin de vous en défaire... alors seulement, prévenez-moi.. et il n'est point de sacrifices que je ne m'impose pour empêcher que ce bijou ne passe en d'autres mains. Jusque-là, je vous le répète, gardez cette bague, gardez-la comme une sainte relique!

— Vous le voulez, monsieur?

— Oui, je le veux.

Florentine a resserré la bague; mais elle reste triste, accablée; et, de son côté, le comte semble sombre et rêveur; il ne tarde pas à quitter la jeune femme; il est toujours préoccupé de la bague. Une affreuse pensée s'est présentée à son esprit, mais il la repousse avec effroi, en se disant :

— Non, ce serait trop horrible... et cependant cette bague avait été volée par ce Séverin, la suite a bien fait voir de quoi ce misérable était capable... et... cet amant de Florentine avait ce bijou... Ah! plaise au ciel que mes soupçons ne soient point fondés.

XVII. — RÉPÉTITION GÉNÉRALE DU *Pied de Mouton* EN 1806.

Trois années se sont écoulées sans qu'aucun événement remarquable soit arrivé aux principaux personnages de cette histoire. La petite filleule du comte s'élève bien, et, quoique d'une apparence mignonne et fort délicate, elle a parfaitement supporté ces premières maladies de l'enfance qui nous apprennent de bonne heure à souffrir, comme si nous ne devions pas nous y exercer assez dans le cours de notre existence. Mais tout n'est pas rose dans ce monde! et il y a même des personnes qui arrivent au bout de leur carrière, sans en avoir cueilli une seule sur leur chemin.

Lorsque la petite Honorine avait eu deux ans, sa mère avait d'abord pensé à la reprendre avec elle, mais l'enfant était toujours délicat, la mère Chausseux en avait le plus grand soin, et l'air de la campagne est si bon, si préférable à celui d'une grande ville, que, cédant aux conseils du comte et de Turlure, Florentine avait consenti à laisser sa fille grandir et prendre des forces pendant quelque temps encore chez sa nourrice, où elle s'empressait d'aller l'embrasser et l'admirer toutes les fois que son commerce et ses économies le lui permettaient. Quant à celui qui l'avait rendue mère, elle n'en avait plus entendu parler; elle s'efforçait de l'oublier; elle ne parlait plus de lui, surtout au comte de Germancey, et, de son côté, celui-ci évitait avec soin, dans ses entrevues avec Florentine, de jamais lui parler de son séducteur.

Ces trois années n'avaient amené aucun changement dans la situation de Victor et de sa sœur : Maria n'avait pas retrouvé son mari dans Paris, elle n'en avait eu aucune nouvelle. Ce qui ne l'empêchait pas de vouloir rester dans une ville où elle était persuadée que celui qu'elle cherchait devait se cacher, seulement elle faisait de temps à autre le voyage de Rouen.

Lorsque Moucheron, ou plutôt Victor, allait voir sa sœur, il mettait les vêtements neufs dont il avait fait l'emplette; alors ce n'était plus le même homme : le jeune commissionnaire disparaissait pour faire place à un muscadin, qui n'avait pas mauvaise tournure et portait fort bien son nouveau costume; ce changement était tel, qu'un jour le petit Beaulard, assis devant son spectacle de cire, n'avait jamais voulu reconnaître son ami, son camarade, dans le beau monsieur qui s'était arrêté devant lui et lui offrait une demi-tasse.

Le chevalier de Mérillac continuait d'être le sigisbé de madame Roberval, dont le mari s'enrichissait avec une promptitude extraordinaire. Ce monsieur avait maintenant voiture, chevaux, laquais, belle maison de campagne, ce qui ne l'empêchait point de voyager souvent et d'être toujours en quête de lettres de recommandation.

Le boulevard du Temple était plus que jamais le rendez-vous des amateurs de mélodrame, et le théâtre de l'Ambigu-Comique, alors fort bien dirigé par Corsse, qui était en même temps directeur, acteur, et quelquefois auteur, avait obtenu les plus beaux succès dans ce genre. La grande pièce n'était qu'en trois actes, et sans aucun tableau. Une seule petite pièce en un acte l'accompagnait. Les temps sont bien changés, dira-t-on, car aujourd'hui c'est à peine si six actes et vingt tableaux suffisent à l'appétit du public. Mais en cela nous ne faisons que revenir à ce que l'on voulait aussi avant la Révolution. Et un vieil amateur, en lisant l'affiche de l'Ambigu, qui n'annonçait que la *Fausse correspondance* et *Caroline et Storm*, s'écriait :

— Comment! voilà tout ce qu'ils donnent au public dans la soirée, mais on n'en a pas pour son argent! Quand j'allais au spectacle jadis, on m'en donnait au moins trois fois autant! Je me souviens parfaitement dêtre venu en l'année 1790 au théâtre des *Grands Danseurs du Roi*, qui se nomme aujourd'hui la Gaîté... oui, c'était au mois de janvier, j'avais mené ma femme au spectacle pour ses étrennes; eh bien, ce soir-là... voilà ce qu'on donnait : d'abord, *l'Amour est de tout âge*, un petit acte fort gentil; ensuite : *les Visites du jour de l'an*, pièce de circonstance en deux actes; ensuite : *le Pari imprudent*, un acte; ensuite : *les Amours de Nicodème*, un acte mêlé de vaudeville; ensuite : *l'Enrôlement du Bûcheron*, pantomime en deux actes; ensuite *Richard Cœur-de-Lion*, en quatre actes, et enfin, pour terminer : *Pierrot, roi de Cocagne*, en trois actes avec des divertissements, et sans compter que, dans les entr'actes, en nous donnait différents exercices de danses!... total, sept pièces formant quatorze actes... A la bonne heure, cela peut s'appeler une belle affiche...

Ceux qui entendaient le vieil amateur étaient persuadés qu'il exagérait beaucoup; mais il n'en était rien; le vieux monsieur avait la mémoire exacte, et en lisant le *Moniteur* du 24 janvier de l'année 1790, on y verrait au théâtre des Grands Danseurs du Roi le spectacle tel qu'il venait de le citer.

Le théâtre de la Gaîté, alors dirigé par Ribié, qui, ainsi que Corsse, était directeur et acteur, était bien loin d'obtenir la même vogue que son voisin, lorsque Martainville apporta à Ribié son fameux *Pied de mouton*.

Martainville, jeune alors, avait autant d'esprit que de gaieté, il ne s'occupait point encore de politique et n'avait pas la goutte.

Le théâtre de la Gaîté faisait d'avance *mousser* sa féerie, si bien que sur le boulevard du Temple il n'était question depuis quelque temps que du *Pied de mouton*, et le soir de la répétition générale, c'était à qui obtiendrait la faveur d'y assister.

On doit penser que mademoiselle Turlure avait fait tout son possible pour obtenir une telle faveur; car, pour une personne qui aime à voir les acteurs de près, une répétition a cent fois plus d'attrait qu'une représentation, où l'on fait tout simplement partie du public, tandis que, dans l'autre cas, on a l'air de faire partie du théâtre.

Grâce à l'acteur *Duménis*, Turlure est introduite dans la salle, elle se glisse à l'orchestre, n'ayant pas assez de ses deux yeux pour regarder ces messieurs et ces dames qui se promènent sur la scène avant que l'on ne commence, ou qui causent avec des personnes placées aux loges et au balcon.

Ribié, qui était aussi un homme d'esprit, avait des idées assez originales.

Presque toujours une répétition subissait une foule d'interruptions. L'artiste n'était pas à sa réplique, les figurants n'entraient pas à temps, quelquefois même c'était le souffleur qui s'était absenté de son trou, souvent c'était des musiciens de l'orchestre qui n'étaient plus à leur pupitre; tout ce monde-là n'était pas bien loin; il revenait vite, mais la pièce n'avait pas moins été interrompue et l'effet était manqué.

En vain le directeur avait fait afficher au foyer des acteurs qu'il y aurait une amende pour quiconque quitterait le théâtre lorsque la répétition serait commencée; malgré cet avertissement, on s'esquivait en cachette en se flattant d'être revenu à temps pour son service, et l'on arrivait toujours trop tard.

Pourquoi donc ce besoin de quitter les coulisses, de descendre bien vite dans la rue Basse-du-Temple, lorsque, sans quitter les mille et un détours du sérail, on pouvait satisfaire à ses plus urgentes nécessités?

Le comte embrasse la petite fille. (Page 39.)

Hélas ! faut-il le dire... c'est affligeant pour les artistes, mais on était en 1806 ; depuis ce temps-là les choses se sont bien améliorées... tandis qu'alors le théâtre de la Gaîté se ressentait encore de son origine : *les Grands Danseurs du Roi.*

Il y avait un petit cabaret dans la rue Basse, en face de l'entrée du théâtre, et c'était pour aller rendre un petite visite au marchand de vin, que tantôt l'un, tantôt l'autre... quelquefois plusieurs en même temps, quittaient les planches sournoisement. Nous n'avons pas besoin de dire que les dames ne suivaient pas le mouvement ! Cependant, parmi les figurantes, il y avait aussi parfois des absentes, mais celles-là ne disparaissaient pas pour boire, fi donc ! elles revenaient toujours en mangeant.

Ribié, s'étant assuré du motif des absences, s'était dit :

— Il faut que je mette ordre à cela... certainement ce ne sont pas mes premiers sujets qui vont chez le marchand de vin... mais enfin, puisque la soif est un besoin auquel on ne saurait résister, il ne s'agit que de procurer à mes employés le moyen de le satisfaire sans quitter le théâtre.

Ce moyen, le directeur l'avait trouvé, et à la répétition générale du *Pied de mouton*, tous les artistes virent avec surprise deux garçons tonneliers rouler une feuillette de vin sur le théâtre ; cette feuillette fut placée et calée sur un buffet, tout au fond de la scène ; le robinet y était adapté et faisait face au public, afin que personne ne pût se glisser derrière pour boire sans être vu ; des verres urent rangés des deux côtés de la feuillette.

Tous les figurants et comparses poussèrent des cris d'admiration, on applaudit le directeur, on le complimenta sur son idée, Martainville en rit beaucoup et fut le premier à aller faire tourner le robinet ; après avoir vidé son verre, il s'écria :

— Pas mauvais, ma foi, pour du vin d'accessoire !

— Messieurs, dit le directeur, cette feuillette est à votre disposition, usez-en, mais n'en abusez pas !

— Nous le jurons, s'écria un chef de comparses, qui n'avait jamais dit que ces trois mots dans les pièces où il avait parlé, et que pour cette raison on n'appelait plus que : *Nous le jurons* !

Quant à Turlure, elle était persuadée que la pièce de vin était un des trucs de la féerie, et s'attendait toujours à voir un diable ou un amour sortir du tonneau.

La répétition commence : grâce à l'expédient employé par le directeur, le premier acte marche très-bien, personne ne s'était absenté. A la vérité, on allait souvent visiter la feuillette, les figurants y faisaient queue pendant les scènes où l'on n'avait pas besoin d'eux ; quelques acteurs ne dédaignaient pas non plus d'aller s'y rafraîchir, et l'auteur leur donnait l'exemple, si bien que Ribié lui dit : — Tu bois souvent, Martainville !

— Oui, est-ce que cela te contrarie ?

— Non, mais je crains seulement... si nous avions quelque changement à faire à la pièce...

— Sois donc tranquille ! je trouve la pièce très-bien comme elle est. C'est peut-être l'effet de ton vin. Mon cher, si tu pouvais demain griser ton public, tu aurais un succès fou !...

— C'est un essai à tenter... pour la province. Allons, mes enfants, voilà un premier acte qui a été parfaitement... passons au second.

Le rôle de Gusman était rempli par Marty, qui commençait alors sa réputation ; un vieil acteur nommé *Genesi* faisait le tuteur ; Duménis était excellent de naïveté et de naturel dans son rôle de Nigaudinos ; enfin *Léonora* était représentée par une assez jolie femme, nommée madame *Picard*.

Le second acte marchait sans encombre, les machines fonctionnaient bien. Seulement M. *Nous le jurons* ! chargé de conduire les alguazils qui doivent arrêter Gusman, manque son entrée, parce qu'il était occupé à la feuillette, où il courait dès qu'il n'était pas en scène. Le directeur avait remarqué la conduite de son employé, qui semblait s'être promis de ne rien laisser dans le tonneau. Il donne une semonce à son utilité, et lui défend de retour-

Ribié aperçoit alors son comparse accroupi derrière le tonneau. (Page 41.)

ner à la buvette avant la fin de la répétition. L'utilité répond : *Nous le jurons!* et disparaît cependant dès qu'il peut quitter la scène, mais on ne le revoit pas devant le robinet.

La répétition se poursuit; cependant, au milieu du dernier acte, une décoration qui ne veut pas disparaître quand il le faut, oblige de suspendre la répétition.

— Parbleu! c'est le cas d'aller se rafraîchir, dit Martainville, en entraînant du côté de la feuillette Nigaudinos, qui se laissait volontiers entraîner.

Ces messieurs arrivent devant la petite pièce de vin, ils tournent le robinet, mais rien ne vient plus.

— Comment! déjà vide! s'écrie Martainville, c'est bien singulier, tout à l'heure il coulait fort bien.

La chose ne paraît pas naturelle, et Ribié, qui depuis quelque temps ne voyait plus *Nous le jurons* dans les coulisses, se penche pour regarder derrière le buffet; il aperçoit alors son comparse accroupi derrière le tonneau, dans lequel au moyen d'une vrille il avait pratiqué un trou beaucoup plus bas que le robinet, et recevant dans une cruche tout le vin qui s'échappait par ce trou.

— Voilà un truc qui n'est pas le plus mauvais de la pièce, dit Martainville en éclatant de rire.

Ribié, furieux, voulait mettre *Nous le jurons* à la porte de son théâtre; mais l'auteur demande sa grâce en faveur de son invention, et elle lui est accordée, à condition qu'il remettrait sa cruche, qui était pleine, à la disposition de ses camarades.

Puis on reprend la répétition, qui se termine sans autre incident. On sait quel succès obtint ensuite la pièce. Le *Pied de mouton* rétablit les affaires de Ribié et ramena la foule au théâtre de la Gaîté.

Quant à M. *Nous le jurons!* nous ignorons quelle fut sa destinée, mais nous n'en sommes pas inquiet, avec le nom qu'il portait, et par toutes les révolutions qui se succédèrent en France depuis cette époque, un homme qui disait toujours nous le jurons! devait nécessairement faire son chemin.

XVIII. — UN VOYAGE EN COUCOU.

Une maladie qui, sans être grave, avait beaucoup affaibli Florentine, l'avait depuis plusieurs semaines empêchée d'aller embrasser sa fille. Elle recevait souvent de ses nouvelles, toutes lui annonçaient que la petite Honorine continuait de se bien porter et d'être aussi aimable que gentille, mais, pour une mère, il n'y a de certain que ce que l'on voit.

Aussi, un soir que M. le comte de Germancey était venu voir comment allait sa chère protégée, Florentine avait répandu des larmes en lui disant :

— Je ne serais plus malade, monsieur, si je pouvais embrasser ma fille! Six semaines sans la voir! c'est affreusement long; j'espérais aller demain chez la mère Chausseux, mais le médecin vient positivement de me le défendre, il prétend que, si je sors avant huit jours, je retomberai malade et qu'il ne répond plus de moi! Je n'ose lui désobéir, car il faut bien que je me conserve pour ma fille... Turlure m'avait promis d'aller la voir... mais elle vient de se donner une entorse... Tout se réunit pour m'affliger.

— Eh bien, dit le comte, je veux vous consoler... je veux aller moi-même m'assurer de la santé de ma filleule, et j'espère que vous ajouterez foi à ce que je vous dirai...

— Quoi! monsieur... il serait possible... vous iriez voir ma fille!...

— Oui, ma chère amie, il y a longtemps que j'en avais le projet... les circonstances m'en ont empêché, car, de mon côté, je cherche depuis quelque temps deux personnes qui m'intéressent beaucoup... et sur lesquelles je ne puis obtenir aucun renseignement!

— Ah! monsieur! que vous me rendez heureuse! que je suis contente! et quand irez-vous voir ma fille?

— Mais pas plus tard que demain... le temps est beau, nous sommes en juin!... ce sera pour moi une charmante partie de campagne!... Il est probable que Mérillac viendra avec moi ; il me proposait hier de m'emmener à Versailles... mais Versailles n'a plus d'attrait pour moi ; au lieu de cela, moi, je le mènerai à Corbeil.

— Ce n'est pas tout à fait à Corbeil, monsieur, c'est un petit village qui est avant, entre Corbeil et Champrosey... tout contre la forêt de Senart ; c'est à la Faisanderie, le père Chausseux, laboureur...

— Soyez tranquille, je trouverai bien... seulement y a-t-il des voitures qui vont par là ?

— Oui, monsieur, au Petit-Saint-Martin, dans la rue Saint-Martin, il y a des voitures qui vont à Corbeil et vous déposent en chemin où vous voulez...

— Voilà qui est parfait. Demain, ma chère Florentine, j'embrasserai ma filleule...

— Et quand reviendrez-vous, monsieur ?

— Mais comme c'est loin... si ces bons villageois ont un lit à nous offrir, nous pourrons bien coucher chez eux et ne revenir que le lendemain matin.

— Oh ! oui, monsieur, couchez-y; vous verrez plus longtemps ma fille, vous me direz si elle ne manque de rien...

— C'est entendu ; au revoir, ma chère Florentine, après-demain je vous apporterai de bonnes nouvelles de ma filleule.

M. de Germancey quitte Florentine. Il sait où trouver son ami Mérillac, et va lui proposer la partie de campagne pour le lendemain. Le chevalier accepte, et l'on se donne rendez-vous pour se trouver à neuf heures du matin au Petit-Saint-Martin.

Le soleil du lendemain promet un temps superbe, mais une journée aussi chaude que si l'on était en août. Les deux amis sont exacts et arrivent à neuf heures dans la grande cour d'où partaient plusieurs voitures pour les environs de Paris.

Le comte s'informe de la voiture de Corbeil, et on lui répond qu'elle est partie à huit heures du matin.

— Diable... j'avais oublié de demander l'heure de son départ... fâcheux contre-temps !

— Voilà notre partie remise à un autre jour ! dit Mérillac...

— Oh ! non, car j'ai promis à cette pauvre mère de lui rapporter demain des nouvelles de sa fille, et je partirai aujourd'hui... dussé-je faire le chemin à pied !

— Onze lieues, je crois... merci ! c'est un peu long !

— Voyons, monsieur l'hôtelier, est-ce qu'il ne partira pas aujourd'hui une autre voiture pour Corbeil ?

— Non, monsieur, pas aujourd'hui, mais il en partira une pour Draveil... de là à Champrosey, il n'y a qu'une lieue et demie, et de Champrosey à Corbeil à peu près autant...

— Très-bien, voilà notre affaire, nous allons en voiture à Draveil, et nous ferons le reste du chemin en nous promenant... cela va-t-il, Mérillac ?

— Tout ce que vous déciderez m'ira !

— Voilà qui est arrangé, et votre voiture pour Draveil, quand part-elle ?

— A midi, monsieur...

— C'est bien tard... vous ne pourriez pas partir avant ?

— Impossible, monsieur, il y a quatre places de retenues, et les voyageurs ne viendront que pour midi.

— Combien donc tient-on dans votre voiture ?

— Six, monsieur... vous la compléterez...

— Six, et combien de chevaux ?

— Un seul... c'est bien assez pour six personnes et le cocher et un lapin quand on en trouve...

— Ah ! je comprends... c'est un coucou que votre voiture ?

— Oh ! non, monsieur, c'est une jolie voiture !

Mérillac riait d'avance à l'idée de voyager en coucou. Ces messieurs payent leurs places, et entrent dans un café du voisinage, pour tuer le temps en faisant une partie de billard. Mais, à onze heures et demie, ils retournent au Petit-Saint-Martin.

— Si du moins nous pouvions avoir quelque jolie paysanne pour compagne de voyage, dit le chevalier en entrant dans la salle d'attente, où il n'y a encore personne.

— Allons donc voir notre équipage...

Le comte ne s'était pas trompé, c'était un véritable coucou qui devait les voiturer, et le cheval, que l'on était en train d'atteler, était une malheureuse rosse effrayante de maigreur.

— C'est ce cheval-là qui doit nous conduire à Draveil ?

— Oui, monsieur...

— Mais il ne pourra jamais y arriver... il crèvera en route.

— Oh ! pas de danger, monsieur, vous ne connaissez pas Jovial !... il n'a pas l'air, mais, une fois au trot, il n'y a plus moyen de l'arrêter.

— Le fait est qu'il n'a pas du tout l'air d'un trotteur.

Ces messieurs retournent dans la salle basse, ils y trouvent une paysanne de la grandeur d'un grenadier et près d'elle un petit homme en blouse, en bonnet de coton, avec une casquette par-dessus, qui mord dans un énorme morceau de pain sur lequel est étalé du fromage de géromé, et en offre à chaque instant à sa compagne.

— Veux-tu un petit morceau, Chouchoute ? dit le paysan en mettant son pain sous le nez de l'immense femme ; mais celle-ci repousse le pain, en disant :

— Mais non, puisque je n'ai pas faim... si j'avais faim, je te dirais j'ai faim... mais je n'ai pas faim !

— T'as tort ! ce géromé est fièrement bon... il a bien du goût !

— Il faut espérer qu'il ne va pas nous empoisonner avec son fromage tout le long de la route ! murmure Mérillac en regardant l'homme à la casquette avec anxiété ; celui-ci, se méprenant sur la persistance avec laquelle le chevalier l'examine, lui présente sa miche de pain, en lui disant :

— Si monsieur en désirait une ou deux bouchées, c'est de bon cœur !

— Merci, mon brave homme, merci !... je suis comme madame... je n'ai plus faim.

— C'est dommage... sentez donc quel parfum...

— Oh ! ne l'approchez pas tant de moi... je le sens bien assez !... Est-ce que vous allez à Draveil ?

— Oui, monsieur, avec ma femme que v'là, pour vous servir...

— Ah ! madame est votre femme... vous l'avez prise bien grande pour vous...

— Ça m'est plus commode... je monte sur elle pour cueillir nos cerises...

— C'est différent.

— Oui, je lui sers d'échelle, à mon petit Cadet... N'est-ce pas, Cadet, que tu m'as épousée pour que je te serve d'échelle ?

Pour toute réponse, M. Cadet va remettre sa miche de pain sous le nez de sa femme, en lui disant :

— Goûtes-y un brin... tu m'en diras des nouvelles !

— Est-il entêté !... eh ben, monsieur, c'est comme ça en tout ; c'est pas plus haut que mon genou, et il faut toujours que je lui cède.

En disant cela, madame Cadet ouvre une bouche qui pourrait bien passer pour un four, et mord dans le pain et le fromage... où elle fait une énorme brèche, puis elle remue la tête d'un air satisfait, en disant :

— C'est vrai qu'il est fameux... il sent le marolles et le merlan !...

— Et encore bien autre chose !

Une nouvelle voyageuse entre dans la salle ; c'est une bourgeoise campagnarde, de quarante à cinquante ans, qui n'a as été mal. Cette dame est mise avec cette coquetterie de campagne qui croit que, pour être élégante, il faut se surcharger de parure. Ainsi elle a sur sa tête un bonnet garni d'une couronne de bluets, puis un chapeau de paille, et sous la passe du chapeau une couronne de muguet, puis en dehors, sur le chapeau, une couronne de roses : total, trois couronnes ! C'est beaucoup, pour une personne seule.

Cette voyageuse accorde un salut de protection aux époux Cadet, mais fait son sourire le plus gracieux au comte et à son ami, puis va s'asseoir sur un banc, en s'écriant :

— Je craignais d'être en retard... mais non, il n'est

pas midi... au reste c'est mon habitude... je suis toujours en avance !...

— Si notre cheval pouvait se conduire comme cette dame, ce serait bien beau de sa part! murmure Mérillac qui commence à perdre l'espoir de faire une conquête en route.

— Nous v'là presque au complet, dit madame Cadet, si nous pouvions n'être que cinq... j'aurais plus de place pour mettre mes jambes!

L'arrivée d'un sixième personnage fait évanouir l'espoir de la grande femme. C'est un monsieur qui entre dans la salle, tournure mixte, moitié paysan, moitié citadin, paletot noir râpé, pantalon idem, chapeau rond qui commence à devenir roux, souliers éculés, les mains sales comme le reste du costume.

— Tiens! c'est Crotté! s'écrie M. Cadet en apercevant le nouveau venu. Bonjour, Crotté... t'étais donc aussi à Paris... tu ne nous avais pas dit que tu y venais... farceur de Crotté! il vient comme ça en sournois...

M. Crotté, qui, pour mériter son nom, avait trouvé moyen, quoiqu'il fît beau, de s'envoyer de la boue jusqu'à ses genoux, va serrer la main du petit homme, en disant...

— Bonjour, père Cadet!... madame Cadet, votre serviteur... Ah! la rencontre est heureuse, autant qu'agréable!... Eh mais! c'est madame Tribouillot que j'aperçois: pardon, belle dame, je ne vous avais pas dévisagée en entrant.

La dame, qui semblait offensée de ce que M. Crotté ne l'avait pas saluée la première, lui répond avec aigreur:

— Il paraît qu'il y a des jours où vous êtes myope, monsieur Crotté!

— Non, belle dame, mais, quand on entre dans une salle, on ne voit pas tout de suite tous *les ceux* et *les celles* qui sont dedans.

Se tournant alors vers le comte et son ami, M. Crotté leur fait un profond salut, puis se frotte les mains et reprend:

— Je suis venu à Paris pour un héritage... rien que ça!... un héritage *conséquent!*

— Tu dis toujours que tu vas hériter, toi, Crotté, et puis t'hérites pas!

— Oh! cette fois c'est d'un oncle... je crois bien que ça ne peut pas m'échapper!...

— T'en es pas sûr... ton oncle n'est donc pas bien mort?

— Si fait... mais il y a une demoiselle qui prétend qu'elle est sa fille... mais, moi, je m'y oppose!

— Tu ne veux pas que ton oncle ait eu des enfants?

— Il ne le pouvait pas!... j'ai su, par feu son épouse, qu'il n'était pas perfectionné pour ça... du reste, c'est de famille... c'est dans le sang, c'est-à-dire ce n'est pas positivement dans le sang... c'est...

— Assez, monsieur Crotté, assez! s'écrie madame Tribouillot. Vous entrez dans des détails qui manquent de chasteté!... mes oreilles répugnent à ce langage...

— Tiens, moi, j'aurais voulu savoir d'où venait son imperfection à ce cher monsieur! dit madame Cadet en riant.

Madame Tribouillot tire une tabatière, tout en disant:

— Mon Dieu... il règne ici une odeur... d'une force.

— C'est vrai, dit Crotté, ça m'a pris au nez en entrant, c'est comme quand j'ôte mes chaussettes...

— C'est rien! c'est mon géromé... il est fameux.

— En voiture, messieurs et dames! en voiture!

A cet avertissement du cocher, un mouvement général s'opère dans la salle. Madame Cadet et son mari s'empressent de courir à la voiture, où ils grimpent et se campent dans les places du fond. Madame Tribouillot montre moins de vivacité, elle arrange sa coiffure, puis son fichu, puis sa robe, et tout en se livrant à ces soins pour sa toilette, semble attendre que le comte ou son ami lui offre la main pour la conduire au coucou; mais, comme ni l'un ni l'autre ne bouge, elle se décide à s'y rendre seule.

Cependant M. Crotté est déjà sur le marchepied d'où il regarde dans l'intérieur en disant:

— Tiens, il n'est pas gêné, le père Cadet, il s'est mis au fond... mais c'est moi qui avais la place du fond...

— Eh ben, il y en a encore une... qu'est-ce qui t'empêche de t'y mettre?...

— Et madame Tribouillot, qu'est-ce qu'elle dirait si elle n'avait pas le fond!... elle ferait de beaux cris...

— On la laisse crier... n'est-ce pas, Chouchoute?

— Taisez-vous, intrigant.

Pendant cette discussion, madame Tribouillot est arrivée devant le coucou et elle s'écrie:

— Voyons, monsieur Crotté, vous placez-vous... au lieu de rester en équilibre sur ce marchepied, vous voyez bien que vous m'empêchez de monter...

— Excusez, belle dame, c'est la faute à M. Cadet qui a pris ma place au fond... où je tiens à être à côté de vous... Voyons, papa Cadet, je veux ma place...

— Fait-il son crâne! parce qu'il croit qu'il va hériter... tiens la v'là, ta place... mets-y-toi... je vas me placer devant Chouchoute, ça fait qu'elle pourra allonger ses genoux...

Le petit homme quitte le fond et se met sur la seconde banquette. Madame Tribouillot monte, s'assoit au fond, et M. Crotté se précipite entre les deux dames, en murmurant:

— Je vais me faire si menu que vous ne me sentirez pas!

— Je l'espère bien, monsieur!

Le comte et son ami se placent sur la banquette de devant à côté de M. Cadet, qui tient encore à sa main son morceau de pain et de fromage, mais le chevalier s'est assis à côté de lui en murmurant:

— Tu ne tiendras pas cela longtemps! je te le promets!

En effet, au moment où la voiture part, Mérillac en ayant l'air de saluer quelqu'un avec son chapeau, envoie dans la rue le morceau de pain que le petit bonhomme tenait hors du cabriolet. M. Cadet pousse un cri:

— Mon pain, cocher... mon pain qui est tombé!...

Mais le cocher, qui a fouetté Jovial, ne veut pas le retenir au moment où il va prendre son trot; d'ailleurs Mérillac s'écrie:

— Ah! monsieur, est-ce que vous mangeriez encore de ce qui est tombé dans le ruisseau?

— Pourquoi pas... en l'essuyant?

— Allons, mon homme, t'avais assez grignoté depuis ce matin... tu peux ben te reposer à c't'heure, soulève-toi un peu, que j'avance mes genoux...

— Nous voilà toujours débarrassé du géromé! dit le chevalier à son ami. Maintenant je ne demande plus qu'une chose à la Providence, c'est qu'elle ne nous envoie pas un lapin.

Mais les vœux de Mérillac ne sont pas exaucés et au coin du boulevard, un petit monsieur fort gros, fort dodu, fait un signe au cocher, qui se hâte d'arrêter, enchanté d'avoir trouvé son lapin...

Ce dernier voyageur, d'un âge mûr, et dont la figure est aussi rebondie que le ventre, s'assoit, puis se retourne pour saluer les personnes qui sont dans l'intérieur de la voiture. Alors s'opèrent de nouvelles reconnaissances.

— Eh, c'est monsieur le docteur Brichet!

— Ah! madame Tribouillot, enchanté de la rencontre... et cette santé est toujours florissante?

— Mais non, monsieur Brichet, j'ai des douleurs.

— Ah! mon Dieu... et où donc cela?

— Un peu partout... mais surtout au bas des reins.

— Des frictions, madame, des frictions! je ne connais que cela.

— Hé! hé! si madame voulait, je la frotterais bien, moi!...

— Monsieur Crotté, je vous ai déjà dit que je n'aimais pas les plaisanteries décolletées!...

— Tiens, c'est Crotté qui est là... je ne l'avais pas aperçu... il est enfoui sous les dames...

— Oui, monsieur le docteur, c'est moi...

— Madame Tribouillot, vous savez ce qui est arrivé à ce pauvre Cailleux, je pense...

— A Cailleux de Champrosey... mais non, je ne sais rien...

— Il a été volé, entièrement dévalisé, il y a deux jours, pendant qu'il était aux champs...

— Ah! que me dites-vous là!... et que lui a-t-on volé?

— On peut pas lui avoir volé grand'chose à Cailleux, dit la grande femme, il n'a jamais le sou... je le connaissons ben...

— Madame, je vous demande bien pardon, mais on lui a pris deux fromages, qu'il avait confectionnés et son ânesse dont il vendait le lait!...

— Ah! si on vole les ânes, je ne suis pas tranquille, moi!

— Décidément notre pays devient très-dangereux, reprend madame Tribouillot; il y a une bande de voleurs dans la forêt de Sénart, cela est certain...

— Ma fine! dit le père Cadet, je l'avons traversée l'autre jour et j'étions pas à mon aise...

— Et la grosse Madeleine... la promise à Relupot, elle y a été attaquée... elle est rentrée cheux elle, la figure tout à l'envers!

— Qu'est-ce qu'on lui a pris?

— Elle n'a jamais voulu le dire!

Les deux amis écoutaient en souriant ces conversations; cependant M. de Germancey dit au gros lapin qui est devant Mérillac :

— Monsieur, vous paraissez connaître fort bien ce pays?

— Parfaitement, monsieur, il y a vingt ans que je l'habite et ma sœur y a été en nourrice!

— Quand nous serons à Champrosey, serons-nous encore loin de la Faisanderie?

— Non... à trois quarts de lieue environ... en prenant par la forêt, il y a un petit sentier qui abrége de beaucoup... mais je ne vous conseille pas de le prendre...

— Pourquoi cela?

— Vous venez de l'entendre, monsieur, la forêt de Sénart n'est pas sûre!..

— Elle est *infectée* de voleurs! dit Crotté.

— Oh! deux hommes ne craignent rien.

— Êtes-vous bien armé, au moins?

— Ma foi non, j'avouerai que je ne possède pas la plus petite arme sur moi!

— Eh bien, j'ai plus de précaution que vous, mon cher... et à tout hasard, j'ai mis ceci dans ma poche...

En disant cela, Mérillac sort de ses poches une paire de pistolets anglais fort élégants, mais qui font pousser des cris de terreur à madame Tribouillot, qui se renverse tout à fait sur Crotté, en criant :

— Ah! monsieur, prenez garde! des armes à feu dans une voiture... le moindre cahot va les faire partir... ah! je vais me trouver mal!...

— Calmez-vous, madame, il n'y a aucun danger!... ces pistolets ne sont pas armés!...

— Oh! c'est égal, des pistolets... si près de soi... ah! que j'ai peur... monsieur, je vous en prie... mettez les canons de l'autre côté...

— C'est ce que j'ai fait, madame...

Mais alors M. Brichet, qui est assis devant le chevalier, paraît fort inquiet et tâche de garantir son derrière, en murmurant :

— Fichtre... les canons sont braqués sur moi d'après cela!... je ne trouve pas ma place agréable du tout.. cocher, je demande à changer de place avec vous...

— Pas possible, monsieur, faut que je soye à droite pour conduire Jovial!... sans cela, je ne le tiendrais plus en respect...

— Monsieur, est-ce que vos pistolets sont chargés?

— Assurément, monsieur, sans cela, à quoi me serviraient-ils? si des voleurs se présentaient, je présume qu'ils n'auraient pas la complaisance d'attendre que j'aie chargé mes armes pour m'attaquer.

— Si vous les mettiez sous vos pieds, monsieur?...

— Non, non, s'écrie madame Tribouillot, pas sous les pieds... ils partiraient dans nos jambes... ce serait fort dangereux... ils sont bien comme ils sont.

— Vous trouvez, madame, mais, moi, je ne trouve pas qu'il soit agréable de savoir que j'ai les canons de deux pistolets chargés qui menacent mes... *mes clunes!*... je vai faire un voyage bien pénible!

En disant cela, ce monsieur qu'on appelait le docteur, met ses deux mains sur le bas de ses reins, puis les ôte vivement, puis se retourne, se remue, enfin ne reste pas un moment en repos. Le chevalier a pitié de son état, il lui touche le bras en lui disant :

— Monsieur, je crois que vous n'êtes pas enchanté d'être assis devant mes pistolets?

— Oh! non, monsieur... je ne vous cacherai pas que j'en sue... je suis tout en nage...

— Eh bien, prenez ma place et donnez-moi la vôtre, de cette façon mes pistolets ne menaceront plus que le cheval, et si la peur peut lui donner des ailes, ce ne sera pas malheureux pour nous.

— Ah! monsieur, j'accepte avec joie... je dirai plus, avec reconnaissance... Cocher, arrêtez un peu, que je change de place avec monsieur.

Le cocher arrête Jovial qui ne demande pas mieux.

L'échange de place se fait, à la grande satisfaction des campagnards.

Jovial a repris son petit trot, à grands renforts de coups de fouet.

— A quelle heure arrivez-vous à Draveil? demande M. de Germancey au cocher.

— Dame, monsieur, ça dépend! queuquefois à deux heures et demie, queuquefois à trois; c'est selon comme les jambes de Jovial sont en train!

— Il me semble qu'elles ne le sont guère aujourd'hui!

— Mais nous arrêterons à Villeneuve-Saint-Georges, il y prendra des forces... avec un quart d'avoine.

— Ma fine, et moi aussi! dit M. Cadet.

— Vous prendrez de l'avoine, père Cadet?

— Est-il malin, ce Crotté!... je prendrai un verre de vin... j'achèterai du pain et du fromage...

— Oh! non! murmure Mérillac, assez de fromage comme cela!... s'il en rapporte dans la voiture, je braque mes pistolets devant lui!

On arrive enfin à Villeneuve-Saint-Georges, où le cocher prétend que Jovial doit se reposer un quart d'heure, et une grosse demi-heure s'écoule avant qu'on ne se remette en route; il est trois heures lorsqu'on quitte cette station. On n'est plus loin de Draveil, mais la chaleur est accablante et c'est à peine si Jovial va au petit trot, la température exerce son influence sur les campagnards, le ménage Cadet dort depuis longtemps, madame Tribouillot ferme les yeux, le docteur se permet un doux sommeil, et Crotté seul ne cesse de murmurer : Ah! qu'il fait chaud!

Les deux amis causaient ensemble à demi-voix, ne désirant nullement troubler le repos de leurs voisins, lorsque tout à coup une violente détonation se fait entendre dans l'intérieur du coucou.

Tous les dormeurs s'éveillent en sursaut :

— Il vient d'en partir un!... Quelqu'un est-il blessé? dit le docteur.

— Cela devait arriver... j'étais sûre que cela arriverait! s'écrie madame Tribouillot.

— Heureusement, les canons étaient tournés sur le cheval! dit madame Cadet.

— Monsieur, est-ce que ce pauvre cheval n'est pas blessé?

Cette question s'adressait à Mérillac, qui répond :

— Pourquoi voulez-vous que le cheval soit blessé, madame?

— Mais, monsieur, par l'un de vos pistolets qui vient de partir...

— Je vous demande bien pardon, madame, mais ni l'un ni l'autre de mes pistolets n'est parti.

— Oh! monsieur, nous avons très-bien entendu le coup...

— Oui, dit Cadet, la détonation m'a réveillé tout en sursaut!...

— Comment, monsieur, est-ce que vous n'avez pas entendu, vous? dit à son tour le docteur.

— Pardon, nous avons très-bien entendu... un bruit très-fort... mais il ne venait pas de mes pistolets... la preuve... tenez, docteur, les voici, ils sont encore chargés tous deux.

— C'est ma foi vrai... d'où partait donc ce bruit-là?...

— Du fond de la voiture...

— Du fond de la voiture! s'écrie madame Tribouillot, et quelle cause a pu le produire?

— Je crois deviner! murmure le docteur en tirant sa tabatière et en se bourrant le nez de tabac.

Madame Tribouillot s'empresse de fourrer ses doigts dans la boîte et de priser aussi, en s'écriant :

— Ah! quelle horreur! il serait possible! c'est nous manquer de respect... il faut avouer qu'il y a dans le monde des gens bien incongrus!...

Pendant tout ce dialogue M. Crotté n'a pas soufflé mot, mais il a caché sa figure derrière le dos de madame Cadet, et le petit homme s'écrie :

— Ma fine... notre âne en fait... mais pas de cette force-là!

Enfin l'on arrive à Draveil à quatre heures et demie. Le comte et son ami s'empressent de quitter leurs compagnons de voyage, et se mettent en route pour Champrosey, mais la chaleur les oblige à s'arrêter souvent, et une fois dans ce village, ils éprouvent le besoin de se restaurer un peu, n'étant pas certains de trouver des provisions chez la nourrice. Germancey pense qu'ils feront bien de dîner où ils sont.

Un épicier qui vend du vin et de la charcuterie leur offre des côtelettes, une omelette et une salade. Nos voyageurs acceptent et se mettent à table dans une salle basse donnant sur un jardin. Puis ils se disposent à fêter leur repas; mais les côtelettes sont dures, les œufs sentent la paille et la salade est à l'huile rance.

— Décidément, dit Mérillac, je me défierai des épiciers traiteurs...

— Chevalier, je vous fais faire un voyage bien maussade, et vous devez vous repentir de m'avoir accompagné!

— Mon cher comte, je serai toujours heureux d'être votre compagnon de route... Ce voyage m'amuse beaucoup au contraire... Les personnes du coucou m'ont fait rire, et ce n'est pas pour un mauvais repas qu'il faut prendre de l'humeur. Nous souperons mieux chez vos villageois. Seulement, je crains que nous n'y arrivions pas sans orage... le temps menace de se gâter.

— Hâtons-nous alors... Monsieur l'épicier-traiteur, notre carte, nous partons...

— Comment! ces messieurs ne mangent ni leur omelette ni leur salade?

— Tout cela est très-mauvais... Je crois que vous vous êtes trompé d'huile, et que celle-ci est pour vos quinquets!

— Ah, messieurs! de l'olive pure!

— Si vous nous avez donné un mauvais repas, donnez-nous au moins de bons renseignements... En prenant par la forêt arriverons-nous plus vite au hameau de la Faisanderie?

— Assurément!

— Et quelle route devons-nous suivre?

— Le premier sentier à gauche, puis le second à droite... et puis vous verrez la maison.

— Merci... Partons, Mérillac... car le temps devient bien sombre, et les nuages s'amoncellent!

Nos voyageurs marchaient depuis une demi-heure et ils n'apercevaient pas le terme de leur course.

— Pas de maison, pas de grande route, pas même de clairière qui vous serve de point de mire, c'est singulier, dit le comte en faisant une halte; je ne pensais pas que nous aurions tant de chemin à faire dans cette forêt!

— J'ai dans l'idée que cet épicier-charcutier-traiteur, pour se venger de ce que nous avons trouvé son huile détestable, nous a mal indiqué notre chemin!

— Ce serait bien possible! Ces gens de la campagne aiment beaucoup à faire des méchancetés aux habitants des villes.

— Allons toujours, nous trouverons peut-être quelque habitation.

— Si du moins nous rencontrions quelqu'un, nous demanderions notre route... mais personne... Cette forêt est bien déserte.

— Mon cher, le temps n'est pas engageant pour venir s'y promener... L'orage va éclater... le jour baisse déjà...

— Oh! pas possible... il n'est que sept heures et demie... c'est l'orage qui obscurcit le jour... Allons... marchons toujours!

— Mais, à coup sûr, ce maudit épicier nous a égarés!

Les deux amis se remettent en marche. Ils suivent un sentier étroit et touffu, où c'est à peine si le jour pénètre. Au bout de quelque temps l'orage éclate, le tonnerre gronde avec force, des torrents de pluie font entendre sur le feuillage un clapotement qui mouille longtemps les branches avant d'arriver jusqu'à terre. Puis enfin l'eau écarte les feuilles, et les voyageurs se mettent sous le plus gros arbre qu'ils aperçoivent, mais où la pluie ne tarde pas à les atteindre.

— Mauvais abri qu'un arbre quand il tonne! dit Mérillac, mais dans une forêt on n'a pas le choix!

— Non, mon pauvre ami, à la garde de Dieu! Mais il est dit que dans ce voyage je vous aurai fait subir tous les désagréments possibles!

— Allons donc! ne sommes-nous pas des hommes? D'ailleurs, vous savez que j'ai un assez heureux caractère! je prends tout en riant!

— C'est bien heureux, mon ami; mais si cela continue nous serons mouillés jusqu'aux os... et le pis, c'est que la nuit arrive... nous ne trouvions pas notre chemin en plein jour, je doute que la nuit nous soyons plus adroits.

— C'est vrai, et malgré ma philosophie, passer la nuit à recevoir la pluie sous ces arbres ne me tente guère; je crois que nous ferions aussi bien de marcher.

— Oui, marchons, maintenant que nous sommes trempés, un peu plus un peu moins d'eau ne doit pas nous arrêter.

Les deux amis se remettent en route, mais cette fois force leur est de n'avancer que doucement, car on n'y voit plus et, à chaque instant, ils se heurtent contre des arbres ou des branches que l'orage a brisées et fait tomber sur la terre.

Tout à coup Mérillac pousse un cri... Germancey s'arrête :

— Vous vous êtes cogné?

— Non, mon ami, mais je crois que le ciel a pitié de nous... je viens d'apercevoir une lumière!

— Une lumière... où donc cela?...

— Tenez, venez par ici... regardez à gauche...

— Je ne vois rien...

— Des feuilles vous la cachent sans doute... Sapristi! voilà que moi-même je ne la vois plus! pourtant je suis bien certain de ne point m'être trompé... Venez par ici... marchons du côté où je l'ai aperçue.

Les voyageurs se dirigent vers la gauche. Lorsqu'ils ont fait une quarantaine de pas, tous deux poussent un cri de joie. La lumière a reparu : cette fois elle est très-distincte. Ils marchent sur elle, en ayant soin de ne point la quitter des yeux.

— Vous ne vous étiez pas trompé, Mérillac. Ceci nous promet ou un abri ou un guide...

— Ma foi, quand ce serait la maison de l'Ogre, comme dans le *Petit-Poucet*, je déclare que je m'y réfugierai avec joie... Ce doit être une maison, car cela ne bouge pas... cela ne change pas de place...

— La chaumière d'un bûcheron probablement.

— En ce moment cette chaumière vaut pour nous un palais... je crois que nous approchons... Ah! tenez, à la lueur d'un éclair je viens d'apercevoir une muraille...

— Oui... c'est une maisonnette... Toussons un peu... on nous entendra... on viendra peut-être à notre rencontre... car à cette heure notre vue inopinée pourrait effrayer les habitants de cette demeure.

— C'est vrai... ils vont nous prendre pour des voleurs.

Les deux amis se mettent à tousser, presque aussitôt des pas se font entendre et une voix leur crie :

— Est-ce toi, la Grenouille?

— Pardieu! voilà un singulier nom de paysan! murmure Mérillac, tandis que le comte répond :

— Non, ce n'est pas la Grenouille, ce sont deux voyageurs qui se sont perdus dans cette forêt où la nuit et l'orage les ont surpris, et qui payeront l'abri qu'on voudra bien leur donner, ou un guide pour aller jusqu'au hameau de la Faisanderie.

— Attendez... attendez! répond la même voix. Je vais demander au maître s'il veut vous recevoir.

— Il paraît qu'il y a un maître, dit Mérillac.

— Celui qui fait travailler les bûcherons probablement...

— Et pas une pauvre petite voix de femme!... je n'ai pas de chance!...

Au bout d'un moment des pas lourds se font entendre; un homme jeune encore, vêtu en paysan, paraît, tenant une lanterne à la main. Son abord n'est pas gracieux, cependant il salue les voyageurs en leur disant d'une voix rauque:

— Vous n'êtes pas plus de deux?

— Non... c'est bien assez par le temps qu'il fait...

— Vous n'avez pas de chien avec vous?

— Pas le moindre animal...

— Suivez-moi alors... vous devez être pigrement mouillés?

— Mais oui, assez comme cela.

— Je crois bien... drôle de temps pour se promener...

L'homme marche devant avec sa lanterne. On arrive à la maisonnette, à laquelle tient un jardin clos par une haie vive On traverse une espèce de cour, puis on entre dans une salle, qui n'a que la terre pour parquet; une table, quelques chaises, un banc en composent tout l'ameublement; mais elle a une immense cheminée, dans laquelle on a fait un assez grand feu qui sert à faire rôtir un fort morceau de viande, attaché à une corde servant de crémaillère, et qui pend devant le brasier.

Un homme est assis devant la cheminée, où il semble surveiller la cuisson du rôti qu'il fait tourner incessamment. Cet homme, habillé d'un large pantalon de toile et d'une grande veste de drap, a sur la tête un chapeau dont les bords sont aussi larges que ceux d'un charbonnier, et comme il le porte fort avancé sur son front, il est difficile de voir sa figure; ce qu'on en aperçoit annonce qu'il porte toute sa barbe, qui est très-noire.

A l'entrée des voyageurs cet homme ne se lève pas, il se contente de se retourner un peu pour les examiner, en disant d'une voix sourde:

— Entrez, messieurs, entrez... Excusez si je ne me dérange pas, mais j'ai les fièvres depuis quinze jours... et je n'ai plus de force dans les jambes...

— Nous serions désolés de vous causer la moindre gêne, monsieur; tout ce que nous vous demandons, c'est un abri.

— Et un morceau pour souper, si cela se peut!.. de plus, la permission de nous chauffer à ce bon feu... car nous sommes trempés...

Pendant que M. de Germancey parlait, l'homme assis devant la cheminée avait doucement relevé la tête pour le regarder du coin de l'œil; puis il avait vivement rebaissé la tête et ramené encore sur son front le bord de son grand chapeau. Il reprend:

— Chauffez-vous, reposez-vous, séchez-vous, messieurs: vous aurez aussi à souper; vous le voyez, le rôti cuit: mais il faut que nous attendions le retour de mes bûcherons, ils rapporteront d'autres provisions et du vin, car nous n'en avons plus une goutte ici.

— Oh! très-bien, nous attendrons, nous ne sommes plus pressés, car je pense qu'il nous faut renoncer à l'espoir d'aller ce soir au hameau de la Faisanderie.

— Oh! je ne vous conseillerai pas de le tenter... il y a plus d'une lieue d'ici, les chemins sont très-mauvais et l'orage gronde toujours!

— Est-ce que vous pourriez nous donner à coucher pour cette nuit?

— Mais oui, très-volontiers... Oh! j'ai une couchette!... j'ai de la paille, j'ai du foin!...

— Victoire alors! nous sommes sauvés!... eh bien! mon cher Germancey, vous voyez que j'avais raison de ne pas m'inquiéter!..

— Je crois, Mérillac, que c'est vous qui me portez bonheur; si j'avais été seul, je ne m'en serais pas si bien tiré.

En entendant prononcer le nom de Germancey, l'homme au grand chapeau n'a pas été maître d'un mouvement subit, puis il a encore avancé son chapeau sur ses yeux.

Les deux amis ont pris des chaises, ils s'installent devant le feu Le maître du logis se recule encore, bien que le comte lui dise:

— Restez donc, monsieur, il y a assez de place pour nous trois devant cette immense cheminée!... Ah! vivent ces antiques foyers où nos pères se chauffaient à l'aise!

— Oui, il y avait du bon chez nos pères... bien que l'on ait jugé convenable de bouleverser tout ce qu'ils avaient fait.

— Allons, Mérillac, soyons justes, convenons qu'il y avait aussi bien des abus...

— Des abus... Est-ce qu'il n'y en aura pas toujours... Ce feu fait du bien... décidément c'est une excellente chose que le feu... il fait plaisir presque en tous temps... je conçois qu'il y ait des tribus qui l'adorent...

— Je ne verrai pas ma petite filleule aujourd'hui... mais demain nous nous mettrons en route de fort bonne heure... Monsieur, connaissez-vous les époux Chausseux, au hameau de la Faisanderie?

L'homme barbu répond, toujours d'une voix qu'il semble se faire:

— Non.. non... je n'ai jamais été à la Faisanderie.

— Mais vous m'avez dit qu'il y avait une lieue d'ici là?

— Oui... n'est-ce pas, Pierre?

Pierre était l'homme qui avait été au-devant des voyageurs, il se tenait à demi couché sur le banc qui était placé contre la muraille et répond sans se déranger:

— Je crois que oui! je n'en suis pas sûr!...

— N'importe, reprend le comte, avec le jour nous trouverons... cette pauvre Florentine! elle attend avec tant d'impatience des nouvelles de sa fille!... Vous souffrez, monsieur?

Le maître du logis n'avait pu retenir comme un mouvement nerveux en entendant le nom de Florentine, il murmure:

— Ce n'est rien... un petit frisson... ça me prend souvent.

Le chevalier s'écrie:

— Et son séducteur... le père de son enfant, ta protégée n'en a plus entendu parler?

— Non... oh! c'est fini, il est probable qu'elle ne le reverra jamais... j'ai eu de terribles soupçons sur cet homme... qui a toujours évité ma présence quand j'allais voir Florentine.

— Quels soupçons?

— Figurez-vous, mon ami, qu'il a donné en cadeau à sa maîtresse, une bague fort belle... Florentine me l'a montrée un jour, jugez de ma surprise en reconnaissant une bague que moi-même j'ai donnée jadis à mademoiselle de Sauvigné... à ma chère Honorine...

— Il serait possible?

— Je ne pouvais pas me tromper, j'ai retrouvé sous le chaton le chiffre d'Honorine.

— Voilà qui est bien singulier.

— Cette bague avait été volée à Honorine et probablement par ce misérable Séverin...

— Ah! oui, Séverin... ce petit-fils de Cartouche... qui a si bien suivi les exemples de ses pères!

Ici, M. Pierre se redresse brusquement sur son banc et se met à tousser fortement, en regardant l'homme au grand chapeau; mais celui-ci lui crie d'un ton colère:

— Tâchez donc de vous taire, Pierre, et de ne point étourdir ces messieurs, à tousser comme vous le faites!

— Oh! il ne nous importune nullement! dit le comte.

— Mais alors, répond Mérillac, le séducteur de votre jolie protégée pourrait bien être ce Séverin...

— Je l'ai pensé un moment... mais non, ce serait trop affreux!... cette bague aura couru de main en main.

— Et les enfants de votre frère... ce Victor, cette Maria, vous n'avez rien découvert, vous n'avez aucun renseignement sur eux?

— Aucun! je suis allé plusieurs fois à Vincennes ainsi que je vous l'ai dit, j'ai questionné une fille et un fils de cette femme Duchemin à laquelle on avait confié ces enfants!... Ah! vous souffrez bien, monsieur, et votre frisson vous reprend... rapprochez-vous donc du feu...

— Merci... merci... je suis très-bien...

— Mon cher comte, je crois que vous pouvez faire votre deuil de votre nièce et de votre neveu...

— Je m'en console, parce que j'ai perdu ma fortune... mais, si j'étais encore riche, ce serait un grand chagrin pour moi d'ignorer le sort de ces enfants!

— Mais vous connaissez leur mère...

— Sans doute, mon frère m'a appris son nom dans la lettre où il me fait ses confidences....

— Eh bien, n'avez-vous jamais pensé que cette dame avait pu s'occuper de ses deux enfants... en prendre soin?... enfin qu'elle connaît leur position?...

— Non, mon ami, je n'ai jamais pensé cela, parce que je sais que cette personne est une égoïste, qu'elle a un cœur sec, qu'elle ne pense qu'à elle et n'a jamais eu les entrailles d'une mère!... D'ailleurs, quand on a fait le mariage qu'elle a contracté depuis la mort de son père... il faut avoir perdu tout sentiment de sa dignité... épouser un Rigoulot!

— Rigoulot, dites-vous!... comment ce serait cette dame qui...

— Le nom m'est échappé, après tout, je sais bien que ce n'est pas vous, mon ami, qui irez trahir le secret de cette dame!...

— Quant à cela, vous pouvez être tranquille!... mais je n'en reviens pas!... Comment c'est mademoiselle de Haute-Futaie... cette jeune personne si roide, si pincée... devant laquelle il ne fallait pas se permettre la moindre plaisanterie, c'est elle qui a donné deux enfants à votre frère!... Fiez-vous donc aux airs sévères!... aux manières froides... réservées! Mais, mon cher Germancey, figurez-vous que je l'ai revue cette dame, depuis qu'elle est devenue l'épouse du millionnaire Rigoulot, je l'ai vue avec son honorable mari aux soirées de mon cher ami Roberval; je crois, Dieu me pardonne, qu'elle a encore l'air plus prude, plus sévère qu'autrefois: elle espère sans doute, par les manières hautaines qu'elle se donne, faire oublier le ton commun de son mari! J'avais d'abord envie d'aller renouveler connaissance avec elle, l'ayant plusieurs fois rencontrée dans le monde avant la révolution; mais son air désagréable m'en a ôté le désir.

— Eh bien, Mérillac, croyez-vous encore que cette dame se soit inquiétée du sort des deux enfants issus de son intrigue avec mon frère?...

— Oh! non... non... la femme du millionnaire Rigoulot ne doit plus garder le moindre souvenir des faiblesses de mademoiselle de Haute-Futaie.

Pendant que les deux amis se livraient à cette conversation intime, l'homme à la fièvre n'avait pas bougé; il avait même fermé les yeux comme s'il s'était endormi; mais l'homme étendu sur le banc avait ses grands yeux ouverts et les tenait constamment attachés sur les étrangers.

— Je crois que votre maître s'est endormi, dit le comte à demi-voix en se tournant vers celui qui les a introduits dans la masure.

— Dame! c'est ben possible!... ça lui arrive souvent?

— Y a-t-il longtemps qu'il est attaqué de cette fièvre.

— Mais oui...

— Il ne se soigne pas bien peut-être?

— Ah! ici, on n'a pas tout ce qu'on veut.

— Vous êtes bûcheron?

— Oui, monsieur...

— Est-il jeune ou vieux, votre maître?... son grand chapeau empêche qu'on voie ses traits.

— Il est... il est vieux...

— Sapristi! s'écrie Mérillac, mais vos camarades tardent bien à revenir... j'ai très-faim, moi, car chez ce gargotier à Champrosey, je n'ai rien pu manger...

— Ah! dame,.. ils sont peut-être allés jusqu'à Corbeil pour avoir du vin... et il y a loin... et puis l'orage peut les retarder.

— Ma foi, dit le comte, j'ai bien envie de faire un somme en attendant leur retour, car je suis horriblement fatigué... avez-vous ici un hangar avec de la paille sur laquelle on puisse se jeter, cela me suffirait, car il ne faut pas réveiller votre maître...

— Dame... au bout du jardin, nous avons un hangar... il y a des bottes de foin...

— Oh! j'y serai parfaitement... venez-vous avec moi, Mérillac?

— Si vous le permettez, je resterai devant ce feu, car je ne suis pas encore totalement séché, et je me trouve bien ici...

— A votre aise, mon ami, de quel côté, monsieur?

— Je vais vous montrer... venez... le jardin est étroit, mais il n'est pas mal long!

M. Pierre reprend sa lanterne, le comte le suit, on entre dans une espèce de clos fort mal entretenu. On suit un sentier. Après avoir fait une centaine de pas, M. Pierre s'arrête en disant:

— C'est au bout... tout droit... encore cent pas et vous y êtes...

— Merci, monsieur, n'allez pas plus loin, je trouverai bien...

— Je vais veiller au rôti.

L'homme s'en retourne avec sa lanterne. La pluie avait cessé, mais l'orage grondait toujours. Le comte marche encore quelques minutes, puis il trouve un endroit couvert en chaume, et aperçoit sur la terre plusieurs bottes de foin, il en réunit quelques-unes et s'étend dessus avec bonheur. Il va céder au sommeil lorsqu'un bruit de pas se fait entendre, ce bruit venait de la forêt, on marche, on approche, pu tout à coup on s'arrête tout près du hangar et une vo x s'écrie:

— Arrêtons-nous là, camarade, le petit est en arrière, il faut l'attendre, car il serait capable de ne plus trouver notre gîte...

— La Grenouille a raison... attendons un peu... mais est-ce bien prudent, de faire ainsi connaître notre retraite à ce bambin?

— Ne crois-tu pas que cet enfant va soupçonner qui nous sommes... un vrai petit crétin! d'ailleurs, fallait bien l'emmener, puisque le marchand de vin ne voulait pas nous laisser emporter les bouteilles à l'œil... mais ce n'est pas cet homme-là qui nous trahirait, lors même qu'il aurait des soupçons sur notre profession, il gagne de l'argent avec nous, c'est tout ce qu'il veut. Seulement il ne fait pas crédit... et nous n'avions pas assez de quibus...

— C'est la faute à Séverin qui n'a pas voulu me donner plus d'argent.

— Ah! dame, t'as acheté tant de choses!

— Faut bien se régaler... on s'ennuie à mort par ici... presque rien à faire... faut ben louper un peu; d'ailleurs, c'est l'argent de ce monsieur que nous avons dévalisé hier...

— Il n'était pas riche! huit francs quinze sous.... merci! c'est honteux de se mettre en voyage avec si peu de chose...

— Fichu pays... oh! nous n'y resterons pas longtemps... ça allait mieux dans le Midi avec Schinderhanne!...

— Pourquoi s'est-il laissé prendre?...

— Ah! pourquoi! les plus malins font des fautes...

— Heureusement, Séverin a filé à temps, lui...

— Vois-tu, quand on est le petit-fils de Cartouche, on ne se laisse pas pincer comme ça!...

Le comte de Germancey n'a pas perdu un mot de cette conversation, dès les premières paroles il a compris à qui il avait affaire, mais lorsqu'il a entendu prononcer le nom de Séverin, lorsqu'il ne peut plus douter que l'homme assis devant la cheminée est le misérable auteur de tous ses maux, une sueur froide coule de son front: il se demande si le jour de la vengeance est enfin venu ou s'il doit être aussi la victime de cet homme.

Les brigands vont être cinq, ils doivent être bien ar-

Je monte sur elle pour cueillir mes cerises. (Page 42.)

més, ce serait folie que d'espérer triompher d'eux. Et le comte n'a pas une arme. Toutes ces pensées viennent en foule à son esprit. Pour se sauver, il pourrait maintenant s'éloigner doucement, franchir la faible haie du jardin et se perdre dans la forêt où il attendrait le jour. Mais en agissant ainsi il laisserait Mérillac aux mains des bandits, et le comte est incapable d'abandonner son ami.

Mais, pendant que les misérables attendent dans la forêt, il pourrait peut-être encore fuir avec le chevalier. Ceux qui sont dans la maison n'oseraient pas les arrêter, ignorant que leurs camarades sont tout près d'eux. Cet espoir est la seule chance de salut qui s'offrait au comte. Il quitte bien doucement sa botte de foin, et marche avec précaution dans le sentier pour ne point donner l'éveil aux voleurs. Enfin il atteint la maison, il entre dans la salle basse... Mérillac n'y est plus!

L'homme au grand chapeau et qu'il sait maintenant être Séverin, est levé et se promène dans la salle avec impatience en murmurant :

— Mais ils ne reviendront donc pas, ces flâneurs-là!

En apercevant le comte, il s'arrête et s'écrie :

— Tiens, vous ne voulez donc plus dormir, monsieur?

Germancey sent bien qu'il faut surtout éviter de laisser deviner aux voleurs qu'il a découvert ce qu'ils sont. Il affecte un air tranquille, en répondant :

— Ma foi non! dans ce jardin, j'ai ressenti de l'humidité, je me suis dit que mon ami avait raison, et qu'il valait mieux rester à se sécher près de ce feu. Mais il a donc changé d'avis, lui? je ne le vois plus.

— Je lui ai dit que j'avais là... dans une petite pièce à côté, une couchette à sa disposition et il s'est décidé à aller se jeter dessus jusqu'au moment du souper, si vous voulez en faire autant monsieur... Là, vous ne sentirez pas l'humidité comme dans le jardin.

— Oh! ma foi, mon envie de dormir s'est dissipée... je crains beaucoup que nous ne vous gênions, la pluie a cessé, et nous pourrions nous remettre en route.

— Vous n'y pensez pas!... d'abord vous ne connaissez pas les chemins, vous vous perdriez infailliblement... tout à l'heure mes bûcherons vont revenir avec des provisions... je vous réponds que nous souperons bien... avez-vous donc quelque raison pour être si pressé de partir?

— Aucune... la crainte de vous gêner était la seule.

— Cela nous fera plaisir, au contraire, de vous bien traiter.

— En ce cas, qu'il ne soit plus question de départ!...

— A la bonne heure! voilà qui est parler... Mon accès de fièvre est passé... et je veux aussi faire honneur au souper.

Germancey fait son possible pour que sa physionomie ne trahisse pas ce qu'il éprouve, car il ne voit plus moyen d'échapper au sort que les bandits doivent leur réserver; en ce moment des pas, des voix se font entendre au dehors et le maître du logis s'écrie :

— Ah! voilà notre monde!

XX. — LES VOLEURS.

Trois hommes à figures patibulaires entrent dans la salle, parmi eux est le nommé la Grenouille dont nous n'avons pas besoin de faire le portrait, on le connaît déjà. Un petit garçon de huit à neuf ans est avec eux; il porte un panier dans lequel sont des bouteilles; chacun de ces messieurs apporte aussi des provisions.

A l'aspect du comte qui se chauffe devant la cheminée, les nouveaux venus s'arrêtent tout surpris, et questionnent des yeux leur chef qui s'écrie :

— Arrivez donc, vous autres!... on vous attend avec impatience. J'ai justement reçu deux voyageurs qui vont souper avec nous, et que je veux traiter de mon mieux.

Ces paroles sont accompagnées de clignements d'yeux et de signes que comprennent facilement ceux qui viennent d'arriver; M. la Grenouille s'écrie :

— Ah! du moment que nous avons des hôtes... Bravo! on s'amusera... en attendant, maître, donne-moi un écu

FLORENTINE LA MARCHANDE D'ORANGES.

de trois livres, que je redois pour le vin et l'eau-de-vie... nous n'avions pas assez de fonds... et ça se trouve bien que nous ayons acheté un fameux souper... puisque nous avons du monde.

L'argent est donné au petit garçon, auquel on fait boire un petit verre d'eau-de-vie, puis que l'on met à la porte avec un coup de pied au derrière en lui disant :

— A présent file !... et perds-toi, si tu veux !

— Oh ! gn'y a pas de risques! répond l'enfant que l'eau-de-vie a déjà étourdi, je me retrouve toujours, moi !... je vois clair la nuit !

Germancey a eu un moment la pensée de s'approcher de l'enfant et de lui parler bas pour lui dire : Va chercher les gendarmes ! Mais il n'y a pas moyen ; les voleurs, tout en mettant la table et dressant le couvert, ne le perdent pas de vue, et d'ailleurs le petit garçon semble incapable de comprendre une telle commission, il est parti, et au bruit des assiettes et des verres, Mérillac qui s'est éveillé, revient dans la salle, où tout le monde est réuni, en disant avec sa gaieté habituelle :

— J'ai entendu un bruit de bouteilles et de verres qui m'a fait penser que ce n'était plus le moment de dormir !...

Les faux bûcherons saluent Mérillac d'un air contraint; celui-ci, voyant tout ce monde, dit :

— Ah ! je ne m'étais pas trompé... vos ouvriers sont arrivés, n'est-ce pas, notre hôte?

— Oui, monsieur, et bien chargés de provisions. Oh ! vous aurez un bon souper.

— Tant mieux, car j'ai un appétit d'enfer... et vous, Germancey ?

— Moi ! mais je souperai aussi volontiers.

— C'est moi qui ai eu l'idée de prendre cette volaille ! dit M. la Grenouille.

— Tu as fort bien fait... Oh ! mais tu es un malin, toi, la Grenouille, tu connais ce qui est bon.

Pendant que les voleurs chargent la table de jambon, de volaille froide, de saucissons, de verres et de bouteilles, et que M. Pierre est allé détacher le rôti qu'il met sur un plat de terre, Mérillac, qui vient d'arrêter ses regards sur la Grenouille, change tout à coup de visage, son front se rembrunit, puis il s'approche du comte, qui est resté assis devant le feu, et, profitant d'un moment où les soi-disant bûcherons arrangent le couvert, tandis que le maître du logis est allé dans la pièce à côté chercher des couteaux et des assiettes, lui dit vite et bas :

— Mon cher, je viens de faire une fâcheuse découverte... Cet homme au nez cassé, et qu'on appelle la Grenouille, est un voleur, je le reconnais parfaitement, c'est lui qui m'enlevait ma montre à l'Ambigu-Comique...

— Je le sais... tous ces hommes sont des misérables... leur chef est le petit-fils de Cartouche dont je vous ai parlé...

— Sacrebleu!... nous voilà bien tombés... et je n'ai que mes pistolets... si je tirais tout de suite sur deux de ces hommes...

— Non... nous serions perdus... il faut dissimuler au contraire... et ne pas laisser paraître le moindre soupçon...

—Fichtre !... cela m'a coupé l'appétit. Mais ces gueux-là ne m'auront pas vivant...

— Il faut manger... il faut boire...

— Et nous laisser tuer comme des mouches, quand ils nous croiront endormis...

— Attendez... il me vient une idée ; si elle peut réussir, nous sommes sauvés...

— Oh ! dites... dites vite...

— Il faut...

Le retour de Séverin, qui vient droit aux deux amis, empêche Germancey d'en dire davantage.

— Allons, messieurs, tout est prêt... à table !... Vous excuserez si les assiettes sont en terre et les fourchettes en fer ; mais, dame ! ce n'est pas ici une auberge !

— C'est beaucoup mieux, car on y est reçu de bon cœur !

Les deux amis vont pour s'asseoir l'un près de l'autre, mais le maître du logis se place vite entre eux, les autres hommes s'avancent à la suite. On attaque d'abord le rôti, qui est un morceau de filet délicieux.

— Diable, messieurs, mais vous vous nourrissez bien .. du filet de bœuf, ce qu'il y a de meilleur en rôti ! dit le comte.

— Mais oui... c'est que nous sommes bien avec le boucher... parce que de temps à autre nous lui faisons cadeau d'un lièvre... vous comprenez bien que, lorsque nous en rencontrons dans la forêt, nous ne nous gênons pas pour tirer dessus !...

— Et vous avez raison ; il faut que tout le monde vive.

— Buvez donc, messieurs !

— Volontiers... il est très-bon votre vin !

— C'est moi *que* je l'ai choisi ! dit M. la Grenouille en vidant son verre ; et je m'y connais !

— Attaquons ce jambonneau... Savez-vous, messieurs, que c'était imprudent à vous de traverser la forêt le soir... est-ce qu'on ne vous avait pas parlé de voleurs?

— Si... mais nous ne les craignons pas... Qu'est-ce qu'ils nous prendraient... j'ai peut-être vingt livres sur moi... belle misère... Je crois que vous n'êtes pas plus riche que moi, n'est-ce pas, Mérillac ?...

— Ma foi non... pas tant même...

Et le chevalier, retournant ses poches, en tire deux écus de six livres et deux pièces de trente sous en disant :

— Voilà ma fortune... pour le moment !

— Oui, pour le moment, répète le comte avec intention. Mais, quand vous reviendrez de Corbeil, je crois que vous serez plus prudent et ne vous risquerez pas ainsi la nuit...

Mérillac a regardé son ami, il a compris sur-le-champ son idée, et répond :

— Oh ! non !... diable... ce sera différent.

Les voleurs se sont regardés en silence. Séverin découpe la volaille et murmure :

— C'est égal, messieurs, c'est imprudent de voyager sans armes...

— Moi, je n'en ai pas, répond Germancey, mais mon compagnon a une fort belle paire de pistolets anglais... Mérillac, montrez donc vos pistolets à ces messieurs... et d'ailleurs cela doit vous gêner de les garder dans votre poche ; il me semble qu'ici vous pouvez bien vous en débarrasser !

Mérillac sort de sa poche ses beaux pistolets damasquinés, et, surmontant la répugnance qu'il éprouve à s'en dessaisir, il les présente à Séverin qui les prend, les examine et s'écrie :

— Oui, corbleu ! voilà de belles armes... cela vient d'Angleterre ?

— Oui, je les ai rapportés de Londres...

— Voyons !...

— Voyons !...

Les soi-disant bûcherons se passent les pistolets.

— C'est perlé ! dit la Grenouille, ça vaut bien deux cents livres !

— Oh ! mieux que ça !...

Les pistolets reviennent aux mains de Séverin qui hésite pour les rendre au comte, mais celui-ci lui dit :

— Veuillez les placer sur votre cheminée, nous n'avons pas besoin de nous en charger ici !

Cette marque de confiance paraît être fort goûtée par les voleurs, qui se regardent d'une façon significative, on mange et l'on boit toujours.

— Excellente volaille ! dit Mérillac, on n'en sert pas de si bonnes chez Bancelin... Je fais un souper exquis... et je crois bien qu'à Corbeil je n'aurais pas été aussi bien traité.

— Vous allez à Corbeil, vous, monsieur?

— Oui, et pendant que vous m'attendrez près de votre filleule, Germancey, j'irai toucher mes fonds chez le notaire... Ah ! sapristi, voilà un héritage qui m'arrive bien à propos, car j'étais à sec.

— Vous allez hériter, monsieur ?

— Oui vraiment !... trente mille francs qui me tombent des nues... je ne m'y attendais pas.... une vieille parente que je croyais pauvre... et qui en mourant me laisse cette somme... Le notaire de Corbeil m'écrit qu'il la tient à ma disposition... Ah ! pardieu, il ne la tiendra pas longtemps ; je vais me hâter de l'en débarrasser ! et vivent les plaisirs ! les femmes ! le jeu !... Germancey, vous savez que je vous paye un festin chez le Gacque à notre retour à Paris...

— Oui, oui... Oh ! je m'en rapporte à vous, Mérillac, pour faire sauter vos écus... il faudrait cependant devenir raisonnable... on n'hérite pas tous les jours...

— Bah ! il faut s'amuser d'abord, la vie est si courte ! au diable la prévoyance !

Séverin semblait réfléchir, et tous les hommes sous ses ordres, les yeux fixés sur lui, paraissaient chercher à deviner ses projets. Enfin il vide son verre et s'écrie :

— Trente mille francs... c'est un beau denier ! cela, monsieur !

— Bon ! c'est une misère auprès de ce que je possédais autrefois !...

— Une misère... oh ! je n'en demanderais qu'une faible partie, moi, pour payer le loyer de cette bicoque... dont le propriétaire menace tous les jours de me mettre à la porte, parce que je suis arriéré d'une année !...

— En vérité, et combien devez-vous donc pour cette année, mon hôte?

— Oh ! dame, une grande somme pour moi... cent vingt livres... l'année a été mauvaise... et puis cette maladie... ces fièvres que j'ai attrapées... je n'ai guère travaillé !

— Pardieu, puisque l'occasion se présente de faire une bonne action, je ne veux pas la laisser échapper... je veux prouver à mon ami Germancey que, si je fais sauter mes écus en faisant des folies, je ne suis pas pour cela incapable de bien les employer quelquefois...

— Oh ! je n'ai jamais douté de votre générosité, Mérillac.

— Quel est donc votre dessein, monsieur? dit l'homme au grand chapeau en portant tour à tour ses regards sombres et fauves sur les deux amis.

— De vous faire présent des cent vingt livres qui vous manquent pour payer votre propriétaire... Avec les quinze livres que j'ai sur moi, cela me serait difficile, mais lorsque j'en posséderai trente mille, cela fera une si faible brèche à ma fortune qu'il n'y paraîtra pas !

— En vérité, monsieur, vous auriez cette bonté?...

— Quand je promets, je tiens...

— Oh ! mais demain... vous ne penserez plus à nous... vous ne repasserez point par ici sans doute?

— Ce n'était pas mon intention, mais, pour reconnaître votre hospitalité, je puis bien faire un peu plus de chemin... n'est-ce pas, Germancey?

— Sans doute, seulement il nous faudrait être sûr de trouver une voiture à Champrosey...

— Oh! si ce n'est que ça! je me charge de vous en avoir une! s'écrie la Grenouille, et je la ferai venir vous attendre ici... A quelle heure comptez-vous revenir?

— Pas tard, sur les deux heures de l'après-midi, afin d'arriver à Paris avant la nuit.

— A deux heures, et même avant, votre voiture sera ici. Je connais un particulier qui a un cabriolet, il ne sera pas fâché de gagner une bonne journée.

— Vous pouvez lui promettre tout ce qu'il vous demandera.

— Fameux!... Buvons alors... A la santé des trente mille francs.

Tous les voleurs s'empressent d'imiter la Grenouille et de lever leur verre :

— Imbéciles, s'écrie Séverin, c'est à la santé de monsieur qu'il faut boire... si toutefois demain il pense encore à moi.

— Vous êtes méfiant, mon hôte.

— Ah dame! monsieur, c'est que... dans le monde... on est si peu de parole!

— Eh bien, pour vous donner confiance en moi, pour vous prouver que je veux revenir, si je vous laissais mes pistolets..... hein? que diriez-vous? je me flatte qu'ils valent plus de cent vingt livres?

— Oh! comme cela, je n'aurai plus de doutes, monsieur, et je bois de grand cœur à votre héritage!...

Séverin emplit son verre, tous ses hommes l'imitent. Germancey et Mérillac sont obligés de trinquer avec les bandits; mais il n'y a pas à hésiter, il fallait leur ôter toute défiance. Après le vin, les voleurs fêtent l'eau-de-vie, dont ils boivent avec une avidité effrayante. Leur chef seul semble se ménager et vouloir conserver sa raison. Il envoie, d'un ton d'autorité, dormir dans un coin deux de ses hommes qui dans leur ivresse commençaient à dire des choses qui pouvaient trahir leur profession.

— Mais il doit être bien tard? dit Germancey.

— Minuit et demi, reprend Séverin après avoir consulté une montre qu'il ne sort qu'à moitié de son gousset, et dont la possession aurait pu paraître singulière chez un homme qui n'avait pas de quoi payer son terme. Si vous voulez vous reposer un peu, messieurs, allez vous jeter sur la couchette à côté, car le jour vient de bonne heure maintenant, et probablement vous ne voulez pas vous mettre en route tard?

— Oh! non... mais qui nous montrera notre chemin en sortant d'ici?

—Pierre ira avec vous, il vous fera connaître un sentier qui mène tout droit hors de la forêt... ce sentier est peu connu... mais vous ferez une remarque à un arbre, ensuite vous verrez Corbeil devant vous...

— Très-bien... et à deux heures vous nous reverrez; mais vous aurez pour nous une voiture.

— Soyez tranquilles... nous serons en mesure... Revenez seulement chercher vos pistolets... et nous serons tous contents!

Le comte et Mérillac passent dans la petite pièce à côté. Ils avaient hâte de quitter la société avec laquelle ils avaient soupé. Ils se jettent sur la couchette, mais ce n'est pas pour dormir, le sommeil ne pouvait pas approcher de leurs paupières dans l'horrible gîte où ils s'étaient réfugiés...

— Notre ruse a réussi! murmure Mérillac à l'oreille de son ami.

— Espérons-le! après tout, il est naturel que, dans l'espoir de posséder trente mille livres, ces hommes ne nous tuent pas pour s'emparer du peu que nous avons...

— C'est égal, si nous nous en sauvons, nous aurons de la chance...

— Chut! ne parlons pas et feignons de dormir.

Il était, en effet, imprudent de parler, car le descendant de Cartouche venait à chaque instant appuyer son oreille contre la porte qui n'était que poussée et pas fermée. Persuadé que les deux voyageurs sont endormis, il va rejoindre la Grenouille et Pierre qui se tenaient à l'autre bout de la salle, de façon qu'on ne puisse les entendre de la petite chambre à côté.

— Nous allons donc laisser partir ces deux hommes? dit le nommé Pierre d'une voix sourde.

— Quelle brute tu fais! dit la Grenouille, est-ce que tu ne comprends pas que trente mille livres valent mieux à palper que cinq ou six écus qu'ils ont dans leur poche...

— Mais qui nous assure qu'ils n'ont que cela sur eux?

— Soyez tranquilles, garçons, dit Séverin, je connais ces deux hommes, ils ne nous ont pas menti sur l'état de leurs finances... ce sont des ci-devant, des anciens nobles, mais qui n'ont pas le sou... Oh! il y en a un à qui j'aurais volontiers fait son affaire tout de suite... car il y a longtemps que je lui en veux, à celui-là... mais l'intérêt général doit passer avant tous mes sentiments particuliers...que risquons-nous... il nous laisse ses pistolets en dépôt!... Que ces deux hommes approchent demain de cette demeure, et tout ce qu'ils possèdent sera à nous...

— Mais s'ils ne revenaient pas seuls... s'ils avaient du monde, d'autres voyageurs avec eux?

— Est-il assommant avec ses craintes, ce Pierre, dit la Grenouille; mais, mon petit, si tu es toujours craintif comme ça, tu ne te pousseras pas, tu n'avanceras jamais!

— Je ne suis pas poltron, mais je me méfie, voilà tout!

— Sois tranquille!... je prendrai mes précautions. Si ces deux particuliers revenaient avec du monde, je commence par décharger sur eux ces deux jolis pistolets, qui sont bien bourrés... je les ai visités... et chacun de vous aurait son fusil, ses armes... Bon! cela ira tout seul... j'en réponds!

— Du moment que Séverin répond de la chose... moi je vais dormir sur mes deux oreilles!... si j'en avais trois, je dormirais sur trois! dit M. la Grenouille en avalant un verre d'eau-de-vie.

— Oui, dormez un peu... moi, je veille... et je réveillerai Pierre dès qu'il fera jour. Il est inutile que le comte me revoie demain matin... il ne peut guère me reconnaître; malgré cela, j'éviterai ses regards avant le moment d'agir...

Cette nuit semble bien longue au comte et à son ami. Enfin le jour paraît; un temps doux et beau, un ciel magnifique ont succédé à l'orage de la veille. Mérillac feint de s'éveiller et se frotte les yeux en s'écriant :

— Par la sambleu! je crois qu'il fait grand jour... Oui... et un temps superbe, autant que je puis voir par cette petite lucarne... allons, mon cher Germancey, éveillez-vous et mettons-nous en route... il me tarde d'arriver à Corbeil, vraiment; et si mon notaire dort encore, je ferai un tel vacarme à sa porte, qu'il faudra bien qu'il s'éveille...

— Vous avez raison, Mérillac... il faut nous mettre en route... le soleil semble vouloir se montrer à travers ce dôme de verdure...

— Il ne fait pas semblant, il se montre pour tout de bon... Me voilà prêt... quand on se couche tout habillé, on est bien vite debout.

Les deux amis sortent de l'espèce de taudis où ils ont passé la nuit. Dans la grande salle ils ne trouvent que Pierre, qui les attend et s'efforce de prendre un air agréable, en leur disant :

— Ah! vous voilà éveillés, messieurs, et vous avez bien dormi?

— Fort bien!... après un excellent souper, je dors toujours bien, moi... Mais où donc est votre maître?

— Oh! il travaille déjà dans la forêt avec les camarades... Quand vous voudrez, nous partirons, messieurs.

— Nous sommes tout prêts... n'est-ce pas, Germancey?

— Oui, oui, partons.

On sort de la chaumière; à mesure que l'on s'en éloigne, le comte et Mérillac respirent avec plus de facilité; car, malgré l'espoir qu'ils fondaient sur leur ruse, ils se sentaient toujours bien oppressés au milieu de ces hommes qu'ils savaient être des bandits.

Celui qui leur sert de guide les a fait d'abord passer à travers un fourré et des taillis assez rapprochés. Bientôt ils débouchent sur un sentier étroit, mais bien tracé; là, le feuillage est tellement épais, que, par le plus beau temps, le jour est sans cesse voilé, et quelques parties du chemin sont toujours dans l'obscurité.

Mais M. Pierre marche vite, quoique prêtant l'oreille au moindre bruit et quelquefois s'arrêtant tout à coup pour écouter. On marche ainsi pendant une demi-heure, et sans rencontrer personne; puis bientôt le chemin s'élargit, s'éclaircit, et enfin on arrive à la lisière de la forêt; alors le soi-disant bûcheron s'arrête en disant :

— Je ne vais pas plus loin... vous trouverez Corbeil devant vous, messieurs; reconnaîtrez-vous ce sentier pour revenir?

— Oui, voilà un arbre cassé qui m'empêchera de me tromper... et un bouleau isolé, là en face, qui nous servira de guide.

— A bientôt, messieurs!

Le voleur a disparu dans la forêt...

— Enfin, nous voilà débarrassés de la société de ce monsieur, s'écrie Mérillac; ah! mon cher Germancey, donnons-nous la main... qu'il est bon de respirer sans crainte après la nuit que nous avons passée...

— Oui, mon ami, le fait est que nous l'avons échappé belle!...

— Quant à mes pistolets, j'en fais volontiers l'abandon, heureux de nous en tirer à si bon marché!

— Que dites-vous donc, chevalier? mais j'espère bien que vous rentrerez en possession de vos armes!...

— Quoi! est-ce que vous comptez retourner chez les voleurs? savez-vous que cela me paraît bien imprudent...

— Mon cher Mérillac, j'ai enfin retrouvé l'homme que je cherchais depuis si longtemps, le misérable qui a fait le malheur de toute ma vie, qui a causé la mort de la femme que j'adorais, et vous croyez que je laisserai échapper cette occasion de le livrer à la justice, de lui faire subir le châtiment que méritent ses crimes! Oh! mais les plus grands périls m'environneraient, que je les braverais pour faire arrêter ce Séverin... Cependant... je conçois, Mérillac, que vous n'avez pas les mêmes motifs que moi pour tenir à ce que l'on s'empare de ces misérables... et rien ne vous oblige à m'accompagner dans cette expédition...

— Sambleu! comte, savez-vous bien que je devrais me fâcher de ce que vous venez de me dire... il y a quelques dangers à courir, et vous pensez que c'est à ce moment que je vous quitterais... Est-ce que l'habitude était de se conduire ainsi, dans les mousquetaires du roi?

— Pardon, mon ami, pardon... oui, j'ai eu tort de supposer que vous refuseriez de partager mes dangers... mais c'est que vraiment il m'est pénible de penser que je vous entraîne toujours là où il y a des périls à courir... Cependant soyez bien persuadé que je prendrai toutes les précautions possibles... je veux que l'on arrête les voleurs... cet infâme Séverin surtout... mais je ne veux pas être repris par eux!

— Moi, j'avoue que je ne serai pas non plus fâché de faire pincer ce vilain monsieur au nez cassé... qui est cause que ma montre a été brisée et qu'elle n'a jamais bien remarché depuis... Voyons quel est votre plan, Germancey?

— D'aller avertir la maréchaussée de Corbeil... Mais voilà des chaumières, des paysans, nous sommes peut-être à la Faisanderie, je voudrais voir ma filleule d'abord... Allons... je vais m'informer à cette jeune fille qui vient là... Eh! mademoiselle! connaîtriez-vous par ici la demeure du père Chausseux?

— Tiens! c'te-bêtise! c'est mon oncle!... Ça serait drôle, si je ne savais pas où il reste!...

— Pardon, nous ignorions votre parenté!...

— Tenez... là-bas à gauche... c'te maisonnette tapissée de vigne... on la voit d'ici... et ma tante est devant la porte.

Les deux amis se remettent en marche; au bout de quelques minutes ils sont devant la maisonnette qu'on leur a indiquée. Germancey reconnaît parfaitement la nourrice, bien qu'il ne l'ait pas vue depuis le jour du baptême, et de son côté la paysanne l'examine un moment, puis elle s'écrie :

— Ma fine! je ne me trompe pas!... monsieur est le parrain de notre chère petite... Oh! oui, oui, je ne me trompe point! c'est le parrain... Ohé! notre homme!... Germaine... Catherine... v'là le parrain d'Honorine... faut la réveiller, c'te petite... va-t-elle être contente de voir son parrain... Ah! en v'là une surprise. Mais entrez donc, messieurs! vous allez vous rafraîchir! Not' homme! Chausseux!... viens donc voir le parrain d'Honorine.

Le comte n'a pas encore pu trouver le temps de répondre un mot, madame Chausseux ayant l'habitude de toujours parler; il entre dans la maison avec Mérillac; un gros paysan, qui est aussi muet que sa femme est bavarde, arrive, salue, essaye de dire quelque chose; mais, n'en pouvant venir à bout, se hâte de mettre sur une table des verres et du vin.

— Et la maman, comment qu'elle se porte, la maman? s'écrie madame Chausseux; elle nous a écrit qu'elle était malade... v'là pourquoi nous ne l'avons pas vue depuis queuque temps... elle va mieux, j'espère... Chausseux, verse donc à ces messieurs... tu restes là comme notre bourriquet... C'est de not' meilleur vin... nous n'en avons pas d'autre; du reste, l'année n'a pas été mauvaise. A vot' santé, monsieur le parrain... à celle de votre ami et connaissance.

Mérillac a avalé le verre de picton en faisant un peu la grimace, mais il s'écrie :

— Ce vin ne vaut pas celui de cette nuit... ce qui n'empêche pas que je le bois avec beaucoup plus de plaisir.

Et le comte, profitant du moment où la nourrice vide son verre, dit :

— Je voudrais bien voir ma filleule, pourtant, il me tarde de l'embrasser, cette chère petite...

— Vous allez la voir, monsieur; Germaine, notre aînée, est allée la réveiller, l'habiller... Dame! savez-vous que vous êtes arrivés de bonne heure!... où donc avez-vous couché?

— Dans la forêt... chez des voleurs...

— Chez des voleurs! mais c'est vrai que, depuis quelque temps, il arrive tout plein d'accidents aux voyageurs... et comment avez-vous fait pour leur échapper avec toutes vos z'hardes?

— Grâce à une ruse qui nous a réussi... Mais rassurez-vous, mère Chausseux, nous allons aller trouver la gendarmerie de Corbeil, et nous vous délivrerons de ces dangereux voisins.

— Ah! ma fine, c'est un grand service que vous nous rendrez là!

L'arrivée d'une petite fille de trois ans et demi met fin à cette conversation. La petite Honorine accourt en sautant, en riant, puis elle s'arrête tout à coup comme honteuse, en apercevant les deux beaux messieurs qui sont chez la nourrice. Germancey s'empresse d'aller à l'enfant, de la prendre dans ses bras et de lui présenter des bonbons qu'il a apportés pour elle, en lui disant :

— Voulez-vous me permettre de vous embrasser?

— Tiens! si elle veut le permettre! s'écrie madame Chausseux, mais je crois bien qu'elle vous le permet... Honorine, c'est ton parrain, ce monsieur-là! tu ne le reconnais pas... mais c'est ton parrain... Chausseux, verse donc à boire.

La petite fille se laisse embrasser, puis elle regarde autour d'elle en disant :

— Et maman, elle n'est pas venue, maman?

— Ma chère enfant, elle ne peut pas encore venir, elle a été malade... mais elle va mieux, et avant peu elle viendra vous voir... Regardez donc, Mérillac, comme cette petite est jolie... quels traits fins, délicats, quels beaux yeux... n'est-ce pas tout le portrait de sa mère?

— Ma foi, oui... la ressemblance est déjà frappante...

— Pauvre enfant! puisse-t-elle être plus heureuse!

Le comte ne pouvait se lasser d'admirer et de caresser sa filleule; l'enfant se laissait faire, tout en mangeant les bonbons qu'on lui avait apportés; le père Chausseux buvait tout seul, et sa femme s'écriait :

— Certes, pour un bel enfant, on peut dire que c'est un bel enfant! voyez comme c'est venu... comme c'est blanc et rose!... Elle n'a pas des membres énormes, c'est vrai, mais c'est ferme... c'est moulé... et de la malice! c'est qu'elle vous en a plus à elle toute seule que trois fois Chausseux!... J'espère, monsieur le parrain, que vous êtes fier de vot' filleule?

— Oui, madame Chausseux, je n'ai que des éloges à vous donner, vous avez eu bien soin de cette enfant, et je ne manquerai pas de dire à sa mère que sa fille est parfaitement ici, et qu'elle fera bien de vous la laisser encore quelque temps.

— Oh! oui, monsieur; je voudrais la garder toujours, moi... ça me fera ben du chagrin quand faudra la rendre. Ces messieurs déjeunent-ils avec nous?

— Non, madame Chausseux, un devoir important nous appelle maintenant à Corbeil; il s'agit de purger la société de plusieurs misérables qui ont longtemps échappé à la justice...

— Ah! vous allez faire pincer les voleurs?

— Nous allons l'essayer, au moins... Sommes-nous loin de Corbeil?

— Non, monsieur, une petite lieue, pas plus. Chausseux va vous mettre sur la route.

— Volontiers... Adieu, chère petite... que je t'embrasse encore... Ah! je sens que je t'aime déjà comme un père! et puisque le tien t'abandonne, je jure, moi, de t'en tenir lieu!

La petite Honorine se laisse embrasser. Le comte fait son cadeau à la nourrice, puis les deux amis se remettent en route, accompagnés par le père Chausseux, qui sourit et secoue la tête en les regardant, mais ne peut parvenir à dire autre chose que :

— Le parrain! eh eh! le parrain!...

On arrive à Corbeil, M. Chausseux s'en retourne en répétant :

— Eh, eh!... le parrain.

Les voyageurs se font indiquer le poste de la gendarmerie, ils s'y rendent et dénoncent au brigadier les misérables qui occupent la masure dans la forêt.

— Nous nous doutions déjà que c'étaient des voleurs, dit le brigadier, mais nous n'avions pas encore pu les prendre en flagrant délit.

— Vous pouvez les arrêter sans craindre de faire une méprise; parmi ces hommes est un misérable qui doit déjà vous avoir été signalé, dont le nom est Séverin, et qui est le petit-fils de Cartouche.

— Le petit-fils de Cartouche! il serait parmi ces hommes de la forêt! en êtes-vous certain, monsieur?

— J'en suis parfaitement sûr, c'est lui qui se dit le maître bûcheron.

— Oh! mais alors ce serait une prise bien importante; il y a longtemps que la police est à la recherche de cet homme... il a une foule de vols, de crimes sur son compte. Mais c'est un gaillard très-adroit : il change de visage, d'âge, il se transforme si bien qu'on ne peut jamais le reconnaître.

— Eh bien, je vous réponds, moi, de vous le faire reconnaître... je vous guiderai pour cela, car c'est de lui avant tout qu'il faut s'emparer.

— Est-ce que vous comptez venir avec nous, monsieur, pour arrêter les brigands?

— Assurément, moi et mon ami, nous vous servirons de guides...

— Je ne vous cache pas, messieurs, que l'affaire sera dangereuse... ces gens-là, et surtout ce petit Cartouche, ne se laisseront pas prendre sans faire une vigoureuse défense.

— Le danger ne nous effraye pas, brigadier, vous avez affaire à d'anciens militaires.

— Oh! je le vois bien, messieurs, mais il faudrait pourtant faire en sorte d'en sortir sains et saufs... Nous irions bien sur-le-champ, moi et mes hommes, cerner la masure, mais ils nous verront venir, et il est probable que nous ne trouverons plus personne au gîte.

— Aussi n'est-ce pas de cette façon qu'il faut agir. Nous avons hier, pendant l'orage, demandé l'hospitalité dans la masure... les voleurs nous ont fort bien reçus; nous étions sans défiance, lorsque le hasard m'a permis d'entendre une conversation qui m'a appris la véritable profession de nos hôtes. Deux, contre cinq hommes bien armés; nous étions perdus; nous avons eu recours à une ruse qui nous a réussi. Mon ami a dit qu'il allait toucher trente mille francs chez le notaire de Corbeil; vous comprenez que le désir de s'emparer de cette somme a sur-le-champ changé les desseins de nos voleurs. Feignant d'être touché du bon accueil que nous avons reçu, de l'excellent souper que l'on nous a fait faire, Mérillac a promis de revenir pour récompenser généreusement notre hôte...

— Et pour donner une entière confiance à nos voleurs, je leur ai laissé une fort belle paire de pistolets anglais, sur lesquels mon chiffre est gravé.

— Très-bien, messieurs, alors ces misérables vous attendent...

— Oui, ils nous ont même assuré qu'ils auraient un cabriolet à nos ordres. Nous avons annoncé que nous repasserions par la forêt vers les deux heures de l'après-midi.

— Fort bien, nous avons du temps devant nous; trois de mes hommes vont se déguiser, mettre des blouses, se faire paysans, ils se rendront dans la forêt, mais chacun par un chemin différent, tâcheront d'éviter les regards, et, vers l'heure convenue, se trouveront près de la masure.

— C'est cela... ensuite moi et Mérillac nous avancerons doucement vers la demeure des brigands.

— Vous, un peu en avant, monsieur... et comme c'est monsieur votre ami qui est censé avoir la grosse somme, ils n'agiront pas qu'il ne soit près d'eux... vous serez bien armé, monsieur, et prêt à faire feu au premier mouvement d'attaque des voleurs.

— Fort bien, mais Mérillac... c'est sur lui qu'ils fondront d'abord pour le dépouiller...

— Attendez, monsieur, attendez; monsieur peut avoir reçu une partie de sa somme en écus, et comme ce serait très-lourd à porter, il a pris avec lui un homme pour porter ces sacs.

— Excellente idée, cet homme...

— Ce sera moi, messieurs, et bien déguisé, je vous le jure; ensuite deux ou trois de mes hommes nous suivront de loin; de cette façon, je crois que nous pourrons nous rendre maîtres de ces brigands sans qu'il nous arrive malheur.

— Ce plan est très-bien tracé; nous allons déjeuner et nous reposer un peu, nous reviendrons ensuite ici...

— Soyez ici à une heure, messieurs, tout sera fait et disposé comme je vous ai dit.

— Et vous nous prêterez des armes?

— A chacun une paire d'excellents pistolets, qui ne rateront pas.

— C'est convenu; à une heure nous serons ici.

Les deux amis se sont fait enseigner la meilleure auberge du pays, ils se font servir à déjeuner, et cette fois mangent de bon appétit. Le plan du brigadier leur paraît bien conçu, l'idée de se faire accompagner d'un homme qui aura l'air de plier sous le poids d'un sac d'argent sourit beaucoup à Mérillac, qui est persuadé que c'est sur ce sac-là que se jetteront d'abord les voleurs.

Le comte se sent heureux à l'idée de livrer enfin à la justice le misérable qui est la première cause de tous ses malheurs, et qui a fait conduire à l'échafaud la femme qu'il adorait. Venger sa chère Honorine était la pensée de toute sa vie et le plus ardent de ses désirs. C'est un moment bien solennel dans la vie, que celui qui doit combler notre vœu le plus cher. Cependant, au souvenir de la femme qu'il avait aimée venait se mêler souvent celui de cette petite fille qu'il venait d'embrasser, de cet enfant auquel il avait promis de servir de père, et sans qu'il en comprît la cause, l'image de ce Séverin venait se joindre à cela, et jetait comme un nuage sombre entre la petite Honorine et celle d'autrefois.

Le temps marchait bien lentement au gré du comte et de Mérillac. A une heure moins un quart ils sont au poste de gendarmerie; le brigadier est déguisé de manière à n'être pas reconnaissable et il met sur son dos un sac en partie garni de ferraille. Germancey et Mérillac sont munis chacun d'une paire de pistolets, on se met en route pour la forêt, suivi, d'un peu loin, par trois gendarmes, mis aussi en paysans.

On se dirige vers le sentie que les deux voyageurs ont suivi le matin.

Le bouleau isolé, l'arbre cassé le fait reconnaître, sans quoi il serait difficile de le remarquer. A peine entré dans le sentier, le comte veut marcher seul en avant de quatre-vingts pas au moins, présumant que les voleurs peuvent avoir envoyé du monde en éclaireur pour s'assurer de leur retour.

Mérillac s'arrête donc ainsi que son compagnon qui semble plier sous le poids de son sac; il laisse son ami aller en avant; mais il a soin d'armer ses pistolets et de se tenir prêt à tout événement, puis lorsqu'il trouve la distance assez grande, il se remet en route.

On avance ainsi pendant vingt minutes dans le sentier, sans rencontrer personne. Au bout de ce temps, le comte aperçoit un homme en observation : il reconnaît Pierre, et, à vingt pas plus loin, il aperçoit Séverin et le reste de la bande.

Le comte se met à crier assez haut pour être entendu des deux côtés :

— Nous voici... ne vous impatientez pas, notre hôte... mon ami me suit... il n'est pas loin!...

— Mais il n'est pas seul votre ami? dit M. Pierre en quittant la place où il s'était blotti...

— Non, il a bien fallu qu'il prît quelqu'un pour porter son argent, on lui a donné cinq mille francs en écus... le paysan qui les porte plie sous son sac...

— Eh bien, allez aider cet homme... allez le débarrasser, vous autres! crie Séverin en faisant signe à ses hommes d'aller vers Mérillac, tandis que lui marche droit vers le comte, dont il est encore assez éloigné.

Les voleurs, pressés de s'emparer du sac d'écus et de dépouiller Mérillac de la somme dont ils le croient porteur, se mettent à courir en avant. Lorsqu'ils ne sont plus qu'à six pas de ceux qu'ils veulent rejoindre, le faux paysan se redresse, jette de côté son sac et ajuste les voleurs; Mérillac en a fait autant de son côté, si bien que les quatre hommes qui allaient se jeter sur eux sont reçus à coups de pistolets.

En entendant le bruit des armes à feu et les cris de ses camarades, Séverin pousse un jurement effroyable et court sur le comte avec un poignard à la main, en disant :

— Ah! traître!... tu nous as trahis, mais tu ne t'en sauveras pas cette fois!...

— C'est ce que nous verrons! répond Germancey en déchargeant sur le misérable un coup de pistolet. Mais le voleur a évité le coup, en se rejetant de côté; il se précipite sur le comte et lui porte un coup de poignard qui l'atteint au bras, une lutte s'engage entre eux : Germancey, moins agile, moins jeune que son adversaire va succomber et recevoir un coup mortel, lorsque trois gendarmes, sortant de différents massifs de la forêt, se jettent sur Séverin, le désarment, le saisissent et le garrottent solidement; en se débattant, le faux bûcheron a perdu la perruque qui lui cachait presque les yeux; depuis longtemps son grand chapeau était tombé, on peut alors voir entièrement la figure de cet homme jeune encore, et qui serait beau garçon, si toutes les passions mauvaises ne se révélaient dans chacun de ses traits, et surtout en ce moment où, exalté par la fureur, ses yeux semblent lancer des éclairs.

Le nommé Pierre avait été tué roide par la décharge des pistolets de Mérillac; un des voleurs avait pris la fuite, mais M. la Grenouille et un autre bandit étaient entre les mains des gendarmes.

— Vous êtes blessé, mon ami, dit Mérillac en s'approchant du comte.

— Ce n'est rien... au bras... c'est peu de chose... et, malgré ce misérable, j'en réchappe encore.

Séverin est furieux, il vomit les plus horribles imprécations, tandis que M. la Grenouille prend la chose gaiement et se contente de dire :

— Ç'a été bien joué!... ah! faut convenir que l'affaire a été joliment menée... nous avons donné dans le paquet... il n'y a que Pierre qui se méfiait... et c'est lui qui a reçu la dragée... il sentait le coup.

Tout à coup Séverin se tourne vers Germancey, en lui disant d'un air ironique :

— Merci, monsieur de Germancey, merci de m'avoir fait prendre! ah! félicitez-vous... vous avez fait là un beau chef-d'œuvre... savez-vous qui vous avez fait arrêter?... le père de votre filleule... de cette petite fille que vous aimez tant... que vous avez été embrasser chez sa nourrice... oui, je suis votre compère!.. vous direz à Florentine que, grâce à vous, son cher Francisque va aller aux galères... ça lui fera plaisir... elle vous en saura gré... mais ce n'est pas tout... ces enfants de votre frère que vous cherchez... Maria et Victor, je les ai trouvés moi... je sais où ils sont... Grâce à vous, j'ai appris cette nuit que leur mère est madame Rigoulot, ci-devant mademoiselle de Haute-Futaie... c'est une découverte qui pourra me servir un jour, parce que vous entendez bien que je ne veux point moisir au bagne... allons, gendarmes, emmenez-moi, marchons, je n'ai plus rien à dire à mon compère!

Le comte est demeuré atterré par tout ce qu'il vient d'entendre; il n'a pas eu la force de prononcer un seul mot; cependant, lorsque les gendarmes se disposent à emmener les voleurs, il court vers Séverin et lui crie :

— Si vous ne m'avez pas menti, monsieur, de grâce apprenez-moi ce que sont devenus les enfants de mon frère... dites-moi où je puis les trouver, et moi je vous promets de prendre soin de cette pauvre petite dont vous avez abandonné la mère... de la fille de Florentine.

— Ah! je m'en fiche pas mal de l'enfant de Florentine... Au revoir, compère, vous m'avez fait arrêter... faites-moi relâcher et je vous dirai où sont votre neveu et votre nièce...

Les gendarmes emmènent leurs prisonniers, après avoir eu soin de bien les garrotter. Mérillac entoure de son mouchoir la blessure du comte, il lui fait porter son bras en écharpe, tout en lui disant :

— Est-ce que vous ajoutez foi aux propos de ce misérable? N'y croyez donc pas, mon cher... il vous a dit tout cela pour tâcher de se venger de vous.

— Puissiez-vous dire juste; car ce serait affreux, s'il n'avait pas menti.

Avec l'aide d'un gendarme, les deux amis arrivent au bureau des voitures de Corbeil et prennent place dans celle qui part pour Paris.

De retour à Paris, le comte se donne à peine le temps de faire panser sa blessure qui est légère; il se rend chez Florentine, qui s'inquiétait déjà de ne point le voir revenir, et qui, apercevant son bras en écharpe, s'écrie :

— Vous êtes blessé, monsieur, il vous est arrivé un accident?

— Ceci n'est rien, mon enfant, une histoire de voleurs que je vous conterai plus tard? Parlons de votre fille.

— Vous l'avez vue, monsieur; elle se porte bien?

— Oui, je l'ai vue, je l'ai embrassée à plusieurs reprises, car elle est charmante... sa santé est excellente... et je crois que ces gens chez qui elle est en ont grand soin et l'aiment beaucoup.

— Oh! oui, ils l'aiment... qui est-ce qui pourrait ne pas l'aimer? elle est bien gentille, n'est-ce pas, monsieur?

— Charmante... du reste, c'est tout votre portrait.

— Vous trouvez, monsieur?

— C'est frappant! et Mérillac est bien de cet avis.

— Et que vous a-t-elle dit, mon Honorine?

— Elle m'a demandé sa mère, qu'elle regrettait beaucoup de ne point voir avec nous.

— Chère enfant... oh! bientôt j'irai la voir... l'embrasser... puis à la fin de l'été, je la prendrai avec moi... je ne m'en séparerai plus... et qui sait... quand il apprendra que sa fille est si jolie... peut-être son père reviendra-t-il nous voir... peut-être nous aimera-t-il alors.

Le comte ne répond rien, mais il détourne la tête, car, lorsqu'il songe quel est l'amant de Florentine, le père de la petite Honorine, il ne peut s'empêcher de prévoir pour la jeune mère et sa fille un bien sombre avenir. Mais il se promet de toujours cacher à sa protégée que son amant Francisque n'est autre que le misérable Séverin, et que cet homme est maintenant entre les mains de la justice.

Le procès des voleurs n'est pas long : le petit-fils de Cartouche et ses complices sont condamnés aux travaux forcés à perpétuité.

Mérillac apporte à son ami le journal qui contient ce jugement, en lui disant :

— Te voilà à jamais délivré de ce misérable, qui osait te braver...

— Délivré... ce n'est pas bien sûr... des gens comme lui se sauvent toujours du bagne!... ce Séverin avait bien mérité la mort!

— On aura trouvé des circonstances atténuantes!...

— Enfin! puissé-je ne plus en entendre parler!...

— Mais quelques années plus tard, vers la fin de 1813, on lisait dans un journal :

« Deux forçats viennent de s'évader du bagne de Toulon; malheureusement ce sont deux hommes de l'espèce la plus dangereuse: l'un est le nommé la Grenouille, et l'autre ce fameux voleur, connu sous le nom de Séverin et qui est, dit-on, le petit-fils de Cartouche; le signalement de ces deux hommes a été envoyé partout; mais jusqu'à présent toutes les recherches ont été infructueuses. »

XXI. — OU ON EN EST.

Depuis l'époque où M. de Germancey avait fait arrêter Séverin et ses complices, rien ne s'était passé de remarquable parmi les personnages que nous avons vus dans la première partie de cet ouvrage.

Florentine avait fait revenir sa fille près d'elle; la petite Honorine était charmante, mais sa mère ne voulait pas en faire une simple marchande d'oranges comme elle. Elle trouvait tant de gentillesse, tant d'esprit à son enfant, qu'elle se serait crue coupable de ne point faire cultiver par l'éducation les dons heureux que sa fille avait reçus de la nature. Elle était du reste encouragée dans ses idées par le parrain d'Honorine, qui portait le plus vif attachement à sa filleule, et trouvait que ce serait un crime de condamner cette enfant à passer sa vie sur le boulevard du Temple.

Florentine, qui ne voulait point cependant se séparer entièrement de sa fille, la conduisait tous les matins dans une pension modeste, où elle allait la reprendre tous les soirs à huit heures; de cette façon, pendant une partie de la soirée, elle avait encore sa fille avec elle. Il est vrai que la petite Honorine passait naturellement cette partie de la soirée sur le boulevard, près de l'étalage de sa mère. Ce que M. de Germancey ne trouvait pas très-convenable, mais Florentine avait répondu à cela :

— Si ma fille n'était pas quelquefois près de sa mère lorsqu'elle vend des oranges, elle rougirait plus tard en sachant que cela était mon état; enfant, elle s'y habitue, et plus tard, si elle devient riche, elle ne me méprisera pas. Elle croit son père mort... vous m'avez conseillé de ne point le détromper, monsieur.

— Et je vous y engage encore.

— Vous voyez bien que n'ayant plus que moi, il faut au moins qu'elle chérisse sa mère.

Maria n'avait eu aucune nouvelle de son mari. Ne voulant pas que son frère Victor restât commissionnaire, lorsque dans son commerce de modes elle gagnait beaucoup d'argent, elle avait chargé celui-ci de surveiller son magasin à Rouen. Mais le séjour de Rouen ne plaisant que médiocrement au jeune homme, il n'y restait jamais que fort peu de temps, et se hâtait de revenir à Paris, sur son cher boulevard du Temple, voir les nouveautés qui se donnaient à l'Ambigu-Comique et à la Gaîté. Quant aux nouveaux *Troubadours*, ils n'existaient plus en 1807, l'autorité avait fait fermer l'ancien petit théâtre des Délassements ainsi que plusieurs autres théâtres... pourquoi?... on n'a jamais pu savoir.

Mais, dans sa prospérité, Victor n'oubliait pas son ancien ami Beaulard. Celui-ci était resté fidèle à ses figures de cire, et continuait à dire : « *Ceci vous représente*, etc., etc. » En vain Victor essayait de lui faire changer d'état et de lui donner des idées d'ambition; il y perdait son temps; Beaulard, qui restait maigre, pâlot, fluet et petit, disait au ci-devant commissionnaire :

— Pourquoi veux-tu que je change de position, je me trouve heureux comme je suis; le boulevard du Temple est ma patrie... où donc trouverais-je un endroit plus gai, plus amusant, plus récréatif que celui-ci, qui vient encore de s'embellir par une construction nouvelle. L'ancien théâtre de la Gaîté n'existe plus; à la place de sa salle longue, étroite et mesquine, le nouveau directeur, M. Bourguignon, gendre de feu Nicolet, a fait élever une salle belle, commode, élégante, spacieuse. J'y suis entré un soir comme cela allait finir... J'ai été ébloui... et puis notre boulevard s'est encore enrichi par la présence de deux nouveaux artistes en plein vent, *Bobèche* et monsieur *Galimafré*. Ils ont remplacé le père Rousseau, et avec beaucoup de succès. Le père Rousseau était drôle, il était pour les grosses farces; mais ceux-ci sont plus fins, plus spirituels : Bobèche est un comique vrai, naturel, il vous fait rire sans se donner de peine, sans faire beaucoup de gestes. Avec sa veste jaune, sa culotte rouge et son petit tricorne gris, après lequel est attaché un papillon, il n'a qu'à ouvrir la bouche pour provoquer la gaieté, et sa bonne figure ronde, fraîche et réjouie, vous donne sur-le-champ envie de l'écouter. J'ai entendu dire à de beaux messieurs qui viennent souvent l'entendre, que s'il voulait monter sur un théâtre, ce serait un excellent comédien. M. Corsse a voulu l'engager, le faire entrer dans sa troupe de l'Ambigu-Comique, Bobèche a refusé, il a dit qu'il était bon pour jouer en dehors, mais qu'il serait peut-être mauvais en dedans! Hein! en voilà de la modestie!

Victor n'insistait pas, et se contentait de payer de la bière et des échaudés à son ancien camarade, ce qui pour celui-ci équivalait à un dîner au Cadran-Bleu; puis il allait seul voir, à la Gaîté, *la Citerne*, du déjà célèbre *Guilbert de Pixérécourt*, et à l'Ambigu-Comique, *la Forêt d'Hermanstad*, du non moins célèbre *Caigniez*. Ces deux auteurs étaient en 1809, 10, 11 et 12, ce que sont de notre temps, pour les drames, MM. *d'Ennery* et *Anicet Bourgeois*. Ce qui prouve que chaque époque a ses auteurs privilégiés, ou ses auteurs en vogue, ou, si vous aimez mieux, ses auteurs heureux... C'est toujours la même chose.

Le chevalier de Mérillac continuait de faire sa cour à madame Roberval, il est probable que ce n'était plus aussi assidûment... Il y a tant de manières de faire sa cour! mais la bonne est celle qui vous fait conserver toujours des relations amicales avec les personnes que l'on a connues intimement.

M. Roberval continuait de faire fortune en laissant sa femme libre de le faire... tout ce qu'elle voudrait. Ce monsieur était devenu tout à fait comme il faut; il continuait de voyager fort souvent, et lorsqu'il revenait de ses tournées, ne manquait pas d'aller s'enfermer dans sa maison de campagne de Ville-d'Avray, où il se dérobait à tous les regards et recevait rarement du monde, à moins que ce ne fût pour y donner de ces fêtes splendides qui font accourir chez vous tout Paris, et défrayent pendant une semaine les conversations des salons.

On était arrivé ainsi à l'année 1813, et c'est vers la fin de cette année que le comte de Germancey avait lu dans les journaux cet article qui annonçait que deux forçats s'étaient échappés du bagne de Toulon, et que ces deux forçats étaient justement ceux qu'il avait jadis fait arrêter : Séverin et la Grenouille.

La lecture de cet article avait vivement impressionné le comte. Il avait sur-le-champ redouté les plus grands malheurs pour Florentine et sa fille. Il calculait tout le mal que pouvait encore leur faire cet homme, qui devait

— T'es-t-un imbécile! (Page 58.)

être alors dans toute la force de l'âge. Séverin devait avoir de trente-huit à trente-neuf ans; il est rare qu'un homme dont tous les penchants sont vicieux, se corrige à cette époque de sa vie.

Cependant l'année 1813 s'est écoulée, puis la suivante, sans que rien soit venu troubler la vie paisible de Florentine et de sa fille. Le boulevard du Temple continue d'avoir la vogue pour ses mélodrames, qui ne sont cependant qu'en trois actes, et n'ont pas encore osé se parer du nom de *drame*, qui remplace aujourd'hui le nom né du genre, mêlé de drame et de musique. Pourquoi a-t-on changé le nom, puisque la chose est restée la même? Je vais vous répondre ce que je suppose: parce que le mot drame est plus noble. C'est possible, mais il est moins juste.

Tautin, Marty, mesdemoiselles *Adèle Dupuis* et *Hugens*, brillent encore de tout leur éclat. *Les Ruines de Babylone*, *l'Enfant de l'amour* obtiennent des succès qui font venir au boulevard du Temple tous les amateurs de spectacle, même ceux qui se moquent des mélodrames et honnissent ce genre!... Mais c'est assez l'usage d'aller voir les choses dont on se moque. Que d'hommes j'ai connus qui affectaient de faire fi des grisettes, et auraient bien voulu en avoir pour maîtresses!...

Mais s'il n'est rien arrivé d'intéressant à nos personnages, en revanche de bien grands événements sont arrivés en France. Pourquoi vous les raconterais-je? vous les savez aussi bien que moi! et puis je n'ai jamais aimé à m'occuper de politique, oh! Dieu! la politique!... quel éternel sujet de disputes quand on s'avise de l'entreprendre, de le mettre sur le tapis. Et les journaux qui vous parlent politique, comme ils sont amusants... hein? comme ils vous font des tartines sur leur sujet favori... sur ce qu'ils veulent, eux... ils ne vous demandent pas si c'est votre opinion à vous!... c'est la leur, ça suffit, ce doit être la vôtre... il faut que ce soit la vôtre! car, remarquez bien que ces messieurs qui prêchent sans cesse la liberté, ne vous en laissent jamais... à vous! et si vous ne pensez pas comme eux, vous n'êtes pas bon à jeter aux gémonies! Oh! les hommes!... faites vos tartines, messieurs, ce n'est pas moi qui les lirai.

Vous savez donc qu'en 1814 les ennemis entrèrent en France... Triste chose que de voir l'ennemi dans son pays!... j'ai vu cela, moi, puissiez-vous ne jamais le voir, vous.

Vous savez que les Bourbons revinrent en France, que Louis XVIII fut roi. Vous savez que l'empereur Napoléon revint de l'île d'Elbe en 1815, reprit sa place sur le trône et que Louis XVIII s'en alla à Gand; puis que l'empereur ayant été trahi et vaincu, on le transporta à Sainte-Hélène, tandis que Sa Majesté Louis XVIII venait de nouveau s'asseoir sur ce beau trône de France.

Puisque vous savez tout cela, je n'ai pas besoin de vous le raconter.

Nous sommes donc arrivés en 1816, seulement M. de Germancey est rentré dans une grande partie de ses biens, et le chevalier de Mérillac a eu sa petite part dans le milliard que le roi Louis XVIII a bien voulu accorder, comme dédommagement, à ceux de ses serviteurs que la révolution avait trop maltraités.

Il s'ensuit que deux de nos personnages ont totalement changé de position. Le comte de Germancey a retrouvé trente mille francs de rente, et M. de Mérillac presque autant. Cela changera-t-il leur caractère? je ne crois pas, d'abord parce que ces messieurs avaient déjà été habitués à la fortune, ensuite parce que ce ne sont pas des imbéciles; et il n'y a que les imbéciles que la richesse peut changer... à la vérité il y en a beaucoup.

XXII. — LE BANQUIER RIGOULOTINI.

Un changement de gouvernement amène toujours dans un pays un grand nombre d'étrangers, de nouveaux visages. C'est surtout dans une ville comme Paris que ce bouleversement se fait sentir. Les salons ne sont plus les mêmes, vous y voyez une foule de figures nouvelles et

Elle apprenait par cœur les rôles de princesse. (Page 59.)

souvent vous y cherchez en vain celles que vous aimiez à y rencontrer. Les uns ont perdu leur place, leur fortune, leur position, et ne peuvent plus tenir le même rang dans le monde. Les autres fuient la société pour n'y pas voir le triomphe de gens qu'ils détestent, ou subir les grands airs de personnages qu'ils ne connaissent point.

Parmi tout ce monde, parmi cette foule de soi-disant grands personnages, qui débordent de tous les pays, il se glisse toujours des intrigants, dont le seul et le véritable métier est de tâcher de faire des dupes et de s'enrichir à vos dépens. Ces gens-là étudient le moment favorable pour entrer en scène, et ils s'y présentent toujours avec tant d'aplomb, de tact, de hardiesse, qu'il faut une bien grande expérience pour ne point se laisser prendre à leurs jolies phrases, à leurs belles manières.

Les parvenus de la République étaient devenus moins arrogants, moins insolents; ils affectaient maintenant les belles manières, et quelques-uns voulaient même essayer de se faire passer pour des émigrés rentrés dans leurs biens, mais cela ne prenait pas et ne pouvait tromper que les sots, qui du reste sont toujours en adoration devant la fortune, quelle que soit son origine.

Enfin les belles révérences, les airs de cour étaient singés par beaucoup de nouveaux enrichis. Mais le bon ton, les manières distinguées ne s'acquièrent point avec des écus. Arrivé à l'âge mûr, on ne refait pas son éducation ; et ceux qui font des *pataquès* à trente ans, en feront toute leur vie, à moins qu'ils ne prennent le parti de ne plus ouvrir la bouche.

Le millionnaire Rigoulot était enchanté d'avoir épousé mademoiselle de Hautefutaie. Grâce à sa femme, qui était de l'ancienne noblesse, il recevait dans son salon des gens très comme il faut, qui, en faveur des excellents dîners que donnait le banquier, voulaient bien fermer les yeux sur l'origine de sa fortune, et venaient offrir leurs hommages à sa femme.

Madame Rigoulot, ci-devant mademoiselle de Hautefutaie, tenait sa maison sur un grand ton. Elle avait son jour de réception, et outre cela donnait des bals, des concerts, des matinées littéraires. Devant le monde, elle appelait son mari *Rigoulotini*, et traînait tellement sur les deux dernières syllabes, qu'on était bien forcé de se rappeler ce nouveau nom. Si bien qu'au bout de quelque temps, comme le nom de *Rigoulotini* résonnait infiniment mieux aux oreilles que celui très-prosaïque et peu distingué de Rigoulot, le banquier fut débaptisé et devint un tantinet Italien, ce qui ne pouvait que lui attirer de la considération aux yeux de gens qui aimaient beaucoup les étrangers.

Madame Rigoulotini avait naturellement évincé de son salon une grande partie des anciens amis de son mari, dont les manières et le langage plébéien ne pouvaient plus s'accorder avec la société qu'elle recevait, et M. Mouchenez qui, on doit s'en souvenir, prodiguait à tort et à travers les *t* et les *s*, avait été un des premiers que cette dame avait prié son mari de ne plus recevoir.

Cette prière avait d'abord été fort mal accueillie par le millionnaire, qui avait dit à sa femme :

— Comment, madame, vous voulez que je mette Mouchenez à la porte ! un ancien ami, un camarade, un bon et honnête garçon... car c'est un excellent cœur que Mouchenez !

— Eh ! monsieur, je ne conteste pas les *qualités* de votre M. Mouchenez, c'est un homme très-sensible, je le veux bien !... mais il est impossible d'avoir plus mauvais ton ! il ne dit pas un mot sans faire des cuirs !... et il les fait avec une assurance... il crie à vous assourdir ! Enfin, c'est un monsieur qu'il est impossible de recevoir dans un salon... Je ne vous dis pas de le chasser, mais faites-lui entendre que nous ne recevrons plus, que nous allons à la campagne... Tout ce que vous voudrez !... Recevez-le dans votre cabinet, quand vous serez tout seul... j'y consens encore... mais avec ma société, jamais, monsieur, je ne le veux point, et il me semble que ma volonté doit vous suffire.

Cette dame avait en effet habitué son mari à plier

devant sa volonté; il s'incline donc en signe d'obéissance, mais dans la même journée, en sortant de sa maison, il rencontre Mouchenez qui se disposait à y entrer.

Le millionnaire barre le passage à son ami, en lui disant :

— Ne va pas chez moi, tu vois bien que je n'y suis pas...

— Tiens, c'est toi, Crésus!... Ah ben, je te trouve là comme Baptiste... J'allais *t'avoir* le nez cassé... A la vérité, je me serais rejeté sur ta femme... mais c'est pas la même chose!... parce que toi *z'et* moi, c'est le pain et le vin... Deux amis, quoi! tandis que ta femme... c'est le cornichon... èh èh èh!... pas mauvais le mot!... hein... Mais tu ne ris pas... pourquoi t'est-ce que tu ne ris pas, Barabas?

M. Rigoulot se grattait le nez et se sentait fort embarrassé. Il dit enfin :

— De quel côté allais-tu?

— De quel côté? C'te bêtise! puisque j'allais chez toi; rentrons-y, tu m'offriras à rafraîchir, un verre de ton vin de *Nadère*, comme tu l'appelles... J'y mords au *Nadère*, il me chausse ce vin-là...

— Non, je ne veux pas rentrer, j'ai affaire... il faut que j'aille sur-le-champ aux Champs-Elysées, chez M. le marquis de Blouminet, un ami de ma femme, qui me fait l'honneur de m'emprunter de l'argent... je ne veux pas le faire attendre.

— Eh bien! je vais aller avec toi chez ton marquis, qui te fait cet honneur-là!... et puis nous reviendrons ensemble et je dînerai *z'avec* toi... Je m'invite sans façon... d'autant plus qu'aujourd'hui c'est jeudi, ton jour de grand tra la la... tu as toujours du monde à dîner ces jours-là... et quand il y a pour dix il y a bien pour onze! ça y est-il... ça y est, n'est-ce pas?

— Non, ça n'y est pas! répond Rigoulot en baissant le nez, tu ne dîneras pas chez moi, nous ne recevons plus.

— Vous ne recevez plus... et depuis quand?

— Depuis aujourd'hui... c'est l'idée de ma femme.

— Vous ne recevez plus vot' grand monde huppé?... Ça m'est égal, au contraire, j'aime mieux n'être qu'entre nous... on est plus à l'aise... il y a de ces ostrogoths chez toi qui ont toujours l'air de rire quand je parle, c'est pas que je m'en fiche... mais enfin... un jour la moutarde pourrait me monter au nez... alors les calottes pleuvraient, c'est pourquoi j'aime autant dîner entre nous...

— Mouchenez, j'en suis fâché, mais je ne peux plus te donner à dîner... Tiens, je n'irai pas par quatre chemins... mais ma femme ne se soucie pas de ta société... elle prétend que tu fais trop de cuirs...

— De cuirs!... de cuirs!... qu'est-ce que ta princesse entend par là? Je ne sais pas si je fais des cuirs... mais je sais que le cuir est une bonne chose et que je voudrais en faire assez pour en vendre... C'est donc à dire que tu me mets à la porte de chez toi... moi, *z'un* ancien, qui a *t'éu* celui de faire son chemin avec toi... pas si bien, c'est vrai, mais, Dieu merci, je suis à mon aise aussi, et si je te demande à dîner, ce n'est pas parce que je n'ai pas de quoi dîner chez moi, entends-tu?

— Mon Dieu, je sais tout cela... je suis toujours ton ami, je ne te mets pas à la porte, seulement je te dis que ma femme n'aime pas ta compagnie... d'abord tu ne veux jamais m'appeler que Rigoulot tout court et jamais Rigoulotini qui est devenu mon nom.

— Ton nom! c'est pas vrai, ton nom est Rigoulot, tes ni, ni, sont de l'invention de ta femme qui veut te faire passer pour Italien, tandis que tu dois être fier d'être Français... Elle met tes vieux amis à la porte, elle te défend de les recevoir, c'est encore très-gentil de sa part!... Un de ces jours, elle te défendra de dire que tu es son mari...

— Mouchenez, tu n'aimes pas ma femme... je le conçois... elle ne te fait pas bonne mine, tu ne dois donc pas regretter de ne point venir à ses réunions... viens me voir quand je serai tout seul... viens dans mon cabinet... je te recevrai avec plaisir... et nous boirons du Madère...

— Merci. Tiens, veux-tu que je te dise?... Eh ben! tu me fais pitié...

— Mouchenez!

— Oui, pitié! et avec tous tes millions tu n'es qu'un pantin!... d'abord et d'un, un homme qui se laisse mener par sa femme est une oie... on le méprise et on a raison Tu as voulu épouser une ci-devant, tu as eu tort, mais enfin puisque tes moyens te permettaient de te passer cette fantaisie, il fallait au moins mettre la citoyenne sur un bon pied et savoir être le maître chez toi. Au lieu de cela, tu défigures ton nom, tu mets tes anciens amis à la porte... tu veux singer les grands seigneurs d'autrefois... *T'es t'un* imbécile...

— Monsieur Mouchenez!...

— Oui, un imbécile, oh! fâche-toi si tu veux, mais je te dirai ce que je pense, et queuque jour tu te mordras les pouces d'avoir épousé ta princesse... je te prédis ça, mon gros, et ce sera ben fait, tu l'auras ben mérité!... Adieu, monsieur ni, ni, c'est fini!...

Mouchenez avait ainsi quitté son ancien ami, et le millionnaire était rentré chez lui tout triste et tout penaud; car il sentait bien qu'il y avait de la vérité dans ce que lui avait dit celui qu'il venait d'éconduire, et les vérités arrivent toujours au but, malgré tous les efforts que l'on fait pour éviter leur atteinte.

Depuis que le comte de Germancey est redevenu riche, son premier soin a été de se rendre près de Florentine et de lui dire :

— Ma chère enfant, ma position est changée, le destin a cessé de m'être contraire, il ne me rend pas les êtres si chers que j'ai perdus, mais en me remettant en possession d'une partie de ma fortune, il me permet enfin de m'acquitter, non pas de tout ce que je dois à votre pauvre mère, car il y a de ces services que l'on ne saurait jamais reconnaître, mais du moins de prouver à sa fille que je ne suis point un ingrat. Votre fille est ma filleule, à ce titre je lui dois, non-seulement un tendre attachement, mais encore une protection dont je veux dès à présent qu'elle ressente les effets. Elle entre dans sa quatorzième année, elle est charmante, elle a déjà la beauté de sa mère, elle y joint toutes les grâces enfantines de son âge. Mais je veux que son éducation soit cultivée, elle a de l'esprit, je veux qu'elle y joigne des talents. Permettez-moi de la placer dans un pensionnat où tout en lui formant l'esprit on s'occupera aussi de son cœur; où l'on ne cherchera pas seulement à la faire briller dans le monde, où surtout on ne lui enseignera pas à mépriser sa mère. Je n'ai point d'enfant... je commence à croire que je ne retrouverai jamais les enfants de mon frère; par conséquent, c'est donc à votre fille, à ma filleule que je laisserai toute ma fortune; mais en attendant, dès cet instant, je lui assure six mille livres de rente... Oh! ne refusez pas, vous n'en avez point le droit... un parrain est un second père, c'est à ce titre que je veux assurer le sort de ma petite Honorine. Quant à vous, ma chère enfant, je n'ai point d'ordre à vous donner, mais si vous vouliez suivre mes conseils, vous quitteriez un commerce qui vous fatigue et que vous n'avez plus besoin d'exercer. Votre bonne mère vous avait laissé de quoi vivre, vous vouliez toujours gagner de l'argent pour assurer l'avenir de votre fille, mais maintenant ce soin me regarde et puisque vous êtes tranquille sur son sort, il me semble que vous pouvez bien jouir d'un peu de repos.

Florentine avait d'abord voulu refuser les bienfaits du comte, mais celui-ci avait tenu bon, et son titre de parrain lui avait donné le droit d'insister. Puis, au fond du cœur, Florentine était heureuse en pensant que sa fille aurait de l'éducation, des talents, et pourquoi aurait-elle refusé d'en faire une demoiselle digne d'aller dans le monde, puisque la fortune qui l'attendait lui permettrait d'y tenir sa place?

M. de Germancey avait aussi fait un riche présent à sa commère, mademoiselle Turlure. Mais celle-ci, toujours sans ordre, sans soin, avait bien vite dissipé en spectacle le produit du cadeau qu'on lui avait fait, cadeau qu'elle avait promptement réalisé contre de l'argent. En prenant des années, la grosse blonde sentait augmenter sa passion pour le théâtre, elle se faisait acheter des brochures de mélodrame par Boursiquet, elle apprenait par cœur les rôles de princesse innocente et persécutée, et maintenant sa toquade était de débuter à l'Ambigu ou à la Gaîté.

On conçoit qu'au milieu de ces études dramatiques, la marraine s'était fort peu occupée de sa filleule. Cependant lorsqu'elle regardait Honorine, elle s'écriait :

— Elle est fièrement jolie ta fille, Florentine, et au théâtre elle ferait un furieux effet !...

Mais Florentine n'avait nulle envie de mettre sa fille au théâtre.

Honorine était déjà si jolie, elle montrait tant d'esprit naturel, il y avait tant de grâce dans sa personne, tant de charmes dans ses traits, dans son regard, dans sa voix, que tout le monde l'aimait, et comment sa mère n'aurait-elle pas été fière d'elle, lorsqu'elle voyait chacun l'admirer.

Florentine avait donc suivi les conseils de M. de Germancey. Elle avait abandonné son commerce d'oranges, quitté la place qu'elle occupait sur le boulevard du Temple, où elle avait laissé Turlure, ainsi que la Rouffiard. Puis, presque tous les jours, elle allait voir sa fille, dans le pensionnat où le comte l'avait placée. Elle soupirait bien fort lorsqu'il lui fallait s'en retourner seule chez elle, et laisser sa fille à la pension. Mais Honorine était si aimante, si gentille avec sa mère, elle apprenait si bien tout ce qu'on lui enseignait, elle prenait des manières si polies, si distinguées, que cela consolait Florentine qui se disait en la quittant :

— Ce n'est pas près de mon étalage d'oranges, qu'elle aurait appris à parler comme cela.

Et lorsque le comte venait lui faire des compliments de sa filleule, elle s'écriait parfois :

— Oh ! oui... elle est bien jolie... bien aimable, ma fille... Ah ! si son père la voyait, croyez-vous donc, monsieur, qu'il ne l'aimerait pas, qu'il n'en serait pas fier aussi ?

Mais alors, M. de Germancey détournait les yeux en fronçant le sourcil, et se contentait de répondre à voix basse :

— Oubliez !... oubliez cet homme... vous ne le reverrez jamais !

Et il ajoutait en lui-même :

— Espérons-le du moins.

XXIII. — UN ÉCLAIR DANS L'OMBRE.

On était au commencement de l'hiver mil huit cent dix-sept. Les plaisirs étaient à l'ordre du jour, ou plutôt du soir. Ce n'étaient dans les salons de Paris que fêtes, bals, dîners, concerts. Parmi les maisons qui avaient la réputation d'être des plus gaies, et dans lesquelles la cérémonie ne s'observait pas avec rigueur, on citait celle de M. Roberval, le boursier, l'homme heureux en affaires ; dans son salon on trouvait un peu de tout, comme en mil huit cent quatre : des artistes, des gens de lettres, des négociants, des financiers, des entrepreneurs, des militaires, des étrangers, et quelquefois des comtes et des marquis, mais ceux-ci n'étaient point en majorité : la société qui se trouvait chez M. Roberval était un peu trop mêlée pour les gentilshommes de l'ancienne noblesse.

Madame Roberval faisait les honneurs de chez elle avec infiniment de grâces ; à force de recevoir du monde, elle avait pris cette aisance, cette affabilité que l'on aime à rencontrer dans une maîtresse de maison. Eulalie, c'était le petit nom de cette dame, n'était plus de la première jeunesse, elle avait atteint la quarantaine, peut-être même était-elle déjà du mauvais côté ; mais cela ne l'empêchait pas d'être encore très-bien et de pouvoir, si elle l'avait voulu, ajouter de nouvelles conquêtes à la liste de celles qu'elle avait faites. On doit bien penser qu'en prenant de l'âge, madame Roberval n'avait pas cessé d'être coquette, d'abord c'eût été une faute, la coquetterie chez les femmes est plutôt une qualité qu'un défaut : devons-nous blâmer tous les petits soins, toutes les peines qu'elles se donnent pour nous plaire? Si cela ne leur réussit pas toujours, nous devons leur savoir gré de l'intention, et en prenant des années de plus, c'est bien le cas de redoubler de coquetterie, pour tâcher de combattre, ou du moins de tenir en respect cet ennemi si redoutable que l'on nomme le temps !

Une dame riche et coquette doit acheter ses toilettes dans les plus beaux magasins de Paris... Un jour, madame Roberval entre dans une nouvelle boutique de modes qui vient de s'ouvrir dans la Chaussée-d'Antin et qui est déjà en vogue. Ce magasin venait d'être fondé par Maria, la sœur de Victor, qui avait vendu celui qu'elle avait à Rouen, pour s'établir entièrement à Paris.

Madame Roberval va essayer un chapeau qui lui plaît lorsque la maîtresse du magasin pousse un cri de surprise en la regardant, et de son côté la nouvelle pratique en pousse un semblable, puis ce dialogue s'engage entre ces deux dames :

— Je ne me trompe pas... c'est Eulalie Deschamps...

— C'est Maria !... ma bonne petite Maria... mon amie à Rouen avant que je ne fusse mariée !...

— Oui, c'est moi... Ah ! quel plaisir de te... de vous revoir... pardon, je ne dois plus me permettre de vous tutoyer... car vous avez un équipage... Je vois que vous êtes une grande dame maintenant !

— Oui, je suis riche, j'ai une voiture, mais je n'en suis pas plus fière pour cela, va, ma chère Maria, dis-moi toi, comme autrefois, cela me rajeunira... cela me rappellera le temps où j'étais encore demoiselle... toi, apprentie modiste... Ah ! j'avais seize ans alors; toi, à peu près autant... je n'avais pas voiture... mais cependant je voudrais encore être à ce temps-là, et aller courir, et me promener avec toi dans ces belles campagnes qui sont à la porte de Rouen.

— Il ne faut pas se plaindre quand le sort nous a été favorable. Ton mari, ce M. Roberval qui n'était qu'un pauvre graveur, puis un petit commis chez un banquier, a donc trouvé moyen de faire fortune?

— Oui, oh ! nous sommes très-riches... nous donnons des dîners, des fêtes, nous recevons beaucoup de monde.

— Tant mieux, ma chère Eulalie... j'en suis bien contente.

— Et toi, Maria, tu as un beau magasin de modes... est-il à toi ?

— Oh ! oui, bien à moi.

— Alors, tu es heureuse aussi?

— Je n'ai pas à me plaindre du côté de la fortune, et pourtant je ne suis pas heureuse, moi !

— Pourquoi donc?

— Je suis mariée !...

— Et ton mari te rend malheureuse ?... Pauvre Maria !...

— Non, ce n'est pas cela... Je me suis mariée peu de temps après que tu avais quitté Rouen...

— Avec un jeune homme?

— Oui, un jeune homme, bien joli garçon... nommé Villemart.

— En effet, il y a sur ton magasin : Madame Villemart, modiste. Eh bien ?

— Eh bien, au bout de huit mois de mariage, mon mari est parti en voyage... il ne devait être absent que peu de temps... et je ne l'ai pas revu, il n'est pas revenu depuis !

— O mon Dieu ! mais il est mort alors ?

— Je l'ignore... peut-être l'est-il maintenant, mais dans la première année qui suivit son départ, je sus qu'on l'avait vu, rencontré à Paris... Alors je me décidai à y venir dans l'espoir d'y retrouver mon mari, d'avoir au moins de ses nouvelles... mais rien... rien ! Je n'ai rien appris... les années se sont écoulées et aucune nouvelle de Villemart.

— Pauvre Maria ! tu es veuve, il n'y a pas à en douter. Mais tu avais un frère dont tu me parlais souvent?

— Oh ! grâce au ciel, je l'ai retrouvé, lui !... Victor est un bon garçon... un peu étourdi, un peu paresseux quelquefois, mais obligeant, sensible, j'en ai fait mon premier commis, mon associé... il tient mes livres... quand il a le temps. Pauvre garçon, il était commissionnaire... mais il a bien vite pris de bonnes manières, et c'est à présent un cavalier très-présentable...

— Est-il ici, présente-le moi.

— Non, il n'est pas ici... oh! il y est rarement, il aime tant à courir, à se promener, à retourner sur son cher boulevard du Temple, où il a passé une partie de son adolescence, et où il prétend qu'il a été très-heureux! mais si tu me le permets, je le mènerai un jour chez toi.

— Et tes parents?... as-tu découvert quelque chose? car tu m'avais raconté cette histoire singulière de cette dame qui vous confia à une paysanne de Vincennes...

— Oui... et nous possédions un flacon qui venait de ma mère et aurait pu servir à nous faire reconnaître... mais ce flacon, Villemart, mon mari, s'en était emparé... il a disparu avec lui. Au reste, je crois, ma chère Eulalie, qu'il nous faut maintenant renoncer à tout espoir de connaître jamais notre famille... trop d'années se sont écoulées pour que nous puissions encore nous bercer de la moindre illusion à ce sujet.

Après avoir ainsi renoué connaissance avec son ancienne amie, et lui avoir acheté un de ses plus jolis chapeaux, madame Roberval était remontée dans son équipage, non pas sans avoir donné son adresse à la marchande de modes, en lui faisant promettre de venir bientôt la voir.

Maria, qui avait été heureuse de retrouver une compagne de sa jeunesse et de la trouver, malgré son changement de position, toujours aussi aimante, aussi aimable avec elle qu'autrefois, ne manque pas de se rendre à l'invitation qu'elle a reçue. Deux jours après cette reconnaissance des deux amies, madame Villemart se rend dans l'élégant petit hôtel occupé par madame Roberval. Elle dit son nom à une femme de chambre, et presque aussitôt elle est introduite près de l'épouse du riche capitaliste.

Eulalie reçoit son ancienne amie avec la joie la plus vive, elle la fait asseoir près d'elle, et tandis que la modiste admire tous ces mille riens, toutes ces curieuses inutilités qui doivent maintenant se trouver dans le boudoir d'une dame du grand monde, madame Roberval fait apporter une délicieuse collation, et elle force son amie à y prendre part avec elle.

Les deux amies fêtaient de fines pâtisseries et humectaient leurs lèvres avec de l'alicante et du frontignan. On passait en revue les parties de plaisir que l'on avait faites étant demoiselle. Madame Roberval n'avait jamais été si aimable, si gaie, et elle répétait à son amie :

— Je veux que toutes les semaines tu viennes déjeuner avec moi!... nous rirons, nous causerons comme aujourd'hui!

— Mais ton mari, dit Maria, ne trouvera-t-il pas cela mauvais?

— Mon mari! ah! par exemple! est-ce qu'il s'occupe jamais de moi, est-ce qu'il s'inquiète de ce que je fais! Oh! cela lui est bien égal. Figure-toi que je ne le vois guère que lorsque nous donnons à dîner ou à jouer, à danser... Il est quelquefois quinze jours sans mettre le pied dans mon boudoir!

Comme cette dame achevait cette phrase, la porte s'ouvre, et M. Roberval entre dans le boudoir de sa femme.

Les deux dames demeurent toutes surprises, mais Eulalie se met à rire en s'écriant :

— Ah bien! voilà qui est drôle! Je venais justement de dire à mon amie que j'étais souvent quinze jours sans recevoir votre visite, monsieur!

En trouvant une dame établie chez sa femme, l'homme d'affaires lui adresse d'abord un gracieux salut et murmure :

— Pardonnez-moi, madame, si je vous dérange... En effet, il est assez rare que, dans la journée, j'aie le temps de venir chez ma femme; aujourd'hui, je voulais seulement la prévenir que j'ai invité dix personnes de plus pour dîner, afin qu'elle donne des ordres en conséquence.

— Eh bien! je suis charmée de cette circonstance... Maria, trouves-tu mon mari changé?

— Mais non... pas beaucoup... seulement monsieur a des besicles, et il n'en portait pas autrefois... cela change un peu...

— Et vous, monsieur, est-ce que vous ne reconnaissez pas Maria?

— Ma foi non... je cherche en vain à me rappeler les traits de madame...

— Oh! vous ne devez pas me reconnaître, monsieur, car je suis bien changée, moi!... D'abord bien des années se sont écoulées depuis l'époque où vous m'avez vue à Rouen : j'étais alors une jeune fille... aujourd'hui je suis presque une vieille femme...

— Veux-tu bien te taire, s'écrie madame Roberval; si tu te fais si vieille, on va croire que je le suis aussi, moi!... mais tu es toujours très-bien... seulement ce n'est plus la jeune apprentie modiste!... c'est maintenant une belle femme... car tu as encore grandi et pris du corps... Oui, monsieur, c'est Maria, mon amie intime avant que nous fussions mariés...

— Il me semble que monsieur était graveur alors?...

— Certainement, il était simple graveur... Oh! nous n'étions pas riches quand nous nous sommes mariés!... et je ne pensais guère que j'aurais voiture... Mais Maria a bien fait ses affaires aussi... elle a un fort beau magasin de modes qui lui appartient... et avec ma pratique... sois tranquille, je t'en procurerai une foule d'autres!

Depuis que M. Roberval sait qui est cette dame qu'il entend tutoyer sa femme; depuis qu'elle lui a rappelé l'avoir connu graveur à Rouen, la figure et les manières de ce monsieur ont complétement changé : sa bouche s'est pincée, son air aimable a disparu, il répond d'un air contraint quelques mots sans suite à la marchande de modes, puis, lui adressant à peine une inclination de tête, il sort de l'appartement en disant d'un ton brusque à sa femme :

— Vous l'avez entendu, madame, dix personnes de plus à dîner... Ordonnez en conséquence!

Lorsque ce monsieur est parti, Maria se tourne vers son amie et lui dit avec un triste sourire :

— Ma bonne amie, ton mari ne te ressemble pas... ma présence ici lui a déplu, il n'est pas content de revoir une personne qui l'a connu pauvre!...

— Oh! par exemple! pourquoi dis-tu cela?

— Je le dis parce que cela est... Allons, Eulalie, sois franche, est-ce que tu n'as pas vu la mine qu'il a faite en nous quittant, et la façon presque impertinente dont il m'a saluée...?

— J'ai bien vu que son air était devenu sérieux... mais, après tout, cela m'est bien égal! je m'en moque pas mal; si tu crois que cela m'empêchera de te voir! oh! tu te trompes... ce monsieur ne m'empêchera pas de faire ce qu'il me plaît, et s'il est assez bête pour ne plus vouloir se rappeler qu'il a été pauvre, moi, je n'ai pas envie de l'imiter. Tu es mon amie, je t'aime, je te verrai toujours...

— Chère Eulalie, ton cœur n'a pas changé... oui, nous nous verrons, mais pas ici... Tu conçois que je ne veux pas m'exposer à quelque impertinence de la part de ton mari... Je ne suis pas patiente, je ne le supporterais pas. Tu viendras chez moi... aussi souvent que tu voudras, j'ai mon petit boudoir aussi derrière mon magasin, et là il ne faudra pas que ce monsieur vienne faire son air impertinent, car je ne me gênerais pas pour le mettre à la porte!

— Oh! sois tranquille! il ne se présentera pas chez toi.

Les deux amies s'embrassent et se séparent en se promettant de se revoir bientôt. Il n'y a pas cinq minutes que la modiste est partie, lorsque M. Roberval, qui probablement avait fait guetter son départ, se présente de nouveau chez sa femme.

Monsieur se jette dans un fauteuil en s'écriant :

— Parbleu! madame, il faut que je vous gronde... En vérité, je ne comprends rien à votre conduite... comment! vous donnez à déjeuner à votre marchande de modes, vous la tutoyez, vous souffrez qu'elle vous tutoie... C'est manquer à toutes les convenances... Tenez donc mieux votre rang, madame ; vous avez un hôtel, un équipage, une livrée : quand on a tout cela, madame, on ne se laisse pas tutoyer par sa modiste, et on ne l'invite pas à déjeuner !...

L'ex-jolie femme hausse les épaules en regardant son mari, et lui répond :

—Savez-vous bien, monsieur, que vous me faites pitié avec votre colère. Maria est une ancienne amie, et je ne renie pas mes amies, moi. Elle m'a vue pauvre ; aujourd'hui elle me retrouve riche... Et vous voulez à cause de cela que je la traite du haut de ma grandeur... Ah ! ah ! ma grandeur ! elle est comme la vôtre, monsieur, elle ne date pas du temps des croisades !... mais cela vous vexe, vous, que l'on vous ai connu petit graveur...

— Oui, madame, oui, parce que, dans les affaires, cela peut me nuire... Vous ne comprenez pas cela, vous ne sentez pas qu'il faut jeter de la poudre aux yeux... C'est l'usage dans le monde !

— Ce que je sais, moi, monsieur, c'est que Maria est mon ancienne amie ; que je suis bien contente de l'avoir retrouvée, et que je la verrai toujours...

— Et si je vous le défendais, moi, madame ?

— Je ne vous obéirais pas !... Qu'est-ce qui vous prend donc aujourd'hui, monsieur ? quelle idée vous est venue de vous mêler de mes affaires, de mes connaissances ?... Est-ce que je me mêle des vôtres, moi ?... Et pourtant j'aurais bien plus que vous le droit de me fâcher... car vous êtes l'homme aux mystères... Vous avez fait bâtir, dans notre campagne de Ville-d'Avray, un petit pavillon où il n'y a que vous qui entrez... jamais vous n'avez voulu m'y laisser pénétrer... Qu'est-ce que vous cachez donc dans ce pavillon dont vous seul avez la clef... une femme... une maîtresse peut-être !... Ah ! vous en êtes bien capable !...

Toutes les fois que sa femme lui parlait du petit pavillon bâti au bout du jardin de sa maison de campagne, M. Roberval devenait très-pâle et se hâtait de changer la conversation. Cette fois encore il se lève brusquement en murmurant :

— Madame,.. mes comptes... mes livres de caisse, ne sont pas de votre compétence, et je n'ai pas besoin que vous alliez les examiner... Je vous ai dit ce que je pensais de votre marchande de modes... J'aime à croire que je ne la retrouverai plus installée ici.

M. Roberval est parti, et sa femme va se regarder dans une glace, en se disant :

— Ah ! vous voulez faire le tyran, monsieur, voilà une idée qui vous prend un peu tard !... heureusement que tout ce que vous dites et rien c'est absolument la même chose.

Dans cette même journée, l'heureux homme d'affaires donnait un grand dîner, et le soir il y avait nombreuse réunion dans ses salons. Parmi les habitués on remarquait le banquier Rigoulotini et sa noble épouse ; puis le chevalier de Mérillac, qui ne venait plus que de loin en loin chez Roberval, son changement de fortune lui permettant maintenant de retourner dans les cercles brillants qu'il avait longtemps abandonnés, mais qui cependant ne voulait pas cesser entièrement de venir dans les maisons où il avait été bien accueilli alors que le destin lui était contraire.

Depuis que M. de Germancey lui avait conté les amours secrètes de son frère avec mademoiselle de Hautefutaie, le chevalier ne pouvait s'empêcher de sourire lorsqu'il se trouvait avec madame Rigoulotini. Mais on pense bien que là se bornait l'effet de ses souvenirs ; Mérillac était trop discret, trop bien élevé, pour se permettre le moindre mot qui aurait eu l'air d'une allusion aux secrets dont il était dépositaire. Et l'épouse du millionnaire n'attribuait le sourire du chevalier, qu'au plaisir qu'il éprouvait en se retrouvant avec une personne de sa caste.

Madame Rigoulotini pouvait avoir alors de cinquante-six à cinquante-sept ans, mais elle était encore fort belle femme, ses traits étaient nobles et réguliers, elle se tenait fort droite, mais sa tournure un peu roide et l'air de fierté qu'elle conservait habituellement ne lui donnait pas un abord agréable.

On jouait beaucoup chez M. Roberval. La bouillotte y était en grande faveur, le boston y devenait aussi à la mode, enfin l'écarté venait de faire son apparition dans les soirées et ce jeu avait sur-le-champ été très-goûté, d'autant plus que tout le monde sait y jouer plus ou moins bien, et que les grecs trouvaient le moyen d'y exercer leurs petits talents.

Mérillac venait de se mettre à une table d'écarté avec le maître de la maison. Tout en jouant, ces messieurs causaient, car ils apportaient peu de chaleur à leur jeu, et M. Roberval perdait quelques louis avec ce sang-froid et cette indifférence d'un homme qui est tout à fait insensible à cette perte.

Tout en jouant son jeu, le chevalier dit à son adversaire :

— Vous venez sans doute de faire quelque voyage, monsieur Roberval, car vous êtes un touriste déterminé, vous restez peu sans aller et venir...

— Oui, oui, monsieur, en effet, je ne suis de retour de Marseille que depuis six jours...

— Ah ! vous avez été à Marseille, je ne connais pas cette ville, mais on la dit très-gaie, très-commerçante surtout.

— Oui, Marseille est une ville où l'on s'amuse assez ; on y joue beaucoup ; les gens de mer, qui abondent dans cette ville, ont la passion du jeu et ne s'y livrent pas, comme nous, seulement pour passer le temps...

— Etes-vous resté longtemps par là ?

— Non... quatre jours seulement à Marseille.

Le millionnaire Rigoulotini, qui se trouvait alors près de la table d'écarté, s'arrête tout à coup en disant à Roberval :

— Ah ! vous venez de Marseille, mon cher ami... moi aussi, j'en arrive... je suis de retour à Paris d'avant-hier seulement... Ah ! pardieu ! j'ai manqué y être attrapé... fait au même à votre Marseille... Et peut-être l'avez-vous été, vous, sans vous en douter...

—Moi, attrapé... Comment... Que voulez-vous dire ?

— Y avez-vous reçu en payement des billets de mille francs à Marseille ?

— Des billets... de mille francs... Mais non... je n'avais point d'argent à toucher...

— C'est bien heureux pour vous !

— Pourquoi cela ?

— Parce qu'il circule à Marseille une grande quantité de faux billets de banque... moi-même j'en avais reçu trois... par un heureux hasard, en les mettant dans mon portefeuille, les trouvant tout neufs, il me prit l'envie de les comparer à d'autres billets de mille francs que j'avais sur moi, et... voyez la chance ! je m'aperçois que les nouveaux billets portent exactement les mêmes numéros que ceux que je possédais déjà. Pardieu, me dis-je, cela n'est pas clair !... Je cours chez un banquier de la ville, il avait aussi reçu de ces billets neufs, il fait venir un expert, on examine... les billets sont reconnus faux !... J'ai bien vite rendu les miens à celui qui me les avait donnés en payement. Mais ce qu'il y a de pis, c'est qu'alors tous les négociants de la ville ont visité leur portefeuille, et chez beaucoup d'entre eux on a trouvé de ces faux billets... Tous les commerçants sont furieux... Mais comment découvrir celui qui le premier est venu infecter la ville de ses faux billets ?... C'est bien difficile dans un port de mer où chaque jour arrivent des habitants des quatre parties du monde... Enfin je suis bien content de m'en être tiré ainsi !... Ah ! les faussaires ! voilà des gens que je verrais pendre avec plaisir... c'est cent fois pis que les voleurs. Ceux-ci s'exposent du moins en vous volant votre bourse... mais le faussaire !... il travaille bien tranquillement chez lui, dans l'ombre et le mystère... Et il bouleverse ensuite le commerce, la société, il détruit la confiance, qui est la base de tout.

M. Roberval n'avait pas répondu un mot, mais il était devenu d'une pâleur livide ; le chevalier, tout occupé de son jeu, ne fait pas attention à l'altération des traits de son vis-à-vis, il doit donner les cartes et lui présente le jeu en lui disant :

— Coupez donc?

M. Roberval avance sa main pour couper, mais cette main tremble tellement, que c'est à peine s'il peut prendre les cartes. Mérillac est frappé de ce changement dans l'état normal de son adversaire, il remarque cette main tremblante et se dit en lui-même :

— C'est bien singulier !

XXIV. — LA VOCATION DE TURLURE.

Depuis qu'elle a renoncé à son commerce, Florentine a pris un joli petit logement sur le boulevard du Temple, du côté opposé à celui où elle était établie, mais dans une grande maison presque en face, et qui est un peu avant le Jardin-Turc, nouveau café qui vient d'ouvrir aux consommateurs ses bosquets, sous lesquels des tables sont disposées. Ce côté du boulevard réunit en outre le soir une société assez nombreuse ; les habitants du Marais viennent s'asseoir sur des chaises qui sont placées devant le mur qui clôt le Jardin-Turc. Cet endroit est devenu un but de promenade, et souvent de réunion. Les jolies dames du Marais... et le Marais a ses jolies femmes, tout comme un autre quartier, les jolies femmes viennent y montrer leurs toilettes, la forme nouvelle de leur chapeau ou la coupe bizarre de leur robe. Les mamans viennent là, promener leurs filles, quelques mauvaises langues disent même *étaler !* Il est certain qu'à la manière dont certaines mamans faisaient asseoir leurs filles devant elles, en leur recommandant toujours de se tenir bien droites, de baisser les yeux quand on les regardait, et de ne jamais rire ni chuchoter entre elles, on aurait pu croire que c'était une marchandise qu'elles venaient mettre en étalage, mais qu'il ne fallait pas se permettre d'y toucher ni même de la regarder de trop près de peur de la faner.

Toutes les précautions des mamans du Marais n'empêchaient point les jeunes gens de remarquer et de lorgner les jeunes personnes qui en valaient la peine. Quelques-uns poussaient même l'audace jusqu'à aller s'asseoir à côté de la jolie demoiselle, qui alors rougissait et n'osait plus tourner la tête de peur d'être grondée par sa maman.

Chaque quartier, chaque usage ; il régnait infiniment plus de liberté et d'aimables causeries sur le boulevard des Italiens, fréquenté par les habitants de la chaussée d'Antin, on y voyait des dames fort élégantes, mais la société y était plus mêlée ; on se tenait beaucoup moins roide qu'au Marais, mais quelquefois il s'y passait des scènes très-risquées qui amenaient des querelles et des duels. Au total, là et là, on se donnait des rendez-vous en dépit des jaloux et des argus !

La promenade du boulevard Italien avait pris le nom de boulevard de Gand, après le second retour de Louis XVIII ; celle du boulevard du Temple avait pris le nom du jardin devant lequel elle se tenait, car il faut toujours que l'on prenne quelque chose à l'époque ou à la mode, et on disait :

— Nous irons ce soir nous promener au boulevard Turc.

Le boulevard du Temple était donc devenu le boulevard Turc, du côté opposé aux théâtres, depuis Paphos jusqu'à la rue Charlot.

Et Florentine s'était logée dans cette partie du boulevard, parce que de ses fenêtres, qui étaient à un troisième étage, elle voyait parfaitement la place qu'elle avait si longtemps occupée ; la place où elle avait été enfant, puis jeune fille ; la place où, pour la première fois, elle avait senti battre son cœur en écoutant des paroles d'amour ; la place enfin où elle avait fait connaissance avec son séducteur.

Est-ce que vous croyez que l'on peut voir tout cela avec indifférence ?.... Oh ! non, vous ne le croyez pas ! si cela était, j'aurais une triste opinion de votre cœur.

Florentine avait adapté une chaise contre une de ses fenêtres qui donnait sur le boulevard ; de là, tout en travaillant, elle voyait les étalages de Turlure et de la Roufflard ; elle regardait souvent passer le monde, et quand un homme s'arrêtait ou paraissait chercher quelqu'un à son ancienne place ; elle le suivait des yeux, ses regards ne le quittaient que lorsqu'elle l'avait entièrement perdu de vue. Elle examinait cet homme avec attention, elle observait sa tournure, ses moindres gestes ; si elle croyait retrouver en lui quelques traits, quelque ressemblance avec le père de sa fille, aussitôt elle jetait de côté son ouvrage, descendait rapidement les marches de son escalier, courait sur le boulevard, rattrapait l'homme qu'elle avait remarqué, puis s'arrêtait devant lui... Alors, reconnaissant qu'elle s'était trompée, elle baissait tristement la tête, et retournait chez elle, en se disant :

— Ah ! M. de Germancey a raison, je ne le reverrai jamais.

Jeune et belle encore, car Florentine n'avait alors que trente-deux ans, la jeune femme n'avait plus de bonheur que par sa fille. Honorine était entrée dans un pensionnat en 1814, mais en trois ans elle avait si bien appris, elle avait mis tant d'aptitude à étudier, qu'elle était aussi savante que beaucoup de jeunes filles qui ont passé huit ou dix ans dans leur pensionnat. Alors sa jeune mère lui avait demandé si cela lui ferait du chagrin de quitter ses compagnes de jeu et d'étude, pour revenir demeurer avec elle ; pour toute réponse Honorine s'était jetée dans les bras de sa mère, en s'écriant :

— Mon plus grand bonheur sera de vivre avec toi, de ne plus te quitter... Oh ! je ne regretterai pas la pension !... je ne suis peut-être pas bien savante, mais rien ne m'empêchera d'étudier encore quand je serai avec toi ; tu aimes la musique, je ne négligerai pas mon piano ; au contraire, j'y veux devenir très-forte. Oh ! tu verras que tu ne te repentiras pas de m'avoir reprise avec toi.

A la suite de cette conversation, Florentine avait été payer la maîtresse du pensionnat en lui annonçant qu'elle reprenait sa fille. A cette nouvelle, la maîtresse de l'institution avait naturellement cherché à garder son élève, en disant à sa mère :

— Vous avez bien tort, madame, votre fille a les plus heureuses dispositions, elle comprend parfaitement tout ce qu'on lui enseigne, mais son éducation n'est pas finie et vous la reprenez au moment le plus intéressant de ses études.

Florentine avait répondu :

— Je trouve que ma fille en sait bien assez, pour la position qu'elle occupera dans le monde. Et puis, madame, s'il faut vous l'avouer, je ne tiens pas à ce que ma fille devienne si savante ; j'ai toujours entendu dire que les demoiselles instruites étaient dans le monde des pédantes qui auraient rougi de soigner un pot-au-feu, ou de faire une reprise à leur robe. Je trouve ma fille bien comme elle est, et cela me suffit.

La maîtresse de pension avait fait la grimace ; la jeune mère lui avait fait une révérence, et s'en était revenue chez elle, joyeuse d'y ramener sa fille, qui n'avait pas encore tout à fait quinze ans, mais qui paraissait en avoir dix-sept, grâce à sa taille svelte, élancée, à sa tournure gracieuse et à l'expression à la fois aimable et spirituelle de sa physionomie qui n'était plus du tout celle d'une enfant.

Honorine est donc maintenant chez sa mère, dans le joli petit logement situé sur le boulevard Turc. Florentine regarde un peu moins souvent par la fenêtre, parce qu'elle est bien heureuse quand elle contemple sa fille, qui a toujours un doux sourire prêt à répondre au regard de sa mère. M. de Germancey a bien fait un peu la moue en trouvant un jour sa filleule établie chez Florentine. Il s'est écrié :

— Comment ! déjà ?... Elle a quitté sa pension ?...

— Oui, monsieur !

— Pour tout à fait ?

— Oh ! oui, monsieur, je ne veux plus me séparer de ma fille.

— Mais son éducation n'est point terminée...

— Oh ! monsieur, elle étudiera encore avec moi, c'est-à-dire, ce n'est pas moi qui la ferai étudier, au contraire, c'est ma fille qui me donnera des leçons et m'apprendra de bonnes manières. J'ai entendu dire à un monsieur... qui fait des livres, que ce qu'on apprenait le mieux était ce qu'on se donnait la peine d'apprendre soi-même. Honorine est déjà bonne musicienne, elle étudiera son piano tout aussi bien ici qu'à la pension ; enfin cela nous rend bien heureuses d'être ensemble, de ne plus nous quitter... Est-ce que ce n'est pas quelque chose cela, monsieur?

Cette dernière raison était concluante, le comte avait souri, en répondant :

— Au fait, vous avez raison, le bonheur que l'on tient est plus sûr que les beaux rêves que l'on fait pour l'avenir.

Et il avait embrassé Honorine, qui lui avait dit à l'oreille :

— J'étudierai bien chez ma mère, vous serez content de moi, mon parrain !

Et ces mots étaient dits avec tant d'âme, de sentiment, les yeux de la jeune fille exprimaient si bien la tendresse qu'elle éprouvait pour sa mère, et le respect presque filial qu'elle ressentait pour le comte, que celui-ci était vivement touché de l'amitié que cette enfant lui portait. Quand on vieillit, cela est si rare de se voir encore aimé, qu'on est doublement reconnaissant pour ceux qui nous témoignent une sincère affection.

Il y avait quinze jours à peine qu'Honorine habitait avec sa mère, et ces jours-là avaient passé bien vite pour Florentine et sa fille, lorsqu'un matin on sonne à leur porte, et bientôt Turlure entre dans l'appartement.

La petite blonde au minois chiffonné a pris de l'embonpoint, ce qui lui a conservé sa fraîcheur, elle est toujours aussi rieuse, aussi gaie qu'autrefois, elle arrive en chantant chez son amie, puis elle pousse un cri de surprise en apercevant Honorine installée devant un fort beau piano, dont son parrain lui a fait présent.

— Tiens !... ma filleule ici... en voilà de la chance! comme j'ai eu bon nez de venir ce matin !

Et Turlure court embrasser Honorine, tandis que Florentine lui dit :

— Tu fais toujours bien quand tu viens nous voir ; mais désormais, que ce soit un jour ou un autre, tu trouveras sans cesse Honorine ici... J'ai repris ma fille avec moi... elle ne me quitte plus. »

— Bah ! elle a flanqué la pension de côté... eh bien, tant mieux... tu as bien fait... est-ce qu'une femme a besoin d'étudier comme un avocat !... pour quoi faire? puisqu'il n'y a pas d'*avocate*. Est-elle grande... est-elle développée... est-elle jolie, ma filleule !... je n'ai jamais été si jolie que ça, moi, même à six mois... et il paraît que nous jouons déjà du piano comme père et mère...

— J'étudie pour devenir forte. Voyez donc, ma marraine, le beau piano que mon parrain m'a donné...

— C'est superbe... des dorures, des moulures! tu peux te flatter d'en avoir un fameux de parrain... c'est pas comme la marraine... mais dame, on ne peut pas être bien partagé de tous les côtés !...

— Ah ! marraine, vous êtes bien aimable pour moi, je vous aime bien aussi !...

— Merci, mon enfant mais c est pas les cadeaux que je te fais qui te fatigueront à porter.

— Eh ! qui te demande des cadeaux, Turlure ; de quoi viens-tu nous parler là? est-ce que ma fille a besoin de cela pour t'aimer !...

— Tu as raison... j'ai dit cela pour dire une bêtise... mais j'ai bien autre chose à vous conter !... Florentine, est-ce que tu n'as pas remarqué que, depuis quelques jours, je ne vends plus sur le boulevard ?

— Si... je l'ai remarqué, et même j'étais inquiète, je craignais que tu ne fusses malade... j'aurais été m'informer aujourd'hui...

— Non, non, je ne suis pas malade, Dieu merci, je me porte comme madame *Saqui*. En voilà une qui a du talent et qui fait parler d'elle. Son café d'Apollon est toujours plein, on y joue de petits vaudevilles, en dansant sur la corde, et en buvant du punch !... Eh bien, vois-tu, Florentine, tout ça me tourne la tête... je dis adieu à mon commerce, où je ne gagnerais jamais de quoi m'acheter une commode en acajou... Quand tu as quitté, j'ai voulu prendre les oranges... mais ça n'allait pas... d'ailleurs, c'est fini... le théâtre me poursuit ! j'en rêve... c'est ma vocation... Que sait-on, j'y deviendrai peut-être célèbre comme mamzelle Lévêque ou mamzelle Adèle Dupuis... enfin... c'est décidé... je quitte les oranges, les sucres d'orge ! je me mets au théâtre !...

— Tu vas danser sur la corde...

— Mais non... c'te bêtise... je vais jouer le mélodrame, rien que ça !...

— Est-ce bien vrai ce que tu nous dis là, Turlure? et qui a pu te mettre cette folle idée dans la tête...?

— Je n'ai eu besoin de personne... elle s'y est mise toute seule, dans ma tête... et je ne vois pas que ce soit une si folle idée...

— Mais à ton âge... enfin... tu n'as plus dix-huit ans...

— J'en ai à peine trente... au théâtre, on cache autant d'âge que l'on veut ! Je suis blonde, rose, fraîche, grasse, j'aurai l'air d'avoir seize ans... Je peux jouer les ingénues pendant quinze ans encore.

— Qu'est-ce qui t'a dit cela?

— C'est M. *Basnage*, un jeune acteur bien gentil du théâtre de la Gaîté... il m'a trouvé de grandes dispositions et m'a promis de me pousser ; M. *Duménis* m'en a promis autant; je ne peux manquer d'arriver, puisque tous ces messieurs veulent me pousser !... si bien, enfin, mes petites chéries, que par la protection de ces messieurs j'ai pu arriver au régisseur général de l'Ambigu... un monsieur qui a un piedbot, ce qui ne l'empêche pas d'apprendre aux acteurs à marcher sur le théâtre. Ce monsieur a ri en me voyant, c'est bon signe, et il m'a dit d'étudier le rôle de la *Femme à deux maris*. J'ai voulu l'étudier, mais c'est trop long pour moi, et puis M. Basnage m'a dit : « Ça ne vous va pas du tout... vous avez un physique pour les rôles gais, vous ne ferez jamais pleurer ! Vous auriez beau tirer votre voix du fond de votre poitrine... il faut que vous débutiez dans un petit rôle gai. » Ah ! si l'ancien directeur de l'Ambigu-Comique, M. Corsse, vivait encore... je suis bien sûre qu'il m'aurait engagée tout de suite, lui !

— Qu'est-ce qui te fait penser cela?...

— Ah ! c'est qu'un jour... je vendais des bouquets, alors il m'en marchandait un, et je dis : « Prenez toute ma boutique, monsieur... j'ai tant de plaisir à vous voir jouer, que je n'aurai jamais assez de fleurs à vous offrir pour payer le plaisir que vous m'avez fait. » Le compliment le flatta ; il me caressa le menton en me disant : « Merci, mon enfant, votre éloge me plaît mieux que celui d'un journal... » Pauvre cher homme... il est mort l'année dernière ; il avait de la fortune, du talent, de l'esprit... et dire que tout cela n'empêche pas de mourir... C'est dommage ! Après cela vous me direz : si avec tous ces avantages on vivait encore plus longtemps que les autres, ça serait vexant pour les imbéciles !

— Mais Boursiquet? tu ne me parles plus de Boursiquet, ce brave garçon qui t'aime sincèrement et ne demande qu'à t'épouser... Il sera limonadier, il te mettra au comptoir de son café ; ce sera pour toi une jolie position...

— Ah ! Boursiquet m'ennuie !... c'est un bon garçon, c'est possible, mais moi je n'aime que les artistes.... les gens d'esprit... Boursiquet est garçon de café !... Quand en aura-t-il un à lui?... est-ce qu'on peut savoir... dans dix ans peut-être ! je n'ai pas envie d'attendre jusque-là pour me lancer... d'ailleurs, mes enfants, quand on a une vocation, c'est plus fort que soi !... il n'y a pas moyen d'y résister !... il faut que je sois au théâtre !...

— Alors tu aurais dû t'y mettre plus tôt?

— C'est possible, mais il vaut mieux tard que jamais... M. *Duménis* voulait me faire débuter au *café d'Apollon*, où l'on joue des vaudevilles à deux acteurs, qui font du bruit comme quatre !... mais moi j'ai dit : non ; un théâtre où l'on vous écoute en prenant sa demi-tasse, c'est pas un vrai théâtre... je ne veux pas m'exposer à ce qu'un

Il l'entraîne dans la coulisse d'une façon assez brusque. (Page 67.)

gamin du public me jette un échaudé au visage pendant que je débiterai ma tirade... M. Basnage m'a dit que j'avais raison; il m'a fait apprendre un tout petit rôle dans un grand mélodrame... Je n'ai qu'une phrase à dire, mais c'est pour m'habituer au théâtre, pour que je sache m'y tenir... y marcher avec grâce... J'ai appris le rôle... c'est une jeune villageoise qui est au service d'un château, dans une comtesse...

— Qu'est-ce que tu dis?

— Je me trompe, au service d'une comtesse dans un château; la comtesse attend avec impatience le retour de son mari, qui est à la guerre, et la villageoise accourt bien agitée, bien contente, lui dire... Attendez, mes enfants, que je me rappelle... c'est mon rôle ceci... je vais faire comme si je le jouais, vous allez voir quel feu j'y mets... C'est censé ici un palais... je fais mon entrée, en repoussant tous les valets qui entourent la comtesse...

Turlure sort de la chambre dans laquelle est Florentine, ainsi que sa fille, puis elle y rentre en courant, renverse une chaise, repousse une table qui se trouve sur son passage, fait tomber deux tasses qui étaient dessus, et s'écrie en prenant sa voix de sa tête et sans reprendre sa respiration :

— Madame la comtesse!... madame la comtesse! bonne nouvelle, un cavalier à cheval entre dans l'avenue... c'est notre bon maître!...

— C'est là tout ce que tu as à dire? demande Florentine pendant que sa fille ramasse la chaise et les débris de tasses cassées.

— Tiens! il me semble qu'il y en a bien assez long!

— C'est un rôle de figurante, cela.

— Puisque c'est pour me former... pour m'apprendre à connaître la scène...

— Est-ce que tu jetteras comme cela des chaises et des tasses par terre en arrivant?

— Mais non... seulement je repousserai tout ce qui se trouvera sur mon passage... c'était pour vous donner une idée de mon entrée... veux-tu que je recommence?

— Oh non! ce n'est pas la peine!

— Ai-je bien dit mon rôle?...

— Dame... je trouve que tu dis tout cela si vite, qu'on entend à peine ce que tu annonces...

— C'est ce qu'il faut... M. Basnage m'a recommandé du feu! du feu! de la chaleur... au théâtre on n'en a jamais trop.

— Et quand dois-tu faire ton début par ce beau rôle?

— Ce soir, ma chère amie, pas plus tard que cela... et je suis venue exprès te prévenir, parce que j'espère bien que tu seras là, que tu viendras juger mon talent... Et je suis enchantée que ma filleule soit ici, parce que tu la mèneras avec toi au spectacle... elle viendra voir jouer sa marraine... voilà une occasion de plaisir qu'il ne faut pas laisser échapper.

Florentine semble réfléchir; Honorine regarde sa mère, on voit qu'elle attend avec impatience ce qu'elle va répondre.

— Ma fille n'a pas encore été au spectacle, dit enfin la jeune mère, et son parrain m'avait conseillé d'attendre pour l'y mener qu'elle fût un peu plus âgée...

— Agée! et pourquoi donc faire? est-ce qu'elle n'est pas assez grande, assez raisonnable pour comprendre ce qu'elle voit? Honorine va avoir bientôt quinze ans... elle en paraît dix-huit, il me semble que c'est l'âge ou jamais de la mener au théâtre; moi, j'y allais à deux ans et je retenais par cœur les scènes où l'on mangeait. Dis donc, Honorine, est-ce que ça ne te fera pas plaisir d'aller au spectacle me voir jouer en villageoise?

— Oh! si, ma marraine, mais il faut aussi que cela ne contrarie pas maman.

— Et c'est à la Gaîté que tu joues?

— Oui, à la Gaîté... là, en face de chez toi... ça ne vous fatiguera pas pour y aller... Si c'était madame Saqui, elle irait sur une corde! Et puis la salle de la Gaîté est très-belle maintenant, ce n'est plus une espèce de grange comme autrefois!... c'est joliment composé... à la première galerie vous serez comme chez vous!

— Vous êtes un vieux drôle. (Page 68.)

— Cela te fera-t-il plaisir, Honorine, d'aller au spectacle?

— Oh! oui, maman, surtout si j'y vais avec toi...

— Eh bien... nous irons voir débuter Turlure.

— Ah! bravo! voilà qui est parler... je n'aurais pas été contente si vous n'aviez pas assisté à mon début... à présent je me sauve bien vite, parce qu'il faut que je m'occupe de mon costume...

— Est-ce que ce n'est pas le théâtre qui le fournit?

— Si, mais on ne vous donne pas toujours des choses de la première fraîcheur, et moi je veux être superbe... Je vais me faire un bonnet dont vous me direz des nouvelles... Mes enfants, venez de bonne heure afin d'être bien placées...

— Que donne-t-on?

— Deux petits vaudevilles en un acte, et puis le grand mélodrame dans lequel je joue... mais je ne parais qu'au premier acte. Ah Dieu! que le temps va me sembler long d'ici là... Débuter... je vais jouer sur un vrai théâtre... il y a des moments où je crois que je me trompe... il est temps que ça finisse, je ne dors plus, je ne mange plus... je ne songe qu'à mon rôle... « Madame la comtesse... bonne nouvelle... madame la comtesse!... »

— As-tu au moins donné un billet à Boursiquet pour qu'il aille te voir?

— Oh! ma foi non! mais il sait que je débute... Tout le boulevard le sait, tout le monde en parle, comment ne le saurait-il pas!... je suis bien sûre qu'il viendra... « Madame la comtesse... c'est notre bon maître... bonne nouvelle! à cheval dans l'avenue!... » Oh! je sais mon rôle... je le sais trop! je l'ai toujours dans la tête... je ne peux plus dire autre chose. Tout à l'heure j'entre chez la mercière, et lui dis : « Madame la comtesse, donnez-moi du ruban rose dans l'avenue... un mètre... bonne nouvelle...» Elle m'a ri au nez... Au revoir, Florentine... embrasse-moi, ma filleule... à tantôt, mes enfants.

Et Turlure se sauve vivement et descend l'escalier en criant :

— Bonne nouvelle, madame la comtesse! bonne nouvelle!

Ce qui fait sortir le concierge de sa loge et mettre plusieurs locataires à leur croisée.

XXV. — SCÈNE AU SPECTACLE.

Quand on n'a jamais été au spectacle, c'est un grand bonheur, c'est presque un événement dans la vie de savoir que l'on va connaître ce plaisir si goûté, si généralement aimé; et quand cet amusement est promis à une jeune fille de quinze ans, la joie est encore plus vraie, le plaisir que l'on se promet est encore plus grand! car, à cet âge, les moindres distractions sont un bonheur, il faut alors si peu de chose pour être heureux.

Honorine se fait une fête d'aller au théâtre de la Gaîté voir jouer sa marraine, et Florentine, qui partage toujours les sentiments de sa fille, est si contente de voir la joie qui brille dans ses yeux, qu'elle-même se fait aussi un plaisir de la partie projetée pour le soir.

Ces dames font une toilette simple, mais de bon goût; personne ne devinerait une ancienne marchande d'oranges dans la jeune femme qui porte avec tant d'aisance et de grâce un chapeau et un joli châle. Mais il y a des êtres privilégiés qui prennent tout de suite le maintien et la tournure de leur position, et puis, souvenez-vous que, lorsqu'elle vendait des oranges, Florentine n'avait ni les manières communes ni le parler canaille de la plupart de ces dames; et c'est alors qu'on aurait pu trouver qu'elle n'était pas à sa place.

Honorine est ravissante, ses grands yeux noirs brillent d'un éclat que tempèrent à peine les longs cils qui les ombragent. Sa bouche fraîche et rose a cette expression de candeur à laquelle cependant ne se mêle pas la niaiserie ou la sottise, comme cela se voit souvent sur la bouche d'une adolescente. Enfin il est difficile de ne point admirer ce charmant visage, puis cette taille bien prise, ce pied mignon et cambré, cette démarche élégante qui font d'Honorine une beauté remarquable.

Au bras de Florentine, personne ne voudrait croire que c'est sa mère qui l'accompagne; car l'une, toujours jolie, paraît à peine vingt-sept ans, et l'autre, déjà grande et formée, semble en avoir dix-huit.

Ces dames se sont mises à la première galerie; elles ont trouvé de la place sur le premier rang, et bientôt ne sont plus occupées que du spectacle qui commence. Cependant la salle ne tarde pas à se garnir, et le second rang se remplit comme le premier.

Derrière la mère et la fille est venu se mettre un monsieur qui doit friser la soixantaine, mais qui est encore vert, et dont la tenue ainsi que les manières annoncent de grandes prétentions à la jeunesse. Ce monsieur, dont la mise est fort élégante et peut-être trop recherchée pour son âge, a une coiffure qui n'est cependant plus à la mode : il porte une petite queue et des ailes de pigeon; enfin, comme ses cheveux sont presque tout blancs, il y met de la poudre. Joignez à cela des favoris d'un noir de jais, des sourcils aussi lustrés, sur une figure enluminée, de petits yeux de chat, un nez aquilin plein de tabac, une bouche sèche, pincée, point de dents, mais en revanche un menton qui dépasse son nez, et vous aurez le portrait de cet individu qui, après avoir assez longtemps de loin lorgné la jeune mère et sa fille, est venu s'asseoir derrière elles. Se tenant d'abord contre la maman, l'instant d'après se reculant pour être derrière Honorine; continuant ce manége pendant assez longtemps, en avançant souvent la tête pour tâcher de voir les traits de Florentine, cachés par son chapeau; puis enfin se fixant derrière la jeune fille lorsque celle-ci, ayant ôté son chapeau, a laissé voir sa ravissante figure.

Ce monsieur fait tout ce qu'il peut pour se faire remarquer par les dames qui sont devant lui; il se remue sans cesse, chantonne entre ses dents, tousse, prend du tabac, puis croque des pastilles, et enfin parle tout seul.

— On est mal placé ici... Cette salle est vilaine!... mais pour un petit théâtre du boulevard!... J'aimais mieux la salle de Nicolet... les grands danseurs du roi!... Pourquoi ceux-ci ont-ils quitté ce nom?... on devrait les forcer à le reprendre!... et leur faire tendre une corde qui aille du théâtre dans la salle... Oh! on y reviendra... D'abord tous les théâtres du boulevard devraient avoir des danses de corde!

La mère et la fille ne portent aucune attention aux paroles de ce monsieur; seulement, ennuyées par ce bourdonnement continuel qui se fait à leurs oreilles, elles échangent souvent un regard qui signifie :

— Il ne se taira donc pas, ce monsieur!

Une autre personne vient s'asseoir à côté de ce monsieur. Cette fois, c'est un jeune homme, fort joli garçon, grand, bien fait, dont la figure est à la fois sérieuse et douce. Ses yeux sont bleu foncé, ses cheveux châtains, son nez droit et grec, sa figure ovale et son teint un peu brun. Il porte de petites moustaches, et l'on voit à sa boutonnière le ruban rouge avec lequel l'Empereur récompensait la bravoure et le mérite. Du reste, quoique ce jeune homme annonce à peine vingt-cinq ans, tout en lui laisse deviner l'ancien militaire. Il porte un col noir, sa redingote bleue est boutonnée du haut en bas, et il a cette tenue haute et fière que conserve presque toujours le militaire, même lorsqu'il est en habit bourgeois.

Le jeune homme s'est assis derrière Florentine; il ne se livre pas à toute la pantomime de son voisin pour apercevoir sa figure; mais ses regards ne peuvent manquer de se porter quelquefois sur Honorine, et il serait bien étonnant qu'en ayant vu ses traits charmants, il n'éprouvât pas souvent le désir de les contempler encore.

Le vieux monsieur aux ailes de pigeon semble fort contrarié de ce que ce jeune homme soit venu se placer à côté de lui; il le regarde en fronçant le sourcil, il tâche de s'étaler de façon à tenir beaucoup de place, et voudrait l'empêcher de s'asseoir derrière Florentine. Mais le jeune homme décoré ne se gêne pas pour repousser le chapeau et le mouchoir que l'on a mis sur la banquette, et prendre la place qui est libre. Alors le vieux monsieur se tourne vers lui en s'écriant d'un ton insolent :

— C'est mon chapeau... c'est mon mouchoir que vous froissez ainsi, monsieur... Je vous prie de faire attention!...

— Monsieur, je vous prie, moi, de les reprendre, afin que je puisse m'asseoir... Cette place est libre, l'ouvreuse me l'a dit; vous n'avez pas le droit d'y laisser votre chapeau...

— Pas le droit!... Apprenez, monsieur, que j'ai toujours le droit de faire ce qui me fait plaisir...

— Quand cela ne gêne personne, j'imagine!...

Cependant le monsieur poudré a repris son chapeau, qu'il tient sur ses genoux, tout en murmurant entre ses dents :

— Brigand de la Loire!... soldat de l'usurpateur!... Je gagerais que c'en est un!... un ruban rouge... à cet âge-là, est-ce que cela ne fait pas pitié!...

Mais ce monsieur a eu soin de dire tout cela si bas, qu'il n'y a que lui qui puisse l'entendre. Au reste, le jeune homme, une fois placé, ne s'occupe plus du tout de son voisin, mais ne lui cède pas un pouce de terrain.

Pour se venger, le vieux mange des pastilles, prise, éternue d'une façon fort désagréable pour tous ceux qui l'entourent, et s'écrie à chaque instant :

— Comme ces acteurs sont mauvais... J'aimais bien mieux les danseurs de corde de Nicolet!

On jouait la seconde petite pièce; c'était un vaudeville, et l'auteur n'avait pas manqué d'y mettre quelques couplets en l'honneur de l'armée française qui, sous l'Empire, avait gagné de si belles victoires! Ces couplets étaient toujours fort applaudis par le public, d'abord parce que le Français aime la gloire, ensuite parce que son grand bonheur est de faire de l'opposition, et qu'à cette époque vanter les faits d'armes de l'Empire, ce n'était pas faire sa cour au nouveau gouvernement.

Un couplet encore mieux tourné que les autres vient d'être chanté en l'honneur des vainqueurs d'Austerlitz, d'Eylau, de Wagram. On applaudit avec transport; le jeune homme ne manque pas de témoigner aussi par de vifs applaudissements le plaisir que lui fait ce qu'on vient de chanter. Mais le vieux poudré se démène avec colère sur la banquette, en disant :

— Ah! oui, applaudissez! je vous le conseille... Ah! c'est joli! Ah! les ânes! ah! les brutes!

Le jeune homme applaudit encore plus fort, tout en jetant sur son voisin des regards qui ne sont pas doux. Bientôt le public crie *bis*. Alors le monsieur aux ailes de pigeon, crie :

— Non, non... c'est bien assez d'une fois!... c'est déjà trop!

Mais les *bis* sont écoutés, l'acteur recommence son couplet; alors, tirant une petite clef de sa poche, le vieux poudré commence à faire entendre un petit sifflet très-maigre... mais assez aigu... lorsque son jeune voisin lui saisit le bras, et, lui arrachant sa clef qu'il jette de côté, lui dit :

— Je vous défends de siffler!...

— Qu'est-ce que c'est! vous me défendez!... J'ai payé ma place, monsieur, et tout individu qui paye sa place a le droit de siffler si cela lui plaît... *C'est un droit qu'à la porte on achète en...*

— Et moi, je vous dis que vous ne sifflerez pas ce couplet!

Cependant une partie du parterre s'est levée; on crie de tous côtés :

— A bas le siffleur!... A la porte, le siffleur!... A la porte!...

Le monsieur opposant voit qu'il ne sera pas le plus fort, il se décide à se taire. Le calme se rétablit, le couplet est bissé, puis applaudi avec enthousiasme; pendant ce temps le vieux cherche sa clef qui est tombée sous la banquette.

Florentine et sa fille se sont retournées lorsque le jeune homme arrachait la clef au siffleur : elles ont craint un moment qu'une rixe ne s'en suivît, et leurs regards se sont portés d'un air suppliant vers l'ancien militaire de vingt-cinq ans. Honorine a pu remarquer alors la jolie figure de ce monsieur, car une demoiselle de quinze ans est toujours séduite par les avantages extérieurs. Mais, la querelle s'étant apaisée, ces dames ne se sont plus occupées que du spectacle.

Cependant, à l'entr'acte, Honorine dit tout bas à sa mère :

— Ce jeune homme qui est derrière toi a fait taire ce vieux qui parlait toujours... Je suis bien contente de cela... mais pourquoi donc le vieux voulait-il siffler quand tout le monde applaudissait?

— Parce que probablement c'est un de ces ultra-royalistes, revenus avec Louis XVIII, qui sont furieux quand on parle des victoires de l'Empire.

— Pourtant, mon parrain est bien royaliste, lui, et il cite avec éloge ces victoires-là!

— C'est que ton parrain a constamment aimé sa patrie, et qu'il a toujours rendu justice au courage, à la valeur des Français.

— Maman! et ma marraine, quand donc jouera-t-elle?

— Tout à l'heure, dans la pièce qu'on va donner maintenant, et elle nous a dit qu'elle était du premier acte... Pauvre Turlure! j'ai peur pour elle!

— Ah! maman! si ce vieux vilain qui est derrière moi allait la siffler... je ferais comme ce jeune homme, je lui arracherais sa clef des mains!...

— Par exemple... ce serait joli... est-ce qu'une femme doit jamais se mêler à une querelle!... Tu te tiendras bien tranquille et ne bougeras pas!... Je le veux.

— Oh! maman, cela suffit, du moment que tu me l'ordonnes... Quel est donc ce monsieur qui est au parterre et te salue?

— C'est M. Boursiquet, celui qui aime tant ta marraine et voudrait l'épouser... mais elle ne veut pas de lui.

— On dirait qu'il pleure en se mouchant.

— C'est l'émotion qu'il éprouve en songeant que Turlure va jouer... Pauvre garçon!... c'est près de lui qu'il ne faudrait pas s'aviser de siffler!

Enfin le mélodrame commence, c'est une pièce larmoyante, et le public de la Gaîté, qui a toujours aimé à pleurer, commence à tirer ses mouchoirs. Le monsieur qui a une queue poudrée murmure à chaque instant :

— Mauvais!... pitoyable!... stupide!... Je suis bien fâché de ne point être entré chez madame *Saqui*! au moins j'aurais vu danser sur la corde!...

Mais depuis que son jeune voisin l'a empêché de siffler, ce monsieur fait ses réflexions beaucoup moins haut, et cela incommode moins ceux qui sont près de lui.

Le moment est arrivé où Turlure doit entrer en scène : la comtesse est dans son château, entourée de ses vassaux qui lui offrent des bouquets; elle les repousse avec tristesse, parce qu'elle est inquiète sur le sort de son époux. Tout à coup la musique annonce un événement imprévu : en effet, une villageoise accourt, tout essoufflée par la vivacité qu'elle a mise à remplir son message. Ce personnage est celui joué par Turlure, qui s'élance sur le théâtre avec tant de promptitude, qu'elle bouscule deux figurantes qui se trouvent sur son passage; l'une est retenue par un figurant qui l'empêche de tomber; l'autre fait une pirouette qu'elle finit en s'accrochant à une coulisse. Mais tout cela ne ralentit pas la chaleur de la débutante, qui ne s'arrête que devant le souffleur. Là, levant les yeux sur les spectateurs du paradis, elle s'écrie :

— Bonne nouvelle! madame la comtesse, bonne nouvelle!... un cheval vient d'entrer dans l'avenue du château... c'est notre bon maître!

Un éclat de rire général se fait entendre dans la salle. Les acteurs en scène ne peuvent s'empêcher de faire comme le public; et Turlure, voyant que tout le monde rit, est persuadée qu'on est très-content d'elle, et se met à sourire et à faire au parterre des petites mines fort agaçantes. Mais tout à coup une grosse voix s'écrie :

— Va donc vendre tes sucres d'orge!... Tu ne peux pas même dire quatre mots proprement!

Turlure est restée toute saisie, elle ne sait plus quelle figure faire. Malheureusement pour l'individu qui vient de manifester tout haut son opinion, Boursiquet se trouvait assis presque derrière lui. Notre apprenti limonadier, furieux de ce qu'on ose apostropher celle qu'il adore, se lève, se penche en avant et donne un grand coup de poing au monsieur, qui était loin de s'attendre à cette attaque, et qui se retourne pour tâcher de voir son adversaire. Boursiquet ne cherche point à se cacher, il continue de taper sur le monsieur, en lui disant :

— Ah! tu trouves qu'elle ne parle pas proprement... Sors donc avec moi, *feignant!* Je vais t'apprendre à parler, moi!

L'individu qui a interpellé Turlure veut rendre les coups qu'il reçoit, les voisins de Boursiquet veulent l'empêcher de taper, en criant :

— Ce monsieur a raison, cette actrice ne sait pas ce qu'elle a à dire, elle mérite d'être sifflée!..

Mais les claqueurs (car il y avait déjà des claqueurs à cette époque; je crois, au reste, qu'il y en a eu de tout temps et qu'il y en aura toujours), les claqueurs, disons-nous, prennent le parti de Boursiquet et ne veulent pas que l'on siffle leur jolie marchande de sucre d'orge. Alors une bataille générale se livre dans le parterre entre les partisans de Turlure et ceux qui la sifflent

La pièce est interrompue, et comme il y a des femmes au parterre (le théâtre de la Gaîté a toujours admis des femmes à son parterre), ces dames, qui se trouvent mêlées parmi les combattants, poussent des cris affreux, et appellent la garde.

Pendant que tout cela se passait, Turlure, l'air étonné, se tenait toujours devant le trou du souffleur sans faire attention qu'on lui criait de la coulisse :

— Allez-vous-en donc! quittez la scène... Vous n'avez plus rien à dire... Allez-vous-en!

Voyant que la débutante ne veut pas quitter la scène, le régisseur se décide à aller l'y chercher. Il va la prendre par le bras, et l'entraîne dans la coulisse d'une façon assez brusque.

Cependant la garde est arrivée, elle a fait sortir quelques-uns des plus mutins, et notamment Boursiquet, qui avait fini par vouloir battre tout le monde. Alors, la première cause du tapage n'étant plus en scène, le calme se rétablit, les combattants se rasseyent et la pièce continue.

Pendant la bataille, Honorine avait eu des larmes dans les yeux, et disait tout bas à sa mère :

— Ma pauvre marraine!... Ah! maman!... qu'est-ce qu'on va donc lui faire?...

— Rien... tais-toi!... Si cela pouvait la corriger de sa passion malheureuse pour le théâtre, ce ne serait pas un mal!

La scène du parterre a beaucoup diverti le monsieur aux ailes de pigeon; il s'est écrié de temps à autre :

— Ah! on se bat à présent dans le parterre... c'est gentil... C'est probablement une innovation due à la révolution!... Ah! c'est très-bon genre!

On n'a rien répondu à ce monsieur. Le premier acte du mélodrame est fini. La jolie figure d'Honorine est devenue toute triste depuis qu'on a si mal accueilli sa marraine, et sa mère est obligée de la consoler. Le jeune homme placé derrière Florentine ne dit rien, mais il examine ces dames, et, sans y mettre d'affectation, ses yeux rencontrent bien souvent ce charmant visage, qu'un nuage de tristesse rend encore plus intéressant.

Le vieux poudré lorgne aussi fort souvent la jeune fille qui est devant lui; dès qu'elle tourne la tête, il avance la sienne en lançant alors des œillades qu'il croit sans doute incendiaires, et qui font seulement retourner bien vite la tête à Honorine. Voyant qu'on ne répond pas à ses regards, ce monsieur veut agir d'une autre façon : pendant le second acte, il avance peu à peu ses deux genoux, de manière à encadrer dedans la personne qui est devant lui. Ces genoux gênent considérablement la jeune fille, qui cependant n'ose pas se plaindre, s'imaginant qu'au spectacle on a peut-être l'habitude d'être aussi serré que cela. Mais la patience de la charmante enfant enhardit ce vieux libertin, qui, voyant qu'on supporte la pression de ses genoux, avance bientôt ses mains, qu'il a tenues d'abord sur ses genoux à lui, puis glisse ses mains sur la jolie taille de la jeune fille, puis va se permettre de la palper plus bas... lorsque tout à coup une main saisit la sienne et la serre à la briser, en lui disant à demi-voix :

— Vous êtes un vieux drôle... Je vous examinais depuis quelques instants... j'ai vu combien avec vos genoux vous gêniez mademoiselle, qui n'osait pas se plaindre... et maintenant vous alliez pousser l'outrage plus loin encore... Tenez, si ce n'était votre âge, je vous aurais déjà corrigé... Mais tenez-vous tranquille et reculez vos genoux, sinon je vous fais mettre à la porte !...

On devine que ces paroles ont été dites par le jeune militaire ; elles ont été entendues par Florentine et sa fille, qui toutes deux le remercient, et Honorine avoue que le monsieur placé derrière elle la gênait depuis bien longtemps.

— Pourquoi ne le disais-tu pas ? s'écrie Florentine, nous aurions changé de place.

— Ah ! maman, je n'osais pas !...

Cependant le vieux poudré est devenu pâle, puis violet, et il dit à son voisin :

— Monsieur, vous m'avez insulté... cela ne se passera pas comme cela !... Je ne suis pas un homme qu'on insulte impunément !...

— Tant mieux, monsieur, je suis tout disposé à vous rendre raison...

— Oui, oui... je comprends... votre métier doit être de vous battre... Vous étiez sans doute un soldat de l'autre !

— Qu'est-ce que c'est que l'autre, monsieur ? je voudrais bien savoir ce que vous entendez par l'autre ?...

— C'est bien !... c'est bien !... en voilà assez !... Voilà ma carte, monsieur... Vous verrez à qui vous aviez l'honneur de parler...

— Et voilà la mienne, monsieur, c'est celle d'un homme d'honneur.

Ces messieurs ont échangé leurs cartes, puis, dès que le second acte est terminé, le monsieur à poudre s'empresse de sortir.

— Ah ! quel bonheur ! si ce vilain monsieur-là pouvait ne plus revenir ! s'écrie Honorine.

— Non, mademoiselle, soyez sans crainte ; je vous réponds qu'il ne reviendra pas !... d'ailleurs il doit être trop honteux de ce qu'il a fait !

— Mais vous avez échangé votre carte avec ce monsieur, dit Florentine ; j'espère cependant que cette querelle n'aura pas de suite... Nous serions trop désespérées, ma fille et moi, si nous étions cause d'un duel !...

— Je ne sais si cette affaire aura une suite, madame, mais, en tout cas, veuillez bien croire que je m'estimerai toujours heureux d'être le défenseur et l'appui des dames, c'est un emploi auquel je ne renoncerai jamais...

— Mon Dieu ! maman, est-ce que les hommes se battent quand ils échangent des cartes !

— Mais... quelquefois, ma fille.

— Ah ! voyons donc celle que ce monsieur m'a donnée... et qui doit m'inspirer tant de respect !...

Le jeune homme sort la carte qu'il avait mise dans sa poche, et lit :

Le vicomte Oreste de la Palissonnière, ancien officier de la bouche du roi.

— Ah ! ah ! la Palissonnière... oui, ce monsieur doit descendre du fameux La Palisse.... mais j'ai beau regarder en haut et en bas, je ne vois pas d'adresse... Comment donc monsieur le vicomte Oreste veut-il que je lui envoie mes témoins, si je n'ai pas sa demeure ?...

— Oh ! tant mieux, monsieur, dit Florentine, de cette façon, au moins, vous ne vous battrez pas.

— Mais moi, madame, je n'ai pas de cartes sans adresse, et si ce monsieur de la Palissonnière a véritablement envie que je lui rende raison, il ne tiendra qu'à lui, il saura où me trouver, moi.

— Qu'est-ce qu'il y a donc sur votre carte à vous : s'écrie Honorine ; puis, elle n'a pas plutôt dit cela, qu'elle devient toute rouge, parce qu'elle sent qu'elle vient de commettre une indiscrétion. Sa mère la reprend avec bonté, en lui disant :

— Honorine, de quel droit demandez-vous à monsieur ce qu'il y a sur sa carte ? Vous manquez à toutes les convenances... Si vous n'étiez une enfant, je vous gronderais bien fort !...

— Ah ! madame, ne grondez pas mademoiselle ; sa demande est toute naturelle, je trouve fort juste, moi, de désirer savoir à qui l'on parle. Mademoiselle, il y a sur ma carte : *Ernest Didier, ex-lieutenant dans le 29e de ligne, rue du Faubourg-Montmartre*, 17.

— Vous êtes militaire, monsieur, dit Florentine, déjà officier et décoré... cependant vous êtes bien jeune...

— J'ai vingt-quatre ans, madame ; je me suis engagé en 1811, j'avais alors dix-huit ans ; j'ai fait toutes les dernières campagnes avec l'Empereur ; à Leipzig, il m'a nommé lieutenant et m'a décoré... mais aujourd'hui je ne suis plus rien !...

— Pourquoi ne servez-vous pas toujours ?

— Madame, l'Empereur était mon dieu, mon idole ! et je n'aime pas à changer de religion !

— Ah ! c'est bien cela ! s'écrie Honorine ; et sa mère est encore obligée de lui pousser le genou, pour lui faire sentir qu'elle exprime trop son opinion.

Pendant le restant du spectacle, Ernest Didier, puisque maintenant nous savons son nom, continue de causer avec la mère et la fille, mais toujours avec cette réserve, cette extrême politesse qui annonce un homme bien élevé.

Le spectacle finit ; on sort, le jeune homme se trouve toujours à côté de ces dames. Arrivés sur le boulevard, il dit à Florentine :

— Madame, si vous n'avez pas de cavalier, ce serait un grand bonheur pour moi de vous en servir jusqu'à votre porte.

— Nous vous remercions beaucoup, monsieur, répond la jeune mère, mais nous demeurons en face, et nous n'avons que le boulevard à traverser pour être chez nous. Recevez encore nos remerciements, monsieur, pour la protection dont vous nous avez entourées ce soir au théâtre.

En disant cela, Florentine salue ainsi que sa fille, puis toutes deux traversent légèrement la chaussée. Le jeune officier s'est incliné avec respect, et reste à sa place ; mais il les suit des yeux.

XXVI. — LE BARON DE STERNITZ ET LE MAJOR KROUTBERG.

M. de la Palissonnière était bien un véritable gentilhomme, mais de ceux qui, à cette époque, voulaient être plus royalistes que le roi. Il avait émigré en 90, emportant avec lui toutes ces vieilles coutumes, tous ces préjugés ridicules dont les Français ne voulaient plus. À l'étranger, M. de la Palissonnière avait jeté feu et flamme contre les partisans de la Révolution, mais là s'était arrêté son grand dévouement, et bien qu'il se fût écrié maintes fois : « Nous les vaincrons ces rebelles ! » il ne s'était jamais enrôlé dans aucun de ces corps d'armées que fondaient les Condé, les Bouillé, et toute la noblesse en émigration.

M. de la Palissonnière, revenu en France avec Louis XVIII, y avait rapporté toute la morgue, toutes les vieilles coutumes qu'il avait emportées dans son émigration. Ce monsieur croyait et voulait retrouver Paris tel qu'il était avant la prise de la Bastille, il se mettait en colère à chaque changement qu'il y trouvait, ce qui fait qu'il était souvent de mauvaise humeur.

Mais, comme il y a un certain proverbe qui dit : « *A beau mentir qui vient de loin !* » l'ancien officier de la bouche, de retour à Paris, ne se gênait point pour dire qu'il avait beaucoup contribué au rétablissement de la monarchie des Bourbons, et que, dans mainte affaire, il avait combattu et versé son sang pour elle.

Un tel personnage devait naturellement être reçu à bras ouverts chez le banquier Rigoulotini. Madame la banquière, ci-devant mademoiselle de Hautefutaie, accueillait de son plus gracieux sourire le vicomte Oreste, qui lui baisait la main en faisant un de ces saluts de cour, tels que *Gardel* les enseignait à ses élèves, et dont la tradition est entièrement perdue de nos jours.

M. de La Palissonnière s'en donnait à cœur-joie chez le banquier pour parler de ses exploits et de tous les beaux faits d'armes qu'il avait accomplis à l'étranger.

M. Rigoulotini écoutait tout cela sans sourciller, et comme un homme à qui cela est bien égal. Mais la noble banquière poussait des *oh!* des *ah!* d'admiration; et souvent elle pressait avec effusion la main d'Oreste, en s'écriant :

— Ah ! vous êtes un magnanime gentilhomme, vous êtes digne de descendre de Godefroi de Bouillon !...

L'ex-officier de la bouche trouvait aussi qu'il aurait dû descendre d'un Bouillon.

Cependant tout le monde n'y mettait pas autant de confiance que cette dame, et plus d'une fois, même parmi d'anciens émigrés comme lui, plusieurs s'étaient permis de rire au récit que le vicomte faisait de ses exploits, et quelques-uns s'étaient même écriés :

—Ce diable de La Palissonnière... est-ce qu'il croit que nous donnons là-dedans!

Lorsqu'il entendait de ces réflexions, Oreste s'empressait de s'éclipser, de disparaître pour aller chercher d'autres auditeurs; mais un jour, dans un cercle où venait une grande quantité d'étrangers, alors qu'il faisait le récit des dangers qu'il avait courus dans une affaire où commandait La Rochejacquelein, il est bien surpris d'entendre dire à son oreille :

— Ah ! oui... je me le rappelle... vous vous êtes battu comme un lion à cette affaire... vous avez manqué vingt fois d'être tué... Je le sais bien, puisque j'y étais aussi... et je crois même avoir reçu là quelques coups de sabre qui vous étaient destinés.

M. de La Palissonnière se retourne pour savoir quel est ce personnage qui l'a vu à une bataille où il n'était pas. Il aperçoit un homme d'une belle taille, ayant des cheveux presque blancs, la barbe grise, une belle figure, des yeux très-noirs, en général des traits assez beaux, mais qui sont gâtés par une énorme cicatrice qui part du bas de la joue gauche d'où elle va rejoindre le dessous de l'œil, dans le coin du nez. Ce monsieur, dont l'abord est sévère, paraît avoir de cinquante-cinq à cinquante-huit ans, il est mis avec beaucoup d'élégance, se tient très-roide, et porte à sa boutonière une petite brochette à laquelle pendent une grande quantité de décorations étrangères.

Oreste salue ce personnage, et celui-ci rend le salut, en lui disant :

— Vous ne me remettez pas, monsieur le vicomte, je le comprends...dans la mêlée...dans la chaleur du combat, on n'a guère le temps d'examiner ceux qui nous entourent... Je suis le baron de Sternitz, j'ai servi avec ardeur votre cause, bien que je ne sois pas Français...

— Monsieur le baron, je vous en fais mon compliment, je suis bien charmé, bien flatté de la rencontre... et... vous m'avez reconnu... vous ?

— Parfaitement! d'autant mieux que je m'étais déjà trouvé avec vous à une autre affaire, je crois que c'est à Quiberon; n'étiez-vous pas à Quiberon?...

— Oui... oui... certainement j'y étais! répond le vicomte, qui se dit à lui-même : Ce baron me prend nécessairement pour un autre, qui sans doute est mon Sosie ; mais je me garderai bien de le détromper, cela va même me poser d'une manière très-avantageuse !

— Oh! je crois bien que c'est là!... Major Kroutberg! n'est-ce pas à Quiberon que nous avons remarqué ce gentilhomme français qui se battait comme un désespéré?

Un autre personnage s'avance. C'est un homme dont il est difficile de deviner l'âge : il a tellement de barbe qu'il ne reste plus de place pour sa figure, et ses énormes sourcils qui se rejoignent sur son nez, lui donnent un air farouche qui le fait ressembler à l'image enluminée du *Juif errant*; seulement il a un nez fort gros et presque violet, qui par en bas se perd dans ses moustaches, et par en haut va rejoindre ses sourcils; ce nez-là semble tout dépaysé en se trouvant sur cette face b. ·bue, et tout cela forme un ensemble fort peu gracieux.

Cet individu, qui répond au nom de major Kroutberg s'avance d'un pas mesuré, et répond avec une voix qui semble sortir du fond de la gorge, et à laquelle se joint un accent allemand qui quelquefois devient du provençal :

— *Ya, ya*, c'est à Quiberon... mais il a été tué.

— Comment, il a été tué?... mais vous faites erreur, major, puisque c'est monsieur... regardez-le bien...

— Ah! tarteiff... c'est vrai!... c'est monsir... mais je croyais qu'il avait été tué!...

— Mon Sosie aura été tué! se dit le vicomte. Tant mieux! comme cela il ne viendra jamais réclamer pour lui la gloire dont on me couvre!... c'est parfait!

Et l'ex-officier de la bouche salue gracieusement le major Kroutberg, en disant :

— Ah! monsieur était avec vous à Quiberon?

— Ya, ya!...

— Nous n'y fûmes pas heureux! reprend le baron, mais cela n'ôte rien aux beaux faits d'armes qui s'y sont passés! J'étais fort lié avec le comte d'Hermilly qui, vous le savez comme moi, commandait le corps d'émigrés qui débarqua à Quiberon.

— Oui... en effet, c'était le comte d'Hermilly qui commandait...

— Par malheur, nous eûmes pour adversaire le général Hoche, un rude gaillard, qui nous rossa ferme ; mais, comme je le disais, cela n'empêche pas les beaux faits d'armes des vaincus!

— Non, certainement!... cela ne leur ôte aucun mérite!... au contraire... et vous m'y avez vu?

— Et admiré... n'est-ce pas, major?

— Ya, ya!... beaucoup admiré.

— Seulement nous ne savions pas le nom de ce gentilhomme qui se battait si bien; aujourd'hui nous sommes heureux de savoir que c'était M. de La Palissonnière.

— Messieurs, voilà une rencontre... Je ne saurais vous dire à quel point elle m'est agréable!... Votre main, baron de Sternitz... votre main, major Kroute...

— Kroutberg !

— Votre main! dès cet instant, si vous le permettez, nous sommes amis!...

— Ce sera un honneur et un bonheur pour moi!...

— Ya! ya!...

— Et nous nous verrons souvent... Vous êtes étrangers, vous avez peut-être peu de connaissances à Paris, je vous mènerai avec moi, je me ferai un plaisir de vous introduire dans les salons les plus *distingués*... Je vous présenterai partout!...

— J'accepte volontiers, monsieur le vicomte, car en effet, moi et le major, nous avons peu de relations à Paris.

— Eh bien, c'est entendu, et dès aujourd'hui, pour cimenter cette heureuse rencontre, si vous le permettez, monsieur, je vous emmène dîner avec moi au Palais-Royal, chez Beauvilliers.

— Ma foi... votre offre est faite d'une manière si aimable... qu'on ne saurait refuser.

— Ya, ya... bas refuser! chamais!

Le vicomte de La Palissonnière, qui est dans le ravissement d'avoir trouvé deux hommes qui l'ont vu se battre et faire des prodiges de valeur, se promet bien de faire en sorte d'avoir souvent ses nouveaux amis avec lui.

Pour commencer, il leur paye un excellent dîner chez le meilleur restaurateur du Palais-Royal. Le baron de Sternitz fait honneur à ce repas, mais sans passer les bornes de la bonne compagnie; il semble toujours s'observer et affecte ces manières distinguées d'un homme habitué à bien vivre et pour qui les mets les plus recherchés sont choses fort ordinaires.

Il n'en est pas tout à fait de même du major Kroutberg, qui mange comme quatre et boit comme six, bien que son ami lui dise de temps à autre :

— Prenez garde, major, vous vous laissez séduire par votre désir de faire honneur au dîner que nous offre M. de La Palissonnière, mais songez à vos blessures... on vous a dit de vous ménager.

— Oh! ya... ya... le tête il être ponne!...

— Ah! monsieur le major a été souvent blessé?

— Touchours! chaque fois que je m'étais battu...

— Mais vous, monsieur le baron, vous avez à la joue une terrible cicatrice!... Vous avez dû avoir le visage coupé en deux!...

— Oui... c'est un coup de sabre... il était rude! J'ai cru que je n'avais plus que la moitié de ma tête.. J'ai été fort longtemps à guérir... je n'osais plus me montrer... cela m'a tellement défiguré...

— Baron, ces cicatrices-là sont des titres à la gloire... Vous êtes Allemand?

— Je suis Prussien... J'étais fort lié avec le prince de Condé, avec MM. de Bouillé... et de Saint-Priest...

— Vous avez été à Coblentz alors?

— J'ai été partout! Je me suis battu à *Eylau*, à *Friedland* en 1807. J'étais fort lié avec le général Bennigsen qui commandait l'armée russo-prussienne, et m'avait nommé son aide de camp.

— En vérité...

— Et vous, major Kroutemann?...

— Kroutberg!

— C'est juste, Kroutberg, vous êtes Prussien aussi?

— Nix, che suis Bavarois!

— Et vous êtes depuis longtemps le compagnon du brave baron?

— Ya... nous étions touchours liés ensemble...

— Ah! que c'est beau cela!... cette amitié que cimentent les combats, les dangers! vous me rappelez *Achille et Patrocle!... Pithias et Damon!... Castor et Pollux!...*

— Les *quatre fils Aymon!* murmure le major.

Mais son ami le baron lui donne un coup de pied qui lui ferme la bouche.

Le baron reprend au bout d'un moment :

— On avait dû me donner diverses lettres de recommandation pour les premières maisons de Paris... Je crois que j'en avais une, mais je l'ai perdue!... pour un fameux banquier... monsieur... Mon Dieu! j'ai son nom dans la tête... M. Rigoulotini... Connaissez-vous cela, vicomte?

— Le banquier Rigoulotini... Pardieu! si je connais cela!... c'est une maison où je vais fort souvent!... Sa femme est une Hautefutaie... Grande famille... bonne noblesse... Mademoiselle de Hautefutaie s'est un peu encanaillée en épousant ce Rigoulotini!... Mais il est millionnaire... il donne de belles fêtes... on le supporte en faveur de sa femme... Oh! je vous mènerai là... Je vous y présenterai... très-incessamment, et l'on sera flatté de vous recevoir...

— Cela me fera infiniment de plaisir de me trouver avec... une Hautefutaie!...

— C'est convenu... c'est arrangé... Allons prendre le café...

— Allons-y *illico!...* s'écrie le major.

Et le vicomte Oreste le regarde en disant :

— Tiens! vous parlez aussi italien... je crois que *illico* est italien?

— Le major parle un peu toutes les langues, seulement il mêle souvent l'une avec l'autre, ce qui fait qu'il a parfois un baragouin auquel on ne comprend rien.

Et pendant qu'on se lève et que M. de La Palissonnière paye la carte, le baron dit à l'oreille du major :

— Si tu ne te tiens pas mieux dans le monde, je ne te mènerai plus avec moi... Tu te laisses aller à boire, et puis tu dis des bêtises...

— N'aie donc pas peur... je vois bien avec qui nous sommes... Ton vieux pigeon est une oie auquel on peut faire accroire tout ce qu'on veut!...

— Je le sais bien, et c'est pour cela que je l'ai choisi pour être notre cornac... mais ce n'est pas une raison pour cesser d'être prudent...

— Sois donc tranquille... avec tes cheveux poivre et sel, on te donnerait soixante ans, ta figure est maquillée au superlatif, ta cicatrice te change entièrement... et quant à moi, grâce à mon faux nez qui est habilement adapté sur le véritable, je défie qu'on reconnaisse en moi le petit la Grenouille!...

— Mais tais-toi donc, imbécile! et ne prononce pas ce nom-là!

M. de La Palissonnière a passé la soirée avec ses nouveaux amis, il ne les quitte qu'à regret, mais il prend rendez-vous avec eux pour le lendemain soir, c'est réception chez le banquier Rigoulotini, il veut les présenter, mais cependant il compte aller le matin prévenir la noble épouse du millionnaire.

En effet, le lendemain, dès que l'heure le permet, Oreste se fait annoncer chez madame Rigoulotini, qui était encore à sa toilette, mais ordonne qu'on laisse entrer le vicomte, et lui tend la main en disant :

— Quel bon vent vous amène si matin, vicomte, auriez-vous quelque nouvelle intéressante à m'annoncer?

— Belle dame, je vous demande pardon d'être venu vous surprendre encore à votre toilette... mais, en effet, j'ai à vous annoncer que j'ai fait connaissance avec deux hommes charmants... deux hommes de la plus haute distinction... qui m'ont reconnu pour m'avoir vu plusieurs fois sur le champ de bataille... où... je faisais des prodiges de valeur... à ce qu'ils ont la bonté de dire...

— En vérité, vicomte, et ces messieurs sont?

— Etrangers; l'un, le baron de Sternitz, est Prussien; l'autre, le major Kroutberg, est Bavarois... Tous deux ont combattu pour notre cause... Le baron de Sternitz s'est même trouvé à Eylau, à Friedland... il était aide de camp du général Bennigsen... il a reçu une terrible blessure à la tête... car il a une balafre à la joue gauche... qui est magnifique!... Il a été à Coblentz avec le prince de Condé; il était ami de M. de Bouillé...

— Oh! mais c'est un homme que je serai heureuse de connaître!... Vous me l'amènerez, vicomte... ainsi que son ami...

— C'était pour vous en demander la permission que j'étais venu ce matin...

— La permission! en aviez-vous besoin! vous, dont je connais les principes, les excellents sentiments!... Toutes les personnes présentées par vous seront reçues à bras ouverts!...

— Trop bonne, mille fois! Alors, dès ce soir, je vous amène le baron de Sternitz et le major Kroutberg... Le baron est un homme très-spirituel, très-instruit; on voit qu'il a beaucoup voyagé... Le major Kroutberg parle peu... mais comme il a plusieurs accents étrangers... il s'exprime moins facilement, c'est pour cela sans doute qu'il est plus silencieux.

— Ah! je brûle du désir de voir ces messieurs.

— A ce soir donc. Je vous laisse, belle dame! mais, de grâce, pas tant de toilette... ménagez nos cœurs!...

— Ah! toujours galant! toujours aimable... Vous ne changerez jamais...

— Je ferai comme vous, belle dame...

Après cet assaut de gentillesses, vieux style, M. de La Palissonnière a été rejoindre ses nouveaux amis, et leur annonce que le soir il aura le plaisir de les présenter à madame de Rigoulotini. Quant à son mari, on n'en parle pas, il doit être trop heureux de recevoir les personnes qui plaisent à sa femme.

XII. — LA FEMME DU BANQUIER.

Sur les neuf heures du soir, les salons du riche banquier avaient peine à contenir la société qui affluait; car, si l'eau va toujours à la rivière, il est bien certain aussi que la foule va toujours trouver la fortune. Il y a des gens qui croient qu'en se frottant aux gens riches ils y attraperont quelque chose.

M. de La Palissonnière fait son entrée chez le banquier entre les deux personnes qu'il va présenter. Le baron de

Sternitz, dont la toilette est fort recherchée, quoique sévère, marche la tête haute et regarde fièrement la compagnie; le major Kroutberg n'a pas une démarche aussi assurée, mais il rentre son nez dans ses moustaches, et roule constamment les yeux de droite à gauche. On traverse deux salons où l'on jouait, sans y rencontrer madame, en revanche dans le second salon on se heurte presque contre M. Rigoulotini; alors le vicomte lui frappe familièrement sur l'épaule, en lui disant :

— Bonsoir, mon bon! Je vous amène le baron de Sternitz et le major Kroutberg... Hein! j'espère que vous êtes content de moi?... et que vous m'en saurez gré?

Le banquier regarde ces nouveaux venus d'un air bête, et balbutie quelques mots qu'on n'entend pas. Le baron et le major lui font un salut militaire et l'on passe.

— En voilà bien assez pour le mari! dit La Palissonnière... Mais où donc se cache la divinité de ce séjour?... Ah! je l'aperçois enfin... Venez, messieurs, elle nous a vus, car elle sourit déjà!...

En effet, la maîtresse de la maison venait d'apercevoir ces messieurs. Elle se hâte de se lever, va au-devant d'eux et leur fait une révérence dans laquelle elle met tout ce qu'elle a de noblesse et de grâce. Le baron et le major sont présentés; ce dernier salue en baragouinant on ne sait quoi, mais le baron adresse à cette dame un compliment fort bien tourné et accepte le fauteuil qu'elle lui présente. Le vicomte s'assied aussi près de madame Rigoulotini, mais le major reste debout et ne sait ce qu'il doit faire; alors son ami lui dit :

— Major, vous aimez le jeu... on joue dans plusieurs salons... allez regarder les parties... madame vous le permet.

— Comment donc! s'écrie la grande dame, mais je prie monsieur le major de faire ici comme chez lui... ce sera me prouver qu'il s'y plaît!

— Montame... assurément... ya... ya... mein Got!...

Et le major, après avoir dit cela, s'éloigne en marchant sur le bas de son pantalon.

Madame Rigoulotini exprime au baron tout le plaisir qu'elle éprouve à le recevoir, en le félicitant sur son dévouement à la cause des Bourbons, dévouement dont il a donné tant de preuves, d'après ce que lui a dit M. de La Palissonnière, avec lequel elle sait qu'il s'est rencontré plusieurs fois sur le champ de bataille.

— Oui, plusieurs fois, répond le baron. Oh! M. le vicomte est un brave, une rude lame, je l'ai vu à l'œuvre, et à quiconque aurait le malheur de me dire le contraire, je serais obligé de passer mon épée au travers du corps!

Oreste de La Palissonnière est dans le ravissement; la vanité lui sort par les yeux; s'il osait, il embrasserait le baron et le presserait sur son cœur... mais, devant le monde, il renferme sa reconnaissance et se borne à prendre la main de son nouvel ami, qu'il presse avec effusion, en s'écriant :

— Oui... nous sommes dignes l'un de l'autre! c'est mon plus bel éloge.

Madame Rigoulotini ne manque pas d'amener la conversation sur sa famille, son ancienne noblesse, en gémissant sur les circonstances qui l'ont obligée à s'allier à un roturier.

— Notre cher baron sait tout cela, dit Oreste, je n'ai pas manqué de lui apprendre que vous êtes une descendante des Hautefutaie, et cela n'a fait qu'augmenter le désir qu'il éprouvait de faire votre connaissance...

— En vérité! dit la banquière. Ah! je suis bien sensible à cette marque d'intérêt... Auriez-vous entendu parler de nous à Coblentz?

— Non pas à Coblentz, répond le baron en laissant échapper un léger sourire, mais en Angleterre.

— En Angleterre!... et par qui?

— Par un émigré avec lequel je m'étais lié fort intimement, et que vous devez vous rappeler, madame, c'est le marquis de Germancey.

Ce nom produit une impression assez vive sur la descendante des Hautefutaie, cependant elle se remet assez vite et répond :

— Le marquis de Germancey... ah! oui... il nous connaissait... il était reçu chez mon père... Il est mort il y a déjà plusieurs années, ce marquis...

— Oui, madame... il y a déjà longtemps, mais avant de mourir il m'a fait confidence de beaucoup d'aventures galantes qui lui sont arrivées... avant la Révolution...

— Ah! oui, j'ai entendu dire que ce marquis avait été un séducteur, un Lovelace! dit Oreste; il a un frère qui est à Paris... Le voyez-vous quelquefois, belle dame?

— Fort rarement, répond l'épouse du banquier qui semble fort mal à son aise et ne regarde plus le monsieur balafré avec autant d'admiration, puis, voulant changer la conversation, s'écrie :

— Vous ne jouez pas, monsieur de Sternitz?

— Jamais, madame, je déteste le jeu!... Je disais donc que ce marquis de Germancey avait eu dans sa jeunesse des aventures fort piquantes... Figurez-vous, vicomte, qu'il séduisit une demoiselle de grande maison, et la rendit mère deux fois...

— Deux fois! le polisson!... une, je ne dis pas! mais deux! cela passe la permission... et il n'épousa pas la demoiselle?

— Non, c'est elle qui en épousa un autre que lui...

— Elle fit bien... mais les enfants?...

— Ah! les enfants... elle les mit dans une campagne... en gardant le plus strict *incognito*, et puis les abandonna...

— Diable! mais c'est très-compliqué... Ah! qu'avez-vous donc, belle dame, vous changez de couleur, vous sentiriez-vous indisposée?...

— Oui... je ne sais... la chaleur... un étourdissement... j'ai besoin d'air...

— Permettez-moi, madame, de vous conduire jusqu'à cette croisée, dit le baron en présentant son bras à la maîtresse de la maison.

Celle-ci hésite d'abord, mais enfin elle accepte ce bras qu'on lui offre et traverse le salon avec le baron. Chemin faisant, celui-ci lui dit à l'oreille et bien bas :

— Madame, j'aurais besoin d'avoir avec vous un entretien secret... Voulez-vous me recevoir seul, demain?

— Oui, monsieur, oui, assurément, balbutie l'épouse du banquier qui sent ses genoux fléchir.

— A quelle heure puis-je me présenter, madame?

— Mais... sur les une heure, monsieur.

— Je n'y manquerai pas, madame.

On était arrivé près de la fenêtre. Le baron quitte alors le bras de cette dame, la salue très-respectueusement, puis s'éloigne. Il traverse deux salons, aperçoit le major à une table d'écarté, où il joue et gagne constamment; il se penche vers lui et lui dit à l'oreille :

— Perdez!

Le major obéit : il perd la partie et quitte alors le jeu. Le baron lui fait signe de le suivre, et tous deux sortent de chez le banquier.

— Eh bien! cela marche-t-il? demande le major lorsqu'ils sont dehors.

— Comme sur des roulettes. J'ai un rendez-vous pour demain matin avec cette dame... oh! c'est une affaire d'or.

— Tu m'as fait quitter le jeu... c'est dommage, je gagnais beaucoup...

— Tu gagnais trop! c'est imprudent... il faut savoir se modérer, surtout dans notre position, et il ne faut pas, pour quelques misérables pièces d'or, risquer de compromettre les sommes immenses qui seront bientôt en notre possession.

— C'est juste... aussi, tu le vois, je t'ai obéi tout de suite!... J'ai envoyé à mon adversaire les beaux jeux que je me donnais auparavant... C'est gentil de ma part!

Le lendemain, comme une heure sonnait, le soi-disant baron de Sternitz se présentait à l'hôtel du banquier Rigoulotini, et il était introduit dans l'appartement de madame.

Cette dame attendait ce monsieur, non plus comme la veille, avec le plus vif désir de le recevoir, mais avec une inquiétude, une anxiété qui était presque de la terreur. Cependant elle s'efforce d'accueillir le baron avec un ai-

— Monsieur était avec vous à Quiberon ? (Page 69.)

mable sourire, tandis que celui-ci lui fait un salut profond, et elle lui montre un siége à côté d'elle en lui disant :

— Vous m'avez demandé hier un moment d'entretien particulier, monsieur le baron ; me voici toute disposée à vous entendre...

Le baron salue de nouveau, puis s'assoit et répond :

— Je vous remercie, madame, vous voyez que j'ai été exact à l'heure que vous m'avez indiquée...

— On ne peut plus exact ; c'est du reste l'habitude des anciens militaires... Maintenant j'attends que vous vouliez bien m'apprendre le motif de cet entretien secret...

— Est-ce que vous n'en devinez pas un peu le sujet, madame ?...

Madame Rigoulotini change de couleur, mais elle tâche de maîtriser son émotion en répondant :

— Mais non, monsieur... je ne devine rien... pourquoi ?... comment devinerais-je ?...

— Eh bien ! madame, puisque vous ne devinez pas, je vais m'expliquer et catégoriquement, car j'aime à aller droit au fait : Je vous ai dit hier que M. le marquis de Germancey avait, avant la Révolution, séduit une demoiselle de grande maison, qu'il en avait eu deux enfants, puis l'avait laissée là... Cette demoiselle de grande maison, c'est vous, madame, ces deux enfants, ce sont les vôtres !... Je le tiens de la bouche même du marquis.

La femme du banquier devient blême, cependant elle cherche à rappeler son courage et s'écrie :

— C'est faux ! monsieur c'est une horreur que cette accusation... Ce marquis de Germancey est un monstre, il vous a menti... c'est faux ! c'est faux !

Le baron reprend avec un grand sang-froid :

— Ah ! vous niez, madame, mais nous n'accusons pas sans preuve, nous. Nierez-vous encore, quand on vous amènera votre fille et votre garçon, que vous aviez confiés, tout enfants, à une personne de Vincennes, la bonne mère Duchemin ?... Nierez-vous, quand on vous présentera ce riche flacon sur lequel sont gravées vos armes, et qu'un jour vous avez oublié chez la paysanne à Vincennes ?...

En disant ces mots, le baron sort de sa poche le flacon qu'il met sous les yeux de la fière Herminie. A cette vue, cette dame est atterrée, elle perd toute son assurance... elle s'incline et tombe presque aux genoux du baron ne murmurant :

— Ah ! monsieur... par grâce... par pitié... ne me perdez pas !...

Le baron s'empresse de relever cette dame, de la faire se rasseoir, en lui disant de sa voix la plus douce et avec la plus exquise politesse :

— Vous perdre, madame, eh ! mon Dieu ! pour qui nous prenez-vous, et pouvez-vous croire que nous en avons jamais eu la pensée ?... Vous perdre de réputation ! fi donc ! et pourquoi ! pour une peccadille de jeunesse... pour une faiblesse du cœur... Eh ! qui n'en a pas eu !... Si l'on pouvait lire dans toutes les consciences, croyez-vous que l'on en trouverait beaucoup de bien nettes ?...

— Ah ! monsieur le baron, vous rendez un peu de calme à mon âme...

— Ayez-en toujours ? il ne s'agit ici que de secourir deux personnes qui vous touchent de près... Vous ne savez peut-être pas ce que sont devenus vos enfants ?

— Non... car la Révolution est arrivée... il a fallu s'expatrier... et quand je suis revenue... la difficulté d'avoir des renseignements...

— Je comprends, oh ! je comprends parfaitement... Et puis vous pouviez craindre de vous compromettre...

— En effet...

— Eh bien ! moi, par le plus grand des hasards, je les ai retrouvés, ces pauvres enfants... ils m'ont conté comment ils avaient été mis à Vincennes chez la femme Duchemin... Comme j'avais reçu la confidence du marquis, cela m'a mis sur la voie... la vue du flacon m'a tout de suite fait connaître que je ne me trompais pas... je connais les armes de toutes les maisons nobles de France.

— Ah ! mon Dieu ! et vous leur avez appris quelle est... leur mère ?

Le baron sort de sa poche le flacon. (Page 72.)

— Non, non, oh ! diable !... je n'aurais pas fait cela sans votre permission !

— Ah ! vous me rendez la vie !... Quelle est leur position ?

— Misérable, ah ! bien misérable !... la fille fait des ménages... le garçon vend des contre-marques à la porte des théâtres...

— Ah ! mon Dieu !

— Voulez-vous que je vous les amène...

— Oh ! gardez-vous-en bien !

— Au fait... cela pourrait leur donner l'éveil... et puis vous n'avez pas besoin de les voir pour les secourir... Je me chargerai de la commission... car je pense que votre intention n'est pas de laisser ces infortunés dans une aussi triste position... cela ne tombe pas dans l'idée de toute personne qui a un cœur !...

— Assurément... je veux... je dois leur faire du bien... j'ai là... à moi, cinq ou six mille francs que je vais vous remettre pour eux.

Le baron se renverse sur sa chaise et rit aux éclats en disant :

— Cinq... six mille francs... ah ! je pense que vous voulez rire... pour la femme d'un millionnaire, vous n'êtes pas généreuse... Mais vous plaisantiez !...

— Enfin, monsieur le baron, combien pensez-vous que je doive faire remettre à... ces deux personnes?

— Combien? Cent mille francs, madame; cent mille francs, et, en vérité, ce n'est pas trop!

La superbe Herminie a fait un bond sur son siége en entendant ce chiffre. Elle s'écrie :

— Mais, monsieur, y pensez-vous... cent mille francs... c'est une grosse somme !

— Cela ne fait que cinquante mille francs pour la fille et autant pour le garçon !

— Mais, monsieur, je ne possède pas cet argent, moi !

— Mais votre mari en possède bien davantage, lui; cent mille francs pour le banquier Rigoulotini, c'est une goutte d'eau dans un bassin !... Vous les lui demanderez, il s'empressera de vous les donner ; ce n'est pas plus difficile que ça !...

— Mais quel motif donnerai-je pour lui demander cette somme?

— Est-ce qu'une dame est jamais à court de motif pour tromper son mari!... je ne vous fais pas l'injure de le croire...

— Mais, monsieur, il me semble qu'une quarantaine de mille francs pourrait suffire.

— J'ai dit cent mille francs, madame, je n'accepterai pas un sou de moins... Si vous refusez, je dirai à vos enfants de venir vous les demander eux-mêmes...

— Oh ! monsieur... c'est assez... pas un mot de plus... vous aurez cette somme...

— Fort bien, madame; demain, à la même heure, je viendrai ici la chercher, car je suis bien persuadé que M. votre époux vous la donnera dès que vous la lui demanderez. Adieu donc, madame, et à demain. Veuillez bien agréer mes respectueux hommages.

Le baron de Sternitz est parti. La noble Herminie, encore toute bouleversée par ce qui vient de lui arriver, se décide à se rendre dans le cabinet de son mari, tout en se disant :

— Ah ! pourquoi M. de La Palissonnière m'a-t-il amené ce baron?... mais, après tout, il serait toujours venu me trouver, puisqu'il avait reçu la confidence du marquis. Aller raconter un secret de cette importance... Ah ! que les hommes sont indiscrets.

Le banquier Rigoulot est fort surpris de recevoir la visite de sa femme ; c'était la première fois qu'elle lui faisait l'honneur de venir dans son cabinet. Il en est tout radieux, et s'empresse de présenter un fauteuil à madame, en balbutiant :

— Par quel hasard... c'est bien aimable à vous... je ne m'attendais pas...

— En effet, monsieur, vous ne m'aviez pas encore vue dans votre cabinet... ce n'est guère là place d'une femme... et si j'y viens aujourd'hui, c'est que j'ai une demande à vous faire...

— Une demande! parlez, madame, je serai très-content de pouvoir vous être agréable en quoi que ce soit.

— Monsieur, il s'agit... d'argent.

— D'argent, je comprends, quelque mémoire à solder qui vous gênerait en ce moment! Envoyez-moi ce mémoire, le porteur sera payé sur-le-champ.

— Non, monsieur... j'ai des raisons... c'est une ancienne dette que je désire acquitter moi-même.

— Alors dites-moi quelle somme il vous faut... je vais vous la remettre.

Madame hésite un peu, enfin elle murmure :

— Cent mille francs, monsieur...

— Cinq mille francs... très-bien, je vais vous les compter...

— Je n'ai pas dit cinq mille francs, monsieur, mais cent mille.

Le banquier reste saisi, il ouvre de grands yeux et s'écrie :

— Cent mille francs! eh! mon Dieu, madame, que voulez-vous donc faire de tout cela?

— Je vous l'ai dit, monsieur, payer une dette ancienne...

— Eh! madame, on ne doit pas cent mille francs! vous ne pouvez pas devoir cela! d'ailleurs, si la dette est ancienne, il y a prescription.

— Il n'y en a jamais pour les gens d'honneur!

— Envoyez-moi votre créancier, madame, et je suis bien certain que j'arrangerai l'affaire avec lui à meilleur marché..... Les femmes n'entendent rien à tout cela!.....

— Monsieur, je ne vous enverrai personne... Je vous ai dit que j'avais besoin de cette somme, il me semble que cela devait vous suffire, et, quand une Hautefutaie s'abaisse jusqu'à vous faire une prière, je trouve bien extraordinaire que vous hésitiez à la satisfaire... Faut-il vous rappeler qui je suis, monsieur? faut-il que je proclame tout haut dans mes salons que vous refusez de l'argent à celle qui vous a honoré de son alliance?

Cette dame a pris un ton si impérieux, elle lance sur son mari des regards si courroucés, que celui-ci en est effrayé; il se hâte de courir à sa caisse en disant :

— Ne vous fâchez pas, madame, mon Dieu! je vais vous satisfaire... tenez, madame, tenez... voilà cent mille francs...

Le banquier a pris dans sa caisse des liasses de billets de banque; il compte cent mille francs à sa femme, qui les prend en lui disant d'un ton arrogant :

— C'est bien... et si je suis venue vous les demander, monsieur, c'est qu'il fallait que j'en eusse grand besoin.

Voilà le seul remerciement que cette dame adresse à son époux. Elle s'éloigne, et le banquier se dit :

— Voilà une visite qui me coûte cher!... j'aime autant que ma femme ne vienne pas souvent... Ah! si Mouchenez l'avait entendue... je crois qu'il se moquerait de moi.

Le lendemain, le baron de Sternitz ne manque pas de se rendre près de madame Rigoulotini, qu'il salue toujours très-profondément; et celle-ci s'empresse de lui présenter un portefeuille en lui disant :

— Il y a cent mille francs là-dedans, comptez!

— Jamais après vous, belle dame! Je vais rendre au bonheur deux infortunés...

— Mais toujours sans me nommer!

— Soyez tranquille! j'arrangerai cela... d'ailleurs, ceux auxquels on donne une telle somme croient facilement tout ce que l'on veut...

— Et mon flacon, monsieur le baron? j'ai oublié hier de vous le redemander... veuillez me le rendre.

— Je l'ai laissé chez moi, mais j'aurai incessamment l'honneur de vous le rapporter.

— Ah! ne l'oubliez pas!

— Je vous quitte, car il me tarde de voir le bonheur, l'ivresse de ceux dont je vais changer la position.

M. de Sternitz a quitté madame Rigoulotini; dans la rue, il est rejoint par le major qui lui dit :

— Eh bien! les fonds?...

— Je les ai... ils sont là! dans ce portefeuille... cent mille francs! rien que cela... A nous les plaisirs, les festins... Je vais louer un superbe appartement dans la chaussée d'Antin! demain, je prends équipage, j'achète des chevaux...

— Diable! ça va rouler alors!

— D'autant plus que, ces cent mille francs mangés, je fais une seconde visite à la banquière, et il faudra qu'elle en redonne autant!... Ensuite, nous avons le comte de Germancey, qui est riche maintenant, et que nous ferons chanter...

— Tu iras le trouver?

— Oh! que non pas; malgré le talent avec lequel je me suis grimé, je ne voudrais pas soutenir longtemps le regard de cet homme; mais je lui enverrai sa nièce, son neveu; il faudra bien qu'il les enrichisse, et j'en ferai mon profit, car sa nièce est ma femme!... Quand j'aurai le temps, je m'occuperai aussi de ma fille...

— Ta fille?

— Sans doute! l'enfant de Florentine... Elle est bigrement jolie, ma fille!... je la regardais l'autre jour... elle est souvent à sa fenêtre... c'est ce qu'on peut appeler une beauté... plus tard, il faudra que je m'occupe de son établissement... En attendant, allons louer un superbe logement, une voiture, des laquais...

— Mais, dis donc, ne crains-tu pas que, par tout ce luxe, tu n'attires les regards et qu'on ne vienne à découvrir...

— Imbécile! c'est justement ce luxe-là qui fera notre sûreté. Quand on cherche un malfaiteur, un échappé du bagne, c'est dans les basses classes, c'est parmi les misérables que l'on croit le trouver! Mais un homme qui a voiture, laquais, qui mène un grand train!... est-ce qu'on se permettrait de le suspecter... par exemple!... on s'incline devant lui, et on est enchanté quand il veut bien vous donner une poignée de main.

XXVIII. — LE PAVILLON MYSTÉRIEUX.

Malgré la défense que son mari lui avait faite, peut-être même à cause de cela, car on sait que ce qui leur est défendu a toujours beaucoup d'attrait pour les femmes, et cela date de loin, madame Roberval voyait très-souvent son ancienne amie; elle allait chez elle, s'installait dans le petit boudoir au fond du magasin, et souvent y déjeunait avec Maria et avec son frère, qui avait été charmé de faire connaissance avec madame Roberval.

De temps à autre, cette dame renouvelait ses instances près de son amie pour qu'elle vînt aussi déjeuner chez elle, en lui répétant :

— Tu ne verras pas mon mari, il déjeune à part; il ne vient jamais dans mon appartement : c'est un bien grand hasard qui l'y a conduit justement le jour où tu y étais, mais ces hasards-là n'arrivent pas deux fois. Et puis, après tout, il viendrait qu'il ne te mangerait pas; je suis parfaitement libre de recevoir qui je veux.

Mais la marchande de modes résistait à ces prières en répondant :

— Non, ma chère amie; ton mari a été impoli... presque grossier envers moi, je ne veux pas m'exposer à de nouvelles impertinences de sa part...

— Mais il ne t'a rien dit...

— Non, c'est vrai; mais en quittant ta chambre, où tu lui avais rappelé qui j'étais, il ne m'a pas dit un mot, ne m'a pas même saluée... Je suis très-vive, ma chère Eulalie, et quoique ton mari soit très-riche, cela ne m'empêcherait nullement de lui apprendre à vivre, s'il me faisait encore quelque malhonnêteté; il vaut donc mieux ne pas m'y exposer; il a été un jour chez toi sans y être attendu, il pourrait y revenir encore... Tu peux venir chez moi tant que cela te plaît; je suis toujours heureuse quand je t'y reçois, et là, du moins, aucune inquiétude ne se mêle à nos douces causeries.

Lorsque Victor était là, il partageait l'avis de sa sœur et disait :

— Votre mari est devenu trop riche, la fortune l'a gâté... tant pis pour lui; mais nous n'avons pas besoin de ses écus, et moi je ne tiens pas du tout à faire sa connaissance, car je ne lui ressemble pas! Grâce à ma sœur, ma position a changé; mais je n'oublie pas que j'ai été commissionnaire, et mon plus grand plaisir est de retourner flâner sur mon boulevard du Temple et d'offrir de la bière à mon ami Beaulard, un bon et brave garçon qui montre les figures de cire... et qui ne veut pas faire autre chose... Il n'a pas d'ambition celui-là!

Cependant madame Roberval, qui a mis dans sa tête qu'elle recevrait et traiterait encore son amie chez elle, lui dit :

— Tu ne veux pas venir chez moi, à Paris... c'est bien, c'est fini, n'en parlons plus! Mais tu ne peux pas refuser de venir passer une journée avec moi à ma maison de campagne de Ville-d'Avray... là tu ne craindras pas de rencontrer mon mari, et tu verras comme notre villa est charmante... un vrai bijou, ma chère, des fleurs de tous côtés, et des fleurs rares... et puis un jardin qui est grand, bien ombragé... Oh! nous nous amuserons bien, et tu rapporteras un bouquet magnifique que tu cueilleras toi-même.

— J'irai à ta maison de campagne... je le veux bien; mais c'est seulement lorsque ton mari sera en voyage, parce qu'alors je serai bien sûre qu'il n'y viendra pas aussi.

— Quelle idée!... enfin, soit; comme M. Roberval voyage souvent, tu ne tarderas pas à y venir.

Quelques jours après cet entretien, la marchande de modes recevait, sur les dix heures du matin le billet suivant :

« Mon mari est parti ce matin pour Lyon; voilà le moment de réaliser notre projet et d'aller à Ville-d'Avray. Le temps est superbe, un peu chaud peut-être, mais il y a de l'ombre là-bas... Tiens-toi prête pour midi, j'irai te prendre. Si ton frère peut venir avec nous, nous l'emmènerons.

« A toi,

« EULALIE ROBERVAL. »

Maria fait sur-le-champ tous ses préparatifs pour avoir sa journée libre; elle distribue de l'ouvrage à ses ouvrières, en leur disant :

— Il est bien probable que je ne rentrerai qu'à la nuit.

A midi un quart, un remise s'arrête devant le magasin. Madame Roberval en descend; elle court à son amie :

— Tu es prête, j'espère?

— Mais oui... toute prête.

— Et ton frère?

— Je ne l'ai pas vu ce matin; envoyer chez lui, ce serait inutile, il n'y est jamais.

— Tant pis! nous nous passerons de lui... Je n'ai pas voulu prendre ma voiture; je n'ai pas besoin que tous mes domestiques sachent où je vais; j'ai loué ce remise pour la journée...

— Tu as bien fait, nous serons plus libres...

— J'emporte un excellent pâté, une volaille froide... avec cela des œufs frais et des fruits, nous vivrons, n'est-ce pas?

— Oh! c'est plus qu'il n'en faut!...

— Pour du vin, il y en a d'excellent là-bas... je trouve même que mon mari a tort de laisser les clefs de la cave à son jardinier, qui est bien souvent gris... mais c'est un détail. Partons-nous?

— Partons.

Les deux amies montent en voiture, heureuses, joyeuses de se trouver ensemble, de savoir qu'elles y seront toute la journée; qu'elles auront tout le temps de causer, de rire, de se rappeler ces jours de leur jeunesse où elles allaient aussi courir dans les fraîches campagnes de la Normandie, où c'était une grande fête pour elles quand elles avaient toute une journée de libre. Alors elles n'allaient point se promener dans un excellent remise; elles faisaient modestement la route à pied, mais elles ne s'en trouvaient pas moins heureuses, car alors elles étaient jeunes, et la jeunesse, c'est la gaieté de la vie. Oh! la belle chose que la jeunesse! et pourquoi donc ne sait-on pas souvent en user, en jouir comme il faut?

Pourquoi? C'est qu'on n'a pas tout à la fois! c'est que, dans cet âge si beau où l'on ne devrait qu'aimer et sourire, il faut presque toujours se livrer au travail pour se créer une carrière; il faut penser à l'avenir, il faut enfin gagner de l'argent, afin de pouvoir se donner tous ces plaisirs dont on est avide. De là les soucis, les tracas, les ennuis qui viennent jeter du sombre sur nos beaux jours! Vous me direz qu'il y a de ces mortels privilégiés qui naissent au sein de l'opulence, des grandeurs; ceux-là ne sont donc pas obligés de se créer une position; ils doivent voir l'avenir couleur de rose, et leur jeunesse ne doit être qu'une longue série de plaisirs!... Détrompez-vous : ceux-là traînent après eux le dégoût, la satiété, l'énervement qui accompagnent presque toujours l'abus des voluptés; parce que ceux-là, au lieu de profiter modérément de leurs avantages, veulent se donner à la fois toutes les jouissances et vivent dix ans en six mois; ceux-là usent leur jeunesse encore plus vite que les autres... et au total, tout est compensé!

Revenons à nos dames. Elles causent du passé et jouissent du présent, car la journée est magnifique, et en approchant de Ville-d'Avray, on a la vue de ces sites délicieux parsemés sur les bords de la Seine, et Maria s'écrie souvent :

— Ah! que c'est charmant, la campagne!... quel plaisir d'y demeurer!... aussi, dès que je quitterai le commerce, je veux m'acheter une petite campagne et m'y retirer.

— Tu vas voir la nôtre; comme c'est joli, élégant; comme le jardin est bien dessiné...

— Je n'en doute pas... mais moi, une modeste maisonnette me suffira... avec un jardin que je soignerai moi-même.

— On dit cela; moi, je veux quelquefois soigner des fleurs, mais c'est bien fatigant, va! et je suis bien vite obligée d'appeler le jardinier pour m'aider.

— Oh! mais tu es déjà gâtée par la fortune... elle rend paresseux; on n'a plus la force de rien faire par soi-même!

— Si, madame, si!... Vous verrez comme je vous ferai voir ma maison du bas en haut, les terrasses, le kiosque, la pièce d'eau... Ah! il y a pourtant quelque chose que je ne te montrerai pas... mais, comme je ne puis pas le voir moi-même, il me serait difficile de le montrer aux autres.

— Comment! il y a dans ta propriété quelque chose que tu ne peux pas voir?... je ne comprends pas.

— Figure-toi que mon mari a fait bâtir, tout au bout du jardin, et c'est assez loin de la maison, un petit pavillon qui n'a qu'un rez-de-chaussée et deux fenêtres, qui a la forme d'une rotonde, qui est élégant, en dehors du moins, car pour le dedans je ne l'ai jamais vu!

— Tu n'y es jamais entrée?

— Pas moyen! mon mari en ferme la porte à clef, et cette clef il l'a toujours sur lui, il ne la confie à personne.

— Quoi! pas même à sa femme?

— Pas même à sa femme. Il m'a dit : C'est mon cabinet de travail; c'est là que je fais mes calculs, mes spéculations : je ne veux pas qu'on y entre. J'ai fait bâtir ce pavillon pour pouvoir y travailler à mon aise, je ne veux point y être jamais dérangé.

— Mais, quand il n'est point dedans, on ne le dérangerait pas en y allant?

— Sans doute : mais apparemment qu'il craint qu'alors on ne touche à ses papiers!...

— Des papiers sont ordinairement dans un bureau, dans un secrétaire qu'il ferme sans doute; par conséquent, on ne peut pas les déranger.

— C'est vrai; mais mon mari ne veut pas que l'on entre dans ce pavillon... c'est son idée, il faut bien s'y soumettre.

— Et y va-t-il souvent, lui, dans son pavillon?

— Très-souvent, et quelquefois il y passe des journées entières; mais, en général, il y va plutôt quand il vient seul à notre campagne.

— Et tu ne vas pas voir ce qu'il y fait?

— Moi! ma foi non!... d'ailleurs, je te répète que ce serait impossible, puisqu'il s'y enferme.

— Et lorsque vous avez du monde?

— Alors mon mari ne se rend pas dans son pavillon; mais il reste toujours fermé, et puis on ne va pas se promener par là, c'est tout au bout du jardin.

— C'est égal, je trouve cela singulier... ce mystère, même avec sa femme... Oh! tu n'es pas curieuse, toi! moi, à ta place, je saurais déjà ce qu'il y a dans ce pavillon!

— Et quels moyens employerais-tu pour cela?...

— Je ne sais pas... mais j'en trouverais! Sais-tu bien que ton pavillon me rappelle l'histoire de Barbe-Bleue!... Et si ton mari te confiait sa clef en te défendant d'entrer dans ce mystérieux réduit, est-ce que tu obéirais?...

— Peut-être! mais j'aime autant qu'il ne me la confie pas.

— Moi, je sais bien que j'aurais fait comme la femme de Barbe-Bleue. A ta place, je me figurerais que mon mari cache dans cet endroit si bien fermé une maîtresse... une jeune fille... qu'il a enlevée peut-être!...

— Oh! quelle idée!... moi, céla ne m'est jamais venu à l'esprit!...

— Mais je te donne de mauvaises pensées sur ton mari, et j'ai tort! il ne me sied guère, à moi, qui suis abandonnée par le mien, de critiquer la conduite des autres!

Tout en causant, ces dames sont arrivées à Ville-d'Avray. Madame Roberval indique au cocher le chemin qu'il doit prendre, et bientôt la voiture s'arrête devant une belle grille, derrière laquelle est une pelouse entourée d'orangers, puis, plus loin, une jolie maison bâtie à l'italienne.

— Nous y voici, dit Eulalie en mettant pied à terre.

En ce moment on ouvrait la grille, et un vieux paysan se disposait à sortir du jardin: il s'arrête en voyant la voiture, et s'écrie:

— Tiens! v'là madame... Ah! ben! elle est bonne celle-là!

— Maria, je te présente mon jardinier, dit madame Roberval. Bonjour, père Guillaume; il me paraît que nous arrivons à temps... car vous alliez sortir...

— Oh! madame, j'allais seulement en face... manger une bouchée...

— Oui, chez le marchand de vin, comme à l'ordinaire...

— Dame! faut ben se nourrir, et puis je n'attendions personne, d'autant plus que monsieur m'a dit: « Guillaume, n'ouvrez à personne; s'il venait des visites, vous direz: les maîtres n'y sont pas », et j'ai ordre de ne point ouvrir!

— Ah! monsieur vous a dit cela! il est donc venu par ici ce matin?...

— Certainement, madame, monsieur est arrivé ici de bon matin, avant huit heures, et il y est toujours...

— Mon mari est ici, en ce moment?

— Sans doute... tiens, madame ne le savait pas? Je croyais qu'elle venait retrouver monsieur!

Eulalie regarde Maria, les deux amies sont consternées, et la modiste s'écrie:

— Ma chère amie, ne fais pas déballer tes provisions; ce que nous avons de mieux à faire, c'est de nous en retourner...

— Ah! par exem[ple]! y penses-tu! Père Guillaume, où est mon mari en ce moment?

— Pardi! madame doit bien s'en douter; monsieur est dans son pavillon, il s'y est rendu tout droit, il n'est même pas entré dans la maison. Au reste, c'est toujours comme ça quand monsieur vient seul ici, il reste dans son pavillon jusqu'à six heures du soir, puis s'en va sans entrer dans la maison.

— Tu l'entends, Maria, nous ne le rencontrerons pas! il ne se doutera même pas que nous sommes venues. Le voilà enfermé dans son pavillon pour jusqu'à six heures du soir; nous nous en irons bien avant, par conséquent, c'est pour nous comme s'il n'était pas ici!...

— Oh! je ne trouve pas que ce soit la même chose, moi!...

— Guillaume, portez ces provisions dans la salle à manger... mettez deux couverts... allez à la cave, et montez-nous du vin...

— Oui, madame, oh! c'est facile ça!

— Ensuite vous ferez boire le cocher...

— Oui, madame, je boirai avec lui...

— Naturellement... Allons, viens, Maria, et quitte cet air sérieux; on croirait que tu as peur ici!... Pendant que l'on va mettre notre couvert, je vais te montrer le jardin...

— Le jardin! mais de son pavillon ton mari peut nous y apercevoir...

— Nullement... les fenêtres du pavillon ont des verres dépolis, ensuite les persiennes sont toujours fermées... car je me demande ce que M. Roberval peut faire là où l'on doit à peine voir clair... moi, je crois qu'il va tout bonnement y dormir... Viens... d'ailleurs, pour plus de sûreté, nous ne passerons pas devant le pavillon.

— J'aime mieux cela.

Ces dames se dirigent vers le jardin qui est derrière la maison, mais leur gaieté a disparu. Eulalie a beau faire pour chercher à la ranimer, Maria reste sérieuse et murmure:

— C'est une partie manquée, mais tu m'avais écrit que ton mari était parti pour Lyon.

— Il me l'avait annoncé lui-même, en me disant qu'il serait huit jours absent; il aura changé d'idée...

— Ah! c'est bien dommage...

— Eh! mon Dieu! ne nous occupons plus de lui... puisque nous sommes sûres de ne point le rencontrer.

— S'il me trouve encore déjeunant ici, il dira que je ne viens chez toi que pour manger!

— Ah! que tu es folle... Tiens, regarde ces camélias, ces magnolias... et ces belles roses... ceci, c'est la *Gloire de Dijon*, cette autre, c'est le *Souvenir de la Malmaison*...

— Oui, oui, oh! tu as des fleurs ravissantes... mais le pavillon?

— Il est là-bas... au bout de cette grande allée... veux-tu le voir sans le moindre danger d'être aperçue de celui qui est dedans?

— Comment ferait-on pour cela?

— C'est bien facile: cette grande allée a de chaque côté deux petites allées qui lui sont parallèles, mais qui de chaque côté sont bordées par d'épaisses charmilles...

— Eh bien?

— Eh bien! prenons une de ces petites allées, nous arriverons tout près du pavillon sans pouvoir être aperçues d'aucun côté...

— Ah! vraiment... si tu es sûre qu'on ne peut pas nous voir... allons-y un peu...

Les deux amies prennent une petite allée bien touffue et qui en effet est fermée sur ses côtés par des buissons de lilas et de seringat. Elles avancent doucement; au bout de deux cents pas, elles aperçoivent le pavillon, dont la porte fait face à la grande allée du milieu. Maria s'arrête, elle éprouve comme un vague effroi, mais sa compagne lui dit:

— Viens donc... avançons encore. Tu vois bien que nous pouvons examiner à notre aise l'élégance de cette architecture, sans crainte d'être vues.

Ces dames avancent encore, elles ne sont plus éloignées du pavillon, lorsqu'un bruit de clefs se fait entendre, puis la porte du pavillon s'ouvre brusquement, et M. Roberval paraît sur le seuil.

Les deux femmes se sont arrêtées spontanément, elles regardent et retiennent leur respiration.

M. Roberval tient une lettre cachetée à la main, il fait quelques pas en avant, puis se met à crier:

— Guillaume!... Guillaume!... Hom! maudit ivrogne!... Holà, Guillaume!...

Mais le jardinier ne paraît ni ne répond. M. Roberval frappe du pied avec impatience en disant :

— Il faut pourtant que cette lettre parte ce matin... Guillaume! Guillaume!... ah! il faut que je le trouve!...

Et il s'éloigne précipitamment, en marchant du côté de la maison. Mais il a laissé entr'ouverte la porte du pavillon.

— Il est éloigné! dit Maria.

— Oui... Ah! vois donc... il a laissé ouverte la porte du pavillon... Oh! l'occasion est trop belle pour ne pas en profiter... viens... Maria...

— Voir ce qu'il y a là-dedans... nous avons bien le temps... il y a loin d'ici à la maison, et puis il ne trouvera pas tout de suite Guillaume, qui est allé boire avec le cocher... Viens vite... rien qu'un coup d'œil et nous partons.

En disant cela, madame Roberval écarte les branches d'un lilas et court au pavillon. Maria la suit, en se disant :

— C'est moi qui ai excité sa curiosité... je dois aller avec elle, et si l'on gronde quelqu'un, je prendrai toute la faute sur mon compte.

Les dames ont poussé la porte et elles entrent dans un petit salon de forme octogone, mais dans lequel on voit à peine clair.

— Là, je m'en doutais, dit madame Roberval, un demi-jour qui est presque la nuit. Que peut-il donc faire ici?

— Mais il y a une autre pièce, dit Maria en apercevant un rayon de lumière sortir d'une porte entrebâillée.

— Une autre pièce?... ah! tu as raison... Voyons, voyons.

Ces dames poussent la porte et se trouvent dans une petite pièce, qui est aussi resplendissante de lumière que la première est sombre; cependant cette chambre n'a pas de fenêtre, mais le jour vient par le haut, qui a pour plafond un vitrage, toujours en verre dépoli. Cet endroit n'a pour meuble qu'un fauteuil placé devant un immense bureau qui, à lui seul, tient tout le fond de la chambre.

Sur ce bureau, on voit des masses de papiers de différentes sortes, puis tous les outils qui servent à un graveur. Puis des plumes, des encriers et, enfin une liasse de billets de banque, et une paire de pistolets.

Madame Roberval, qui aperçoit d'abord les outils de graveur, s'écrie :

— Il vient ici pour graver... voilà tout le mystère... est-ce bête de se cacher pour cela... Des billets de banque... il paraît qu'il a aussi une caisse ici... Ah! voilà des pistolets, c'est pour s'il venait des voleurs...

Mais tout à coup Maria pousse un cri. Elle vient d'apercevoir sur la table du bureau un papier de soie artistement étalé, et retenu de chaque bout par des carrés de marbre; sur ce papier on a commencé à faire un faux billet de banque, mais il n'est pas encore achevé.

Maria prend la main de son amie et la met sur le billet à moitié gravé, en lui disant :

— Tiens... regarde... voilà ce que ton mari vient faire ici...

Madame Roberval pâlit et balbutie :

— Mon Dieu!... qu'est-ce que c'est donc que cela?

— De faux billets de banque... ton mari est un faussaire... cette liasse de billets... c'est lui qui les a faits, sans doute...

— Tu me fais frémir... il serait possible...

— Viens... viens... sauvons-nous... ah! sortons bien vite de cet horrible lieu... s'il revenait... ces armes... il nous tuerait... car nous savons son secret... Viens... mais viens donc!

La pauvre femme n'avait plus la force de marcher. Maria est obligée de la tirer par sa robe, de la porter presque pour la faire sortir du laboratoire, puis du salon octogone; enfin elles sont dehors... dans le jardin. Eulalie va pour fermer la porte du pavillon, son amie l'arrête en lui disant :

— Malheureuse! ce serait lui faire voir que nous y sommes entrées, car il doit bien se rappeler qu'il l'a laissée ouverte... viens... éloignons-nous de cet infâme séjour...

Mais les deux amies n'ont pas fait trois pas, que M. Roberval paraît devant elles. Il est d'une pâleur livide, il n'a plus de besicles, et son regard est effrayant; il barre le chemin aux deux dames en leur disant d'une voix étouffée :

— Que faites-vous là?...

— Mon ami... nous... nous venions d'arriver, nous nous promenions dans le jardin...

— Vous êtes entrées dans ce pavillon?

— Non... nous n'y sommes pas entrées...

— Pourquoi donc êtes-vous devant la porte alors?

— Parce que... mon Dieu! je vais te l'avouer... en passant j'ai vu que la porte n'était pas fermée... et comme tu ne veux jamais permettre que l'on entre là, j'avais bien envie de profiter de... cette porte ouverte pour visiter un peu ce pavillon... que je ne connais pas... mais Maria s'opposait à mon dessein... et elle refusait d'entrer avec moi là-dedans quand tu nous a surprises...

Ces paroles ont été dites avec une émotion que la pauvre femme fait tout son possible pour surmonter. Quant à Maria, elle ne tremble plus; la vue de M. Roberval, loin de l'abattre, lui a rendu toute son énergie, au lieu de baisser les yeux devant lui, elle tient sa tête haute et son regard semble le braver.

Ce monsieur jette quelques instants sur les deux femmes des regards fauves et irrésolus; puis il se dirige vers la porte du pavillon en murmurant :

— C'est bien... vous pouvez vous retirer.

Les deux amies ne demandent pas mieux; elles doublent le pas... elles traversent le jardin sans se dire un mot, elles arrivent enfin à la grille; elles trouvent là le cocher et le jardinier. Le père Guillaume leur dit :

— Le déjeuner de ces dames est tout prêt, tout servi... il les attend... je viens de voir monsieur, je lui ai demandé s'il déjeunait avec ces dames... il ne m'a pas répondu; en apprenant que madame était ici, il s'en est retourné tout de suite...

Mais on pense bien que les deux amies ne songeaient plus à déjeuner.

— Nous partons, dit madame Roberval, nous partons sur-le-champ...

— Quoi! madame... et votre déjeuner?...

— Viens, Maria... Cocher, ramenez-nous à Paris!

Les deux dames montent en voiture sans même répondre aux lamentations du jardinier. Lorsqu'enfin le cocher a fouetté les chevaux et qu'on a perdu la maison de vue, madame Roberval se jette en pleurant dans les bras de son amie, et murmure :

— Mon Dieu! que je suis malheureuse!...

— Oh! oui, pauvre Eulalie. Et moi qui enviais ton bonheur!...

— La femme d'un... ah! je n'ose prononcer ce mot affreux. Quelle sera mon existence maintenant! à chaque instant je croirai voir arriver des gendarmes pour arrêter mon mari!... Maria!... ma bonne Maria, tu ne diras rien, n'est-ce pas?... tu ne divulgueras pas cet horrible secret!... qui conduirait sur l'échafaud celui dont je porte le nom...

— Non, je ne dirai rien... à cause de toi!... car sans cela!... mais à cause de toi, je ne dirai rien.

XIX. — JEUNES AMOURS.

Des semaines, des mois se sont écoulés depuis cette soirée qui vit les débuts de Turlure au théâtre de la Gaîté, débuts qui ne furent pas heureux, on doit se le rappeler; aussi le directeur engagea-t-il la débutante à retourner vendre du sucre d'orge sur le boulevard.

Mais ce conseil n'avait pas été suivi, car, à la suite de cette soirée, Turlure n'avait pas reparu sur le boulevard du Temple, où sa place n'était plus occupée que par l'infortuné Boursiquet, qui, dès qu'il pouvait quitter un moment son café, ne manquait pas d'aller s'y planter, pour y gémir et pousser de gros soupirs en disant à la marchande de pain d'épice :

— Vous ne l'avez pas vue? elle n'est pas encore revenue?...

Mais madame Roufflard lui répondait d'un air moqueur :

— Êtes-vous bête! elle reviendra à Pâques ou à la Trinité!

— Vous croyez qu'elle reviendra à la Trinité?

— Je crois que vous êtes un serin de soupirer encore pour une femme qui se moque de vous... Turlure sera partie avec quelque bambocheur du théâtre... je vous réponds bien qu'elle ne reviendra plus vendre sur le boulevard.

Et Boursiquet, tout désolé, était allé chez Florentine, dans l'espoir d'y obtenir quelque renseignement sur son ingrate. Mais Florentine lui avait répondu :

— Je n'en sais pas plus que vous, mon pauvre Boursiquet; depuis cette fatale soirée qui aurait dû la corriger de sa passion pour la scène, Turlure n'est pas revenue chez nous. Ma fille n'a pas revu sa marraine. Autrefois, je savais son adresse; mais elle avait déménagé et ne m'avait pas appris sa nouvelle demeure...

— Ni à moi non plus, la sournoise! Quand je lui demandais où elle logeait, elle me répondait : « Qu'est-ce que cela vous fait, puisque je ne veux pas que vous veniez me voir? »

— Tenez, monsieur Boursiquet, croyez-moi, oubliez Turlure; c'est ce que vous avez de mieux à faire.

Et le pauvre garçon limonadier s'en était allé, en se disant :

— C'est bien facile de conseiller à quelqu'un d'oublier celle qu'il aime!... c'est absolument comme quand on a mal aux dents, et qu'il y a des gens qui vous disent : « Faut pas y penser! »

Mais cette soirée, féconde en événements, n'avait pas seulement causé la peine de Boursiquet; elle avait fait éclore bien d'autres sentiments, fait battre bien d'autres cœurs! et tous les amours qu'elle avait vu naître ne devaient pas avoir le même sort que celui de l'amoureux de Turlure.

Ce jeune Ernest Didier qui, au spectacle, avait causé avec Florentine et sa fille, n'avait pu effacer de sa pensée l'image si ravissante d'Honorine; et, d'ailleurs, pourquoi y aurait-il essayé? A vingt-quatre ans, qu'est-ce qu'un officier en non-activité peut avoir de mieux à faire que l'amour? Ce jeune homme avait suivi des yeux la mère et la fille lorsqu'elles étaient rentrées chez elles; il avait remarqué leur maison, et, dès le lendemain, dans l'après-midi, il se promenait en face, de l'autre côté du boulevard, regardant sans cesse les fenêtres de cette heureuse maison qui recélait dans ses murs l'objet charmant qu'il brûlait de revoir.

Les regards de notre officier se portaient sans cesse du premier au troisième étage; heureusement pour lui, la maison n'en avait pas davantage, ce qui aurait fini par le faire loucher, car il voulait souvent examiner plusieurs fenêtres en même temps. Aux deux premiers étages, les croisées restent constamment fermées; mais enfin, au troisième, on ouvre une fenêtre, quelqu'un s'y place... ce n'est pas la charmante fille, mais c'est sa mère, et c'est déjà quelque chose de savoir que c'est sur les croisées du troisième qu'il faut porter ses regards.

Le jeune homme ne veut pas cependant mettre trop d'affectation à porter les yeux de ce côté; il continue de se promener, mais il ne va pas bien loin et ne perd jamais de vue les bienheureuses croisées; quand il s'est assez éloigné, il revient sur ses pas, et lorsqu'il est tout en face de la maison qui l'intéresse, il ne la regarde plus qu'à la dérobée et comme en regardant autre chose; puis il s'éloigne encore pour revenir bientôt. C'est une véritable faction; mais qui de nous n'en a pas fait de ces factions amoureuses qui durent quelquefois plus que celles d'une sentinelle! Pour mon compte, je me souviens d'avoir bien souvent monté cette garde-là en hiver, bravant la neige, la pluie, ne voyant même pas les ruisseaux dans lesquels je barbottais!... Oh! la bonne chose que l'amour!

Ce jour-là, Honorine, ne paraît pas à la fenêtre, mais le lendemain on est plus heureux; la jolie enfant vient s'y placer un moment à côté de sa mère. Dans ce simple négligé que l'on garde chez soi, elle paraît encore plus séduisante, et le jeune homme ne peut détacher ses yeux de dessus la fenêtre; il s'arrête, il reste comme en extase... Alors, comme à Paris, dès qu'on voit une personne s'arrêter et regarder longtemps au même endroit, on s'imagine qu'il y a quelque chose de curieux à voir, bientôt plusieurs badauds s'arrêtent à côté d'Ernest, et lui disent :

— Qu'est-ce que c'est? qu'est-ce qu'il y a? est-ce le feu qui est quelque part?

Notre jeune homme, ennuyé, repousse tout ce monde qui l'entoure et s'éloigne en répondant aux flâneurs :

— C'est un singe qui s'envole.

Et les curieux restent ébahis, en se répétant :

— Un singe qui s'envole!... oh! il faut voir cela!

Et la foule augmente; bientôt on ne peut plus passer sur le boulevard. Tout le monde s'arrête pour voir ce singe qui s'envole; on fait des commentaires, des réflexions.

— C'est donc un singe qui a des ailes? demande une bonne femme.

— Pourquoi pas? dit un petit vieux qui veut faire le savant; il y a bien des fourmis volantes, pourquoi n'y aurait-il pas des singes volants?

— Bon! c'est voleur que vous voulez dire?

— Mais je ne vois rien...

— Ni moi!...

— Enfoncés les jobards! crie un gamin en se mettant à rire.

Alors la foule s'écoule désappointée, mais plusieurs bonnes femmes sont persuadées qu'il y a des singes volants, et s'empressent d'aller l'apprendre à leur portière.

Ernest a compris qu'il ne devait pas rester en extase pour regarder la charmante fille, puisque cela provoquait des rassemblements sur le boulevard. Il s'est promis de passer son chemin, tout en allant assez doucement pour avoir le loisir de contempler ces traits qui lui ont ravi le repos! c'est ce qu'il fait pendant plusieurs jours. Il aperçoit Honorine, pas tous les jours, mais lorsqu'elle paraît à la croisée, il emporte du bonheur pour le restant de la journée.

La jeune fille ne se mettait jamais à la fenêtre que lorsque sa mère y était déjà. Cependant un jour, par hasard, Honorine s'est mise à une croisée, et sa mère n'est pas auprès d'elle. Ernest passait justement dans ce moment-là; cette fois il ne peut s'empêcher de s'arrêter encore. La charmante enfant regarde de son côté; aussitôt il la salue à plusieurs reprises, et, avec sa tête, Honorine lui rend gracieusement son salut. Notre amoureux est enchanté, car il se dit :

— Elle m'a reconnu, puisqu'elle veut bien me rendre mon salut; si je n'étais pour elle qu'un inconnu, elle aurait détourné la tête. Elle m'a reconnu! alors elle ne m'avait donc pas entièrement oublié!

Mais, de sa chambre, Florentine avait vu sa fille saluer quelqu'un, et elle lui crie, sans quitter sa chaise :

— Qui donc salues-tu sur le boulevard, mon enfant?

Et la belle enfant, sans trop savoir pourquoi, devient rouge comme une cerise, en répondant :

— Maman... c'est... tu sais bien... c'est ce jeune homme...

— Mais non, ma fille, je ne sais pas... Quel jeune homme?

— Celui avec qui nous avons causé au spectacle, le soir que nous avons été voir jouer ma pauvre marraine, qui a disparu depuis...

Florentine ne disait pas la vérité en répondant à sa fille qu'elle ne savait pas; car, comme elle regardait très-souvent sur le boulevard, elle avait fort bien remarqué et reconnu le jeune homme qui passait et repassait si souvent de l'autre côté de la chaussée; mais elle n'en avait rien dit à Honorine, se doutant bien que c'était pour sa fille que le gentil militaire se promenait ainsi devant leur maison, et voulant savoir si celle-ci l'avait remarqué.

Une mère ne se trompe guère aux allures d'un amoureux, surtout lorsque cette mère est encore dans l'âge d'aimer et de plaire. Il y en a beaucoup, dans ce cas, qui prennent pour elles les œillades qu'on adresse à leur fille, mais Florentine n'était pas de celles-là; ne songeant plus à plaire, n'ayant plus dans le cœur qu'un amour, celui qu'elle éprouvait pour sa fille, elle trouvait tout naturel qu'on en devînt amoureux; elle eût été bien plus surprise du contraire; aussi ce qu'elle tenait surtout à savoir, c'était ce qui se passait dans le cœur d'Honorine.

Comme maintenant il n'y avait plus à feindre, Florentine répond en affectant un air d'indifférence :

— Ah! oui, je me souviens à présent! un jeune homme qui était derrière nous au spectacle.

— Oui, maman, et qui a fait finir ce vieux vilain qui m'enfonçait ses genoux dans le dos...

— Il était fort poli ce jeune homme...

— Oh! très-poli! c'est M. Ernest Didier.

— Comment! tu sais son nom ?

— Maman, c'est lui-même qui nous l'a dit, après avoir lu la carte du vieux qui s'appelait : le vicomte Oreste de la Palissonnière, officier de la bouche, sans adresse; M. Ernest, alors, nous a dit sa carte, son nom, son état; il est ex-lieutenant dans le 29e de ligne, et il demeure faubourg Montmartre, numéro 17.

— Mon Dieu! Honorine; quelle mémoire tu as!

— Oh! oui, maman; j'ai toujours eu beaucoup de mémoire.

Florentine ne juge pas à propos pour cette fois de prolonger cette conversation; mais elle observe avec encore plus de vigilance les moindres actions de sa fille; elle s'aperçoit qu'à dater de ce jour, Honorine se met bien plus souvent à la croisée, et que, lorsqu'elle n'ose pas ouvrir la fenêtre, elle s'assied tout contre, et à chaque instant porte ses regards sur le boulevard, si bien que sa broderie en souffre et qu'elle est parfois obligée de recommencer son ouvrage.

Quant au jeune officier, il passe plus que jamais; depuis qu'il a échangé un salut avec Honorine, il ne pourrait pas être un jour sans chercher à la voir, et dès qu'il l'aperçoit les salutations recommencent; la jeune mère qui observe tout cela, dit avec malice :

— Tu vois donc souvent passer des connaissances, ma fille ?

— Mais, maman, c'est M. Ernest qui me salue...

— Toujours M. Ernest... Ne trouves-tu pas que ce jeune homme passe bien souvent devant chez nous?

— Maman... c'est si gentil le boulevard... il y a tant de choses à voir sur celui-ci!...

— Mais il passe donc sa vie à se promener ce jeune homme?

— Maman, puisqu'il n'est plus en activité, que veux-tu qu'il fasse ?

— Ah! c'est juste!... c'est ce qu'il peut faire de mieux... mais, ce qu'il y a de singulier, c'est qu'il se promène même quand il pleut!

— Ah! maman! est-ce que les militaires ont peur de l'eau!

Florentine voit que sa fille a réponse à tout, et que les promenades et les saluts du jeune homme sont loin de lui être indifférents. La jeune mère se rappelle qu'elle a été victime de la séduction; elle tremble déjà pour le repos de sa fille, et se promet de consulter son meilleur ami, son protecteur, enfin de demander au comte de Germancey ce qu'elle doit faire pour empêcher qu'un amour, peut-être blâmable, s'empare du cœur d'Honorine.

L'occasion ne tarde pas à se présenter : M. de Germancey vient voir sa filleule, et lorsque la jeune fille, après avoir embrassé son parrain, va reprendre sa place contre la fenêtre, Florentine prend le comte à part et lui raconte tout ce qui a rapport au jeune homme qui échange maintenant de si fréquents saluts avec sa fille.

M. de Germancey a écouté la jeune mère avec attention, et s'informe d'abord si cette nouvelle connaissance date de loin.

— Il y a déjà près de cinq mois, répond Florentine, que nous sommes allées au théâtre de la Gaîté, où je viens de vous dire comment nous avons été amenées à causer avec ce jeune homme. Ce ne fut que plus d'un mois après que je m'aperçus qu'il se promenait bien souvent devant nos fenêtres; mais alors Honorine ne s'en aperçut pas, elle se mettait fort rarement à la croisée. Ce n'est que depuis six semaines à peu près qu'elle a reconnu ce monsieur qui l'a saluée; mais depuis ce temps elle se place constamment contre la fenêtre pour travailler, et elle y travaille fort mal, parce qu'à chaque instant ses yeux se portent sur le boulevard... et le jeune homme passe, ils se saluent et elle rougit... Ah! mon cher protecteur, je sais trop tout ce que cela veut dire... Honorine commence à aimer, et je me suis promis de tout vous dire, et de vous consulter pour savoir comment nous chasserions cet amour naissant de son cœur.

Le comte sourit, puis répond :

— Mais d'abord est-il bien prouvé que nous devions chasser cet amour naissant et nous opposer à sa croissance?... Ma chère Florentine, votre fille est maintenant dans sa seizième année; elle est trop jolie pour ne point inspirer de l'amour, trop sensible pour ne pas en éprouver elle-même... il s'agit seulement de savoir si celui qui cherche à lui plaire est digne de posséder son cœur... Oh! quant à cela, il faut bien prendre garde! mais ce soin me regarde; et si ce jeune homme s'entourait de mystères....

— De mystères!... oh! bien au contraire; il nous a dit tout de suite sa position... il est décoré...

— Vous me l'avez dit, mais il ne faut pas toujours se fier aux décorations...

— Ah! il nous a dit aussi son nom; il s'appelle Ernest Didier...

— Ernest Didier!... Attendez donc... un jeune homme de ce nom venait quelquefois dans une maison où je vais aussi... C'est un fort joli garçon, brun, taille élancée...

— Oh! c'est bien cela... mais, tenez, ma fille salue en ce moment; venez à une autre fenêtre, vous verrez le jeune homme en question.

Le comte va ainsi que Florentine se placer contre les carreaux d'une autre fenêtre, sans que la jeune fille le remarque, parce qu'elle n'a des yeux que pour le boulevard. Ernest Didier ne tarde point à repasser, et comme il ne manque pas de lever la tête pour regarder Honorine, M. de Germancey peut le voir tout à son aise. Il dit à demi-voix :

— C'est bien lui... c'est mon jeune homme!

— Alors vous le connaissez?...

— Pas particulièrement, mais assez pour avoir entendu dire beaucoup de bien de lui!

— Mais il s'est battu pour l'empereur...

— Croyez-vous que je lui en veuille pour cela!... je serais donc bien injuste.

— Mais il n'a pas voulu entrer au service du roi...

— Preuve qu'il est fidèle à ses opinions, et c'est fort rare aujourd'hui.

— Alors, monsieur, vous pensez donc...

— Que cet amour ne serait pas mal placé. Au reste, je saurai... je m'informerai... ne soufflez mot de rien, dans quelques jours je serai fixé sur le compte de ce jeune homme.

Et M. de Germancey va trouver sa filleule, lui prend le menton, l'embrasse sur le front, en se disant :

— Voilà qui va rendre bien malheureux notre amoureux qui, malgré mes cheveux blancs, va me prendre pour un rival!

Et la jolie enfant est toute embarrassée en recevant les caresses de son parrain qui lui dit :

— Qu'as-tu donc, mon enfant?...

— Moi... mais rien, mon parrain...

— Tu as l'air moins gai qu'à l'ordinaire...

— Oh! je vous assure que vous vous trompez...

— Tu as les yeux rouges... c'est de travailler contre la fenêtre, tu auras attrapé un coup d'air...

— Oh! par exemple... au contraire... j'y vois bien plus clair!

— Vous êtes entrées dans ce pavillon? (Page 77.)

Et le comte est parti en souriant à Florentine. Mais Ernest a disparu aussi en voyant un monsieur embrasser familièrement Honorine, et celle-ci est désolée en n'apercevant plus le beau jeune homme. Elle se dit :

— Il a vu qu'on m'embrassait... il est parti ! Que va-t-il penser... mon Dieu ! je ne pouvais cependant pas lui crier par la fenêtre : C'est mon parrain ! ce n'est que mon parrain !

Quelques jours plus tard, le comte revient chez Florentine ; il la prend à part et lui dit :

— Je me suis informé... c'est un brave et honnête garçon dont la famille est fort honorable ; il a perdu ses parents de bonne heure. Il a seize cents livres de rentes, c'est tout ce que son père lui a laissé ; il vit avec cela sans faire de dettes ! ce qui annonce autant d'ordre que d'économie... ce qui est rare chez les jeunes gens...

— Il vous a revu chez ces personnes qui vous ont renseigné?

— Non, il n'y vient presque plus depuis qu'il est amoureux !

— Ainsi, monsieur, vous croyez donc ?...

— Que vous pouvez recevoir chez vous Ernest Didier, et lui permettre de faire la cour à Honorine.

— Le recevoir chez nous... comment vous pensez...

— Je pense qu'une cour honnête, sous les yeux d'une mère qui ne quitte jamais sa fille, vaut beaucoup mieux que des œillades et des saluts par la fenêtre... Est-ce que vous n'êtes pas de mon avis ?

— Oh ! si monsieur ! mais ma fille est si jeune...

— Pardieu ! je ne vous dis pas de la marier à présent ! quand elle aura dix-sept ans, nous verrons, jusque-là il n'y a pas de mal que les jeunes gens puissent se connaître et s'apprécier... Je ne vous parle pas du peu de fortune du jeune homme... ma filleule a déjà six mille livres de rente, et tout annonce qu'elle sera mon héritière... il vaut donc mieux la donner à un homme pauvre mais honnête, qu'à un richard libertin ou fripon... souvent tous les deux à la fois.

— Vous avez toujours raison, monsieur, mais ce jeune homme... pour lui permettre de venir ici... je ne sais...

— Soyez tranquille, cela me regarde ; se promène-t-il toujours sur le boulevard ?

— Oh ! toujours...

— C'est bien. Mettez votre châle et votre chapeau, dites à Honorine d'en faire autant; nous allons descendre nous promener aussi.

Florentine est bientôt prête ; Honorine semble inquiète en apprenant qu'elle va sortir avec sa mère et son parrain. Cependant elle obéit et met son chapeau, tout en jetant des regards par la fenêtre, car elle vient de voir Ernest passer.

Les dames ont terminé leurs apprêts. On descend et le comte dit :

— Traversons ; l'autre côté du boulevard est beaucoup plus gai.

On traverse. M. de Germancey donne le bras à la mère et à la fille. Celle-ci est tremblante ; elle pense que son jeune officier, en la voyant au bras d'un monsieur, va encore faire bien des conjectures ; elle voudrait presque ne pas le rencontrer, et malgré cela ses regards le cherchent toujours.

On n'a pas fait deux cents pas que l'on se trouve vis-à-vis d'Ernest, qui salue respectueusement les deux dames et va passer, lorsque le comte s'écrie :

— Eh ! mais je ne me trompe pas... c'est monsieur Ernest Didier !...

En entendant prononcer son nom, le jeune homme s'arrête, considère alors le comte, puis rappelant ses souvenirs :

— Mais... en effet... j'ai l'avantage de connaître monsieur... je cherche...

— Chez M. Grandpré...

— Ah ! oui, pardon... c'est monsieur le comte de Germancey que j'ai l'avantage de saluer.

— Lui-même... et vous connaissez ces dames ?

— C'est donc un singe qui a des ailes? (Page 78.)

— J'ai eu le plaisir de me trouver au spectacle près de madame et de mademoiselle... mais je...

— Eh bien! monsieur Didier... c'est ma filleule que vous voyez... J'ai une jolie filleule, n'est-ce pas? elle tient de sa mère!

La figure du jeune homme devient radieuse lorsqu'il apprend que le comte est le parrain de celle dont il est amoureux. Quant à Honorine, depuis que son parrain a causé avec Ernest, depuis qu'elle sait qu'il le connaît, elle est si contente qu'elle ne peut plus se tenir tranquille sur ses jambes, elle sautille au bras de son parrain qui lui dit :

— Qu'avez-vous donc, ma chère filleule... est-ce que vous voulez me faire danser?

— Oh! pardon, mon parrain, c'est que j'ai... des fourmis dans les jambes...

— Ma chère Florentine, je vous présente monsieur Ernest Didier, comme un jeune homme dont on m'a dit beaucoup de bien...

— Ah! monsieur le comte, vous êtes trop bon, et je ne mérite pas...

— Le bien que l'on dit de vous? j'aime à croire que si... Au reste, puisque vous connaissez déjà un peu ces dames, eh bien! je vous mènerai chez elles... afin que vous fassiez tout à fait connaissance...

— Ah! monsieur le comte, que de reconnaissance!... si madame daigne permettre...

— Ce sera avec plaisir, monsieur.

— Décidément ma filleule a du vif-argent dans les jambes, elle ne saurait se tenir en place... nous allons continuer notre promenade... Monsieur Didier, voilà ma carte... Venez me prendre demain sur les deux heures, et nous irons ensemble rendre visite à ces dames.

— Oh! je n'y manquerai pas, monsieur!

Le jeune homme salue et s'éloigne tout joyeux. De son côté, Honorine continue de sautiller au bras de son parrain, qui dit tout bas à Florentine :

— Comme elle est contente!

Et Florentine soupire en murmurant :

— Elle l'aime donc déjà bien!

Le lendemain, Ernest est exact à l'heure qu'on lui a dite, et le comte le mène chez Florentine. Ainsi le jeune homme se trouve introduit chez celle qu'il aime, ainsi il peut la voir, lui parler; mais, tout en ne cherchant point à dissimuler l'amour qu'il ressent pour Honorine, il est près d'elle si respectueux, si convenable, sa tenue chez ses dames est toujours si digne, que le comte dit à Florentine :

— Vous repentez-vous de recevoir ce jeune homme?

— Oh! non, et je commence à croire aussi que ma fille... plus heureuse que sa mère, a bien placé ses affections.

De son côté, Honorine se montre encore plus aimante, plus prévenante pour sa mère. Le bonheur brille dans ses yeux; l'amour heureux rend si aimable, si bon!... excepté chez les mauvaises natures.

Mais un jour, Florentine, voyant sa fille très-attentionnée à regarder par la croisée, lui dit :

— Est-ce que notre jeune ami, M. Didier, passe sur le boulevard en ce moment?

— Oh! non, maman, ce n'est pas lui!...

— Que regardes-tu donc alors qui semble te préoccuper?

— Maman, c'est un monsieur qui, depuis quelque temps, passe souvent devant nos fenêtres... Je l'ai remarqué parce qu'en cherchant des yeux M. Ernest qui devait venir nous voir et qui ne venait pas, j'ai aperçu un monsieur dans une calèche qu'il avait fait arrêter presque en face... puis il regardait ici, et j'ai bien vu qu'il me désignait à un autre homme qui était dans la voiture à côté de lui, et cet autre homme, il m'a bien semblé que c'était le vilain monsieur avec qui Ernest... je veux dire M. Ernest s'est querellé au spectacle... tu sais... et depuis ce jour je l'ai encore vu passer en calèche... et toujours il se retourne pour regarder nos fenêtres...

— Et comment est-il cet homme ?

— D'abord il est très-bien mis, très-élégant, sa voiture est fort jolie... son cocher a une livrée ; c'est un homme qui doit être vieux, car il a les cheveux presque blancs, et cependant sa figure n'est pas vieille... il a des yeux qui brillent comme des éclairs, mais il a une grande cicatrice à une joue.

— Et tu éprouves du plaisir à regarder cet homme ?

— Oh ! non, il me fait plutôt peur ! et... c'est bien drôle, il avait l'air de me sourire.

— C'est singulier... je veux que tu me le montres ce monsieur... est-ce qu'il vient de passer ?

— Oui, et il a fait arrêter sa calèche devant le théâtre de la Gaîté, puis il y est entré, sans doute pour louer une loge... il va revenir, car sa voiture est toujours là qui attend...

Florentine court se placer à sa fenêtre, elle se sent tout émue, toute troublée. Bientôt Honorine lui dit :

— Tiens, maman, voilà ce monsieur... il sort du théâtre... il regagne sa voiture...

Le soi-disant baron de Sternitz venait en effet de louer une loge d'avant-scène. Florentine l'examine avec anxiété ; les cheveux gris-blancs, la grande cicatrice ne lui permettent pas de reconnaître son amant ; cependant, au moment de monter en voiture, ce monsieur a levé la tête pour regarder si Honorine est encore à la croisée, mais en apercevant Florentine près de sa fille, il se hâte de se jeter au fond de la calèche, qui repart aussitôt.

Florentine a pourtant eu le temps d'apercevoir le regard que l'élégant monsieur a jeté sur sa fille, et elle se sent bouleversée : il lui semble que ce regard ne peut appartenir qu'à Francisque, mais bientôt cette pensée s'évanouit, elle se dit :

— Non, ce n'est pas lui... il est jeune encore... et cet équipage... cette livrée... Allons !... j'étais folle de croire que je le revoyais !... oh ! ne parlons pas de cela à mon protecteur... il se moquerait de moi !...

XX. — LE BARON DE STERNITZ VA GRAND TRAIN.

Ainsi qu'il l'avait annoncé à son intime qu'il avait intitulé major Kroutberg, le baron de Sternitz, dès qu'il avait eu en poche les cent mille francs qu'il s'était fait compter par la descendante des Hautefutaie, avait loué un appartement magnifique dans la Chaussée-d'Antin, pris une voiture, acheté des chevaux, engagé à son service des laquais auxquels il faisait porter une élégante livrée. Puis il courait les spectacles, ne dînait que chez les meilleurs traiteurs, affichait un luxe insolent, jouait gros jeu, hantait les roulettes du Palais-Royal, et se promettait chaque soir de faire sauter la banque.

Le major Kroutberg logeait avec son ami et partageait une partie de ses orgies. Quelquefois, dans un tête-à-tête, la Grenouille se permettait de dire à son compagnon :

— Ton audace me confond !... tu vas partout la tête haute, la démarche fière, le ton tranchant ! tu te fais introduire dans les cercles les mieux composés... et tu ne crains pas d'être reconnu... tu ne crains pas que l'on dise : « Quel est donc ce baron de Sternitz qui mène un si grand train ? »

— Imbécile ! je t'ai déjà dit que c'était ce luxe, cette audace, qui me garantissaient du soupçon ! D'ailleurs, à la suite de Sa Majesté Louis XVIII, il est venu en France, et surtout à Paris tant de Russes, de Prussiens, d'Autrichiens ! Crois-tu donc qu'on ait le temps et même la volonté de bien connaître la généalogie de tout ce monde-là... Je passe dans la foule ! c'est tout simple ! Je sème l'or sur mon chemin... je suis généreux... on est enchanté de faire ma connaissance ; ensuite ce vieux sot de la Palissonnière, que je promène souvent avec moi, et qui dit me connaître de longue date, achève de bien me poser partout ! Quant à me reconnaître, c'est impossible ! J'ai su me vieillir de quinze ans, et cette balafre qui me défigure achève de me rendre méconnaissable !

— C'est juste ! mais comme c'est heureux que tu n'aies pas reçu cette blessure avant notre fuite de là-bas ! car si tu l'avais eue alors, au lieu de te déguiser, elle servirait à te faire reconnaître !

— Tu vois bien que la fortune me protège. Je dois cependant t'avouer, major, qu'il y a un homme que je crains... un seul... mais devant celui-là, je ne sais pas si je saurais soutenir mon personnage.

— Et c'est ?

— Parbleu ! tu dois bien le deviner, c'est le comte de Germancey !... aussi j'ai grand soin de l'éviter ! Dernièrement, j'étais dans un cercle ; on a annoncé le comte ; aussitôt, sans en avoir l'air, j'ai filé et disparu.

— Tu as bien fait, c'est plus prudent... je ferais de même si j'entendais annoncer le chevalier de Mérillac, qui m'avait si bien reconnu dans la forêt de Sénart ! et pourtant je me flatte que mon faux nez me change entièrement.

— Oh ! parfaitement... et tu pourrais te dispenser de tenir, comme tu le fais toujours, ton menton dans ta cravate !

— Mon cher ! tout le monde n'a pas ton aplomb ! je ne suis pas un petit Car...

— Tais-toi ! je t'ai défendu de prononcer tous ces noms-là... je ne suis plus que le baron prussien.

M. le vicomte de la Palissonnière, qui, plus d'une fois, a eu le plaisir de monter dans la belle calèche de son nouvel ami, ne cesse de vanter à tout le monde les belles manières, l'élégance, le luxe du baron, et en se retrouvant bientôt avec madame Rigoulotini, il lui dit :

— Y a-t-il longtemps, noble dame, que vous avez vu notre intime ami ?

— De quel intime ami me parlez-vous ? demanda la fière Herminie d'un ton assez sec.

— Eh ! mais... je n'en ai pas deux comme celui-là : c'est ce cher baron de Sternitz, que j'ai eu l'avantage de vous présenter, et que vous avez accueilli avec tant de plaisir...

L'épouse du millionnaire fait une singulière figure : enfin elle répond avec un sourire qui pourrait passer pour une grimace :

— Ah !... ce baron prussien... je l'ai revu... il y a déjà quelque temps... mais je ne tiens pas à ce qu'il vienne souvent !

— Vous m'étonnez !... Comment ! le brave des braves ! un homme qui s'est battu partout pour notre cause... ne serait plus dans vos bonnes grâces !

— Je ne dis pas cela... mais c'est cette balafre qui lui coupe la figure... cela n'est pas agréable à voir !...

— C'est une glorieuse cicatrice !... aussi le baron est recherché, fêté partout. Il paraît qu'il est extrêmement riche ! il mène un train superbe... il a équipage ! J'ai eu le plaisir de monter plusieurs fois dans sa voiture... il m'a absolument voulu faire dîner avec lui et ce bon major Kroutberg chez les meilleurs restaurateurs de Paris ; et quels dîners !... moi, qui ai été dans la bouche du roi, je m'y connais... c'était tout ce qu'il y a de plus recherché... Ensuite le baron loue des loges partout... il joue... oh ! il joue beaucoup ! il perd avec une indifférence princière !... c'est un homme qui doit avoir au moins cent mille livres de rentes !

— Ah ! vous croyez qu'il a cent mille livres... de rentes ?...

— Je ne serais pas étonné qu'il dépensât même plus que cela par année.

Madame Rigoulot, que cela impatiente d'entendre ainsi vanter le baron, trouve un prétexte pour quitter M. de la Palissonnière ; et celui-ci retourne chez son ami le baron, en se disant :

— Comprenez donc quelque chose aux femmes !.... moi, d'abord je déclare que je n'y ai jamais rien compris !... En voici une qui devrait être enchantée que je lui aie fait connaître mon ami intime... mais non... sa balafre déplaît à madame... cela fait pitié !... parole d'honneur ! cela fait pitié !

Cependant le baron de Sternitz menait si grand train

la somme qu'il s'était fait donner, qu'au bout de cinq mois, de ses cent mille francs il ne lui en restait plus que vingt-cinq. Il dit alors à son inséparable :

— Krontberg... combien crois-tu que j'aie encore en caisse de mes cent mille livres?

— Ma foi!... tu vas si vite... tu en as peut-être déjà mangé la moitié?

— La moitié! dis donc les trois quarts... C'est tout au plus s'il me reste vingt-cinq mille livres...

— Diable!... et quand il n'y aura plus rien?...

— Bon! est-ce que je n'ai pas les moyens de m'en faire donner?... mais comme il faut ménager les ressources, je veux ce soir tripler, quadrupler ma somme... J'irai au Palais-Royal, au numéro neuf; je jouerai à la roulette, et j'ai dans l'idée que je ferai sauter la banque!

— Dis donc... y a-t-il moyen de tricher là?

— Non... impossible!

— Alors je n'aime pas ce jeu-là!

— Et moi j'en suis fou !... Oh! ce soir, je gagnerai... j'en suis sûr.

Le soir, en effet, ce monsieur se rend à la maison de jeu du Palais-Royal qui portait le numéro neuf, et qui n'était pas, comme le cent treize, hantée par les ouvriers et les petits joueurs, parce qu'on ne pouvait pas faire son jeu de moins de cent sous.

Malgré la confiance qu'il a dans sa fortune, le baron de Sternitz ne fait pas sauter la banque; et, au lieu de cela, il perd tout ce qu'il possédait. Il quitte alors la roulette, sans être plus triste, et dit au major qui l'attendait dans les galeries du Palais-Royal :

— J'irai demain faire une petite visite à madame Rigoulotini.

— Ah! bigre!... cela veut dire...

— Qu'au lieu de faire sauter la banque, c'est moi qui ai sauté... ce sont de ces coups du sort qu'on ne saurait parer... Ah! je vais aussi écrire à ma femme...

— A ta femme?

— Oui; du moins, à celle que j'ai épousée sous le nom de Villemart... qui n'a jamais été le mien.. par conséquent elle n'est pas plus ma femme que Florentine. Mais elle est la nièce du comte de Germancey... voilà ce que je veux lui apprendre, afin qu'elle ait une bonne part de la fortune du cher oncle...

— Je comprends... alors tu te remettras avec elle?

— Oh! nous verrons... cette Maria a des idées... elle me gênerait. Dans le tourbillon des plaisirs où j'ai vécu, j'avais oublié d'exploiter cette affaire; mais, dès demain, je veux réparer ma faute.

Le lendemain de cette soirée, la descendante des Hautefutaie était seule dans son appartement, rêvant à tout ce que le vicomte Oreste lui avait conté quelque temps auparavant du luxe et du train princier que menait son cher ami le baron, lorsque sa femme de chambre entre doucement et lui demande si elle veut bien recevoir M. de Sternitz.

A ce nom, cette dame a changé de couleur; cependant elle se rappelle que ce monsieur avait promis de lui rapporter son flacon; elle pense que c'est pour tenir sa promesse qu'il vient lui faire visite, et donne ordre qu'on l'introduise.

Le monsieur balafré se présente avec la même politesse, l'air toujours aussi respectueux; il fait même ses saluts encore plus longs et plus profonds, puis accepte enfin le fauteuil qu'on lui présente.

Madame Rigoulot attend que ce monsieur entame l'entretien; le baron semble se recueillir; enfin, impatientée, et voyant qu'il ne commence pas, Herminie lui dit :

— Je présume, monsieur, que vous venez pour me remettre ce flacon... que vous avez oublié d'apporter... la dernière fois que j'ai eu l'honneur de vous voir?

Le baron se renverse dans son fauteuil, se met à son aise, et répond avec le plus beau sang-froid :

— Non, madame, non; ce n'est pas pour ce motif que je suis venu.

— Ah! ce n'est pas... mais ce flacon cependant?...

— Oh! nous en parlerons plus tard! que cela ne vous inquiète pas! C'est pour une cause... plus importante... que je me suis permis, madame, de réclamer de vous cet entretien.

— Une cause... importante... voyons, monsieur, parlez, je vous écoute.

Herminie respire à peine, tant elle est inquiète, mais celui qui est devant elle semble s'étudier à peser ses paroles.

— Madame, ainsi que cela devait être, j'ai vu M. votre fils... qui vend des contre-marques, et mademoiselle votre fille... qui fait des ménages...

— Je pense, monsieur, que leur position est changée maintenant?

— Oui, madame, oui, nécessairement leur position n'est plus la même!... je leur ai donné la somme que vous m'aviez remise pour eux.

— Ils ont dû se trouver bien heureux... être bien joyeux... en recevant tant d'argent?...

— Oui, madame, oui; oh! ils ont été enchantés. J'ai distribué la somme en deux parties, comme cela devait être... alors ils se sont mis dans leurs meubles... ils n'y étaient point auparavant...

— Monsieur, à quoi bon tous ces détails? ils sont maintenant tranquilles sur leur avenir, cela suffit!

— Mais non, madame, malheureusement cela ne suffit pas! La demoiselle Maria, votre fille, menait une conduite assez sage... mais il n'en a pas été de même de M. votre fils Victor... Lorsqu'il s'est vu possesseur d'une somme assez rondelette, cela lui a tourné la tête! il fait des folies, il a joué! il s'est laissé gruger par les femmes... car il y a des femmes qui n'ont pas honte de gruger les hommes! bref, il a été bientôt aussi pauvre qu'auparavant! Ne voulant plus retourner à ses contremarques, il s'est adressé à sa sœur, excellente fille qui ne pouvait voir son frère dans la peine; elle lui a donné tout ce qu'elle avait, et il l'a mangé également; si bien que les voilà tous deux redevenus aussi misérables qu'autrefois!

— C'est affreux cela, monsieur!... je vois que ce garçon est un fort mauvais sujet... mais que voulez-vous que j'y fasse?...

— Mon Dieu, madame, cela va tout seul; que vous renouveliez le cadeau que vous leur avez déjà fait... Ce qui est arrivé leur servira de leçon, et il y a tout à parier que votre... fils sera plus sage à l'avenir.

— Quoi! monsieur, c'est encore de l'argent que vous venez me demander... pour eux?...

— Pas autre chose, madame; d'autant plus qu'on est toujours sûr d'en trouver chez la femme d'un millionnaire...

— Mais c'est impossible, monsieur! je n'ai pas d'argent, moi!

— J'ai déjà eu l'honneur de vous dire que votre mari ou vous, madame, c'était la même chose!...

— Je ne puis plus en demander à mon mari, monsieur; je ne le puis plus...

— Ne les demandez pas, madame, mais arrangez-vous pour me les donner...

— Monsieur... j'ai là mille écus pour ma toilette... je vais vous les remettre...

— Fi donc, madame! pas de plaisanterie! c'est cent mille francs qu'il me faut!...

— Encore cent mille francs!... mais c'est odieux cela!...

— Non, madame; c'est une bagatelle pour un millionnaire...

— Je ne vous les donnerai pas, monsieur!

— Vraiment! eh bien, alors, attendez-vous à voir vos enfants venir ici les réclamer... Ils n'ont pas été ma dupe quand je leur ai donné la première somme... ils m'ont dit : « Vous connaissez notre mère... nommez-nous-la... que nous allions nous jeter dans ses bras!... » J'ai refusé; mais, cette fois, je vais le leur dire...

Le baron se lève et va prendre son chapeau. Madame Rigoulot court à lui, saisit une de ses mains, l'arrête en s'écriant :

— Monsieur... de grâce!... pitié!... ne me perdez pas!...

— Je n'ai pas le moindre désir de vous perdre, madame; c'est vous qui vous perdrez si vous refusez de me donner ces cent mille francs...

— Eh bien... vous les aurez, monsieur...

— A la bonne heure!... j'étais persuadé que nous finirions par nous entendre...

— Mais qui me dit que... dans quelques mois... ce ne sera pas encore à recommencer?...

— Eh! ma parole donc, que je vous engage... Oh! rassurez-vous; je vais donner une semonce à ce mauvais sujet de Victor... et lui dire: « Ce secours est le dernier que vous recevrez... » Alors, à demain, madame, à deux heures... vous savez que je suis l'exactitude même... je viendrai chercher la somme en question.

Le baron est parti. Herminie reste quelques instants accablée, terrifiée par ce qui vient encore de lui arriver; puis enfin, se levant tout à coup, elle se dit:

— Allons!... finissons-en sur-le-champ... rendons-nous près de Rigoulot.

Le banquier était dans son cabinet; il causait avec son ami Mouchenez, qui ne lui avait pas gardé rancune et venait le voir quelquefois; de son côté, depuis que sa femme lui avait impérativement demandé cent mille francs, Rigoulot était beaucoup moins enthousiaste de la descendante des Hautefutaie; parfois même il lui arrivait de convenir avec Mouchenez que la noble dame n'était pas d'une humeur bien agréable avec son époux.

En voyant entrer sa femme dans son cabinet, le banquier reste tout saisi; il se rappelle la visite qu'il a reçue quelques mois auparavant; un secret pressentiment lui dit que sa fière épouse n'a rien d'agréable à lui communiquer.

En apercevant Mouchenez, madame Rigoulot est très-mécontente; cependant elle fait à celui-ci un salut moins hautain, moins désagréable qu'à l'ordinaire, puis elle murmure:

— Monsieur, je suis fâchée de troubler votre entretien avec votre ami, mais j'aurais besoin de vous parler un instant... à vous seul.

Mouchenez se lève aussitôt; il est encore tout surpris d'avoir reçu de cette dame un salut presque aimable, et lui dit:

— Je m'en vas, belle dame! oh! je m'en vas! Vous avez t'à parler z'à votre époux... je ne veux pas vous gêner! oh! gêner les gens, c'est pas mon genre!... Au revoir, fiston!...

— Mouchenez, va m'attendre dans le jardin du Palais-Royal; j'y serai dans une heure...

— Eh ben! ça va... c'est convenu, nous prendrons queuque chose ensemble... du ratafia ou du n'importe quoi! Madame, j'ai *t'évu* celui de vous saluer!

Mouchenez est parti, Herminie s'est jetée dans un fauteuil. Le banquier regarde sa femme et ne paraît pas empressé de savoir ce qu'elle vient faire dans son sanctuaire. De son côté, la femme cherche de quelle façon elle va formuler sa demande; elle se sent vexée d'être embarrassée devant son mari.

Un silence assez long règne donc entre les deux époux, le banquier n'avait garde de le troubler: il avait pris une plume et s'occupait à la tailler; il l'aurait taillée toujours. Enfin Herminie s'écrie presque avec colère:

— Monsieur, est-ce que vous croyez que je suis venue ici pour rien?

— Non, madame, ou cela m'étonnerait.

— Et vous ne me demandez pas seulement ce qui m'amène...

— J'attends que vous me le disiez, madame...

— Eh bien! monsieur, j'ai besoin d'argent.

— Encore! il me semble cependant que je vous ai donné une assez forte somme, il n'y a pas six mois!

— C'est vrai, monsieur, mais vous savez bien que cette somme était pour payer une dette d'honneur...

— Vous me l'avez dit, en effet.

— Malheureusement, monsieur, je n'ai pu tout payer... cette somme n'était qu'un à-compte...

— Vous m'effrayez, madame! cent mille francs, un à-compte!...

— Oui, monsieur, et il m'en faut encore autant.

Cette fois le banquier bondit sur sa chaise, puis il se lève, marche dans son cabinet avec agitation, en s'écriant:

— Oh! cela devient trop fort... des cent mille francs à chaque instant!... non, madame, non, cela ne se peut pas... Je ne suis point une vache à lait!... Si vous jetez votre argent par les fenêtres, madame, moi, je ne veux pas y jeter le mien!...

Herminie se ronge les ongles de dépit, elle laisse quelque temps son mari exhaler son humeur, puis, comme sa colère lui a donné du courage, elle lui dit d'un ton ferme et résolu:

— Monsieur, vous vous conduisez avec moi comme un manant, comme un parvenu que vous êtes... vous oubliez le rang de la personne que vous avez épousée...

— Ah! fichtre! madame, je m'en mords bien les doigts d'avoir fait ce mariage-là! il me coûte cher! et si c'était à recommencer...

— Assez, monsieur, assez! je crois que vous voulez m'insulter!...

— Non, madame, je ne vous insulte pas, mais...

— Monsieur, il me faut cent mille francs...

— Je ne les ai pas là, madame!

— Alors vous me les enverrez demain avant deux heures... vous entendez, monsieur, avant deux heures... mais je vous promets une chose, c'est que cette demande d'argent est la dernière que je vous ferai... oh! oui!... j'aimerais mieux mourir que de renouveler cette scène!

— Envoyez-moi demain votre créancier, madame, et je le payerai.

— Non, monsieur, je ne vous enverrai personne... c'est à moi seule qu'il appartient de terminer cette affaire... Vous me ferez remettre demain, avant deux heures, la somme que je vous ai demandée, n'est-ce pas, monsieur? je puis y compter?

Rigoulot baisse le nez devant les regards flamboyants de sa femme et balbutie:

— Puisqu'il le faut absolument... et que ce sera votre dernière demande... oui, madame...

— C'est bien, monsieur.

Herminie est partie. Le banquier prend sa canne et son chapeau, s'essuie le visage avec son mouchoir, murmure des mots sans suite, puis se hâte d'aller au Palais-Royal retrouver son ami.

En apercevant le banquier dont la figure est toute bouleversée, Mouchenez court à lui:

— Qu'est-ce qui est donc z'arrivé à Crésus... tu es tout je ne sais comment... est-ce que tu as z'évu des mots mêlés d'aigreur avec ta femme?

— Oh! si ce n'était que des mots!... mais j'ai eu bien mieux que cela!... mon pauvre Mouchenez! tu avais bien raison de me dire que j'avais fait un sot mariage!... Ah! quelle sottise de se lier à quelqu'un qui croit nous faire trop d'honneur en acceptant notre nom... notre fortune... J'ai été un imbécile, un orgueilleux, et pas autre chose!...

— Allons, calme-toi, mon gros. Qué diable peut te monter z'ainsi contre ta femme... Est-ce que, par hasard... elle t'aurait cornardé?

— Eh non!... ce n'est pas cela... j'aimerais mieux que cela fût... oui, je l'aimerais mieux... mais madame travaille à me ruiner... c'est bien pis!

— Te ruiner! z'est-ce que c'est possible?

— Oui, du train dont elle y va!

Et le banquier raconte à son ami la première visite de sa femme, puis ce qui vient de se passer à la seconde. Mouchenez ouvre de grands yeux et murmure:

— Bigre! z'excusez! des cent mille francs à la fois... et tu vas encore les donner?

— Il le faut bien... j'ai promis... avant deux heures demain...

— Et tu ne sais pas à qui ta femme donne cet argent?

— Non, c'est ce qui m'inquiète... Ah! je voudrais bien savoir ce qu'elle en fait!

— Mais, mon homme, rien de si facile... Quand tu auras remis ou z'envoyé la somme demain, mets queuque-z'un en embuscade... mets-toi z'y toi-même... si ta femme sort, fais-la suivre; si on vient cheux elle, remarque qui vient!...

— Pardieu! tu as raison, mon cher Mouchenez... et cette idée-là ne me serait jamais venue... Sais-tu que tu n'es pas bête, Mouchenez!

— Et pourquoi t'est-ce que je serais bête? parce que je fais des cuirs en parlant?... c'te farce! mais, mon homme, j'ai vu, moi, des savants qui étaient bêtes comme des pots!...

— J'adopte ton idée... c'est après deux heures qu'on viendra, sans doute... Je veillerai, je guetterai par une fenêtre de ma chambre à coucher qui donne sur la cour... Je me cacherai derrière les rideaux...

— Et moi, si ça te va, à dater de deux heures, je me promènerai, sans trop t'en avoir l'air, devant ta maison... j'aurai l'œil sur les visiteurs!

— Oui, oui, je le veux bien... Comme cela impossible de ne point savoir qui viendra... c'est convenu!

— Et à présent paye-moi quéque chose.

Le lendemain, à l'heure dite, les deux amis étaient à leur poste. Le banquier avait porté lui-même les cent mille francs à sa femme dans un beau portefeuille, et il avait remarqué qu'elle ne paraissait nullement préparée à sortir. A deux heures cinq minutes, l'élégante calèche du baron de Sternitz s'arrête devant la porte cochère. Le baron descend et prend tout droit le chemin qui mène aux appartements de madame; il n'y fait qu'un court séjour, et au bout de cinq minutes reparaît, tout radieux, tenant encore à sa main le portefeuille que le banquier venait de porter chez sa femme; il remonte dans sa voiture et s'en va.

M. Rigoulot quitte alors sa cachette et va rejoindre son ami Mouchenez, qui lui dit:

— Eh bien, tu as vu ce beau monsieur qui est venu en voiture... sais-tu qui c'est?

— Oui, vraiment; c'est un baron prussien que M. de la Palissonnière nous a présenté il y a environ six mois... oh! je l'ai bien reconnu à sa cicatrice.

— C'est donc là le créancier de ta femme?

— Il paraît que oui!

— Quoi qu'il fait, ce coco-là?

— Je ne sais pas... mais puisqu'on nous l'a présenté, alors Herminie ne le connaissait donc pas!...

— C'est louche tout ça... enfin tu sais à qui tu as affaire, et à présent tu peux prendre des informations... A ta place, moi, je n'en ferais ni une ni quatre, j'irais trouver le Prussien, et je lui dirais: Voyons, fiston, pourquoi t'est-ce que ma femme vous flanque comme ça des cent mille francs?... je demande z'à savoir de quoi il retourne entre elle et vous!

Rigoulot ne répond rien, mais il semble réfléchir.

XXI. — MARIA ET VICTOR.

Depuis la partie de campagne à Ville-d'Avray, madame Roberval venait moins chez son amie la modiste, et alors qu'elle y venait, ce n'était plus cette femme si gaie, si rieuse d'autrefois; maintenant cette dame était triste, inquiète, une vague préoccupation paraissait sans cesse l'empêcher d'être à ce que l'on disait, et ce revirement dans son humeur agissait déjà sur son physique; Eulalie changeait à vue d'œil, en quelques mois elle avait vieilli de plusieurs années.

Victor n'avait pas été sans remarquer ce changement, et, un jour, il avait dit à sa sœur:

— Qu'est-il donc arrivé à ton amie? elle, qui était si gaie, qui ne songeait qu'à s'amuser, qui projetait sans cesse quelque partie de plaisir! maintenant elle a toujours l'air d'avoir du chagrin... elle soupire... elle est distraite, rêveuse... Toi, son ancienne amie, tu dois savoir ce qui la rend si différente d'autrefois?

— Elle a, je crois... des contrariétés dans son ménage... son mari ne la rend pas aussi heureuse qu'elle l'espérait...

— Tu crois?.. hom!... tu ne veux pas me dire la vérité; mais, comme autrefois madame Roberval paraissait s'inquiéter fort peu des actions et de l'humeur de son mari, il faut qu'il y ait autre chose, car cette dame ne se ferait pas du chagrin pour cela!... toi-même, avec elle, je ne te trouve plus si expansive... si à ton aise...

— Tu te trompes, Victor!

— Oh! non, je ne me trompe pas! mais si c'est un secret que tu as promis de garder, tu dois tenir ta promesse, et je ne te questionnerai plus à ce sujet.

Quelques mois s'étaient écoulés depuis cette conversation, lorsqu'un matin, pendant que le frère et la sœur réglaient ensemble les comptes du mois, le facteur apporte une lettre pour madame Villemart.

Maria éprouve une vive émotion en prenant la lettre; elle balbutie:

— Qui peut m'écrire?... c'est singulier!... je ne reçois jamais de lettres...

— Quelque dame de tes pratiques... qui te fait une commande...

— Oh! pour ces choses-là, les dames n'écrivent pas, elles viennent elles-mêmes... on a trop de détails à donner...

— Ouvre donc cette lettre, tu sauras ce que c'est...

— Mon ami... je ne sais pourquoi... je tremble... il me semble que je vais apprendre quelque chose... de mon mari... ah! je ne pourrai pas lire!... vois toi-même...

Victor prend la lettre, brise le cachet, regarde la signature et s'écrie:

— Villemart!...

— Villemart!... Ah! je ne m'étais donc pas trompée... il vit... il existe encore... ah! donne... donne... oh! je pourrai lire maintenant!

Victor rend la lettre à sa sœur, qui lit tout haut:

« Ma chère femme,

« Après tant d'années de séparation, vous avez dû me croire mort, j'avoue que j'ai un peu tardé à vous donner de mes nouvelles; mais j'avais résolu de faire fortune, de ne revenir que cousu d'or, de vous faire une existence princière; dans ce but, j'ai voyagé, j'ai été dans le nouveau monde, au diable, enfin! et, malheureusement, mes spéculations n'ont pas réussi. Je suis donc revenu en France, assez pauvre d'écus. Grâce au hasard, je viens de faire une découverte qui va changer votre position... quoique j'aie appris que vous faites assez bien vos affaires... mais c'est une fortune que je vais vous donner... et à moi aussi, par conséquent: j'ai découvert quels sont vos parents... »

Ici, Maria s'interrompt et regarde son frère en balbutiant:

— Ah! mon ami!... entends-tu?

— Oui, oui, mais continue...

« Quels sont vos parents; ils sont fort distingués, ainsi que je l'avais toujours pensé... Vous êtes le résultat d'une intrigue amoureuse entre le marquis de Germancey et une noble demoiselle, dont je sais le nom, que je me réserve de vous apprendre plus tard. Le marquis votre père est mort en Angleterre, mais, avant de mourir, il a écrit à son frère pour lui apprendre qu'il avait deux enfants naturels, enfin, toute son intrigue avec la noble demoiselle. Ne sachant pas ce que vous étiez devenus, il n'a pu donner à son frère des détails sur l'endroit où votre mère vous avait fait élever: mais il le chargeait de faire tout son possible pour vous retrouver, en vous recommandant à son cœur. Or, voici le beau de l'affaire: ce frère, le comte de Germancey, qui est rentré dans ses biens, a maintenant plus de vingt-cinq mille livres de rentes, il est célibataire et sans enfants, et il a fait son possible pour vous trouver, parce qu'il lui tarde d'enrichir sa nièce et son neveu. Allez donc bien vite le voir, ma chère Maria, allez vous jeter dans les bras de cet oncle qui brûle du désir d'embrasser sa nièce. Allez, devenez très-riche, je pense bien qu'alors vous n'oublierez pas que c'est à moi, à votre mari, que vous devez votre fortune, et j'irai vous faire visite quand votre position sera changée. J'ai toujours en ma possession le précieux flacon; mais, comme il ne vient pas de votre père, il ne peut en rien intéresser votre oncle, et je le garde jusqu'à nouvel ordre. Je vous le répète, il faut courir trouver votre oncle et vous en faire reconnaître. Le comte de Germancey demeure à Paris, rue de Paradis-Poissonnière; tout le monde vous indiquera sa maison.

« Au revoir, ma femme; je vous certifie que je n'ai pas cessé d'être amoureux de vous...

« VILLEMART. »

Maria est tellement bouleversée par ce qu'elle vient de lire, qu'elle continue de regarder le papier sans avoir la force de parler. Quant à Victor, il a plusieurs fois froncé le sourcil pendant la lecture du billet et semble réfléchir.

— Eh bien, mon frère, tu ne dis rien? s'écrie enfin Maria; est-ce que cette lettre ne te cause pas, comme à moi, un grand plaisir?...

— Cette lettre... oui, sans doute... si ce qu'elle dit est vrai... si le comte de Germancey est notre oncle et qu'il désire, en effet, nous reconnaître pour les enfants de son frère... oui... ce serait un bonheur... mais, tiens, si tu veux que je te dise franchement ce que je pense... sur ton mari...

— Oui sans doute... parle...

— Eh bien, ce Villemart me paraît être une infâme canaille!...

— Ah! mon frère... comme tu le traites!... qui te fait penser...

— Tout! sa conduite, le style de sa lettre... Est-ce que tu crois que j'ajoute foi à ce désir de faire fortune... de t'enrichir qui, soi-disant, l'a empêché pendant un si grand nombre d'années de te donner de ses nouvelles? Mensonges que tout cela! Ce monsieur a... je ne sais comment, découvert que le comte de Germancey était notre oncle... il sait le comte riche, sans enfants; il nous dit: « Courez bien vite vous en faire reconnaître, afin qu'il vous enrichisse et que je partage votre fortune... » Trouves-tu cela délicat? moi, cela me semble le calcul d'un misérable...

— Ah! Victor!...

— Ensuite, ce monsieur sait qui est notre mère, et il nous cache son nom!... pourquoi? dans quel but? Son premier devoir n'était-il pas de nous la faire connaître?... Avant de nous rendre un oncle, croit-il donc qu'il ne nous serait pas plus doux d'aller nous jeter aux pieds de notre mère et de lui demander sa bénédiction? Mais elle n'est pas riche peut-être, et c'est pour cela qu'il ne nous dit pas son nom!...

Maria écoutait son frère avec attention, et, dans le fond de son âme, convenait qu'il avait raison. Elle examine de nouveau la lettre et murmure:

— Il ne m'a pas donné son adresse... pourtant cette lettre est datée de Paris...

— Il ne tient pas du tout à ce que tu lui répondes... il se dit lui-même qu'il ne viendra pas te voir que lorsque le comte de Germancey t'aura fait don d'une partie de sa fortune!...

— Ah! mon frère!... tu me désoles!... que faut-il donc faire?

— Écoute, voilà, suivant ce que me dicte l'honneur, quelle doit être notre conduite. Nous irons tous deux trouver ce M. de Germancey; nous lui dirons ce que nous sommes, et nous verrons s'il veut en effet nous ouvrir ses bras. S'il nous repousse, eh bien, nous aurons fait une démarche inutile; mais s'il nous traite en bon parent, s'il veut nous faire jouir d'une partie de sa fortune, nous lui dirons: « Gardez vos richesses, monsieur; vous nous témoignez de la tendresse, de l'amitié, c'est tout ce que nous désirions. Notre position est heureuse, elle suffit à notre ambition; ce que nous venions chercher près de vous, c'était le nom de nos parents, c'était votre amitié, nous n'en voulons pas davantage, et nous nous efforcerons toujours de la mériter. »

— Oh! tu as raison, mon frère, oui, c'est ainsi qu'il faut nous conduire!...

— Et quant à ton mari... à ce monsieur qui te donne des nouvelles après plus de dix-huit ans d'absence, s'il n'est pas content... nous verrons!

— Quand faut-il nous présenter chez M. de Germancey?

— Dès demain. Sachons vite à quoi nous en tenir. Tu feras de la toilette, moi aussi, car il faut faire honneur à notre oncle... s'il l'est réellement. Je viendrai te chercher demain à midi, un homme est visible à cette heure-là.

M. de Germancey était seul chez lui; il songeait à sa filleule, et au jeune Ernest Didier qui ne lui avait pas caché l'amour qu'il éprouvait pour Honorine; et, comme chaque jour le comte découvrait de nouvelles qualités chez le jeune homme, il caressait la pensée de l'unir à sa charmante filleule; seulement il se disait: « Lui avouerai-je où a été son père?... non... Je lui ai appris déjà que la fille de Florentine était un enfant naturel, qu'elle ne portait que le nom de sa mère; à quoi bon lui en dire davantage? »

Le domestique vient annoncer au comte qu'une dame et un monsieur désirent à lui parler à lui seul.

— Eh bien, je suis seul, introduis ce monsieur et cette dame, répond M. de Germancey, qui se demande ce que l'on peut avoir à lui dire de mystérieux.

Maria avait alors près de trente-huit ans, mais elle était encore fort belle, sa taille avait de la noblesse, de l'élégance, ses grands yeux étaient pleins de vivacité, sa bouche était aimable et gracieuse; elle avait enfin tout ce qu'à vingt ans mademoiselle Herminie de Hautefutaie devait avoir de bien. Sa toilette simple, mais de bon goût, sa coiffure bien choisie, achevaient en ce moment d'en faire une dame fort digne d'être remarquée.

Victor avait trente-cinq ans, il en paraissait à peine trente; il était grand, bien fait, sa démarche était fière, hardie, et l'expression de sa physionomie annonçait aussi un caractère décidé. C'était un joli cavalier, mis avec une certaine recherche, mais sans affecter de la prétention.

Le frère et la sœur sont visiblement émus en se présentant devant le comte; celui-ci s'en aperçoit et s'empresse de leur offrir des siéges. Mais bientôt, en fixant Victor, le comte semble partager l'émotion de ses visiteurs, et c'est d'une voix presque tremblante qu'il leur dit:

— Puis-je savoir, madame et monsieur, ce qui vous amène chez moi?

— Madame est ma sœur, dit Victor; excusez-nous, monsieur le comte, mais ce qui nous amène... va peut-être vous paraître si singulier...

— La même voix!... la même voix aussi! s'écrie le comte en interrompant Victor. Pardon... pardon, monsieur... votre nom, s'il vous plaît?

— Victor... rien que Victor, monsieur...

— Victor! et madame votre sœur s'appelle Maria?

— Oui, monsieur... élevée avec mon frère à Vincennes... chez madame Duchemin... où notre mère... dont nous ignorons le nom... nous a abandonnés... et nous avons un papier, signé par le curé d'alors, qui certifie tout cela...

— Ah! venez dans mes bras... mon neveu! ma nièce... Toi Victor... ah! je n'avais pas besoin de ces détails pour te reconnaître! tu es l'image vivante de feu mon pauvre frère!... tu as jusqu'à sa voix... en t'écoutant, je croyais l'entendre encore!... Et vous... Maria, vous ma nièce... ah! c'est avec votre mère que vous avez de la ressemblance!... Mes enfants! mes chers enfants... je vous ai donc enfin retrouvés! ah! venez, que je vous embrasse encore!...

Le comte a des larmes dans les yeux; Maria et Victor partagent son émotion. Après les premiers moments donnés au plaisir de se regarder, de se connaître, le comte dit:

— Je vous ai cherchés bien longtemps, mes enfants; je suis allé à Vincennes, j'ai questionné des enfants de la femme Duchemin, je n'ai pu obtenir d'eux aucun renseignement sur votre sort. Comment avez-vous appris, vous, que j'étais votre oncle... et si tard! au bout de si longtemps ?... Ah! racontez-moi cela.

— Nous aussi, dit Victor, nous cherchions nos parents, monsieur...

— Appelez-moi votre oncle, mes enfants, je le veux.

— Eh bien, mon oncle... nous tâchions de découvrir quelque chose en nous informant, en racontant comment on nous avait confiés à une paysanne de Vincennes... Ah! il faut vous dire que ma sœur possédait un fort beau flacon qui a été oublié chez la nourrice, la dernière fois que notre mère y vint. Sur ce flacon il y a un chiffre, des armes gravées; nous espérions que cela nous aiderait dans nos recherches...

— Et malgré cela, dit Maria, moi qui avais emporté ce flacon à Rouen, je n'étais pas plus avancée que mon frère!

— Enfin, mes enfants?

— Enfin... monsieur...

— Ah! je ne veux plus de monsieur!

— Pardon... je n'ose pas encore dire : mon oncle. Eh bien, il faut d'abord que je vous apprenne que je suis mariée...

— Vous êtes assez jolie femme pour avoir trouvé un mari!... Ensuite?

— Hélas! mon oncle, je n'ai pas été bien heureuse en ménage... ou plutôt j'y ai été fort peu!

— Votre mari est mort?

—Non, mon oncle... mais, au bout de huit mois de mariage... il m'a quittée... il a disparu...

— Diable! et vous ne savez pas ce qu'il a fait, ce qu'il est devenu?

— Non, mon oncle. J'habitais Rouen alors, j'étais modiste. Au bout de quelque temps, une personne qui connaissait Villemart... c'est le nom de mon mari, me dit qu'elle était sûre de l'avoir aperçu à Paris; alors je quittai la Normandie et vins m'établir à Paris pour y chercher Villemart, mais ce fût en vain... dix-huit années s'écoulèrent sans que j'en entendisse parler!

— Mais je ne vois pas dans tout cela quels rapports avec notre reconnaissance?

— Mon cher oncle, dit Victor, vous allez bientôt le comprendre... Maria, donne à M. le comte la lettre que tu as reçue hier de ton mari.

Maria hésite et regarde son frère en murmurant :

— Comment... tu veux que je montre cette lettre... à notre oncle... mais elle contient des détails...

— Qui serviront à lui faire juger ce que peut être ton mari... et je suis bien aise de savoir si M. le comte pensera comme moi; d'ailleurs, ma sœur, nous devons agir avec franchise près d'un parent qui nous témoigne tant de bonté.

Maria se décide à donner sa lettre à M. de Germancey, qui la lit avec attention, mais dont le front se rembrunit à mesure qu'il avance dans cette lecture.

— Eh bien, mon oncle, que pensez-vous de ce Villemart? demande Victor au comte, qui est devenu tout pensif.

— Mon ami... je vois que ce monsieur aime avant tout l'argent! Il reviendra vers sa femme quand elle aura de la fortune; ce n'est pas bien délicat, mais cela se voit souvent! Seulement ce monsieur ne vous dit pas comment il a découvert que j'étais votre oncle... et c'est là surtout ce que j'aurais voulu savoir.

— C'est vrai... il ne nous dit rien de cela... mais il sait aussi le nom de notre mère, à ce qu'il prétend...

— Oui... oui... en effet... il dit savoir quelle est votre mère... Mon Dieu!... tout cela me rappelle...

— Quoi donc, mon oncle?...

— Oh! rien... c'est un souvenir vague... Ma chère Maria, faites-moi, je vous prie, le portrait de votre mari... de ce Villemart; je serai bien aise de m'en faire une idée.

Maria se hâte de satisfaire le désir de son oncle en lui donnant le signalement de son mari, et, en l'écoutant, le comte voit avec effroi que le portrait qu'on lui fait de ce Villemart peut parfaitement s'adapter à Séverin. Il dit alors à Maria :

— Vous ne savez pas quand reviendra votre mari?

— Non, mon oncle; vous voyez ce qu'il me dit à cet égard...

— Qu'il reviendra quand vous aurez de la fortune... Eh bien, ma chère nièce, et vous, mon ami, je veux que les désirs de ce monsieur soient satisfaits... Je suis garçon, je vivais seul... vous viendrez demeurer avec moi... ma fortune sera la vôtre... je n'en excepterai que le bien que je veux faire à une filleule qui m'est bien chère, et que vous aimerez aussi, j'en suis certain. Seulement, ma nièce, il faudra m'avertir aussitôt que vous recevrez la visite de votre mari... que je tiens beaucoup à connaître... oh! mais beaucoup! Eh bien, mes enfants, ma proposition vous convient-elle?

— Mon cher oncle, dit Victor, nous sommes vivement touchés de tout ce que vous voulez faire pour nous, mais nous ne pouvons accepter...

— Et pourquoi cela?

— Parce que nous ne sommes venus vous trouver que dans le désir de connaître un parent que nous ne demandons qu'à aimer... qu'à respecter! Vous pouviez nous repousser, monsieur le comte, et vous ne l'avez pas fait... vous nous avez ouvert vos bras! ah! nous sommes trop heureux!... Quant à votre fortune, gardez-la!... donnez-la tout entière à cette filleule que vous aimez... Grâce au ciel, nous ne manquons de rien... ma sœur a un magasin de modes qui prospère... moi, je tiens ses livres, je place son argent... laissez-nous ce que nous sommes... afin que l'on ne puisse pas croire que c'est pour vos richesses que nous cherchions à être reconnus par vous... Voilà ce que nous vous demandons en grâce, ma sœur et moi!

Le comte est vivement touché de cette preuve de désintéressement; il prend la main du frère et de la sœur en leur disant :

— Vous êtes de braves enfants... je vous aime, je vous admire... mais je ne dois pas cependant vous écouter...

— Et pourquoi cela, mon oncle? dit Maria, pourquoi voulez-vous nous faire changer de position? est-ce parce que je suis à la tête d'un magasin de modes et que cela blesse d'avoir une nièce dans le commerce?

— Non, ma chère amie, ne croyez pas cela; depuis la Révolution, les nobles et les émigrés ont fait tant de métiers pour vivre, qu'ils n'ont plus le droit d'en mépriser aucun! Mais il m'aurait été doux de vous avoir avec moi, ainsi que ce cher Victor, l'image vivante de mon frère...

— Eh bien, plus tard, mon oncle, plus tard nous pourrons satisfaire à votre désir... mais maintenant, de grâce, laissez nous ce que nous sommes!

— Mais si je vous cède, ma nièce, que va dire votre mari, qui attend que vous soyez très-riche pour retourner près de vous?

— Oh! pour celui-là! s'écrie Victor, quand je le connaîtrai, je le traiterai comme il le mérite...

— Oui, mon ami; mais n'oublie pas surtout de me le faire connaître d'abord... j'ai des raisons bien importantes pour te demander cela.

— Pardon, mon oncle, dit Maria, nous voudrions savoir... vous ne nous avez pas appris le nom de notre mère... et... si elle existe encore...

— Elle existe, mes enfants... elle est mariée et fort riche... mais je dois vous taire son nom, car je suis certain, moi, qu'elle ne vous accueillerait pas bien.

Le frère et la sœur se regardent tristement, puis ils se jettent dans les bras du comte en lui disant :

— Vous nous tiendrez lieu de tout!

Après être restés encore assez longtemps chez leur oncle, Victor et Maria le quittent en lui promettant d'aller le voir souvent, et de son côté M. de Germancey annonce à sa nièce qu'elle recevra bientôt sa visite.

XXII. — RIGOULOT CHEZ M. DE STERNITZ.

Le soi-disant baron de Sternitz continue son joyeux train de vie et se livre plus que jamais à sa passion pour la roulette, jeu auquel il n'est pourtant pas heureux.

Une nuit que la fortune lui a encore été contraire, il

Je sème l'or sur mon chemin. (Page 82.)

envoie au diable la Grenouille qui lui demandait un billet de mille francs, et lui dit :

— Il faut que je ménage mes fonds ! Comprends-tu que j'ai écrit il y a près d'un mois à Maria, ma femme; je lui ai appris qu'elle était la nièce du comte de Germancey ; je lui ai ordonné d'aller se mettre en possession de la fortune de son oncle, et elle n'en a rien fait, ou, du moins, rien n'est changé dans sa position... Cet avare Germancey aurait-il refusé de la reconnaître pour sa nièce?... cela n'est pas probable, d'après ce que je lui ai entendu dire dans la masure de la forêt !...

— Pourquoi ne vas-tu pas toi-même trouver ta femme, tu saurais tout de suite ce qui s'est passé?

— Oh ! je ne me soucie pas d'aller si promptement me montrer dans ce magasin. Maria a un frère qui est presque toujours là et dont je dois me méfier.

— Il faudra cependant bien que tu y ailles pour demander des fonds à ta femme.

— C'est pour cela que je veux d'abord être certain qu'elle en a reçu de ce Germancey. Quant à la femme du banquier, je ne puis plus guère compter sur elle. Croirais-tu qu'en me remettant les cent mille francs pour la seconde fois, elle m'a dit : « Il serait inutile que vous revinssiez encore, monsieur, car, au risque de tout ce qui pourrait arriver, je vais donner l'ordre de ne plus vous laisser entrer chez moi. »

» — Voyez-vous, cette pimbêche ! mais elle y regarderait à deux fois.

— Heureusement, il m'est tombé dans les mains une autre source de fortune... et celle-là, oh ! je te promets que je l'exploiterai largement.

— Ah bah ! encore un autre moyen pour avoir des fonds !... et tu refuses un misérable billet de mille à ton fidèle compagnon !... ah ! baron !... c'est bien peu, baron !...

— Fiche-moi la paix !... plus tard, quand je serai en veine !

— Et cette autre source de fortune, où l'as-tu dénichée celle-là ?

— Tu sais que je promène assez souvent dans ma calèche cet imbécile de La Palissonnière qui est tout fier d'être avec moi, et qui ne se doute guère qu'il sert à me garantir des soupçons de la police, car ce La Palissonnière est vraiment gentilhomme, et on n'ira jamais croire que ce monsieur a pour ami intime un ci-devant forçat...

— Qui le serait même encore si nous n'avions filé, et c'est en nous sauvant que tu es tombé sur des bouteilles cassées et que tu t'es blessé si horriblement au visage.

— Blessure qui fait aussi ma sûreté maintenant !

— Revenons à ton plastron. Eh bien ! ce cher Oreste ?

— En passant sur le boulevard du Temple, j'ai fait voir au vicomte ma fille Honorine, qui était à sa fenêtre, et je lui ai dit :

« — Comment trouvez-vous cette jeune personne-là, cher ami ? »

La Palissonnière a regardé, a poussé des exclamations, a tiré sa lorgnette de sa poche, puis s'est écrié :

« — Charmante ! ravissante ! adorable !... Mais je reconnais cette jeune fille... je l'ai déjà vue et admirée, je me suis trouvé au spectacle derrière elle; elle était avec sa mère... c'est bien elle ! il n'y a pas deux visages aussi ravissants dans Paris ! Je ne vous cacherai même pas, cher baron, que cette délicieuse créature avait fait la plus vive impression sur mon cœur. »

— J'avais fort envie de rire pendant que ce monsieur me contait tout cela. Le vicomte reprit :

« — Vous connaissez cette jeune personne ?

« — Pardieu ! je le crois bien, je suis son tuteur !

« — Son tuteur ! s'écria-t-il; alors vous allez chez elle quand vous voulez?

« — Je n'y vais pas depuis quelque temps, parce que je suis un peu brouillé avec sa mère; mais j'y retournerai quand cela me fera plaisir. »

Là-dessus voilà mon vieil amoureux qui me prend les mains, me les presse avec force en me disant :

« — Baron, vous me rendriez le plus heureux des hommes si vous me présentiez à votre pupille.

— Monsieur, vous vous conduisez avec moi comme un manant. (Page 84.)

« — Quelles sont vos vues? dis-je en prenant un air sévère; je suis le tuteur de cette jeune fille ; elle est issue d'une famille très-honorable, et vous entendez bien que je ne veux pas la compromettre.

« — Mes vues sont légitimes, me dit-il, cette charmante personne m'a tourné la tête... Vous me dites que sa famille est honorable, je m'en rapporte entièrement à vous, et je suis prêt à mettre à ses pieds ma fortune et ma main. »

Tu penses bien que ceci me donna à réfléchir, je vis qu'en imaginant des procès, des comptes de tutelle à régler, il me serait facile de tirer de l'argent de ce vieux singe. Je lui dis : « — Je vais réfléchir à ce que vous venez de m'apprendre ; je ferai tout mon possible pour vous être agréable, mais laissez-moi préparer une occasion favorable. Dans ce moment, il y a, je ne vous le cache pas, un jeune homme décoré, un militaire, qui, je crois, fait la cour à ma pupille.

« — Je devine qui c'est ! s'écria le vicomte; je ne veux pas, pour tout au monde, me trouver avec ce jeune homme-là.

« — Soyez tranquille, lui dis-je, je le ferai mettre à la porte ! mais, encore une fois, laissez-moi saisir le moment favorable. »

Voilà, major Kroutberg, où en sont les choses, et comme je veux en effet tirer parti de la passion du vicomte pour ma fille, j'écrirai incessamment à Florentine pour la préparer à recevoir ma visite.

— Et si elle l'annonce à son protecteur, à ce Germancey?

— Oh ! d'après tout ce que je lui écrirai sur le comte, je te réponds qu'elle ne lui parlera pas de moi, d'ailleurs je le lui défendrai, et je connais Florentine, elle n'osera pas me désobéir.

Ces messieurs en étaient là de leur conversation lorsqu'un valet vient annoncer au baron de Sternitz un monsieur qui désire avoir l'honneur de l'entretenir un moment.

— Ce monsieur a-t-il dit son nom? Je ne reçois pas sans savoir le nom de ceux qui se présentent.

— Voici la carte de ce monsieur.

— Donnez donc, butor, c'est par là que vous auriez dû commencer.

Séverin jette les yeux sur la carte et lit : « Thomas Rigoulot, banquier. »

—Tiens !... tiens !... c'est le mari de ma dame aux cent mille francs ?...

— Il vient peut-être te les redemander !

— Il aurait de la peine à les obtenir... Au reste, nous allons savoir ce que veut ce monsieur... Laquais, faites entrer. Toi, major, reste, la conversation que je vais voir avec ce millionnaire sera probablement drôle !

M. Rigoulot est introduit dans le salon du baron de Sternitz, celui-ci prend ses grands airs, relève la tête, se tient bien roide et caresse ses moustaches. Le major Kroutberg se modèle sur son ami ; il fronce le sourcil, fait presque entrer son faux nez dans sa cravate et se promène dans le salon, comme s'il montait une faction.

La vue de ces deux personnages, qui n'ont pas du tout l'air agréable, ne met pas à son aise le mari d'Herminie, qui était déjà fort embarrassé en arrivant. Il salue très-respectueusement le baron, puis il salue le major, puis il se retourne pour voir s'il n'y a plus personne à saluer, et se décide alors à s'asseoir dans un siége que lui indique le maître de la maison, en lui disant d'un ton sec :

— Vous avez désiré me parler, monsieur... qu'avez-vous à me dire?

— Oui, monsieur le baron... oui... je pense que monsieur le baron me reconnaît?

— Oui, monsieur, vous êtes le banquier Rigoulotini... deux fois millionnaire, à ce qu'on dit.

— Ah ! monsieur, on en dit toujours plus qu'il n'y en a. Vous êtes venu chez moi, monsieur le baron...

— En effet, j'y ai été présenté par le vicomte Oreste de La Palissonnière, gentilhomme que j'honore d'une affection toute particulière; nous avons fait la guerre ensemble.

— Je n'en doute pas, monsieur... mais ce que j'ai à vous dire... j'aurais désiré que ce fût... en particulier.

— Vous voulez que je renvoie le major Kroutberg? ce brave major... mon intime... un autre moi-même qui a eu trois chevaux tués sous moi... non, je veux dire sous lui... Était-ce sous toi ou sous moi, major, que nous avons perdu tant de chevaux... à cette fameuse bataille?...

Le major répond avec un grand flegme :

— C'était sous le Directoire!

— Oui tu as raison. Monsieur de Rigoulotini, je ne renverrai pas le major, ce serait inutile, car je n'ai pas de secrets pour lui.

Le banquier s'incline en répondant :

— En ce cas, je vais m'expliquer... c'est difficile... très-difficile!...

— Donnez-vous le temps, je ne suis pas pressé! Major, qu'est-ce qu'on a fait à la Bourse aujourd'hui?

— On a volé deux mouchoirs...

— Ce n'est pas cela, je te demande le cours des fonds.

— Ah! les fonds... les fonds sont toujours à la même place.

— Diable de Kroutberg, il s'entend mieux à se battre qu'à spéculer!

Cependant le banquier, qui s'est recueilli, reprend la parole :

— Monsieur le baron, depuis quelque temps mon épouse s'est trouvée avoir besoin de beaucoup d'argent!

— Eh bien! monsieur, en quoi cela peut-il vous étonner? Est-ce que les femmes n'ont pas toujours un tas de chiffons à s'acheter! Est-ce qu'il ne leur faut pas une foule de babioles pour leur toilette! Oh! les femmes! nous savons tous ce que cela coûte... N'est-ce pas, major?... Tu le sais, car tu as fait des folies pour les femmes, toi!...

— Oui! oui! j'en ai mené aux Ombres chinoises!...

— Monsieur, il ne s'agit pas ici de babioles; ma femme a voulu avoir deux cent mille francs... en deux fois...

— Deux cent mille francs! En effet, c'est un chiffre assez rond! mais peut-être madame Rigoulotini a-t-elle voulu s'acheter des diamants, et je les crois chers cette année... Major, sais-tu le cours des diamants?

— Les diamants... non... je n'en ai pas acheté aujourd'hui.

Rigoulot, qui commence à s'impatienter des dialogues qui interviennent entre le baron et son ami, reprend d'un ton assez résolu :

— Non, monsieur, ma femme ne s'est rien acheté avec ces deux cent mille francs que je lui ai comptés en deux fois, mais c'est à vous qu'elle les a remis, et je viens vous demander à quel titre vous avez reçu cet argent?

Cette fois le banquier était arrivé droit au but. Le baron est un moment étourdi par cette attaque, mais il répond bientôt avec arrogance :

— A moi! à moi! votre femme m'a remis de l'argent! qu'est-ce que vous me chantez là, monsieur, et à propos de quoi venez-vous me fourrer dans vos affaires de ménage! Que dis-tu de cela, major, crois-tu que je sois l'amant de la femme de monsieur?

— Oh! sacré nom... je veux dire, oh! mille bombes... tarteiff, ça ne peut pas te tenter!

— Il n'est pas question d'être l'amant de ma femme, monsieur le baron, je suis loin d'avoir eu cette pensée.

— C'est heureux! ah! fichtre, c'est heureux!

— Mais mon épouse a prétendu avoir une dette d'honneur à payer... alors vous aviez donc une créance à exercer sur elle?... D'où tenez-vous cette créance?

— Et pourquoi voulez-vous que tout cela me regarde?

— Monsieur le baron, je vous ai vu venir chez ma femme et en sortir tenant encore dans vos mains le portefeuille que je venais de lui porter et qui contenait cent mille francs en billets de banque... je vous ai parfaitement reconnu.

Séverin se lève et se met à se promener à grands pas dans son salon, en s'écriant :

— Sacrebleu, monsieur, savez-vous que vous commencez à m'ennuyer beaucoup!... vous vous permettez de me faire des questions... à moi, baron de Sternitz... c'est pitoyable!

— Je suis fâché de vous ennuyer, monsieur, mais ces questions, j'ai le droit de vous les faire.. je ne veux pas que ma femme me demande à chaque instant cent mille francs, sans savoir pourquoi elle vous les donne...

— Vous voulez savoir pourquoi votre femme me remet cet argent?...

— Oui, monsieur.

— Vous le voulez absolument?

— Oui, monsieur... oui, je le veux!

— Eh bien! papa Rigoulot, votre femme m'a remis cette somme pour que je la fasse tenir, moi, aux deux enfants qu'elle a faits avant son mariage, avec un jeune marquis qui l'a ensuite plantée là...

Rigoulot est atterré, il devient jaune et balbutie :

— Deux enfants!... ma femme... une noble demoiselle... c'est impossible!

— La preuve que ce n'est pas impossible, c'est que ça est; ces choses-là arrivent aussi bien aux nobles demoiselles qu'aux roturières... Oui, mademoiselle de Hautefutaie s'était laissé séduire par un beau gentilhomme... deux enfants, garçon et fille, ont été le résultat de cette intrigue. L'amant est mort, mais les enfants existent encore; ils sont même très-bien venus et ce ne sont plus des enfants... Demandez à madame Rigoulot si tout cela n'est pas la vérité... Et tenez, vous pourrez en même temps lui rendre ce flacon marqué de ses armes, que jadis elle oublia en allant voir ses petits chez la paysanne de Vincennes, à qui elle les avait confiés... Je n'en ai plus besoin maintenant, puisque la mèche est éventée... Ah! vous vouliez savoir où passait votre argent, eh bien, vous le savez à présent; êtes-vous content?

Le malheureux Rigoulot n'a plus la force de répondre : il prend le flacon d'un air abasourdi, le regarde, le met dans sa poche, puis se lève, cherche sa canne et son chapeau que la Grenouille se hâte de lui présenter, se jette dans plusieurs meubles en voulant sortir du salon, et s'en va enfin en s'écriant :

— Bon Dieu!... qui l'aurait cru!... qui l'aurait pensé... deux enfants .. qui vont la gruger!... Ah! Mouchenez! tu avais bien raison!

Séverin et son complice rient beaucoup du désespoir du banquier.

— Voilà une affaire vidée, dit le premier, j'en ai tiré tout ce que je pouvais en avoir... Que madame Rigoulotini s'arrange maintenant avec son cher mari, cela lui apprendra à m'annoncer qu'elle me fera mettre à la porte si je me représente chez elle! et maintenant allons à la roulette!

— Quant à moi, se dit la Grenouille, il faut absolument que je trouve à... faire quelque chose; puisque mon baron me refuse un billet de mille francs, il faut que je m'en procure d'un autre côté.

XIII. — DOUX INTÉRIEUR.

Pendant que tous ces événements avaient lieu, une existence tranquille, heureuse, un bonheur que rien ne semblait devoir troubler, régnaient dans la demeure de Florentine. Depuis que le jeune officier était reçu chez ces dames, Honorine ne cachait plus à sa mère le plaisir qu'elle éprouvait à le voir, la joie qui remplissait alors son cœur; de son côté, lorsque Ernest était assis près d'elle, il la regardait comme on regarde la femme que l'on adore et que l'on respecte, parce qu'on espère lui donner son nom.

Florentine souriait en écoutant les confidences naïves de sa fille, elle lui disait :

— Tu as de l'amour pour Ernest?

— De l'amour, maman, je ne sais pas; mais je suis bien heureuse quand il est là!

— Oui, c'est de l'amour, il ne faut pas en faire mystère à ta mère, il faut qu'elle connaisse toujours toutes tes pensées.

— Ah! maman, tu sais bien que je n'aurai jamais de secrets pour toi.

— Cet amour, je ne le blâme pas, mon enfant, sans cela, tu penses bien que je ne permettrais pas à ce jeune homme de te faire la cour!

— Il me fait donc la cour, maman?

— Ah! mademoiselle, faites donc semblant de l'ignorer!

— Maman, M. Ernest est toujours avec moi bien aimable, bien complaisant; il me répète sans cesse qu'il passerait volontiers sa vie à me regarder, qu'il pense sans cesse à moi, qu'il n'est content que quand il me voit... c'est donc faire la cour, cela?

— Oui... c'est te dire aussi qu'il t'aime...

— Ah! pour cela, il m'a dit qu'il n'osait pas me le dire.

— Oui, mais il nous l'a dit à moi et à ton parrain, et c'est la conduite d'un honnête garçon, qui ne cherche point à plaire à une jeune fille avant de savoir si ses parents voudront bien la lui accorder.

— Et vous voulez bien m'accorder... Ah! que c'est gentil cela...

— Oui, mais pas encore, plus tard; tu as à peine seize ans, il faut pour se marier être bien raisonnable...

— Est-ce que je ne suis pas raisonnable, maman?

— Non! pas toujours; enfin ton parrain décidera, et lorsqu'il le voudra...

— Oh! oui... je suis sûre qu'il voudra bientôt! il m'aime tant!

— C'est à lui que tu dois ta fortune, tu as six mille livres de rente...

— Oh! non, maman, elles sont à vous.

— Elles sont à toi, ma fille; moi j'ai bien assez pour vivre... M. de Germancey a même l'intention de faire de toi son héritière, s'il ne retrouve pas sa nièce et son neveu.

— Ah! j'aimerais mieux qu'il les retrouvât... Je ne tiens pas à être si riche, moi!

— Je ne le désire pas non plus pour toi, mon enfant je crois que l'on trouve plutôt le bonheur dans une honnête aisance qu'au sein de la fortune.

— Mon parrain est bien bon pour moi... il me tient lieu de père... n'est-ce pas, maman?

— Oui, oui, sans doute...

— J'étais bien jeune encore quand le mien est mort?

— Oui... bien jeune!

Florentine détourne tristement la tête, et sa fille se hâte de l'embrasser, en lui disant :

— Pardon! pardon! maman, je te rends toujours chagrine quand je te parle de mon père... j'ai tort... je devrais me souvenir de cela...

Peu de temps après avoir reçu la visite de Maria et de son frère, M. de Germancey se rend chez Florentine, qui lui dit en le regardant :

— Il vous est arrivé quelque chose de nouveau, monsieur... Oh! je vois cela dans vos yeux!

— En effet, ma chère amie, répond le comte après avoir embrassé sa filleule; mon enfant, tu ne seras pas aussi riche que je le pensais...

— Ah! quel bonheur! vous avez retrouvé votre nièce et votre neveu!

— Oui... ils sont venus me trouver ce matin... et ils ne m'auraient pas, par leur récit, par l'attestation du vieux curé de Vincennes, prouvé qu'ils étaient bien ceux que je cherchais, que je l'aurais deviné rien qu'en les regardant : le jeune homme est le portrait vivant de mon frère, et sa sœur a aussi beaucoup de traits de sa mère.

— Et comment ont-ils su que vous étiez leur oncle? dit Florentine.

— Comment?... ah! c'est là aussi ce qui me préoccupe!... Maria, ma nièce, a reçu une lettre de son mari qui lui apprenait que je suis son oncle.

— Votre nièce est mariée?

— Oui, et c'est comme si elle ne l'était pas! après huit mois de ménage, elle a été quittée, abandonnée par son mari, un nommé Villemart, qui m'a tout l'air d'être un fort mauvais sujet!

— Pauvre femme!... Mon Dieu! je ne suis donc pas la seule abandonnée!...

— Au bout de dix-huit ans, ce Villemart rompt le silence, il écrit à sa femme pour lui apprendre qu'il a découvert qu'elle était la fille du marquis de Germancey, mort en Angleterre, et lui ordonner de venir me trouver afin que je la fasse jouir de ma fortune... lui annonçant qu'elle ne le reverra que lorsqu'elle pourra lui faire partager cette fortune...

— Ah! cet homme montre des sentiments bien vils!...

— Telle est la pensée de ma nièce et surtout de mon neveu... un brave garçon qui a aussi fort mauvaise opinion de son beau-frère, qu'il ne connaît pas. Mais, malgré les conseils intéressés de ce monsieur, croiriez-vous, mes chères amies, que ces braves enfants ont refusé mes bienfaits : je voulais les prendre chez moi, je voulais que ma maison et ma fortune fussent les leurs, ils m'ont refusé... ils ne veulent de moi que mon amitié...

— Ah! c'est bien cela... et ça fait leur éloge.

— Ils sont, il est vrai, dans une position assez heureuse. Mais vous entendez bien que je trouverai moyen de les traiter comme les enfants de mon frère... sans pour cela oublier ma petite filleule, que j'aime tout autant que si j'étais son oncle!...

— Ah! mon bon parrain, de grâce, ne me donnez plus rien... Vous avez bien assez fait pour moi!... M. Ernest trouve déjà qu'il est bien pauvre auprès de moi!... Que dirait-il donc si vous m'enrichissiez encore! il n'oserait plus m'aimer... et cela me ferait bien de la peine!...

— C'est bien! c'est bien, mademoiselle, on saura arranger les choses de manière que tout le monde soit content! Maintenant je voulais vous demander une permission, Florentine...

— Une permission! à moi? Oh! je vous l'accorde d'avance, monsieur!

— C'est de vous amener ma nièce et mon neveu; je leur ai déjà parlé de vous, et sur ce que je leur ai dit de ma filleule et de sa mère, ils brûlent du désir de faire votre connaissance.

— Oh! amenez-les, monsieur, amenez-les; nous serons bien contentes de les voir, de les connaître... nous recevons si peu de monde, nous, ce sera un bonheur que de nous lier avec votre nièce et votre neveu.

— Eh bien, c'est entendu, ma chère Florentine. Attendez-vous à nous voir arriver tous les trois un de ces jours. Je suis sûr que Victor et Ernest se conviendront... Victor est plus âgé que notre jeune officier, et cependant je le crois moins raisonnable. Quant à vous, ma bonne Florentine, vous aimerez Maria... il doit y avoir de la sympathie entre vous.

M. de Germancey reste encore quelque temps avec la mère et la fille, puis il les quitte en leur disant encore :

— A bientôt, avec Victor et Maria...

Deux jours après cet entretien, Honorine étudiait son piano, Florentine écoutait avec orgueil sa fille, dont elle admirait le talent, et Ernest Didier assis près du piano, où il s'était placé pour tourner les feuilles de musique, oubliait bien souvent de remplir cet emploi parce qu'il ne pouvait se lasser de contempler la charmante musicienne. Alors celle-ci le grondait et tâchait de prendre un air sérieux, en s'écriant :

— Eh bien, monsieur, vous ne tournez pas; à quoi donc pensez-vous?

Puis, un ravissant sourire revenait bientôt embellir sa physionomie, pendant que le jeune homme s'excusait en murmurant :

— Pardonnez-moi... mais je vous regardais!

L'arrivée du comte qui amène sa nièce et son neveu change ce tableau.

— Voilà Maria et Victor, dit M. de Germancey en présentant ses jeunes parents, ils sont bien heureux de venir vous voir, de connaître des personnes que j'aime... qui me sont dévouées... De votre côté, Florentine, je suis certain que vous les aimerez aussi quand vous aurez fait plus intime connaissance. Pour commencer, ma nièce, embrassez ma bonne Florentine; et vous, mademoiselle ma filleule, laissez-vous embrasser par mon neveu... Oh! Ernest n'en sera pas jaloux! car Victor sait déjà par moi que votre cœur est pris, et qu'il s'est donné à ce beau jeune homme-là!

On s'embrasse avec plaisir; puis on se regarde, puis on cause; une douce intimité s'établit vite entre ces personnes qui se conviennent; il ne faut pas nier la sympathie! elle existe partout, à la ville comme aux champs. Dans le monde, elle rapproche des gens qui ne s'étaient jamais vus, et qui, en se voyant pour la première fois, croient être d'anciennes connaissances. Au village, elle fait rougir la jeune fille près de celui qu'elle doit écouter... elle agit déjà chez les enfants qui devinent les personnes qui les aiment... et viennent avec confiance se jeter dans leurs bras. Qu'ai-je besoin de vous dire qu'elle existe aussi chez les animaux; les chats même, ces pauvres chats tant calomniés par l'un et l'autre, se laissent volontiers caresser par ceux qui sont bons pour eux. C'est donc la sympathie qui leur fait deviner que ceux-là ne leur feront pas de mal.

Le caractère franc et décidé de Maria plaît à la douce Florentine qui voit déjà en elle une amie. De son côté Victor se sent porté à regarder Ernest comme un frère, il apprécie sa conduite, et lui serre la main, en lui disant:

— A votre place, je me serais conduit tout comme vous.

Enfin Honorine est heureuse de voir que leur intérieur va devenir encore plus agréable par la présence de deux personnes aimées de son parrain, et parce qu'elle s'aperçoit que Didier aura dans Victor un véritable ami.

Tout le monde est content. Le comte seul demeure quelquefois pensif; alors son front se rembrunit, sa physionomie devient soucieuse: c'est qu'il pense à ce que lui a dit Séverin, lorsqu'il l'a fait arrêter; il se rappelle que ce misérable s'est vanté de connaître sa nièce et son neveu; et il se demande comment ce Villemart, le mari de Maria, a pu percer ce mystère. Alors une idée effrayante traverse son esprit: si ce Villemart et ce Séverin ne faisaient qu'un? le forçat évadé existerait donc encore, puisque sa nièce vient de recevoir une lettre de Villemart? Cette pensée était de nature à jeter l'effroi dans l'âme du comte, car elle lui faisait prévoir de nouveaux malheurs pour tous ceux qu'il aimait; il s'efforçait alors de la repousser, mais, malgré lui, elle revenait sans cesse troubler son repos.

Cette première visite chez Florentine se prolonge longtemps. On se quitte enfin, mais non sans s'être promis de se revoir bientôt.

M. de Germancey avait sa voiture en bas; il y fait monter sa nièce et invite Victor à en faire autant.

Mais celui-ci lui dit:

— Permettez-moi, mon oncle, de ne point vous accompagner maintenant. Je suis sur le boulevard du Temple... C'est là-bas, au coin, que j'ai été longtemps commissionnaire... Vous le savez... je vous l'ai dit. J'avais alors ici quelques amis... un surtout, un brave garçon, encore plus pauvre que moi, car il avait sa mère à faire vivre... Aujourd'hui je suis heureux... mon sort est changé... mais je n'ai pas oublié ceux qui partageaient ma misère. Je voudrais revoir mon pauvre Beaulard et tâcher de rendre son sort plus heureux... Je voudrais lui donner un peu de ce bonheur qui est venu me trouver.

— C'est bien, mon ami, répond le comte en frappant sur l'épaule de son neveu. C'est fort bien, quand la fortune nous sourit, de ne point oublier les amis malheureux. Va trouver ton ancien camarade, Victor, va et suis les bons instincts de ton cœur. Moi je vais ramener Maria à son magasin.

La voiture part. Victor traverse la chaussée, et va de l'autre côté du boulevard chercher le salon de *Curtius*. Mais déjà le boulevard du Temple avait subi bien des changements; le salon de Curtius n'existait plus; en revanche on avait le *Petit-Lazary*, théâtre qui pouvait presque se flatter de rappeler l'ancien *Théâtre sans prétention*, qui jadis était situé presque à la même place. Puis enfin on avait les *Funambules*, qui commençaient aussi à donner des pantomimes à grand spectacle, dans lesquelles Pierrot était toujours le héros, le pivot sur lequel reposait toute l'intrigue. Le succès de la pièce dépendait souvent du talent de Pierrot; aussi ce rôle n'était-il confié qu'à un acteur dont le talent dans la pantomime fût généralement apprécié. Alors un nommé *Debureau* commençait à s'y faire remarquer et devait y acquérir cette réputation colossale qui en fit plus tard le Pierrot le plus célèbre des temps modernes.

En n'apercevant plus le salon de Curtius, Victor se sent tout attristé; car il faut dire que le comte de Germancey, malgré la persistance de ses jeunes parents à refuser ses bienfaits, avait trouvé moyen, la veille, de glisser une bourse renfermant deux cents louis en or dans la poche de son neveu. Et celui-ci ayant voulu la refuser, son oncle lui avait dit d'un ton d'autorité:

— Mon ami, il me plaît à moi que tu reçoives de ton oncle un peu d'or pour tes plaisirs, tu me ferais de la peine en refusant de moi ce léger cadeau.

Alors Victor avait dû garder la bourse, et son premier plaisir, sa première pensée, avait été de donner une partie de cet or à son ancien ami Beaulard, qu'il n'avait pas revu depuis près d'une année, parce que ses occupations chez sa sœur lui avaient pris beaucoup de temps.

Victor est donc fort contrarié en ne trouvant plus son ami à son poste ordinaire; il s'informe, il demande de quel côté le salon de Curtius est allé s'installer. On n'en sait rien. Quelques personnes croient que M. Curtius s'est retiré des affaires, après avoir fait vendre son fonds de commerce. Victor est désolé, il arpente le boulevard, en se disant:

— Beaulard doit toujours être occupé par ici, il n'est pas possible qu'il ait quitté ce quartier, sa mère demeure dans la rue Basse.

Après avoir dépassé le *Méridien* et *Bancelin*, traiteurs alors en vogue sur le boulevard du Temple, et ne s'être arrêté qu'à la Galiote, autre traiteur fort renommé, surtout pour ses cabinets particuliers, Victor revient sur ses pas. Lorsqu'il a passé la Gaîté, puis l'Ambigu-Comique, il lui semble entendre cette petite voix claire et enfantine qu'il connaissait si bien, et qui dit comme autrefois: « Ceci vous représente!... »

Victor marche plus vite, et à la place du théâtre des Troubadours, qui est démoli, et dont il ne reste plus que le vestibule, il voit une grande toile sur laquelle on a brossé des animaux de toutes les formes, tous plus extraordinaires les uns que les autres, et, devant ce tableau, le petit Beaulard, tenant toujours sa baguette à la main, et faisant l'explication du tableau et de ce que l'on voit en pénétrant dans le spectacle qui est établi sous le vestibule.

Victor appelle Beaulard, qui veut bien quitter son poste pour venir se jeter dans les bras de son ami. Quoique Beaulard ne soit plus un enfant, quoiqu'il ait maintenant passé la trentaine, il est toujours le même: aussi petit, aussi maigre, aussi pâlot, l'air aussi souffreteux.

— Sapristi! j'ai cru que je ne te retrouverais plus! s'écrie Victor en prenant les deux mains de son ami. Pourquoi les figures de cire ne sont-elles plus là-bas?

— Dame, M. Curtius est parti en voyage, je ne pouvais pas le suivre!

— Et que fais-tu donc voir maintenant à ton nouveau spectacle?

— Des bêtes curieuses: un lapin qui bat du tambour, un âne qui devine la personne la plus amoureuse de la société, des chiens qui jouent au domino, un chameau qui n'a pas de bosse...

— Et combien gagnes-tu à ce nouveau métier?

— Toujours la même chose. Vingt sous et pas nourri.

— Pauvre garçon!... En voilà assez! Quitte cette baraque... viens... J'ai retrouvé mes parents. Mon oncle, qui est très-riche, m'a forcé hier d'accepter deux cents louis en or... Il y en a cent dans cette bourse, ils sont pour toi... Allons, prends... mais prends donc...

— Pourquoi faire?

— Comment, pourquoi faire! Mais pour essayer un

petit commerce... n'importe lequel, cela vaudra toujours mieux que ce que tu fais...

— Je suis habitué à ce que je fais... Mais le commerce, je ne saurais pas, j'aurais bientôt dépensé, perdu tout cet argent-là !

— Mais ta mère, malheureux, ta mère ! Est-ce que tu ne veux pas qu'elle soit heureuse ? Va lui porter ces cent louis alors.

De grosses larmes roulent dans les yeux de Beaulard qui murmure :

— Ma mère est morte !

Victor respecte un moment la douleur de son ami, puis il reprend :

— Eh bien, garde cet argent pour toi... Tu feras ce que tu voudras, mais enfin cela te rendra toujours plus heureux...

— Oh ! non... je n'ai plus besoin d'argent. A présent que je n'ai plus ma mère, vingt sous par jour, c'est beaucoup pour moi seul !... qui vivais avec huit sous !

— Mais tu pourrais quitter cet état abrutissant qui ne te mènera à rien...

— J'y suis habitué... Ça ne me fatigue pas. Je ne saurais pas faire autre chose.

— Mais ces animaux qu'on montre là s'en iront un jour comme tes figures de cire, alors que feras-tu ?

— Oh ! je n'ai pas peur de ça, il y aura toujours des curiosités ou des bêtes à montrer sur le boulevard.

— Ainsi, tu me refuses ?

— Oui, ton argent m'embarrasserait, me gênerait, voilà tout !... Je n'en ai pas besoin, je n'en veux pas !

— Tu ne veux donc rien accepter de moi ?

— Ah ! si... Tiens, il y a longtemps que je n'ai bu de la bière et mangé des échaudés... Veux-tu m'en régaler ?

Victor emmène son ami au café le plus voisin. Beaulard mange des échaudés et boit de la bière avec délices ; puis, au bout de dix minutes, il se lève en disant :

— Il faut que je retourne à mon emploi, sans quoi je serais grondé !... Le patron fait aussi l'explication, mais sa voix est enrouée ; tandis que la mienne, qui est claire, s'entend de loin !...

— Voyons, Beaulard, encore une fois... mets cette bourse dans ta poche...

— Non, non, je te répète que ça me gênerait. Mais je ne t'en remercie pas moins, mon bon Victor... Adieu, quand tu auras le temps, viens voir mes bêtes, je te ferai entrer pour rien.

XXIV. — UN BONHEUR TROUBLÉ.

Une douce liaison s'est bien vite formée entre Florentine et Maria ; ces deux femmes se sont bientôt fait entièrement confidence de tous les événements de leur vie, et comme, chez les femmes, l'amour est toujours le pivot autour duquel les autres événements ne sont que secondaires, c'est de cet amour qu'elles aiment surtout à parler.

Ainsi Florentine a conté à sa nouvelle amie de quelle manière elle a connu Francisque, comment elle n'a pas eu la force de résister à la séduction, puis ensuite la conduite singulière, mystérieuse de son séducteur, la manière brusque avec laquelle il l'a quittée et l'abandon total où il l'a laissée depuis ce temps, alors qu'il savait qu'elle portait dans son sein un fruit de leurs amours.

De son côté, Maria a fait confidence à Florentine de ses amours avec Villemart, de son mariage et de la disparition de son mari, huit mois après l'avoir épousée. Ces deux femmes n'ont pas manqué ensuite de se faire l'une à l'autre le portrait de l'homme qu'elles aimaient. Elles sont demeurées toutes surprises en voyant que le portrait de l'un était exactement semblable au portrait de l'autre.

Et elles s'étaient écriées :

— Quelle singulière ressemblance dans nos destinées, nous étions faites pour nous connaître, pour nous aimer et nous consoler ensemble, puisque toutes deux nous avons eu à peu près les mêmes peines, les mêmes souffrances.

— Mais maintenant, disait Florentine, vous êtes plus heureuse que moi ! Vous savez que votre mari existe, il vous a écrit, et sans doute vous le reverrez bientôt.

— Je ne sais, répondait Maria, si je dois pour cela me trouver plus heureuse ; après dix-huit années de silence, mon mari me donne de ses nouvelles, c'est vrai, mais ce n'est pas pour m'exprimer le plaisir qu'il aura à me revoir, c'est pour m'annoncer que je vais être riche, c'est pour me dire d'aller bien vite trouver le parent qui doit changer ma position, enfin c'est pour me prévenir qu'il viendra me voir lorsque je pourrai lui faire partager cette fortune qui va m'arriver... Est-ce donc là le langage d'un honnête homme ? Devant mon frère et mon oncle, j'ai tâché d'excuser un peu Villemart, mais, dans le fond de mon âme, j'ai trouvé que Victor avait raison de le mépriser ! Enfin, si cet homme avait encore un peu d'affection pour moi, qui l'empêche de venir me trouver ? Après une absence si longue, il n'éprouve donc pas le moindre désir de me voir ? Car voilà plus d'un mois d'écoulé depuis que j'ai reçu sa lettre, et il n'a pas paru chez moi... Ah ! mon amie, je ne le vois que trop, j'ai, comme vous, bien mal placé mon amour.

Lorsque, à neuf heures du soir, Maria avait fait fermer son magasin, elle s'empressait de se rendre chez Florentine, son frère l'accompagnait, ou bien il allait la retrouver. Là, on était certain de toujours rencontrer Ernest Didier. La soirée se passait agréablement : Maria, qui touchait aussi du piano, faisait de la musique avec Honorine. Ernest avait une jolie voix et chantait avec goût la romance ; Victor, qui, depuis quelque temps, apprenait à jouer de la flûte, essayait parfois d'exécuter avec le piano un duo facile ; et la soirée s'écoulait bien vite dans ces doux loisirs.

M. de Germancey venait très-souvent se joindre à la réunion. Il était heureux au milieu de ceux qu'il appelait ses enfants. Parfois cependant un sombre nuage passait sur sa physionomie, et, avant de quitter sa nièce, il ne manquait jamais de lui demander si elle avait revu son mari, ou si elle en avait eu d'autres nouvelles.

Un matin, Florentine était seule chez elle, M. de Germancey venait d'emmener sa filleule faire quelques emplettes avec lui. Le concierge apporte à la jeune mère une lettre qui vient d'arriver pour elle par la poste.

Florentine prend cette lettre, l'examine, se demande qui peut lui écrire, éprouve une émotion semblable à celle que Maria avait ressentie en recevant la missive de son mari, puis tout à coup s'écrie :

— Mon Dieu, s'il écrivait aussi, lui !...

Alors, brisant vivement le cachet, elle cherche la signature, elle voit : *Francisque*. Elle relit plusieurs fois ce nom pour s'assurer qu'elle ne s'abuse pas. Certaine enfin que cette lettre est bien de l'homme qui l'a abandonnée depuis plus de seize ans, elle lit avec anxiété ce billet :

« Ma chère Florentine,

« Vous avez dû me croire mort, depuis seize ans et demi que je vous ai quittée une nuit assez brusquement, je m'en souviens ! Mais savez-vous où j'ai passé presque tout ce temps... en prison ! Oui, ma chère, en prison, d'où il m'était défendu d'écrire à personne. Et savez-vous qui m'y a fait jeter dans cette affreuse prison ?... Eh bien, c'est votre ami, votre soi-disant protecteur, cet infâme comte de Germancey ! Pour une peccadille ! pour une légère faute de jeunesse, cet homme, qui a des amis, a trouvé moyen de me faire passer pour un grand criminel, pour un dangereux malfaiteur. Il a voulu me séparer de vous, pourquoi, je n'en sais rien, mais il y est parvenu. Il a dû vous dire sans doute que j'étais mort, car il espérait bien que je pourrirais dans mon cachot ! Mais je me suis évadé, enfin !... et j'espère faire bon usage de ma liberté.

« Vous comprenez que, pour ne pas être reconnu, je me suis déguisé et surtout vieilli, de façon à tromper les yeux les plus exercés. Une blessure que j'ai reçue au visage achève de me changer complétement. Malgré cela, je n'ai pas besoin de vous dire qu'il faut bien vous garder de divulguer à qui que ce soit que vous avez reçu de mes nouvelles. C'est surtout avec le comte de Germancey qu'il faut me garder le secret!... Si cet homme savait que je suis libre et à Paris, il s'empresserait de me faire bien vite remettre en prison, et je ne veux plus y retourner, j'en ai assez! Mais je vous connais assez, Florentine, pour être certain que vous ne me trahirez pas.

« Maintenant arrivons à un autre sujet :

« Vous avez une fille, qui est la mienne par conséquent; cette jeune personne est fort bien, je l'ai vue plusieurs fois à vos fenêtres et je n'ai pu m'empêcher d'être fier d'avoir une fille aussi jolie. Mais, plusieurs fois aussi, j'ai vu chez vous, près d'elle, un jeune homme qui m'a tout l'air de lui faire la cour, et qui probablement se flatte de l'épouser... car vous ne souffririez pas qu'il eût d'autres intentions! Mais je me suis informé; ce jeune homme, autrefois officier sous l'Empire, n'a rien ou à peu près rien! Ce n'est donc pas là le parti qui convient à ma fille. Je m'oppose à cette union, je m'y oppose formellement... vous entendez, formellement! D'autant plus que j'ai en vue pour ma fille un parti superbe! Un seigneur très-riche, qui ne lui demandera pas de dot, au contraire... D'ailleurs, je suis le père d'Honorine, et j'ai le droit de disposer d'elle comme bon me semble. Au premier jour, c'est-à-dire au premier soir, quand je me serai assuré que vous êtes seule chez vous, je vous présenterai ce seigneur, qui m'honore d'une estime toute particulière, et j'espère que vous le recevrez comme votre gendre futur; en attendant, ne dites rien de moi à Honorine, ne lui apprenez pas que vous avez des nouvelles de son père, ces petites filles sont bavardes, indiscrètes, et elle pourrait me trahir. Mais, je vous le répète, renvoyez le jeune officier et défendez à Honorine de penser à lui, elle pleurnichera peut-être un peu d'abord, mais ensuite elle sera enchantée d'être la femme d'un vicomte.

« A bientôt, silence et obéissance.

« FRANCISQUE. »

Florentine reste comme anéantie après la lecture de cette lettre, puis elle la relit encore en pesant chaque phrase, et en se disant :

— C'est M. de Germancey qui l'a fait mettre en prison... M. de Germancey... si bon pour moi! qui n'a jamais voulu que mon bonheur... Est-ce bien possible?... Non... Francisque aura été trompé... Je ne puis croire que celui qui fut toujours mon protecteur ait voulu me séparer à jamais de l'homme que j'aimais... du père de mon enfant!... Mon Dieu! cette lettre me bouleverse... Il s'est déguisé... vieilli... il a une cicatrice au visage... Alors c'est lui que j'ai vu de la fenêtre... lui qui regardait si souvent Honorine, qu'elle l'avait remarqué... Mais il était mis avec élégance... il avait une calèche à ses ordres...? Honorine l'a toujours vu passer en voiture... il est donc devenu riche... Est-ce qu'on peut devenir riche en prison?... Je m'y perds... Oh! tout cela ne serait rien encore! s'il ne me défendait pas de penser à unir ma fille à celui qu'elle aime... Lui défendre d'aimer Ernest! est-ce que c'est possible maintenant? Moi qui approuvais son amour, qui souriais à ses projets, à ses rêves de bonheur pour l'avenir... Que lui dirais-je donc pour m'opposer à cet amour... que son parrain approuve aussi... et renvoyer ce jeune homme qu'elle est si heureuse de voir?... Quel motif pourrais-je donc donner à ma conduite... Mais, d'ailleurs, ce serait rendre ma fille malheureuse... ce serait détruire toute sa félicité!... Pauvre enfant! est-ce qu'il lui serait possible à elle de cesser d'aimer... d'oublier Ernest... et je la verrais désespérée, et c'est moi qui ferais couler ses larmes... Oh! non... cela ne sera pas... Il a, dit-il, le droit de disposer d'Honorine, parce qu'il est son père!... Son père! mais il ne l'a pas reconnue, il ne lui a pas donné son nom... Quand je le suppliais de s'unir à moi par des nœuds légitimes, il trouvait toujours des prétextes pour me refuser. A-t-il rien fait pour sa fille? Cette éducation, les talen[illegible] possède, c'est à M. de Germancey qu'elle doit tout cela!... Oui... mais Francisque me dira qu'il était en prison, et que de là il ne pouvait rien faire pour sa fille!... Mais puisqu'il est riche maintenant... puisqu'il a voiture... Mon Dieu! je n'y comprends plus rien... je ne sais plus que penser... Oh! cette lettre me rend bien malheureuse!... Ma tête se perd!... et il me dit de lui obéir!...

Le retour de sa fille, accompagnée du comte, tire Florentine de son accablement; elle se hâte de cacher dans son sein la lettre qu'elle vient de recevoir, mais ce qu'il lui est impossible de cacher, c'est sa pâleur, le bouleversement de sa physionomie et la tristesse qui, dans ses yeux, a remplacé l'expression de contentement qu'on y voyait encore le matin.

Honorine, qui revenait toute joyeuse et s'apprêtait à montrer à sa mère différentes étoffes que son parrain venait de lui acheter, laisse tomber tous ses paquets en voyant la figure de sa mère, et se jette dans ses bras en s'écriant :

— Mon Dieu! maman, que t'est-il arrivé pendant notre absence?... tu es toute pâle... on dirait que tu as pleuré... est-ce que quelqu'un t'a fait du chagrin?

— En effet, dit à son tour le comte, vous semblez souffrir, ma chère Florentine; ce changement subit n'est pas naturel...

— Serais-tu malade, maman?

— Oui... je ne sais ce qui m'a pris... un malaise... une douleur ici...

— Au cœur?...

— Oui... c'est au cœur...

— Mais il faut vite aller chercher le médecin...

— Je vais vous envoyer mon docteur...

— Non, monsieur le comte, non... cela va se passer... je sens que je suis déjà mieux... Je n'ai pas besoin de médecin...

— Alors, maman, tu vas te coucher... tu te feras suer... je te donnerai de la tisane et je resterai à côté de ton lit.

Florentine s'efforce de sourire à sa fille en la rassurant sur sa santé. Le comte insiste encore pour envoyer son médecin, mais la jeune mère le refuse absolument, et M. de Germancey s'éloigne, en lui disant :

— Nous viendrons ce soir avoir des nouvelles de votre santé.

Mais le comte, qui ne trouve pas naturel le changement subit qui s'est opéré dans l'air et dans l'humeur de sa protégée, soupçonne autre chose qu'un malaise; en sortant, il dit au concierge, qui le connaît pour le voir presque tous les jours venir chez la locataire du troisième :

— Est-ce que M. Ernest n'est pas venu chez madame Florentine pendant notre absence?

— M. Ernest... ah! ce jeune homme décoré, le prétendu de mamz'elle Honorine?

— Justement... Je vois que vous êtes au fait de ce qui regarde ces dames!

— Ah! vous concevez bien, monsieur, quand on voit un jeune homme venir à peu près tous les jours dans une maison où il y a une demoiselle, on se dit : c'est un prétendu!

— Et vous ne vous trompez pas, eh bien?

— Eh bien! monsieur, le jeune homme n'est pas venu... ni lui ni d'autres chez madame Florentine; elle a seulement reçu une lettre que je lui ai montée moi-même et qui coûtait trois sous.

— Elle a reçu une lettre, et elle ne nous en a rien dit... C'est donc cette lettre qui est cause de ce changement extraordinaire qui s'est opéré en elle.

Telles sont les réflexions du comte qui, au lieu de remonter dans sa voiture, la renvoie afin de revenir tout doucement le long des boulevards. Il marchait lentement, et, toujours préoccupé de cette tristesse, de cet accablement qu'il avait remarqué dans les traits de sa protégée, craignait déjà d'en deviner la cause, lorsqu'il sent quelqu'un passer doucement son bras sous le sien.

C'est Mérillac, que depuis assez longtemps il n'a pas vu, parce que le chevalier, bien qu'il ne soit plus jeune, aime toujours autant le monde, les dames et les plaisirs, tandis que le comte, qui n'a cependant que quelques années de plus que lui, ne trouve plus le bonheur que dans le petit cercle qu'il fréquente. Mais cette différence dans la manière de vivre, si elle ne rapproche pas souvent les deux amis, n'empêche point qu'ils ne conservent l'un pour l'autre la même affection.

— Et qui vous préoccupe donc si fortement, cher Germancey, que vous passiez tout près de vos amis sans les voir? Heureusement je suis moins distrait que vous, moi, sans quoi j'aurais perdu cette occasion de vous serrer la main, et il y a pourtant trop longtemps que cela ne m'est arrivé...

— A qui la faute, mon ami? vous ne venez jamais me voir!

— Je me lève trop tard; quand je vais chez vous, vous n'y êtes plus; mais vous ne venez jamais au club, vous... ou bien rarement!

— C'est vrai, mais je suis si heureux ailleurs : je vous ai fait part de mon bonheur, je vous ai écrit que j'avais retrouvé les enfants de mon frère.

— Oui, vous avez eu la bonté de m'apprendre cet événement, et j'ai pris part à la joie que vous en éprouviez. Sans doute, votre nièce, votre neveu, sont avec vous...

— Non... leur position était assez heureuse; ils se sont refusés à partager ma fortune, ils ne veulent de moi que mon amitié.

— Diable! voilà des parents rares!... et comment ont-ils découvert que vous étiez leur oncle, votre lettre ne me l'a pas appris?

— Je ne le comprends pas moi-même! une lettre que ma nièce a reçue de son mari lui a fait savoir qu'elle devait le jour au marquis mon frère.

— Ah! votre nièce est mariée!... et comment ce mari a-t-il su cela lui-même?

— Mon cher Mérillac, il y a là-dessous un mystère que je tremble d'avoir deviné!...

— Mon Dieu! vous m'effrayez...

— Ah! c'est que je suis effrayé moi-même de ce que j'entrevois! Le mari de ma nièce est un fort mauvais sujet qui l'a abandonnée après huit mois de mariage; il y a dix-huit ans de cela. Qu'est-il devenu, qu'a-t-il fait depuis?... Nul ne le sait, il n'avait pas une seule fois donné de ses nouvelles à sa femme. Mais il vient de lui écrire pour lui apprendre que j'étais son oncle... il se vante de savoir aussi le nom de sa mère...

— Comment s'appelle cet homme?

— Villemart; c'est du moins sous ce nom qu'il s'est présenté à ma nièce; mais maintenant, Mérillac, rappelez-vous la forêt de Sénart, cette horrible nuit que nous avons passée dans la masure des voleurs, et cette conversation que j'eus avec vous, près du feu... où se tenait ce misérable, ce Séverin, qui feignait de dormir pour mieux nous écouter...

— Attendez... oui.. je me rappelle, vous m'exprimiez vos regrets de ne point pouvoir retrouver les enfants de votre frère... Eh! pardieu! je me rappelle aussi... c'est alors que vous m'apprîtes que leur mère était mademoiselle de Hautefutaie, devenue la femme du banquier Rigoulot...

— C'est cela même... ce Séverin a entendu tout cela... et vous savez qu'il me dit, quand on l'arrêta, qu'il connaissait ma nièce et mon neveu...

— Oui, oui, mais qu'en concluez-vous?

— Comment ce Villemart a-t-il découvert ce mystère? Ou il le sait par ce Séverin... ou lui-même, sous le nom de Villemart, n'est autre que ce monstre...

— Vous penseriez... mais il est resté sept ans aux galères!

— Mais depuis dix-huit ans, je vous répète que ma nièce n'avait pas entendu parler de lui... Vous savez que ce misérable a rompu ses fers!... et tout se réunit pour me faire croire qu'il est en ce moment à Paris... Je sors de chez ma chère Florentine, j'avais emmené ma filleule faire quelques emplettes... en revenant, nous trouvons sa mère pâle, bouleversée, des larmes dans les yeux; nous l'interrogeons, elle est embarrassée, elle prétexte un malaise subit... mais la pauvre mère ne sait pas bien cacher ce qu'elle éprouve, son regard n'est plus le même; en se fixant sur moi, on dirait qu'elle éprouve de la crainte; en sortant, j'interroge le concierge... personne n'est venu, mais elle a reçu une lettre, et c'est cette lettre qui semble l'avoir désespérée... Et à moi, son ami, son protecteur, à moi, qui eus toujours sa confiance, elle ne dit pas un mot de cette lettre, elle essaye de me tromper, de dissimuler sa douleur... Mon cher Mérillac, je gagerais que cette lettre lui a été adressée par son séducteur, toujours ce misérable... Francisque, qui est encore Séverin... Et quel autre pourrait lui causer de la peine... Oui, cette lettre vient de ce monstre... il est à Paris... bien déguisé sans doute... mais il faut le découvrir, Mérillac, oh! il faut en délivrer la société.

— Soyez persuadé que si l'occasion se présente, je ne la laisserai pas échapper.

— Merci, mon ami, et pardon de vous entretenir sans cesse de sujets aussi pénibles. Vous n'avez point de chagrins, vous, du moins!

— Ma foi non! je passe la vie assez gaiement!... vous savez que j'aime les plaisirs! j'en prends encore tant que je peux.

— Et votre ancienne amie, madame Roberval, vous la voyez toujours, sans doute?...

— Moins... beaucoup moins depuis quelque temps...

— Vous allez cependant à ses soirées?

— Je n'y vais plus depuis une certaine fois... Ah! mon cher comte, j'ai aussi mon mystère, moi... il ne me touche pas particulièrement, et pourtant il est si terrible, que je n'ose le confier à personne...

— Vraiment! et il concerne cette dame?

— Non, il ne concerne que son mari... mais l'idée qui m'est venue est tellement horrible, que je ne vais plus chez ce monsieur... Cependant je puis me tromper... mais ce qui me fait craindre d'avoir deviné juste, c'est que depuis quelque temps Eulalie... madame Roberval, change d'une façon effrayante... Elle, jadis si heureuse, si gaie... elle a donc aussi découvert quelque chose... Pauvre femme! quelle doit être sa position!... Ah! tenez, ne parlons plus de cela, comte, car je crains même d'y penser.

Les deux amis font quelque temps route ensemble, puis M. de Germancey quitte Mérillac, en lui promettant de lui présenter son neveu.

XXV. — LES LETTRES.

Les fidèles amis de Florentine n'ont pas manqué, sur ce que leur avait dit le comte, de se rendre près d'elle dans la soirée, afin d'avoir des nouvelles de sa santé. La pauvre Florentine prétend être mieux et ne plus souffrir; cependant il est bien facile de voir qu'elle n'est point dans son état normal : c'est en vain qu'elle veut s'efforcer de sourire, ce sourire est contraint, triste; avec sa fille même, elle n'a plus ce doux accent qui partait du cœur, elle la contemple d'un air où se peint la douleur qu'elle ressent, et la jeune Honorine ne cesse de lui dire :

— Mais, maman, qu'as-tu donc? car certainement tu as quelque chose, et tu ne veux pas me le confier... Ah! c'est bien mal d'avoir des secrets pour son enfant.

Un jour, cependant, en tenant sa fille dans ses bras, Florentine se hasarde à lui dire :

— Est-ce que tu aimes beaucoup M. Ernest Didier... est-ce que tu ne consentirais pas, si je t'en priais, à en épouser un autre?

Honorine regarde sa mère avec étonnement et s'écrie :

— Mon Dieu! pourquoi donc me dis-tu cela? qui peut te faire supposer une chose pareille!... Moi, ne plus aimer Ernest... qui m'aime tant, lui! moi, consentir à devenir la femme d'un autre! oh! jamais! jamais! j'aimerais mieux mourir!... Oh! mais c'est pour plaisanter

C'est en nous sauvant que tu es tombé sur des bouteilles cassées. (Page 88.)

que tu m'as dit cela... c'est pour m'éprouver... Ah ! maman, je t'en prie, ne me dis plus de ces choses-là ! ça me fait trop de mal ! ça me ferait pleurer tout de suite.

Florentine embrasse sa fille, la console, lui promet de ne plus lui tenir ce langage, et se dit en elle-même qu'elle préfère se soumettre à toutes les peines que son séducteur lui réserve, plutôt que de faire encore couler les larmes de sa fille.

Mais Maria, Victor, Ernest, tous ceux qui venaient chez Florentine étaient frappés du changement qui s'était opéré dans son humeur, et le comte avait fréquemment dit à sa nièce :

— Ma chère Maria, vous êtes devenue l'amie de Florentine, plus d'une fois vous m'avez remercié de vous l'avoir fait connaître, parce qu'une secrète sympathie vous attirait l'une vers l'autre, et que vous vous étiez confié tous les événements de votre vie ; puisque vous avez l'une pour l'autre tant de confiance... voilà le moment de la mettre à l'épreuve : tâchez que Florentine vous confie ce qui lui cause ce chagrin qu'elle s'efforce en vain de nous cacher... C'est une lettre qu'elle a reçue qui la rend ainsi triste et sombre ; obtenez de savoir ce qu'il y a dans cette lettre... priez, insistez... C'est pour son repos que je vous dis cela... On ne résiste pas toujours aux prières d'une amie... on éprouve du soulagement à verser ses chagrins dans le sein d'une personne qui nous comprend, qui nous plaint... Florentine ne vous résistera pas...

Maria a suivi les conseils de son oncle : pendant quelque temps ses instances n'obtiennent point de succès ; mais, un jour, Honorine étant à la fenêtre, s'écrie tout à coup :

— Maman ! maman ! le voilà encore ce monsieur qui me regarde avec tant de persistance... Il est dans sa calèche avec l'autre... viens donc les voir.

Florentine se hâte d'aller se placer près de sa fille. Séverin passait dans sa calèche qui allait au pas ; près de lui était M. de la Palissonnière, à qui il montrait Honorine ; en apercevant Florentine, il lui adresse plusieurs saluts assez familiers, comme on salue une personne avec laquelle on est très-lié ; de son côté, le vicomte se confond en salutations, mais dans lesquelles il met tout le respect et l'élégance possibles.

Honorine est restée toute saisie, et lorsque la voiture est éloignée, elle dit à sa mère :

— Comment... ce monsieur t'a saluée... t'a souri même, tu le connais donc, ce monsieur, dont le regard seul me fait peur ?

— Oui... oui... je le connais ! balbutie Florentine en baissant les yeux.

— Tu le connais, et tu ne me l'avais pas dit l'autre fois !

La jeune femme ne répond rien, elle détourne la tête en soupirant, mais alors une vague terreur s'empare d'Honorine ; elle aussi devient triste, silencieuse, sans savoir pourquoi, elle prévoit des malheurs, et quelque chose lui dit qu'ils lui viendront de cet homme qui a salué sa mère.

Le même soir, Maria est venue seule voir son amie ; en trouvant Honorine inquiète et triste, elle s'écrie :

— Comment, vous aussi chère enfant... est-ce que vous allez devenir mélancolique comme votre mère ?

Pour toute réponse la charmante jeune fille se jette en pleurant dans les bras de Maria, et balbutie :

— Maman ne m'aime plus, car maman a des secrets pour moi... et ce sont ces secrets-là qui lui font de la peine... L'autre jour elle m'a demandé si je consentirais à en épouser un autre qu'Ernest !... Vous voyez bien qu'il se passe quelque chose d'extraordinaire... mais je lui ai bien dit que j'aimerais mieux mourir que d'être à un autre... si elle vous en parle, répétez-lui cela.

La jeune fille se retire dans sa chambre. Se trouvant seule avec Florentine, qui semble encore plus affligée que les autres jours, Maria la presse de nouveau de lui confier ses peines, en lui disant :

— Votre silence désole votre fille ; vous voulez donc aussi qu'elle soit malheureuse ?

Le succès de la pièce dépend souvent du talent du pierrot. (Page 92.)

Cette fois Florentine ne résiste plus; elle presse les mains de Maria dans les siennes en s'écriant :

— Non, je ne veux pas que ma fille soit malheureuse... Maria, je vais tout vous dire... lui aussi m'a écrit...

— Votre amant... ce Francisque !

— Oui, oui... car il semble que les mêmes événements doivent nous arriver à toutes deux... oh ! mais sa lettre à lui cause mon tourment... mon désespoir... Si vous saviez ce qu'il m'écrit... vous allez la lire vous-même cette lettre... et vous me direz alors si je ne dois pas être désolée...

Florentine tire de son sein cette fatale lettre qu'elle portait toujours sur elle, de crainte que sa fille ne la trouvât; Maria prend le billet que son amie lui présente, l'ouvre, lit quelques mots, puis s'arrête comme si elle était tout à coup frappée par la foudre.

— Eh bien... qu'avez-vous donc... Vous ne lisez plus? dit Florentine.

— Oh ! attendez... attendez... cette écriture... il me semble...

— Vous la connaissez ?

— Depuis peu de temps... mais j'ai tant de fois relu sa lettre à lui...

— Comment? quelle lettre?...

— Celle de Villemart...

— De votre mari ?

— Oh ! c'est bien son écriture... mais vous allez juger vous-même... moi aussi je porte toujours sur moi la lettre qu'il m'a écrite...

Et déjà Maria a pris dans sa poche un petit souvenir, elle en tire une lettre, la donne à Florentine. Toutes deux comparent l'écriture, il n'y a plus à en douter, c'est la même personne qui a écrit les deux lettres.

— Mon Dieu ! qu'est-ce que cela signifie ? s'écrie Florentine.

— Ce que cela signifie?... ce que quelque chose m'avait fait deviner, que ce Francisque et Villemart sont la même personne... que le même homme nous a séduites, trompées, car ce nom de Villemart n'est sans doute pas plus le sien que celui de Francisque qu'il a pris avec vous... il aura fabriqué des actes pour feindre de m'épouser... et je ne suis pas plus sa femme que vous !...

— Oh ! le monstre !... le misérable !... Mais lisez... lisez ce qu'il m'écrit.

Maria lit avidement la lettre, mais de temps à autre elle ne peut s'empêcher d'interrompre sa lecture en s'écriant :

— Quelle horreur !... l'infâme !... accuser mon oncle !... lui, le meilleur des hommes !... Ah ! il s'est déguisé... vieilli... il a une cicatrice au visage... nous nous en souviendrons... *Il a le droit de disposer de sa fille, dit-il*, oh ! non, misérable ! non, vous ne l'avez pas, ce droit... on ne vous obéira pas... et on ne fera pas pour vous plaire le malheur de cette chère enfant...

— Ah ! mon amie, que j'ai bien fait de vous montrer cette lettre... Grâce à vous, je connais enfin toute la lâcheté de cet homme... ma conduite m'est dictée maintenant... je ne le crains plus, car je le méprise... moi, lui obéir... jamais !... Tenez, je me sens mieux, je me sens soulagée à présent que ma résolution est bien arrêtée, mais quel malheur que cet homme soit le père d'Honorine !

— Son père !... non, mon amie ; un père est celui qui prend soin de notre enfance, qui nous élève, en nous entourant de soins, de caresses, qui veille sur nous enfin jusqu'à ce que nous soyons en état de nous conduire seul... mais le séducteur qui nous abandonne lâchement à la merci du hasard ! à la commisération d'étrangers! non, celui-là n'est pas notre père. Aussi, croyez-moi, cachez toujours à Honorine les liens qui l'unissent à cet homme!... ce serait la forcer à rougir.

Cette conversation a changé l'humeur de Florentine, elle se sent plus heureuse ; elle appelle Honorine, l'embrasse, la presse sur son cœur en lui disant :

— Rassure-toi, chère enfant, je ne te parlerai plus d'en

épouser un autre que celui que tu aimes... Tu seras la femme d'Ernest, rien ne peut plus s'y opposer.

Honorine retrouve alors sa gaieté, et elle embrasse Maria en s'écriant :

— Je savais bien, moi, que vous me rendriez ma mère aussi bonne qu'autrefois.

Maria ne manque pas d'apprendre à son oncle la découverte qu'elles ont faite, elle et Florentine, et le comte secoue la tête en murmurant :

— Je m'en doutais... tout se réunissait pour me faire soupçonner que ce Villemart n'était autre que le séducteur de Florentine! — et il ajoute dans sa pensée: — Pauvres femmes! elles ne se doutent pas encore à quel monstre elles avaient donné leur amour.

Cependant le soi-disant baron de Sternitz continuait de mener le train d'un grand seigneur, mais la roulette continuait aussi à lui être défavorable. En voyant que bientôt il sera à la fin des cent mille francs qu'il a pour la seconde fois obtenus de madame Rigoulot, Séverin se dit qu'il faut qu'il se fasse donner de l'argent d'un autre côté; et un soir, comme minuit est sur le point de sonner, il s'enveloppe dans un large pardessus et va frapper aux volets du magasin de modes de Maria.

La marchande de modes couchait dans une assez jolie chambre située à l'entre-sol, juste au-dessus de son magasin, auquel elle communiquait par un escalier qui se trouvait dans une petite pièce sise au fond de sa boutique. Cette petite pièce avait une porte qui donnait dans la cour de la maison; on pouvait donc arriver chez la modiste par cette cour, lorsque la boutique était fermée.

Mais Séverin, qui préfère ne pas être vu par le concierge, a frappé aux volets du magasin, et continue de frapper, jusqu'à ce qu'enfin la fenêtre de l'entre-sol s'ouvre; quelqu'un y paraît et demande qui se permet, à plus de minuit, de frapper à son magasin.

Séverin, qui a reconnu la voix de Maria, répond aussitôt :

— C'est moi, Villemart, ton mari. Allons, ma chère, ne me laisse pas ainsi croquer le marmot devant ta porte, et hâte-toi de m'ouvrir.

Maria réfléchit un moment, ce nom de Villemart a fait refluer tout son sang vers son cœur, mais elle se rend bientôt maîtresse de son émotion et répond :

— Sonnez à la porte cochère à côté, on vous ouvrira, et je vous ferai entrer par la petite porte qui donne dans la cour.

— Si j'avais voulu sonner à votre porte cochère, ce serait déjà fait! mais je ne veux pas entrer par là, ne pouvez-vous m'ouvrir par votre boutique?

— Eh bien... attendez alors... je vais descendre.

Maria passe une robe de chambre, allume une bougie et descend à son magasin; elle a bientôt ouvert sa porte, et Séverin entre avec précipitation, puis va se jeter dans un fauteuil en murmurant :

— Sapristi, cela a été long!... Vous avez donc bien peur qu'on vous vole, que vous vous barricadez tant!...

Maria ne répond; pas elle considérait attentivement celui qu'elle n'avait pas vu depuis dix-huit ans; elle examinait sa cicatrice, ses cheveux presque blancs, qui ne s'harmonisaient point avec ses traits encore jeunes, et surtout avec la vivacité de ses yeux et sa tournure svelte; elle remarquait l'élégance de sa mise et surtout l'expression farouche de son regard.

Séverin ne tarde pas à s'écrier :

— Ah çà, quand vous aurez fini de me regarder... vous me le direz... Vous me trouvez bien changé, n'est-ce pas?...

— Oh! oui, excepté vos yeux pourtant, qui sont toujours les mêmes...

— Oui, en effet... les yeux, cela ne peut pas se déguiser... et c'est ce qui nous trahit quelquefois... Voulez-vous venir m'embrasser?

— Non!

— Comme vous voudrez; après tout je n'y tiens pas, parlons d'affaires : Vous avez reçu ma lettre?

— Oui, monsieur.

— Avez-vous été chez M. de Germancey?

— Je m'y suis rendue avec mon frère.

— Votre frère! ça m'est bien égal! et M. de Germancey vous a-t-il reconnue pour sa nièce?

— Oui, monsieur. Le comte de Germancey a témoigné la plus grande joie de retrouver les enfants de son frère, il nous a comblés de marques d'amitié.

— De marques d'amitié, c'est bon, et puis ensuite?

— Que voulez-vous de plus, monsieur?

— Voyons, sacrebleu, plaisantez-vous? est-ce que c'est seulement pour recevoir les embrassements d'un vieillard, que je vous ai fait retrouver vos parents? Le comte est très-riche, comment se fait-il que je vous voie ici, dans ce magasin de modes, quand un homme qui a trente mille francs de rentes vous a reconnue pour sa nièce... à moins que vous n'ayez pour les modes une passion incurable et que le comte ne vous ait bourrée de billets de banque en vous laissant où vous vous trouvez si bien.

— Monsieur, en lisant votre lettre, mon frère et moi, nous avons vu que l'intérêt seul vous faisait agir, que vous ne nous faisiez connaître nos parents que dans le seul espoir d'avoir une grande part dans la fortune que vous espériez voir devenir votre partage...

— Eh bien, pourquoi donc pas? est-ce que dans le monde ce n'est pas toujours notre intérêt qui nous fait agir?... Et me croyez-vous plus sot qu'un autre?

— Grâce au ciel, monsieur, mon frère et moi nous avons une autre manière de penser; M. de Germancey voulait nous prendre avec lui, nous faire jouir de sa fortune... nous combler de ses bienfaits; nous avons refusé, nous ne voulions de lui que son amitié, que ces doux noms de neveu, de nièce, qu'il nous a donnés... Nous pouvons vivre de notre travail, cela nous suffit, notre oncle sait que ce n'est point un vil intérêt qui nous a conduits près de lui.

Séverin se lève et marche à grands pas dans le magasin, en s'écriant :

— Comment, vous avez été assez bête pour faire cela... et vous croyez que je le souffrirai... que je vous aurai mis une fortune dans les mains pour que vous la laissiez tomber par terre... Oh! non... non... cela ne sera pas! et je vous forcerai bien à agir autrement!

— Vous me forcerez!... vous! monsieur? et de quel droit, s'il vous plaît?

— Du droit qu'un mari a sur sa femme, pardieu!

— Sa femme! mais je ne suis pas votre femme... vous m'avez épousée sous un faux nom, vous ne vous appelez pas Villemart.

— Je ne m'appelle pas Villemart? ah! vraiment! et pourriez-vous me dire mon nom alors?

— Francisque... et bien d'autres encore sans doute!

Séverin pâlit; il frappe du pied avec colère et s'écrie :

— Francisque... ah! l'on vous a dit que je me nommais Francisque... et qui donc vous a dit cela?

— Celle que vous avez séduite, puis lâchement abandonnée, après l'avoir rendue mère, cette pauvre Florentine à qui vous venez d'écrire une lettre infâme, dans laquelle vous accusez mon oncle d'avoir causé vos malheurs, de vous avoir fait mettre en prison... et où vous prétendez disposer du sort d'Honorine, de cette aimable enfant qui doit tout, fortune, éducation, repos, aux bontés du comte, tandis que celui qui prétend aujourd'hui avoir sur elle les droits d'un père, avait fui sa mère, en apprenant qu'elle portait dans son sein un gage de sa faiblesse... Vous le voyez, je sais tout... je connais votre indigne conduite... Ah! vous êtes un misérable!... Mais vous ne me tromperez plus et vos projets seront déjoués!

Séverin est furieux, il jure, il blasphème... Un moment il s'avance sur Maria comme pour la frapper, mais celle-ci le regarde avec tant de fermeté, son regard semble tellement le braver, qu'il s'arrête en réfléchissant que se porter à des voies de fait ne serait pas un moyen d'arriver à son but; il s'efforce donc de se calmer et va se rasseoir, en disant :

— Eh bien, ma chère amie, puisque vous connaissez mes petites fautes de jeunesse... je ne chercherai point à les nier... et je jouerai avec vous cartes sur table. Quant à Florentine, à laquelle j'avais ordonné le silence, et qui vous a prise pour confidente... elle me revaudra cela. Maria, vous n'avez pas voulu recevoir de l'argent de votre oncle, vous avez eu tort, car il m'en faut à moi, de l'argent, et j'ai compté sur vous pour m'en procurer.

— Je vous ai dit, monsieur, que j'avais refusé les bienfaits de mon oncle... mais alors même que je les aurais acceptés, je vous certifie que je ne vous en aurais pas fait part.

— C'est gentil ce que vous dites là, c'est aimable! mais cela ne peut point se terminer ainsi. Vous ne devez pas avoir oublié, madame, qu'en vous quittant, il y a dix-huit ans environ, je laissai entre vos mains une somme de dix mille francs qui m'appartenait...

— Que vous m'aviez donnée pour fonder un commerce.

— Ta ta ta!... Si je vous l'ai donnée jadis, je vous la reprends aujourd'hui, la manière dont vous me recevez m'en donne bien le droit.

Maria réfléchit un instant, puis répond avec fermeté :

— Vous avez raison, monsieur, ces dix mille francs, je ne dois pas les garder... j'aurais honte de rien devoir à un homme tel que vous... Je vous donnerai ces dix mille francs, je suis bien loin de posséder en ce moment une pareille somme, mais dussé-je vendre tout ce que je possède, je me la procurerai... je ne vous demande que huit jours pour réaliser cette somme; dans huit jours, je vous en donne ma parole, je vous remettrai ces dix mille francs.

— C'est bien, j'y compte et je vous accorde huit jours.

Et Séverin, enfonçant son chapeau sur ses yeux, se hâte de sortir du magasin.

XXVI. — LA GRENOUILLE FAIT DES SIENNES.

Le major Kroutberg, fort ennuyé de ne plus pouvoir obtenir d'argent de M. le baron de Sternitz, se disait depuis quelque temps :

— Je ne puis pas rester ainsi le gousset vide; mon faux baron me donne la pitance, c'est quelque chose, mais cela ne me suffit pas... Il faut absolument que je trouve à exercer mes talents... Séverin me l'a défendu, de peur que je ne le compromette... J'en suis fâché, cher ami, mais alors ne me laissez pas à sec!... D'ailleurs, je suis assez adroit et assez prudent pour ne point m'exposer à être repincé.

On était en automne, mais le temps était fort beau. La Grenouille, après avoir emprunté vingt sous au concierge de l'hôtel, sous prétexte qu'il n'a que des billets de banque et ne veut pas changer, se dit :

— Allons nous promener, allons respirer l'air des environs de Paris... Je pourrais bien prendre la calèche de mon intime ami, puisqu'il est sorti à pied; mais que penserait-on d'un homme qui descendrait d'équipage devant un traiteur et ne dépenserait que vingt sous! Non, il vaut mieux aller me promener à pied; et d'ailleurs, que sait-on, le hasard m'offrira peut-être une occasion de me remplumer.

La Grenouille a suivi les Champs-Elysées, puis il gagne le bord de l'eau, arrive à Sèvres, où il ne s'arrête pas, et par un joli sentier atteint les bois de Ville-d'Avray. Là, il se repose quelque temps, mais, l'appétit se faisant sentir, il se dirige vers le village en se disant :

— Je trouverai par là quelque modeste cabaret où pour vingt sous je dînerai ou à peu près.

Et ce monsieur arrive bientôt dans le village, il s'y promène quelque temps, regardant les enseignes et s'éloignant des traiteurs dont l'apparence annonce une carte avec des prix trop au-dessus de ses moyens. Enfin il avise un petit bouchon assez propre, et sur lequel on a peint des lapins à toutes les sauces. Il entre dans une salle où la maîtresse du logis est presque endormie à son comptoir, tandis que, plus loin, un gros garçon pleure en épluchant des oignons, et s'écrie d'un ton d'autorité :

—Peut-on dîner ici... y a-t-il de quoi se bien restaurer... la cuisine est-elle bien fournie?

La cabaretière se frotte les yeux, le garçon lâche ses oignons, on fait de grands saluts au voyageur, la maîtresse et le garçon lui répondent en parlant tous les deux à la fois :

— Oui, monsieur, oh! oui... tout ce qui vous fera plaisir.

— De la volaille, du poisson...

— Et du lapin. Ah! si monsieur aime la gibelotte ou le lapin sauté... c'est ici la renommée... On vient exprès de Paris pour s'en régaler chez nous!

— Vraiment! Mais je n'aime pas le lapin, moi... je préfère la volaille...

— Alors on va faire rôtir un poulet pour monsieur.

— Oui... hum! Non! je réfléchis... j'en ai mangé ce matin à mon déjeuner, et toujours du poulet... c'est monotone!...

— Monsieur veut-il du poisson... une matelote d'anguille... nous avons de l'anguille qui est encore vivante...

— Elle est encore vivante, laissons-la vivre, je n'ai pas envie d'attendre qu'elle soit cuite, ce serait trop long!

— Alors monsieur prendra des côtelettes...

— J'en suis dégoûté...

La maîtresse et le garçon se regardent, ne sachant plus qu'offrir à ce voyageur si difficile; celui-ci met fin à leur embarras en s'écriant :

— Tenez, donnez-moi un morceau de petit salé avec un demi-litre à douze... Je verrai ensuite si je désire autre chose.

— Si c'est pour prendre du petit salé qu'il nous demande si notre cuisine est bien fournie, se dit le garçon, c'était pas trop la peine... voilà bien de l'embarras pour un repas de deux liards!... Je parie qu'il ne me donnera rien pour boire.

Mais la cabaretière, toujours heureuse d'avoir du monde, continue de se montrer gracieuse et s'informe où ce monsieur veut prendre son repas.

— Eh parbleu! là, madame, sur cette table près de vous... J'aurai le plaisir de jouir de votre société et de votre conversation... car j'aime assez à causer en mangeant.

— C'est beaucoup d'honneur pour moi, monsieur, répond la cabaretière qui, comme toutes les femmes de son état, aime infiniment à parler.

Pendant que l'on met son couvert, la Grenouille s'avance sur le seuil de la porte et regarde dans la campagne. A fort peu de distance, sur la gauche, on apercevait la jolie maison appartenant à Roberval. Il admire l'aspect de la villa, et s'écrie :

— Je vois là-bas... de l'autre côté de la rue, une bien jolie habitation, cela doit appartenir à des gens de Paris qui viennent y passer la belle saison?

— Oui, monsieur, cela appartient en effet à des personnes de Paris, des gens très-riches, qui ont équipage; mais ils n'y viennent point passer toute la belle saison, ainsi que vous le croyez, ils y viennent de temps à autre avec beaucoup de monde de Paris... Alors ils donnent de grands repas, on danse... on fait de la musique, c'était bien gentil!... Mais, hélas! je dis c'était, parce que, depuis trois mois à peu près, oui, c'était dans le cœur de l'été, eh bien! toutes ces fêtes, tous ces bals ont cessé, et cela me fait de la peine, vu que cela me cause du tort, parce que vous entendez bien que tout ce monde qui venait avait des voitures, des cochers, des laquais, et, comme de raison, tout cela venait boire et rire chez nous, pendant que les maîtres se divertissaient là-bas!

— Voilà le dîner au petit salé qui est servi! dit le garçon en mettant un plat sur la table d'un air moqueur.

La Grenouille va se mettre à son couvert, mais il continue sa conversation avec la cabaretière.

— Roberval... Vous dites que cette propriété appartient à un M. Roberval, n'est-ce pas?

— Oui, monsieur.

— J'en ai entendu parler... Je crois même que je me suis trouvé en soirée avec lui chez M. Rigoulotini, un millionnaire de mes amis!... Ce Roberval passe en effet pour un homme fort riche, par quel hasard ou quelle suite d'événements a-t-il donc cessé de donner des fêtes dans sa villa?

— Dame! monsieur, est-ce qu'on sait?... Non seulement il ne reçoit plus de monde, mais ce qu'il y a de singulier, c'est que sa femme même, une jolie dame bien aimable, qui aimait beaucoup cette campagne, eh bien, elle n'y vient plus du tout!

— C'est singulier, en effet... il est donc arrivé quelque malheur, quelque accident désagréable dans cette maison?

— Je ne sais pas ce qui est arrivé, mais d'abord, il faut vous dire, monsieur, que, dans cette propriété, il y a, tout au fond du jardin qui est très-grand, un pavillon... toujours fermé, et dans lequel il est absolument défendu de chercher à entrer, ce qui au reste serait difficile, puisque la porte du pavillon est sans cesse fermée avec soin et que les fenêtres ont des volets également fermés.

— Tiens! tiens! mais voilà qui est curieux... Continuez donc, ma chère dame, votre pavillon m'intéresse beaucoup...

— Et monsieur trouve-t-il le petit salé à son goût?

— Excellent! ma foi!... et votre vin n'est pas désagréable... Cela me change, voyez-vous, parce que toujours boire du chambertin ou du champagne, cela irrite l'estomac! Vous disiez donc que personne ne doit chercher à entrer dans ce mystérieux pavillon, et qui défend cela?

— Naturellement, c'est M. Roberval... Il y entre lui, et, dame, il y passe souvent des journées entières.

— A quoi faire?

— On n'en sait rien, puisqu'il n'y reçoit personne, puisqu'il s'y enferme comme dans une citadelle!... mais comme c'est un faiseur d'affaires, un *boursicoteur*, comme ils disent dans le pays... je ne sais pas même ce que cela veut dire!

— Cela signifie un homme qui joue à la Bourse, qui spécule sur les fonds publics.

— C'est ça, il *pécule* sur les fonds, alors on pense qu'il s'enferme comme cela pour *péculer* à son aise... et qu'il ne veut pas être dérangé parce qu'il a peur qu'on ne connaisse sa malice, ses *espéculations*, pour gagner toujours de l'argent.

La Grenouille avale un verre de vin, fait claquer sa langue comme s'il venait de boire du Clos-Vougeot, puis secoue la tête en disant :

— C'est singulier... fort singulier... Il y a dans tout ceci quelque chose qui n'est pas clair... Mais dans ce que vous venez de me conter, mon aimable hôtesse, je ne vois pas ce qui a fait cesser les fêtes, les réceptions que ce M. Roberval donnait dans sa villa, je ne vois pas pourquoi ils ont cessé d'y venir...

— Oh! M. Roberval y vient toujours, lui; hier encore il y a passé presque toute sa journée, c'est madame qui ne vient plus.

— Ah! c'est madame qui n'y vient plus... Et vous n'en savez pas la raison?

— Si fait, c'est-à-dire à peu près... nous en savons plus que les autres, vu que, il faut vous dire que M. Guillaume, le jardinier de M. Roberval, prend ses repas chez nous, et alors il nous conte ce qu'il sait de ses maîtres, c'est bien naturel, n'est-ce pas, faut bien jaser un petit peu!

— C'est tout à fait naturel; d'ailleurs cela se fait partout, les valets racontent ce qu'ils savent sur leurs maîtres... c'est très-innocent. Donc ce jeune Guillaume, le jardinier...

— Oh! ce n'est pas un jeune, c'est un vieux... Il a plus de soixante ans!

— Raison de plus pour qu'il aime à causer... et ce vieux Guillaume vous a dit?

— Que, il y a trois mois environ, c'était en juillet, monsieur était venu seul à sa campagne, et comme de coutume était allé s'enfermer dans son pavillon, après avoir dit à Guillaume : « S'il venait du monde, ne dites pas que j'y suis, et ne laissez entrer personne. » C'est très-bien, mais voilà qu'au milieu de la journée une voiture s'arrête devant la grille, deux dames en descendent : c'était madame Roberval avec une de ses amies. Comme de raison, le jardinier ne défend pas à sa maîtresse d'entrer, mais le drôle de l'histoire, c'est que madame ne savait pas que son mari était à sa villa. En l'apprenant par Guillaume, l'autre dame voulait partir, mais madame Roberval veut rester, elle dit à son amie : « Mon mari ne troublera pas notre déjeuner, il est dans son pavillon, et, quand il est là, il n'en bouge plus. » L'amie cède, Guillaume sort de la voiture des provisions qu'on avait apportées, et, pendant qu'on prépare le couvert pour leur déjeuner, ces dames vont se promener dans le jardin. Quand elles ne sont plus là, ne voilà-t-il pas M. Roberval qui arrive, appelant le jardinier pour l'envoyer à la poste; alors Guillaume lui dit que madame est venue avec une de ses amies et se promène dans les jardins; là-dessus, voilà monsieur qui laisse là Guillaume et court comme un fou du côté de son pavillon. Qu'était-il arrivé? on ne sait pas; seulement madame revint avec son amie, elles étaient pâles, tremblantes, il ne fut plus question de déjeuner, elles remontèrent sur-le-champ dans leur voiture, qui partit aussitôt. C'est depuis ce jour-là que madame Roberval n'a pas une seule fois reparu à sa campagne.

— Tout cela est fort drôle... fort romanesque... Et ce jardinier... ce Guillaume est le seul gardien de la maison?

— Oh! le seul!... A quoi serviraient d'autres domestiques, puisqu'il n'y a personne qui loge dans les beaux appartements?

— Vient-il toujours chez vous, ce vieux jardinier?

— Toujours, monsieur... Voilà la brune, il ne tardera pas à venir souper... Et tenez!... j'entends ses sabots... je les reconnais... oui, voilà le père Guillaume qui vient souper.

Le vieux paysan, jardinier de M. Roberval, entre dans le cabaret, il salue la cabaretière, s'incline devant le major Kroutberg et va frapper sur l'épaule du garçon en lui disant :

— Mon souper, François... ma soupe, et mes choux au lard, et du fromage, avec ma mesure de vin habituelle... tu sais...

— Oui, papa Guillaume, je vas vous servir tout ça... Ah! vous soupez bien, vous! Au moins j'appelle ça un repas!

La Grenouille lance un regard impertinent sur le garçon qui semble vouloir l'humilier. Cependant le jardinier a pris place à une table à côté du voyageur, et celui-ci entame sur-le-champ la conversation :

— Il fait frais ce soir, monsieur, le temps a été beau... mais il ne fait plus chaud!

— Ah! dame, monsieur, nous sommes en octobre, nous ne pouvons plus guère espérer de chaleur!

— L'ennui, ce sont les nuits qui viennent si vite... voyez, il est à peine six heures, et il ne fait plus jour.

— Chaque chose en son temps, monsieur...

— C'est juste, monsieur Guillaume... car je viens d'apprendre que j'allais avoir le plaisir de me trouver avec monsieur Guillaume, le jardinier de M. Roberval... le meilleur jardinier de Ville-d'Avray à ce qu'on assure!

Le vieux paysan ôte son bonnet de laine, s'incline de nouveau devant ce monsieur qui lui dit des choses si polies, et répond :

— Monsieur est bien honnête... dame, je fais mon état du mieux que je peux, mais je me flatte que personne ne peut me dégoter pour la culture des fleurs et la tenue d'un espalier.... et l'arrangement d'un berceau, et l'alignement d'une charmille...et l'entretien des gazons...et...

L'arrivée de sa soupe interrompt le jardinier, qui ne s'arrêtait pas quand il était question de son état, excepté quand il s'agissait de boire ou de manger.

— On m'a dit que les jardins de la villa que vous habitez étaient ravissants!

— Monsieur, s'il faisait jour, je me ferais un plaisir et un bonheur de vous les montrer...

— Vous êtes bien bon!... peut-être cela ne plairait-il pas à M. Roberval, votre maître?

— M. Roberval n'est pas à sa campagne... il n'y couche jamais; il y est venu hier, il a passé sa journée dans son pavillon comme à l'ordinaire, puis il est parti en me disant : « Guillaume, je ne reviendrai pas de la semaine... ne laissez entrer personne, aucune visite! »

— Vous voyez bien, il vous défend de recevoir les visiteurs!

— Oh! mais vous n'êtes pas un visiteur, vous, monsieur; vous êtes, je le vois, un amateur de jardins... ça me regarde ça... C'est pas pour monsieur, c'est bien différent!

— Alors un de ces jours... je passerai par ici de bonne heure...

— C'est ça, et je vous ferai voir mes jardins... François, ta soupe sent le brûlé!...

— Pas possible, père Guillaume, c'est le fumeron que vous voulez dire!...

— Et vous n'avez pas de femme, pas d'enfant, monsieur Guillaume?

— Non, Dieu merci, j'aime mieux ça!...

— Vous devez cependant vous ennuyer tout seul... Ainsi, que faites-vous le soir?

— Ce que je fais? pardine, je dors... et d'un fameux somme, je m'en flatte... Tenez, sitôt que j'aurai fini de souper, je rentrerons et je me coucherai tout de suite... Et puis j'ai pas plus tôt la tête sur l'oreiller que je tape de l'œil...

— Vous êtes bien heureux... Ah! sans doute vous logez au fond du jardin, et vous n'entendez pas le bruit de la rue...

— Pardon excuse... je loge là... au rez-de-chaussée, à côté de la grille... mais on ne fait guère de bruit dans la rue ici... Et puis on en ferait, que je ne l'entendrais pas.

La Grenouille en sait assez pour ce qu'il veut faire. Il cause encore quelque temps, puis appelle le garçon et demande sa carte; on ne lui apporte aucune carte, mais on lui demande seulement quatorze sous pour son repas. Voyant qu'il peut encore faire le généreux, il demande deux petits verres d'eau-de-vie, en offre un au jardinier qui accepte et trinque avec lui, en disant :

— A la santé de notre aimable hôtesse.

La cabaretière remercie, Guillaume avale son petit verre et la Grenouille sort du cabaret en disant :

— On est fort bien ici, et j'y reviendrai!

— Voilà ce que j'appelle un homme comme il faut! dit la cabaretière.

— Oh! oui, répond Guillaume : ça doit être un bien brave homme! ça se voit tout de suite.

Cependant celui qu'on traite ainsi de brave homme, s'est dirigé du côté de la villa Roberval; il s'arrête d'abord devant la grille; voit le logement du concierge, la maison, au fond, puis il a fait le tour en suivant le mur qui sert de clôture au jardin. Malgré l'obscurité, il remarque que ces murs ne sont pas bien élevés et que pour lui, habitué à ce genre d'exercice, les franchir ne sera qu'un jeu. Il ne s'agit plus que d'attendre le moment favorable. Il s'éloigne, va dans la campagne, s'assied au pied d'un arbre et y attend que dix heures sonnent. A dix heures dans un village, c'est comme minuit à Paris.

Lorsqu'il est bien certain que tous les habitants de Ville-d'Avray ne songent plus qu'à dormir, la Grenouille retourne à la villa, il côtoie les murs, cherche l'endroit qui lui semble le plus facile et bientôt il est dans les jardins. Alors il se dit :

— J'ai du temps devant moi, personne à redouter, ce jardinier a pris soin lui-même de m'avertir qu'il dormait comme un sourd, d'ailleurs il loge fort loin d'ici, il s'agit maintenant de trouver ce pavillon mystérieux, où ce Roberval ne veut pas que personne pénètre, parce que probablement il y cache ses trésors.

Après avoir marché quelque temps, la Grenouille se trouve devant le pavillon; comme il a eu soin de prendre avec lui tous les instruments dont il espérait avoir besoin, il introduisit un rossignol dans la serrure de la porte. Cette serrure résiste longtemps; il faut toute l'adresse, toute la patience et l'habitude de ce monsieur pour en venir à bout. Enfin elle a cédé, la porte s'ouvre. Le voleur entre dans la pièce octogone et sortant de sa poche un rat de cave et une allumette phosphorique, il commence par se procurer de la lumière, en se disant :

— Il faut voir à qui l'on a affaire.

Il regarde autour de lui, s'étonne de n'apercevoir que des divans et des chaises; mais bientôt il découvre la petite porte qui est au fond; elle est également fermée. Là, nouveaux efforts, nouveau travail du voleur qui, avec un autre instrument, est obligé de briser la porte pour parvenir à l'ouvrir. Enfin il a réussi; il s'avance dans le petit cabinet, aperçoit le secrétaire et dessus une tablette une liasse de papiers; il saute dessus... ce sont des billets de banque de mille francs; il les compte, il y en a vingt; il est si enchanté de sa trouvaille qu'il n'en demande pas davantage. Il fourre les billets dans sa poche, puis se hâte de sortir du cabinet, du pavillon, d'éteindre sa bougie, de gagner le mur, de sauter par-dessus, et quand il est en pleine campagne, il se met encore à courir pendant quelque temps pour se mettre tout à fait en sûreté.

Il ne cesse de se répéter :

— Vingt mille francs... une liasse de billets de banque... Ah! que j'avais bien raison de vouloir pénétrer dans ce pavillon... quelle bonne soirée... vingt mille francs... Ah! mon cher baron, je me fiche de vous maintenant et c'est à moi de faire mon embarras.

Un fiacre passe qui retournait à Paris, la Grenouille l'appelle, monte dedans, et lui dit :

— Au Palais-Royal par la rue des Bons-Enfants... Allez, vous serez bien payé.

Une fois dans la voiture ce monsieur se dit :

— Il n'est pas encore minuit, je vais aller au numéro neuf... D'ailleurs cette maison de jeu-là est ouverte toute la nuit. Parbleu! je veux jouer aussi moi, je veux faire sauter la banque... Mais si je m'aperçois que je n'ai pas la veine, je ne serai pas si bête que Séverin, je ne risquerai pas tout mon argent... Ah! comme je me moquerai de lui si je fais sauter la banque.

La voiture arrive au Palais-Royal. La Grenouille descend devant la maison de jeu, et dit au cocher :

— Attendez-moi... faites un bon somme, mon cher... le pourboire sera soigné.

Puis, gravissant lestement les escaliers, le major Kroutberg entre dans les salons de jeu, où il y a encore beaucoup de monde. Il s'approche d'une table de roulette, tire fièrement un de ses billets de banque de sa poche et le jetant sur la table, dit :

— Cinq cents francs sur la noire.

Tous les yeux se portent sur ce monsieur qui commence si largement. Le jeu est fait, la bille tourne. Puis s'arrête... la rouge sort.

— Rendez-moi cinq cents francs, dit la Grenouille.

Un des banquiers prend le billet, le tâte, l'examine, puis s'écrie :

— Ce billet est faux!

— Faux! dit la Grenouille.

— Oui, oui, on nous a prévenus; depuis quelque temps il circule une grande quantité de faux billets de banque... pour les reconnaître, il faut regarder cette lettre qui est mal faite... et le chiffre qui n'est jamais net!

— Rendez-moi ce billet... je vais vous en donner un autre... Je l'ai reçu de confiance, je tâcherai de retrouver celui qui me l'a donné.

Et la Grenouille, fouillant à sa poche, y prend un autre billet qu'il donne au banquier. Et celui-ci, après l'avoir examiné, s'écrie :

— Encore un faux billet... Ah! c'est trop d'audace, arrêtez ce monsieur!

Aussitôt deux agents de police s'avancent vers le major qui s'écrie :

— Comment! Encore un faux billet?... Mais je suis donc volé, moi Je vous jure, messieurs, que je ne sais pas ce que cela veut dire.

Cependant en voyant les hommes de la police l'entourer, la Grenouille veut s'esquiver; on ne lui en laisse pas le temps, on l'arrête, et un troisième agent s'avance, et dit :

— Fouillez monsieur!

— C'est inutile... Je ne veux pas qu'on me fouille... j'aime mieux m'en aller et perdre mes billets.

Mais on n'écoute pas ses réclamations... On le fouille, on lui trouve le paquet de billets de banque qui tous sont examinés et reconnus faux. Alors on se prépare à emmener le soi-disant major; celui-ci se débat, ne veut pas se laisser emmener, mais en cherchant à se débarrasser des agents, il reçoit le coude de l'un d'eux en plein visage, aussitôt son second nez se décolle, se détache et, en apercevant le nez cassé qui reste à ce monsieur, un des agents s'écrie :

— Oh! la bonne prise!... Je te reconnais mon drôle... Messieurs, nous tenons le fameux la Grenouille, un de ces deux forçats qui se sont échappés du bagne il y a déjà six ans, et que nous cherchons en vain depuis ce temps, ainsi que son camarade Séverin, le petit-fils de Cartouche; mais celui-ci pris nous mettra bien vite sur les traces de l'autre.

— Ce n'est pas vrai... Je ne suis pas la Grenouille!...

— Pas moyen de nier... Tu es trop reconnaissable avec ton nez cassé... Ah! l'autre te déguisait bien... mais il ne tenait pas assez!...

— Ah! gredin de Roberval... scélérat de faussaire, et dire que c'est lui qui est cause de ma perte!...

— Ah! les billets viennent d'un nommé Roberval... Messieurs, retenons cela... nous verrons à le découvrir...

— Oh! parbleu! je vous dirai bien moi-même où il se trouve; je n'ai aucun ménagement à garder avec ce drôle-là!

— Allons, la Grenouille, en route pour la préfecture.

Et on emmène le voleur qui ne cesse de répéter :

— Scélérat de Roberval... comme il m'a volé... il me fait perdre vingt mille francs!

XXVII. — LE VICOMTE DANS UNE FAUSSE POSITION.

Pendant cette même soirée, Séverin, qui voulait mettre à exécution un autre projet avait eu soin d'écrire à Maria un petit billet dans lequel il lui disait :

« J'ai encore à vous entretenir pour une affaire importante, veuillez m'attendre chez vous ce soir entre neuf et dix heures; je désire que votre frère Victor soit présent à cette entrevue. »

Ensuite il avait envoyé chez Ernest Didier une lettre anonyme dans laquelle il lui marquait :

« On a des secrets de la dernière importance à vous confier relativement à mademoiselle Honorine, gardez le silence, et trouvez-vous ce soir vers dix heures, à l'entrée des Champs-Elysées, près de la place de la Concorde; on ira vous y rejoindre et vous saurez le mot de cette énigme. Il s'agit du bonheur de la personne que vous aimez... mais ne lui dites rien de cet avis. »

Ces deux billets n'étaient écrits que dans le but d'éloigner ce soir-là de chez Florentine les personnes qui s'y rendaient habituellement, et d'être certain de la trouver seule avec sa fille. Quant au comte de Germancey, depuis quelques jours il était retenu chez lui par une attaque de goutte, on n'avait donc pas sa visite à redouter.

Depuis que le vicomte de La Palissonnière avait entendu son cher ami le baron de Sternitz lui dire qu'il était le tuteur d'Honorine, il n'avait pas manqué, chaque fois qu'il s'était trouvé avec lui, de le prier, de le supplier même de le présenter à sa pupille et à sa mère.

Séverin, tout en flattant la passion du vicomte, trouvait toujours des prétextes pour différer cette présentation. Un jour enfin, il dit au vieil amoureux :

— Mon cher La Palissonnière, j'aurais déjà cédé à vos instances, et je vous aurais mené chez ma pupille, si je n'avais pas un petit compte à régler avec sa mère; dans un moment de gêne, alors que mes fermiers prussiens étaient en retard pour les payements qu'ils avaient à me faire, j'ai emprunté à madame Florentine la modeste somme de trente mille francs. Depuis, je ne sais pas comment cela s'est fait!... nous avons eu quelques discussions mêlées d'aigreur, j'ai cessé d'aller chez cette dame, et par conséquent j'ai oublié de lui rendre les trente mille francs qu'elle m'a prêtés.

— Eh! bien, cher baron, rendez-les-lui maintenant, ce sera même une occasion toute naturelle pour retourner chez cette dame.

— Je sais très-bien que, lorsque je retournerai voir ma pupille, il faut que je rende cette somme à sa mère... il me serait même impossible de m'y présenter sans cela... car de quoi aurais-je l'air... de quelqu'un qui ne paye pas ses dettes!... fi donc! je n'ai jamais eu cette réputation, cher vicomte!

— J'en suis bien persuadé!...

— Mais je ne puis céder en ce moment à vos instances pour être présenté à ces dames, parce que je viens d'avoir au jeu une veine extraordinairement malheureuse... J'ai perdu plus de cent mille francs depuis huit jours...

— Oh! diable!

— Cela ne me gêne que momentanément; grâce au ciel, ma fortune est assez considérable pour que je sois au-dessus de cette perte... Mais je ne puis pas payer maintenant ces trente mille francs à madame Florentine... Je sais bien que, si je voulais emprunter, toutes les bourses me seraient ouvertes, mais je n'aime pas à emprunter!... J'ai écrit à mon intendant, à Berlin, pour qu'il me fasse tenir des fonds ici... Malheureusement ce drôle-là est quelquefois fort lent à répondre... ces intendants! vous savez, quand on leur demande de l'argent, bien qu'ils le doivent, il semble qu'on leur arrache l'âme!... Il faut donc attendre qu'il m'ait envoyé des fonds pour que je vous introduise près de ma belle pupille!... J'en suis fâché, parce que pendant ce temps-là ce petit jeune homme qui est reçu chez ces dames, fait peut-être des progrès dans le cœur d'Honorine... et vous arriverez peut-être un peu tard!

Après avoir entendu cela, La Palissonnière s'était gratté la tête, puis le front, puis le nez, et enfin s'était écrié :

— Mon cher baron, faites-moi un plaisir... une grâce!...

— Tout ce qui dépendra de moi, mon brave ami.

— Permettez-moi de vous avancer ces trente mille francs qui vous manquent en ce moment... de cette façon, rien ne nous retardera pour aller chez ces dames.

— Hom! que voilà donc bien les amoureux!... toujours impatients!... mais non... je ne puis accepter cela...

— Et pourquoi donc!... entre nous ce n'est pas un prêt... c'est une simple avance; dès que votre intendant vous aura envoyé des fonds, vous me rendrez ma somme, et c'est fini!...

— Oui... oh! je sais bien que cet argent dans ma poche ou dans la vôtre... cela ne doit aucunement m'embarrasser...

— Vous acceptez?

— Puisque cela vous rend si heureux...

— Vous êtes un homme charmant!

— Quand pensez-vous pouvoir me donner ces trente mille francs?

— Demain soir, pas plus tard.

— Très-bien!

— Et dès demain... le soir, vous me présenterez à votre pupille?

— C'est chose convenue...

— Et... si nous pouvions ne pas y rencontrer ce jeune godelureau...

— Soyez tranquille, nous n'y rencontrerons ni lui ni d'autres... Je... j'écrirai un petit mot d'avance à Florentine pour qu'il n'y ait point chez elle d'étrangers lorsque nous nous y présenterons.

C'était après cette conversation avec le vicomte que Séverin avait écrit les deux billets précédents; mais il s'était bie.. gardé de prévenir Florentine de sa visite; il préférait la surprendre par son arrivée imprévue.

Dix heures viennent de sonner. Florentine est seule avec sa fille; Honorine fait un peu la moue, parce que Ernest les a quittées beaucoup plus tôt qu'à l'ordinaire. Elle dit à sa mère :

— Comprends-tu que M. Ernest soit parti ce soir à neuf heures, lui qui habituellement reste avec nous jusqu'à onze heures, et encore il faut que tu lui dises que nous allons nous coucher, sans cela il ne penserait jamais à nous quitter.

— Ma chère amie, M. Ernest avait sans doute quelque affaire ce soir, c'est pourquoi il est parti plus tôt.

— Oui, il m'a parlé d'un ancien camarade de l'armée, qu'il avait rencontré et qui lui avait donné un rendez-vous pour ce soir...

— Eh bien ! tout s'explique alors.

— Oh ! mais moi je n'aime pas ces camarades dont on ne vous avait jamais parlé et puis qui surgissent tout à coup pour qu'on ait un prétexte pour nous quitter de bonne heure.

— Honorine, tu n'es pas raisonnable... Avec celui qu'on aime, il faut ne point se montrer si exigeante... il faut de la confiance... elle n'est pas toujours trompée !...

— Pas toujours, cela veut dire qu'elle l'est quelquefois ; et nos amis, Maria, Victor, qui ne sont pas venus nous voir !

— Maria peut avoir beaucoup à travailler... des emplettes à faire pour ses modes... on n'est pas toujours libre...

— Oh ! tu diras ce que tu voudras, mais ce soir on nous abandonne.

— Tu ne peux pas dire cela pour ton parrain, tu sais qu'il souffre, sans quoi il viendrait nous voir.

— Mon parrain ! oh ! je ne l'accuse pas, je sais combien il nous aime, lui... Si tu veux, maman, nous irons demain chez lui nous informer s'il va mieux.

— Oui, ma fille, oui, c'était aussi mon intention ; nous irons demain chez M. de Germancey... et...

La sonnette qui est tirée avec violence interrompt cette conversation.

— Qui peut venir si tard ? s'écrie Florentine à qui ce bruit inattendu cause un vague effroi.

— Oh ! c'est Ernest qui revient, j'en suis sûre !

— Non, ma fille, ce n'est pas probable... ne va pas ouvrir... attends...

— Pourquoi donc cela, ma mère ?

Un second coup de sonnette se fait entendre, et Florentine, s'approchant de la porte d'entrée, demande :

— Qui est là ?

— C'est moi, Florentine, ouvrez donc !

Au son de cette voix, qu'elle a reconnue aussitôt et qui la remplit de terreur, Florentine dit à sa fille :

— Rentre dans ta chambre, Honorine, rentre et n'en sors pas que je ne t'appelle...

— Mais, maman... qui donc a répondu ?

— Rentre, te dis-je... je ne veux pas qu'il te voie !...

Et la jeune femme pousse sa fille dans sa chambre dont elle referme la porte; ensuite elle va ouvrir celle qui donne sur le carré.

Séverin paraît avec La Palissonnière qu'il pousse devant lui, tout en disant :

— Vous n'attendiez pas ma visite si tard, n'est-ce pas, madame ?

— En effet, monsieur, répond Florentine toute pâle et toute tremblante, tandis que le vicomte, toujours poussé par son introducteur, se trouve au milieu de la chambre, où il salue profondément Florentine, qui le regarde avec surprise.

Séverin prend le vicomte par la main :

— Permettez-moi, madame, de vous présenter un de mes meilleurs amis, M. le vicomte de La Palissonnière, ancien employé dans la bouche du roi...

— Non pas employé !... mais officier, s'écrie le vicomte qui salue de nouveau ; officier... s'il vous plaît. Madame, je suis extrêmement flatté... d'avoir l'avantage... il y a bien longtemps que je suppliais mon ami, le baron de Sternitz, de me présenter à vous... ainsi qu'à... ainsi qu'à mademoiselle votre fille...

Et le vicomte regardait tout autour de lui, cherchant dans la chambre Honorine qui n'y était pas.

Cela paraissait beaucoup contrarier ce monsieur. Florentine, qui l'a entendu avec étonnement donner à Séverin le titre de baron de Sternitz, ne répond que par un salut très-froid au discours qu'il vient de lui adresser; elle se contente de lui indiquer un siége.

Séverin s'est déjà jeté dans un fauteuil où il s'étend avec complaisance. Le vicomte se décide à s'asseoir aussi, en continuant de regarder autour de lui.

— Où donc est ma pupille Honorine ? demande le faux baron en regardant Florentine d'une façon assez significative.

— Ma fille est couchée...

— Couchée déjà !...

— Elle se sentait un peu indisposée...

— Ah ! c'est bien malheureux... cela me fait bien de la peine ! murmure le vicomte, j'aurais été si enchanté de présenter mes hommages à la pupille de mon ami le baron de Sternitz ; nous sommes venus un peu tard, il est vrai ; ce n'est pas ma faute, je voulais venir plus tôt, mais mon ami le baron n'était pas prêt !... enfin... j'espère que ce ne sera que partie remise ?...

— Oui, oui, c'est partie remise, mon cher La Palissonnière, et après tout il vaut peut-être mieux que ma pupille ne soit pas présente à cette première visite...

— Pourquoi donc ? je ne suis pas de cet avis, moi !

— Parce que, devant une jeune fille... bien élevée... on ne peut pas s'expliquer aussi catégoriquement qu'en son absence.

Le vicomte sort de sa poche une bonbonnière en écaille, il offre des bonbons à Florentine qui les refuse, et semble attendre avec anxiété que Séverin explique le but de sa visite. Celui-ci, après avoir pris une poignée de bonbons dans la boîte du vicomte, reprend la parole :

— Oui, ma chère madame Florentine, c'est principalement de ma pupille que nous venons vous entretenir, ce cher La Palissonnière et moi ; ce brave ami a déjà eu l'occasion de voir Honorine... il l'avait remarquée au spectacle... elle est assez jolie pour être remarquée...

— Elle est ravissante, adorable... du reste, ce n'est pas étonnant, elle tient de sa mère ! .. c'est tout son portrait, sauf la couleur des cheveux et celle des yeux.

Florentine entend ce compliment sans sourciller, et le vicomte dit tout bas à son introducteur :

— Cette dame ne paraît pas bien disposée... remettez-lui donc ses trente mille francs, je suis sûr que cela lui rendra l'humeur plus gaie !

Mais Séverin se contente de répondre bas :

— Fi donc !... devant un tiers... ça la fâcherait, au contraire !

Puis il reprend tout haut :

— Oui, ma chère dame... nous venons pour vous parler d'Honorine... et, lorsque je vous présente mon ami, qui est fort riche et ancien officier dans la bouche royale... je présume que vous devinez de quoi il va être question ?...

— Non, monsieur, je ne devine rien ! répond sèchement la jeune femme.

Et Oreste murmure encore entre ses dents :

— Il a tort de ne point lui rendre ses trente mille francs... Elle fait la mine parce qu'il ne lui en souffle pas un mot ! c'est évident !

— Eh bien ! madame, puisque vous ne devinez pas pourquoi je vous ai amené M. le vicomte de La Palissonnière, je vais aller droit au but : mon brave ami a été séduit, charmé par les attraits de... ma pupille ; il m'a fait l'aveu de son amour, en me demandant s'il pouvait aspirer au titre de son époux ; je lui ai répondu qu'il lui faisait honneur en lui offrant sa main... C'est donc un futur gendre que je vous présente... car je pense, je suis même certain que vous ne mettrez aucun obstacle à ce mariage...

— Vous vous trompez, monsieur, cette union ne peut avoir lieu...

— Et pourquoi cela, s'il vous plaît?

— Oh! oui... pourquoi cela, belle dame? murmure le vicomte en poussant un gros soupir.

— Monsieur, ma fille a déjà donné son cœur... elle aime, elle est aimée d'un jeune homme auquel sa main est promise.

— Ta! ta! ta!... je me fiche pas mal de votre jeune homme!... vous le mettrez à la porte, voilà tout... et mon autorité à moi, la comptez-vous pour rien, madame, oubliez-vous les droits que j'ai sur Honorine... et qu'elle doit m'obéir!...

Florentine n'a pas le courage de Maria; les regards de Séverin la font trembler, pâlir, cependant elle songe à sa fille et reprend avec assez de résolution :

— Non, monsieur, ma fille ne vous obéira pas, non, vous n'avez aucun droit sur elle!... Je ne renverrai pas celui qu'elle aime, M. Ernest Didier, car ce serait la réduire au désespoir, et je ne veux pas faire le malheur de ma fille!

— Et moi, madame, je vous dis qu'Honorine épousera mon ami, le vicomte que voilà... parce que je veux que cette union se fasse... et quand j'ai résolu quelque chose...

Le bruit de la sonnette arrête les paroles sur les lèvres de Séverin, il change de couleur et murmure :

— Comment! du monde... il vous vient du monde à cette heure?...

— Et pourquoi pas? reprend Florentine, à qui l'arrivée de quelqu'un rend du courage.

— N'ouvrez pas, madame, n'ouvrez pas...

Mais on sonne de nouveau, et presque aussitôt la voix du comte de Germancey fait entendre ces paroles :

— C'est moi, ma bonne Florentine, ouvrez, ne craignez rien... il faut que je vous parle...

— Malédiction... c'est Germancey!... murmure Séverin; puis, apercevant une porte vitrée, il l'ouvre, voit un grand cabinet et y pousse brusquement La Palissonnière en lui disant :

— Entrez là avec moi...

— Mais... pourquoi?...

— Pas un mot... entrez, je ne veux pas être vu de cet homme... vous, Florentine, tremblez si vous me trahissez!...

Tout cela a été l'affaire de quelques secondes; La Palissonnière, bousculé par son cher ami, est entré dans le cabinet noir sans savoir pourquoi, Séverin a refermé la porte sur eux; alors Florentine, encore toute tremblante, va ouvrir la porte du carré, et le comte paraît appuyé sur le bras de son neveu.

— Bonsoir, chère enfant... vous alliez vous coucher peut-être... et nous vous dérangeons... mais ce que j'ai à vous dire est si important... que, malgré ma goutte, j'ai voulu venir...

— Ah! monsieur, vous souffrez bien, je le vois...

— Laissez-moi m'asseoir d'abord... il faut quelquefois savoir surmonter ses souffrances...

— Oh! mon oncle a bien du courage!... Je voulais venir seul, mais il a tenu à m'accompagner.

Placés dans le cabinet, dont la porte vitrée n'était close que par un rideau, Séverin et le vicomte entendaient parfaitement tout ce qui se disait dans la chambre où était le comte, et ils ne l'auraient pas voulu, qu'il leur eût été impossible de perdre un mot de ce qui se disait. Séverin, du reste, se tient debout, et collé contre le vitrage pour mieux écouter; La Palissonnière est derrière lui et n'ose pas remuer, parce que son cher ami le lui a défendu d'un ton qui n'avait plus rien d'amical.

— Ce que vous avez à me dire est donc bien important, monsieur? demande Florentine qui est tremblante et jette à la dérobée un regard sur la porte vitrée.

— Oui, ma chère amie, oui... il s'agit de ce misérable, de cet homme qui a fait votre malheur et celui de ma nièce... Ah! j'espère que le terme de ses forfaits est arrivé... Mais où donc est ma filleule?

— Dans sa chambre, monsieur, voulez-vous que je l'appelle?...

— Non, non... quoiqu'elle ignore les liens qui l'attachent à ce monstre... Je préfère qu'elle n'entende pas ce que j'ai à vous dire...

— Ils parlent d'un monstre, murmure La Palissonnière.

Séverin lui serre fortement le poignet en lui disant :

— Taisez-vous.

— Vous saurez, ma chère Florentine, que, d'après le signalement que lui avait donné sa sœur, signalement facile à retenir, grâce à la profonde cicatrice qui coupe la joue de ce monsieur, Victor s'était promis de le découvrir. Vous l'aviez vu souvent en calèche, et poussant l'audace jusqu'à porter plusieurs croix à sa boutonnière... C'est donc parmi ces messieurs qui affichent un grand luxe que mon neveu a cherché ce Villemart... ou ce Francisque, si vous aimez mieux. Il est parvenu à rencontrer ce monsieur, il suit sa calèche, sait où il demeure, s'informe, et apprend que le lâche se fait appeler baron de Sternitz et se donne pour un riche seigneur prussien...

— Ah! mon Dieu! qu'est-ce qu'il dit donc là... balbutie La Palissonnière. Mais Séverin ne lui répond qu'en lui appliquant sa main sur la bouche.

— Sous ce nom, sous ce titre, ce misérable ne fait que des dupes... il est secondé par un soi-disant major Kroutberg, qui probablement n'est autre que ce la Grenouille qui s'est sauvé du bagne avec lui...

— Du bagne! s'écrie Florentine épouvantée, vous avez dit du bagne, monsieur?

— Comment du ba... du ba... palsambleu!... je... Le vicomte ne peut en dire davantage, Séverin comprime ses paroles avec sa main.

— Oui, ma pauvre amie, reprend le comte, il n'est plus temps de vous rien cacher... Apprenez que ce soi-disant Francisque n'est autre que ce Séverin, ce petit-fils de Cartouche dont je vous avais déjà raconté les premiers crimes; ce misérable a continué son infâme carrière, il s'était mis à la tête d'une bande de voleurs. Lorsqu'il vous quitta si brusquement une nuit, c'est que son complice la Grenouille venait de l'avertir que l'on avait découvert ses traces et qu'il devait se hâter de fuir. A cette époque il alla rejoindre la bande de ce fameux Schinderhanes qui épouvantait par ses crimes le midi de la France. Revenu plus tard dans Paris, où il était traqué de tous les côtés, il s'était réfugié avec ce qui restait de sa bande, dans les environs de Corbeil, et c'est lui que nous sommes parvenus à faire arrêter dans la forêt de Sénart, Mérillac et moi. Condamné avec ses complices aux travaux forcés à perpétuité, malheureusement il est parvenu à se sauver, il y a quelques années, avec cet autre voleur, nommé la Grenouille... qui joue auprès de lui le personnage du major Kroutberg.

— Ah! mais!... ah! sapristi... Ah! est-ce que?... alors...

Le vicomte ne peut prononcer que des mots entrecoupés; Séverin le bâillonne de façon à lui ôter la respiration.

— Francisque était ce Séverin! murmure Florentine. Ah! monsieur... quelle honte... quelle infamie!

— Calmez-vous, mon enfant, les crimes, les fautes sont personnels. Au reste, vous n'aurez plus rien à redouter de ce monstre; sur ce que m'a appris mon neveu, j'ai fait sur-le-champ avertir le commissaire de police, on a cerné l'hôtel du soi-disant baron de Sternitz, et dès ce soir, il est certain qu'il doit être arrêté...

— Ah! tu ne recommenceras pas, toi!...

Ces mots ont été prononcés par Séverin, qui est sorti brusquement du cabinet, tenant un stylet à sa main; il s'élance sur le comte, le frappe, puis courant vers la porte, se sauve précipitamment, avant qu'on ait eu le temps de se reconnaître, avant qu'on se soit encore aperçu de son nouveau crime.

Mais bientôt cependant on voit le sang couler de la blessure que le comte a reçue au-dessous du sein droit.

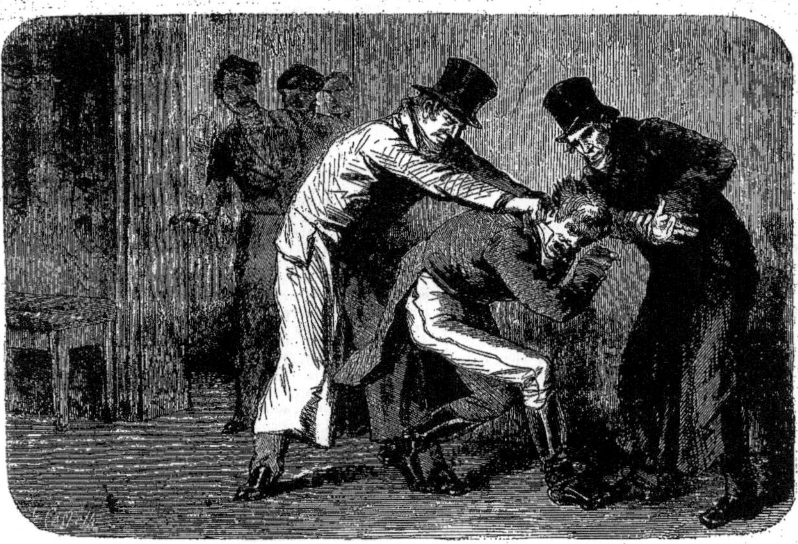

— Messieurs, nous tenons le fameux la Grenouille. (Page 102.)

— Ah ! le misérable !... il vous a blessé, monsieur ! s'écrie Florentine qui se hâte d'appeler sa fille, pour qu'elle l'aide à secourir le comte, car déjà Victor s'est élancé vers la porte et vient de partir en disant :

— C'était lui !... Oh ! mais il aura beau fuir... il ne m'échappera pas.

Honorine est accourue, elle se désole en voyant le comte blessé, celui-ci s'efforce de rassurer la mère et la fille, en leur faisant espérer que le coup qu'il a reçu ne sera pas dangereux.

On voit alors le vicomte qui sort du cabinet, pâle, défait, tremblant et qui va et vient dans la chambre comme un insensé, en disant :

— Mon Dieu... est-ce possible... ce cher baron... ce misérable... c'était un gueux et mes trente mille francs... il m'emporte trente mille francs. Ah ! mesdames, croyez bien qu'il n'y a pas de ma faute... je suis désespéré...

— Monsieur, un médecin... un chirurgien... de grâce allez sur-le-champ nous chercher un médecin.

— Oui, mesdames... j'y vais... mes trente mille francs.

— M. de Germancey est blessé... hâtez-vous donc, monsieur...

— J'y cours, mesdames... Ah ! le brigand... un baron qui n'était pas un baron !... comment ai-je pu me laisser attraper ainsi... mais je me disais aussi quelquefois : Comment a-t-il pu me voir sur un champ de bataille puis-

Le concierge n'avait rien compris à tout cela, et Oreste de La Palissonnière s'était éloigné en parlant tout haut sur le boulevard. Heureusement un médecin demeurait dans une maison voisine, on court le chercher, il est bientôt près du comte, il examine sa blessure, il croit pouvoir assurer qu'elle ne met pas ses jours en danger, parce que l'arme mal dirigée a glissé le long des côtes et ne peut avoir atteint aucun organe essentiel à la vie. Cependant le docteur annonce que le blessé n'est pas en état d'être transporté chez lui ; aussitôt Florentine prépare un lit dans lequel le docteur et le concierge ont bientôt établi M. de Germancey.

— Je vous cause bien du tracas... bien des ennuis ! murmure le comte d'une voix faible, en regardant Honorine et sa mère. Mais celle-ci se jette sur la main du blessé qu'elle couvre de baisers et de larmes, en lui disant :

— Ne suis-je pas la première cause de cet affreux événement ! mais vous guérirez, monsieur, le docteur nous en a donné l'assurance. En attendant, ne parlez pas... ne bougez pas... et songez que nous sommes bien heureuses, ma fille et moi, de vous avoir chez nous, puisque nous pouvons vous voir sans cesse, et veiller constamment près de vous.

Le comte trouve encore la force de sourire à ses deux garde-malade ; et celles-ci passent la nuit à veiller près dant ne voyant pas revenir son frère, Maria et le jeune officier s'étaient en toute hâte rendus chez Florentine.

Là, ils apprennent les événements de la nuit, ils trouvent le comte blessé, et Florentine veillant avec sa fille près de son lit. Mais l'arrivée du docteur que l'on attendait avec impatience, fait naître la plus vive anxiété, bientôt elle se change en une douce émotion de joie : le docteur a de nouveau visité la blessure, et cette fois il répond que dans trois semaines le comte sera guéri. On se sent soulagé, on s'embrasse, on respire plus librement. Cependant quelque chose manque encore au bonheur de tous ceux qui sont réunis près du blessé :

Victor n'est pas revenu, il n'a pas reparu depuis la veille.

— Comment vous a-t-il quittés? demanda Ernest.

— Quelques instants après que M. de Germancey venait d'être blessé... Tout cela s'était fait si vivement... Le misérable, qui était caché dans le cabinet, en est sorti comme la foudre... Après avoir frappé M. le comte, il a fui... Victor et moi nous ne savions pas encore ce que cet homme avait fait...

— Mais pourquoi cet homme était-il caché dans ce cabinet avec cet autre que j'ai reconnu pour ce vilain monsieur, qui, au spectacle, s'est querellé avec M. Ernest? demande Honorine en s'adressant à sa mère. Que venait-il donc faire ici, cet homme-là?

Florentine baisse les yeux, elle est embarrassée. Maria s'empresse de répondre pour elle :

— Mon enfant, cet homme a fait le malheur de votre mère, il a rendu sa jeunesse triste et sombre, bien souvent il lui a fait verser des pleurs... en ce moment encore, voyez, des larmes s'échappent de ses yeux!... Croyez-moi, Honorine, si vous voulez que le sourire, que le calme renaissent pour votre mère, ne lui parlez plus de cet homme! ne le rappelez jamais à son souvenir.

Pour toute réponse la charmante fille court se jeter dans les bras de sa mère et l'embrasse tendrement en lui disant :

— Oh! pardonne-moi... je ne savais pas... mais c'est fini... oh! c'est bien fini.

Neuf heures viennent de sonner, on commence à s'inquiéter de n'avoir aucune nouvelle de Victor. Enfin on entend monter rapidement l'escalier, la porte s'ouvre et l'on voit entrer Victor avec M. de Mérillac.

Ce dernier court au lit dans lequel est le blessé, il se penche vers lui et l'embrasse en s'écriant :

— Mon pauvre Germancey!... blessé... blessé par ce misérable... Oh! il t'en voulait toujours, le traître... Heureusement je vois dans les yeux de ces dames, que tu n'es point en danger... non... n'est-ce pas?... Oh! mais c'est égal, il ne recommencera plus, ce monsieur... cette fois, justice est faite, et grâce à ton neveu Victor... ce brave garçon avec qui, heureusement, tu m'avais fait faire connaissance il n'y a pas longtemps, oui, grâce à lui et un peu à moi, qui l'ai secondé du mieux que j'ai pu, ce Séverin a reçu le châtiment que depuis si longtemps il avait mérité!

— Il est mort? balbutie Florentine.

— Oui, madame, répond Victor, il est mort... J'avais juré de venger ma sœur et j'ai tenu mon serment! Voici ce qui est arrivé depuis hier au soir : pour rattraper le misérable qui venait de frapper mon oncle, vous savez que je sortis bien peu de temps après lui; je sautai plutôt que je ne descendis l'escalier; mais en sortant de la maison, cet homme avait refermé la porte, ce qui mit plus de distance entre nous. Heureusement, une boutique était encore ouverte tout à côté de cette maison, et le marchand était sur la porte; je lui demande s'il a vu sortir d'ici et passer devant lui un homme dont la démarche devait être très-précipitée; il me répond qu'en effet un homme vient de passer devant lui en courant; que dans la vivacité de sa course il a même manqué de le renverser. Je savais le côté qu'il avait suivi c'était déjà quelque chose : je prends ma course du même côté; il était tard, il ne passait plus que fort peu de monde sur le boulevard, ce qui me permettait de voir assez loin devant moi. Enfin un peu avant la rue des Filles-du-Calvaire, j'aperçois un individu qui marchait beaucoup trop vite, pour quelqu'un qui rentre tout simplement à son logis : je me hâte, mais cet homme s'est retourné au bruit de mes pas, alors il fuit de nouveau, cependant j'allais l'atteindre, lorsqu'un peu après la rue des Filles-du-Calvaire il disparaît tout à coup.

Je m'avance... je suis à la place où il était... j'examine, je regarde... rien qu'une grande maison!... C'est donc dans cette maison qu'il est entré... Cependant la porte cochère est fermée... on n'a point frappé... n'importe, je suis certain qu'il ne peut être que là, et je me plante devant cette maison en me disant : il n'en sortira pas sans que je le voie.

— C'est alors, dit à son tour Mérillac, que je passai près de ton neveu... Je revenais de conduire chez elle une petite dame... fort gracieuse, que j'avais rencontrée au spectacle. Je vois un jeune homme qui a l'air d'être en faction... je me dis : il guette sa belle... cela se fait tous les jours!... Pendant ce temps il m'examine, vient à moi et nous nous reconnaissons tous les deux.

— Que diable faites-vous ici... à cette heure? lui dis-je en souriant... quelque rendez-vous d'amour...

Mais Victor m'apprend ce qui s'est passé ici... l'attentat commis sur mon vieil ami! oh! alors, il n'est plus question d'amourettes, et je dis à Victor : Je suis des vôtres... je veux, je dois vous aider à faire arrêter l'assassin de mon ami. Vous pensez qu'il est dans cette maison; je vais d'abord aller au poste voisin, requérir du renfort, afin que l'on puisse garder toutes les issues de cette maison qui a peut-être d'autres sorties que celle-ci.

Je me rends au poste le plus voisin, je conte ce dont il s'agit, on me donne quatre hommes et un caporal, avec lesquels je reviens trouver Victor. Personne n'avait paru. Nous laissons les quatre soldats devant la porte et nous frappons à la porte cochère, j'entre avec Victor et le caporal et je dis au concierge :

— Tout à l'heure un homme est entré dans votre maison, qui a-t-il demandé? Le concierge nous répond :

— Messieurs, je n'ai vu personne, à la vérité j'ai bien entendu fermer ma porte cochère que je croyais fermée depuis longtemps, et que probablement un de mes locataires aura laissée ouverte en rentrant, ce doit être M. Pétavin, il n'en fait jamais d'autre; quand il rentre le soir il ne se donne pas la peine de fermer sa porte.

Tout cela prouvait que Victor ne s'était pas trompé et que le misérable Séverin s'était glissé dans la maison à la faveur de cette porte ouverte. Mais que faire, il était près d'une heure du matin. Le caporal nous dit : Nous ne pouvons pas aller réveiller tous les locataires pour leur demander s'ils ont un voleur chez eux, il vaut mieux attendre le jour. Fort bien, mais le portier sachant qu'un meurtrier s'est caché dans sa maison, demande que les quatre soldats viennent passer la nuit dans sa loge. Je lui dis que nous y resterons, Victor et moi, et je parviens à le tranquilliser. Quant aux soldats, ils doivent veiller en dehors.

La nuit se passe ainsi, nous prêtions l'oreille, Victor et moi, car cette maison est fort grande; elle a une grande cour et deux escaliers; mais nous n'entendions rien que le portier, qui ne pouvait dormir et s'écriait à chaque instant : le voilà! et ce n'était rien.

Enfin le jour renaît, on commence à aller et venir dans la maison. Par prudence, je fais placer deux sentinelles dans la cour. Nous allons visiter les caves, nous n'y trouvons rien. Mais bientôt une bonne vient dire au portier :

— Qu'est-ce qui est donc dans les lieux d'aisance du cinquième, voilà trois fois que je veux y aller, mais on me crie toujours : Il y a du monde! c'est bien désagréable... celui qui est dedans les occupe depuis plus d'une demi-heure, qu'est-ce qu'il peut donc y faire?

Aussitôt je fais signe au caporal, nous montons, suivis d'un des soldats. Arrivés devant l'endroit indiqué et dont la porte était fermée, le caporal crie :

— Ouvrez ou j'enfonce la porte.

[illegible] ouvre en effet, et Séverin paraît armé de deux pistolets avec lesquels il crie :

— Passage ! ou vous êtes mort !

Il n'a pas plutôt achevé ces mots que, voyant qu'on ne lui livre point passage, il tire sur le caporal, qu'il manque heureusement, alors le soldat qui nous suivait, l'ajuste, et ne le manque pas, lui !... il a reçu la balle, juste au cœur, il est tombé.... il était mort sur le coup.

On doit penser avec quel intérêt on a entendu ce récit et quelles impressions diverses il produit sur les personnes qui l'écoutent.

Le comte murmure d'une voix faible :

— Cet homme était un grand coupable, mais le ciel a fait justice ! désormais, mes amis, mes enfants, ne nous occupons plus de lui et tâchons de l'effacer de notre souvenir.

Le lendemain de cette journée qui avait vu enfin périr le petit-fils de Cartouche, on était encore réuni chez Florentine. M. de Mérillac seul n'était pas arrivé; mais il ne tarde pas à venir encore tout ému, tout agité, il va s'asseoir près du blessé, en disant :

— Décidément l'époque des châtiments est arrivée pour les coupables : d'abord ce voleur de la Grenouille, qui se faisait appeler major Kroutberg, et grâce au nez en cire qu'il s'était collé sur le sien, défiait tous les signalements de la police, a été arrêté dans une maison de jeu du Palais-Royal; ce monsieur ne jouait pas moins que des billets de banque de mille francs ! Mais ne voilà-t-il pas que les billets sont reconnus faux ! On arrête notre homme qui en avait vingt semblables sur lui; dans la bagarre en voulant s'échapper, il perd son nez en cire, et on reconnaît sur-le-champ ce fameux la Grenouille que l'on cherchait depuis longtemps. Mais le joli de l'affaire, c'est que, se voyant pris à cause de ses billets, la Grenouille déclare qu'il les a volés chez un M. Roberval, dans sa maison de campagne à Ville-d'Avray.

— Roberval ! murmure le comte, en regardant Mérillac tandis que Maria lève les yeux vers le ciel.

— [illegible] voilà ce que je soupçonnais depuis [illegible] à Ville-d'Avray.

[illegible]

— Pauvre Eulalie ! dit Maria. Ah ! je remercie le ciel de l'avoir délivrée de cet homme.

— Vous connaissez madame Roberval ? demande Mérillac.

— Oui, monsieur, c'était mon ancienne amie.

— Eh bien, madame, je suis de votre avis... c'est bien heureux qu'elle soit veuve !

Les prévisions du docteur se réalisèrent, le comte de Germancey fut bientôt guéri de sa blessure. Alors Ernest et Honorine demandèrent ce qui pouvait encore retarder leur union. Le comte aurait bien consenti à ce qu'elle se fît bientôt, mais Florentine, par un motif que l'on doit deviner, voulut que six mois fussent écoulés avant que sa fille ne devînt l'épouse d'Ernest.

Cette union s'accomplit enfin. M. de Germancey eut encore la joie d'en être témoin, il ne mourut que quelques années après, partageant également sa fortune entre son neveu, sa nièce et sa filleule.

Après sa visite chez le baron de Sternitz, le banquier Rigoulot avait été trouver madame son épouse, à laquelle il s'était permis de faire une scène, lui reprochant d'avoir eu deux enfants étant demoiselle, à quoi madame lui avait répondu :

— Puisque alors j'étais demoiselle, cela ne vous regarde pas ! de quoi vous mêlez-vous ?

— La preuve que cela me regarde, répliqua le banquier, c'est que cela me coûte déjà deux cent mille francs.

— Si vous le prenez sur ce ton, dit madame, je vais vous quitter, je vais me séparer de vous !

— Ma foi, je ne demande pas mieux... et ça me fera plaisir, dit Rigoulot.

Voyant que cette séparation serait agréable à son mari, madame ne parla plus de le quitter.

Florentine aurait bien voulu retrouver son ancienne camarade, cette joyeuse Turlure, qui avait été marraine de sa fille. Mais, après son malheureux début dramatique, Turlure avait quitté Paris avec un comparse de la Gaîté, qui lui avait fourré dans la tête qu'en province on rendrait justice à leurs talents et qu'ils reviendraient plus tard à Paris tenir l'emploi de Frédérick Lemaître et de [illegible]

[illegible]

www.ingramcontent.com/pod-product-compliance
Lightning Source LLC
Chambersburg PA
CBHW060629100426
42744CB00008B/1554
9782012170186